JN201678

海軍大将伊藤整一伝
「大和」特攻を率いた提督

井川聡

潮書房光人新社

戦艦「大和」艦首錨甲板に立つ第二艦隊司令長官伊藤整一中将。昭和20年4月の沖縄水上特攻作戦の指揮を執った

昭和20年1月、「大和」艦上で撮影された第二艦隊司令部。侍従武官差遣時の撮影で、前列左から首席参謀山本祐二大佐、艦隊主計長松谷大佐、司令長官伊藤整一中将、侍従武官中村俊久中将、参謀長森下信衞少将、艦隊軍医長寺門正文大佐、砲術参謀宮本鷹雄中佐。後列左から副官石田恒夫主計少佐、航空参謀伊藤素衛中佐、水雷参謀末次信義中佐、通信参謀小沢信彦少佐、機関参謀松岡茂機関中佐

軍令部次長時代の伊藤整一と家族。中央の伊藤を囲んで右から妻ちとせ、海軍兵学校の制服を着た長男叡、長女純子、次女淑子、三女貞子

「大和」特攻を率いた提督　目次

第二章　太平洋の死闘…………147

第三章　沖縄海上特攻……339

終章　沈黙の海………………………………471

「大和」特攻を率いた提督

海軍大将 伊藤整一伝

序章
海鳴り

平和の礎

沖縄本島南端・糸満市摩文仁。

隆起サンゴの断崖絶壁の先に果てしない海が茫々と広がっている。

沖縄戦最後の激戦地であったこの一帯は今、県営の平和祈念公園になっている。海に面した丘の上には、「平和の礎（いしじ）」があり、戦没者の氏名を出身地別、五十音順に刻んだ石碑が放射状に並んでいる。

刻銘事業は戦後五十年を記念して始まり、現在も続いている。令和六年年六月時点の刻銘者数は二十四万二千二百二十五人である。

「伊藤整一」の名は、「福岡県」の区画に刻まれている。名前は横書きで、「伊藤整一」の六人上には、整一の長男「伊藤叡（あきら）」の名前が記されている。

整一は昭和二十年四月七日、戦艦「大和」以下十隻からなる水上特攻部隊の司令長官として沖縄に出撃、鹿児島県坊津沖で「大和」と運命を共にした。

叡は同年四月二十八日、鹿児島県の鹿屋航空基地から神風特攻隊の直掩機（零戦）で出撃し、沖縄県伊江島上空で敵機と交戦、戦死した。

父子は海と空から相次いで沖縄に突入し、今、平和の礎として沖縄の地にその名を刻んでいるのである。

「平和の礎」で、地上戦以外の艦船や飛行機による戦死者の刻銘が始まったのは平成十六年以降のことである。当時、読売新聞那覇支局長だった筆者は、同年五月三十一日付読売朝刊社会面に次のような記事を書いた。

平和の礎　「戦艦大和」戦死者　刻銘へ

太平洋戦争末期の一九四五年四月、戦艦「大和」の「沖縄水上特攻」で戦死した三千七百二十一人のうち百八十五人の名前が、沖縄県糸満市摩文仁の「平和の礎」に初めて刻銘されることになった。戦没者の氏名を石碑に刻む事業を進める同県が、遺族らの要望にこたえて刻銘対象を広げ、実現した。

沖縄県外出身者の刻銘について、同県はこれまで沖縄地上戦の戦死者に限っていた。しかし、範囲外の遺族団体などから要望があり、昨年六月、基本方針を改正。沖縄戦に関連する作戦遂行のため、南西諸島周辺で艦船や航空機で亡くなった人も対象とした。（後略）

全国版に掲載されたためだろう、反響は大きかった。

「沖縄の地上戦の犠牲者と特攻隊の戦死者を一緒にするのはおかしい」「戦艦大和を賛美するのか」という批判の声もいただいた。「伊藤整一は終戦まで生きていたらA級戦犯だ」という意見もあった。

伊藤の経歴をたどれば、確かにそうなのかもしれない。しかし、あの時代、伊藤と同じ立場にあったとして、何ができたであろうか。筆者がこの記事を書いたのは、ただ、一人でも多くの人がこの地を訪れ、先人の労苦をしのび、平和への思いを強くしてほしいと思ったからだ。そして今、本稿を書いているのはあの時代、日本に、日本海軍に、伊藤に、何かほかの選択肢はなかったのか、もう一度考えてみたいからである。

伊藤は寡黙であった。多くを語らなかった。語る暇もなかったし、語るべき相手もいなかった。自ら計らわず、弁明せず、邪念を除いて眼前の仕事に専念した。日々淡々、黙々と任務を遂行し、一個の武士として端然として死んだ。

伊藤長官率いる第二艦隊による沖縄への特攻出撃は、その三年半前に日本海軍が陸軍の強硬派に押されて対英米開戦に踏み切った過ちと、その非合理さにおいて匹敵する愚行であった、と評する戦史家がいる。

冷めた目で見れば、伊藤は、世界の海戦史上、最も不合理で無意味な作戦の司令長官に選ばれた悲劇の人物だった。だが、伊藤は逃げも隠れもせずに、祖国のためにむしろ喜んでそれを受け容れ、与えられた条件下で最善を尽くした。

出撃前に必要最小限の員数だけを残し、実戦経験のない少尉候補生らを退艦させたこと、勝算なきを見るや直ちに作戦中止を命じ、愚かな作戦による犠牲、道連れになる将兵を少しでも減らそうとした努力は特筆に値する。

伊藤は要求された軍務を遂行することにとどまらず、人間として為すべき指令を下すことに躊躇しなかった。筆者はここに伊藤の人間的魅力を感じる。

伊藤はつねに「殺身成仁（身を殺して仁を成す）」（論語）の人であろうとした。その生き方は、誰かが負わねばならぬ戦争責任を一身に引き受け、黙して逝った広田弘毅（外交官、元首相、A級戦犯、絞首刑）と重なる。

伊藤と広田は、同じ福岡県人であり、同時代の人である。一人は海軍軍人として、もう一人は外交官・首相として、祖国のために身命を捧げた。国家未曽有の危機に立ち向かい、命の捨て処を過たなかった。

「平和の礎」の刻銘者数を都道府県別にみると、最も多いのは、当然ながら沖縄県の十四万九千六百五十八人。次いで北海道の一万八百七人、三番目が伊藤父子の出身地である福岡県の四千三十人という事実も記しておこう。

潮の香り

伊藤整一中将が第二艦隊司令長官に就任したのは、昭和十九年の暮れ、十二月二十三日のことだった。

第一艦隊はすでに解散、連合艦隊は二か月前のレイテ沖海戦で事実上解体し、司令部だけが存在している状態で、残存する唯一の艦隊が第二艦隊だった。

所属する艦船はわずかだった。

戦艦三、空母四、巡洋艦一、駆逐艦十二。旗艦は、戦艦「大和」である。

「大和」は、広島の呉海軍工廠第四ドックに入り、対空戦に備えて機銃の増設工事が急ピッチで進められていた。

伊藤は厚木基地から空路で山口県・岩国基地に飛んだ。

岩国では、艦長有賀幸作(あるがこうさく)大佐が出迎えてくれた。海軍兵学校四十五期。三十九期の伊藤より六期下になる。ひと月前の十一月二十五日付で第五代の「大和」艦長に就任していた。艦隊勤務一筋で、部下思いで戦上手の指揮官として定評があった。

禿頭の上にヘビースモーカーだったため、部下たちは「エントツ男」と呼んでいた。恰幅のよい体形から「ゴリラ」と呼ばれることもあった。

窮屈な服装が嫌いだった。軍装をきちっと着用することはなく、極度の水虫だったため艦内でも草履をつっかけていた。酒席が乱れて部下たちが禿頭をなで回したり、ポカポカ叩いたりしても一向に気にする様子がなかった。

有賀は海軍大学校を首席で卒業した正統派エリートの伊藤とは、何から何まで好対照の野人だった。が、事物の本質を的確につかむ洞察力の鋭さは共通していた。

「長官、お待ちしておりましたよ」

有賀は屈託のない笑顔であいさつした。

「世話になります」

伊藤は有賀の目をしっかりと見て小さくうなずいた。双眼から一瞬、強い光が放たれ、すぐに優しく包み込むような温顔に戻った。まったく二人同時に、体は二つだが、心は一つであるという安心感を覚えた。

（この男には言葉いらない）

司令長官として「大和」に乗り込む伊藤は、実戦に強い有賀が艦長であることを頼もしく思った。

「大和」は工廠での整備を終え、岩国沖の柱島泊地に移った。

長官専用の内火艇が伊藤たちを「大和」へと運ぶ。船尾の軍艦旗がパタパタとなびき、航跡が白く長く伸びていった。伊藤は久しぶりに潮風に当たり、気持ちが安らぐのを感じていた。

「やっぱり、海はいいなぁ」

思わず、そうつぶやき、風を胸いっぱいに吸い込んだ。

伊藤は大東亜戦争開戦前の昭和十六年八月から三年四か月の長きにわたって、軍令部次長の重責を担ってきた。軍令部は東京・霞が関の海軍省三階にあり、海軍における統帥の要だった。現在は農水省の敷地になっている。海軍省のビルは重厚な赤煉瓦造りだったため、そこに勤務するエリート集団は、「赤煉瓦組」と呼ばれた。伊藤もその一人だった。

昭和十六年十二月八日の真珠湾攻撃で始まった太平洋での戦いは今、ミッドウェー海戦、ガダルカナル攻防戦・ソロモンの激闘、マリアナ沖海戦、レイテ沖海戦などの重大局面を経て、終局を迎えようとした。

伊藤は帝国海軍という組織の中枢にあって、それら主要作戦のすべてに参画し、多くの将兵に決死の出撃を命じてきた。「ナンバー2」という立場上、組織のために自分を殺し、時には黒子に徹し、悪役にもなってきた。

事態が自分の思いとは反対の方向にどんどん進んでいったという悔しさはある。だが、開戦を止められず、早期講和も実現できず、戦局を悪化させて特攻作戦まで許してしまった事実は消えない。

痛恨の極みではあるが、言い訳はできない。当然、責任は取るつもりでいる。元々口数の少ない伊藤は、戦局の悪化とともに、ますます無口になった。

「ああ、いい風だ」

内火艇に揺られ、伊藤は解放感に浸っていた。長く苦しいデスクワークは終わった。最期は海の武人らしく、海戦で討ち死にするのだ。

水上の伊藤が気持ちを和ませる理由はほかにもあった。潮の香りが、なんともいえず、懐かしく、心を落ち着かせるのである。それは、海辺で生まれ育った者にしか分からない詩情のようなものだった。

二宮金次郎の再来

伊藤整一は明治二十三年（一八九〇年）七月二十六日、福岡県三池郡開村(ひらき)大字黒崎開（現みやま市高田町）で生まれた。父梅太郎、母ユキの長男。弟が二人、妹が三人いた。

開村は旧柳川藩の所領で、名前の通り、藩主立花氏によって有明海の干拓によって「開かれた村」だった。伊藤家の先祖は八代前からこの地に住み、農業を営んできた。

有明海は、瀬戸内と同じく、波穏やかな内海だ。遠浅の干潟が延々と続き、生き物の宝庫だった。子どもたちには格好の遊び場でもあった。

伊藤の生家から海までは、歩いて十分とかからない。少年時代の伊藤は、毎日暗くなるまで海で遊んだ。魚釣りが得意で、水泳もうまかった。特に抜き手はだれにも負けなかった。

＊

令和元年九月七日、筆者は伊藤が生まれ育った干拓地「黒崎開」を訪ねた。三度目の訪問である。一度目（平成二十五年四月十三日）はお墓参り、二度目（平成二十八年四月二日）は時間をかけて周辺取材を行った。今回は生家跡を探すのが目的である。

広々とした平地がどこまでも続く。田園の緑が目にまぶしい。旧柳川藩の干拓遺跡「矩手（かねんて）水門」（福岡県指定史跡）から大牟田市方面に向かう途中、道路脇に手書きの案内板が出ているのを見つけた。

「ようこそ　伊藤整一海軍大将生誕の家へ」――そこから左に折れる。当時は畦道だったのだろうが、今は舗装されて、車も走れる。案内板の矢印に従って百メートルほど進むと、民家の敷地の一角に自然石の立派な碑が立っていた。

〈海軍大将　伊藤整一君生誕之碑　藤田國雄書〉

刻まれた文字は、ピカピカの金色だ。台座も真新しい。近所の人に聞くと、少し離れた畑の片隅にあったものを、有志の人たちが移築し、伊藤提督の没後七十年目の平成二十七年四月七日に合わせて除幕式を行ったそうだ。

台座下の説明板には、「あれから七〇年の星霜、ここ生家にあらためて誕生の碑移築されしこと同慶のいたり」と書いてあった。

見渡す限りの田園、青い空、かすかに潮の香り含んだ空気。これらは、伊藤の子供の頃とそう変わっていないのではないかと思った。

「誕生之碑」が最初に建てられたのは、終戦七年目の昭和二十七年十一月のことだという。建立者は藤田國雄。伊藤の幼なじみで、開（ひらき）尋常小学校の同級生である。

藤田は福岡農学校に進み、後に県会議員となる。伊藤とは別の道を歩むが、友人関係は終生続いた。「最愛の妻」ちとせとの縁談を持ち込んだのも藤田だった。

伊藤は、開尋常小学校、岩田高等小学校を卒業後、福岡県立中学伝習館に進んだ。明治三十七年四月のことだ。

父梅太郎は、長男である整一の進学に反対だった。先祖代々、長男というものは家を継ぐのが当たり前で、農家に学問など不要と考えていたからだ。六人の子を抱え、経済的にも困難と思われた。

しかし、伊藤は中学に行きたかった。何か具体的な目的があったわけでも、もっと勉強を続けたいといったわけでもなかった。ただ、まだ何か、やり足りない気がして仕方がなかった。

「学校から帰ったら家ば手伝うけん、伝習館に行かせてくれんやろか」

梅太郎は自分の息子が同じ年頃の子供たちに比べて異常なほど意志強固で、根気強いことを知っていた。ついに根負けして息子の願い聞き入れた。

伝習館は柳川藩の藩校の流れをくむ名門だ。現在の福岡県立伝習館高校である。風格のある石の門柱、赤煉瓦の壁、青々とした大蘇鉄が植栽された校庭は、少年伊藤に大志を抱かせるに十分な雰囲気だった。

少し上の先輩に詩人北原白秋がいる。白秋は明治三十年に入学、同三十二年に成績不振で落第、休学を経て、伊藤が入学した年に中途退学している。

伊藤の家から伝習館までは三里の道のりだった。電車もバスもない時代である。自転車もない。速足で片道三時間、往復六時間。雨が降ろうと、風が吹こうと、歩くしかない。伊藤は筒袖の着物に下駄をはき、毎朝午前四時に家を出た。

道半ばで夜明けを迎えると、すぐさま教科書を開いて、道々、予習、復習をするのが常だった。沿道の住民たちはその姿を見て、「ありゃ、二宮尊徳（金次郎）の再来ばい」と言った。帰りも同じで、日没まで歩きながら本を読んだ。

帰宅すると、約束通り、すぐに農作業にかかる。このため、家で勉強をする時間はなかった。

「そんなら、学校の授業に集中したらよか」

そう心に決めて頑張った。一年生の頃はふるわなかった成績は、少しずつ上がっていった。三年生で特待生になり、四年生になると、級長に選ばれた。五年生で海軍兵学校を受験、一発で合格した。

「家では勉強はせん」

そう決めたら生涯その方針を変えなかった。夏休み、冬休みなど長期休暇中であっても教科書を開かなかった。後年、伊藤の長男の叡（あきら）が兵学校を受験する際、夜遅くまで自室で勉強する姿を見た時にも、こう指導をしている。

「勉強は家でするものではない。学校で全部すませてくるのだ」

不自惜身命の男

地元有志による「伊藤整一海軍大将生誕120周年記念誌」（平成二十年七月発行）の口絵に、生家と中学時代の伊藤の写真が載っている。

生家は茅葺きの平屋の農家である。現在は建て替えられているが、写真と見比べると、母屋や納屋など建物の配置はほとんど変わっていないようだ。

伝習館の友人らと一緒に写真に収まった伊藤は引き締まって聡明そうな顔をしている。肩幅が広く、がっしりとした体形をしている。

記念誌には、遺族の手記も掲載されている。

「（兄整一は）いかなる場合でも冷静沈着であった。一般に冷静な人は冷たく感じるのが普通であるが、兄はそうではなく、温かみがあった。そのためか、小中学校時代からひじょうに友人が多く、その友情は晩年までも続き、だれからも親しまれていた」

とは、十歳年下の末弟、繁治（しげじ）（明治専門学校治金科卒、若松中教諭、大牟田高専任講師など歴任。平成八年、九十六歳で死去）の回想である。

若き日の伊藤はどういう生活を送っていたのか。

繁治はこう述べている。

「家から十分くらい歩くと海だったので、毎日泳いでいた。有明海は干満の差が大きいので満潮時だけしか泳げなかった。泳ぎができない時は、鮒釣りやハゼ釣りをやっていて、私はいつでもお伴していた」

「（整一の）中学時代の放課後は、身体の訓練を主とし、柔道・剣道・野球・鉄棒など何でも一通りはやっていたようである。特に鉄棒をやっていたので、艦上生活をするようになってから、左手で綱にぶら下がり、右手で仕事をする高所作業もできたし、荒天の揺れ動く駆逐艦の交番作業も不自由しなかったと言っていた」

繁治によると、伊藤は子供の頃から秀才であったかの如く言われているが、それは間違いだという。

「伝習館時代からの親友鈴木発氏（旧姓田崎）の話によると、兄は入学時、補欠で入り、入学後に上位になり、高学年では首席を占めたそうである」

伊藤は中学卒業後、海軍兵学校に進み、海軍大学を首席で卒業するが、天才肌というより、努力型の人であったようだ。

ただし、ガリ勉ではなかった。繁治は、兄が自宅で教科書を開く姿を見たことはなかった。兵学校に入ってからも、休暇で自宅にいる時の生活は、中学時代とまったく同じだった。

一つだけ異なるのは、夏でもあまり泳がなくなったことだ。

「江田島の海はあまりにきれいだったので、有明海の泥水では、あまり泳ぐ気がしなくなったのであろう」と、繁治は推論している。

海軍には正月前後に十日間余りの休暇があった。独身時代の伊藤は毎年必ず、帰省した。ただ、冬場は釣りもできないので、本を五、六冊持参して読んでいた。

繁治は手記をこう結んでいる。

「兄の人生は、前半は海軍士官になるための準備、後半は全エネルギーを日本海軍のために打ち込み、生まれてから死ぬまで全部を海軍のために費やしたと言っても過言ではあるまい」

繁治は残された伊藤家の子や孫たちに、「兄しゃんは不自惜身命の男だった」と言い伝えてきた。晩年、妻の手料理で晩酌する時には、次のような言葉が決まって出た。

「一度でよかけん、国のお偉いさんが兄しゃんの墓参りにきてくれんじゃろうか。だれに言うたら願いが届くじゃろうかねぇ……」

今日、私たちは伊藤の母校・開小学校や海上自衛隊第一術科学校・教育参考館（旧海軍兵学校）で、伊藤の遺書や勲章など数々の遺品を見ることができる。それらはすべて繁治の生前の寄贈によるものである。

恩賜組に列す

明治四十一年九月、伊藤整一は十八歳で江田島の海軍兵学校に入学した。

クラスは三十九期、同期生は百四十八人。後に将官となった人物に、西村祥治（レイテ沖海戦で戦死した西村艦隊の司令官）、志摩清英（レイテ沖海戦・志摩艦隊の司令官）、阿部弘毅（ガダルカナルで苦闘した第十一戦隊司令官）、角田覚治（第一航空艦隊司令官、テニアン島で戦死）らがいる。同期の戦死者は、伊藤を含め二十七人である。

兵学校時代の伊藤に逸話らしい逸話はない。伊藤は生涯、自ら立身出世を望むようなところがなく、与えられたポジションで黙々と職務に打ち込むという生き方を貫くが、生徒時代も淡々と課業に専念していたようだ。

海軍は学業成績がモノを言う社会だ。したがって兵学校生徒は寸暇を惜しんでノートを開いたものだが、伊藤の勉強時間は他の生徒に比べて短かった。

中学時代からの習慣で覚えられることは授業中に覚えてしまうので、就寝後にこっそり抜け出し、睡眠時間を削って試験勉強をする必要もなかった。それでも、三年後の卒業時の席次（いわゆるハンモック・ナンバー）は百四十八人中の十五番だった。集中力があった証左である。

身長はぐんぐん伸び、百八十センチを超えた。胸板もさらに厚くなった。体力があったので厳しい訓練にも耐えることができた。特に遠泳は誰にも負けなかった。

明治四十四年七月、二十一歳で兵学校卒業。翌大正元年十二月、海軍少尉に任官し、巡洋艦「矢矧」乗組となる。

同艦は昭和十五年に除籍、後継の「矢矧」は海軍の最新鋭巡洋艦として、戦艦「大和」とともにレイテ沖海戦に参加、続く沖縄水上特攻でも「大和」に随伴し、「大和」と運命を共にしている。最初に乗ったフネが「矢矧」だったことは預言的な暗合といえるかもしれない。

大正六年（一九一七年）十二月、海軍大尉に進級。水雷学校高等科学生、駆逐艦「檜」乗組、駆逐艦「海風」水雷長を経て、大正九年（一九二〇年）五月、装甲巡洋艦「磐手」水雷長になった。

「磐手」では分隊長として、アフリカ、南アメリカを周回する一年間の遠洋航海を経験した。この航海の直前、新潟県出身の女性と結婚した。伊藤二十九歳。妻十七歳。若く健康な妻はすぐに身ごもった。

「おれもいよいよ父親か」

伊藤は幸せいっぱいだった。順風満帆とはこういうことを言うのだろう。公私ともに充実した毎日だった。

産み月となり、妻は入院した。もうそろそろだな、と思っていたところ、医院から使いの者がやって来た。急ぎ支度して、家を出た。

医師が廊下に立って待っていた。白衣が血で染まっていた。

「奥様の容態が急変して、手を尽くしましたが、奥様もお子さんも助けることができませんでした」

伊藤は医師の説明の言葉がまったく頭に入って来なかった。声は聞こえているが、内容が理解できなかった。

「死んだのですか」

「残念です」

血液がザーッと音をたてて頭に上っていくのがわかった。胸倉をつかみ、「この野郎、どういうことだ」と叫びたい衝動が突きあがってくる。それを喉から腹の底に押し込むようにしてこらえた。

（お前は帝国海軍の軍人だ。取り乱してはならぬ）

伊藤は姿勢を正し、巨体を折り曲げておじぎをした。

「ご苦労をおかけしました」

医師はびっくりしたような顔で伊藤を見返し、慌てて頭を下げた。

伊藤は深い悲しみを胸の奥にしまい込んで、「磐手」に乗り込んだ。艦内生活では何事もなかったかのようにふるまった。だれにも胸中を明かすことはなかった。仲間に気を使わせるのが嫌だったのだ。

妻子を亡くして百日が過ぎた頃のことである。「磐手」が台湾の基隆に入港したのを機に、伊藤は、基隆炭鉱に勤務する伝習館時代の親友を訪ねた。

二人は再会を祝して酒を酌み交わした。気心の知れた仲である。伊藤は、大いに語り、歌い、声をあげて笑い、ついには立ち上がって踊り出した。

スマートであるはずの海軍士官とは思えない乱れぶりだった。自制心の強かった優等生の面影も消し飛んでいた。友人は、不思議な生き物を見るように伊藤の狂態を見つめていたが、ハタと気づいて、頷いた。

「そうか、そうだったのか」

亡くした妻子のことについて一言も語らなかったが、伊藤は深く傷ついていたのだ。それを一人でじっと耐え、抑えていたのだ。

「よし、今夜はトコトン飲むぞー」

伊藤の心の傷には一切触れず、ただ、浴びるように飲む伊藤に夜を徹して付き合った。伊藤はとろんとした酔眼を友人に向け、急にしんみりとして言った。

「友達っちゅうもんは、本当によかなぁ〜」

翌朝、軍服をつけた伊藤は、きりりとした海軍士官の顔に戻っていた。

「お世話になりました」

敬礼して大股で港に帰って行く伊藤の後ろ姿が、ひときわ頼もしく見えた。

大正十年六月、駆逐艦「汐風」水雷長。同年十二月、海軍大学校甲種学生。この時期の伊藤は、孤独を振り払うように勉学に没頭した。

大正十三年十月、海軍大学校を最優秀の成績（二十二名中の一番）で卒業。天皇陛下から軍刀一振りを下賜された。九州の一農家の無名の青年が、ついに恩賜組に列し、海軍の主流に躍り出た。

伊藤自身はその成績を鼻にかけるようなことはなく、むしろ無頓着だった。ただ、下賜された軍刀だけは肌身離さず持ち歩いた。

第二艦隊司令長官に就任し、「大和」に赴任する際も持参したが、沖縄出撃にあたり、私物とともに陸揚げされた。海底に沈む運命は免れたものの、残念なことに遺族の手元には戻らず、今も所在はわかっていない。

海軍中枢を歩む

伊藤整一が海軍大学校を卒業してから第二艦隊司令長官を拝命するまでの二十二年間の軍歴は、実に輝かしいものである。

大正十二年十月　　海軍大学校首席卒業
同年十二月　　海軍少佐に進級
大正十三年十二月　　霞ヶ浦航空隊付
大正十四年五月　　人事局第一課
昭和二年五月　　米国駐在
同年十二月　　海軍中佐に進級
昭和四年七月　　海軍兵学校教官

昭和六年十二月　海軍大佐に進級、特務艦「鶴見」艦長
昭和七年三月　満州特設機関付
昭和八年四月　満州海軍部付
昭和八年十一月　軽巡洋艦「木曾」艦長
昭和九年四月　人事局第一課長
昭和十年十一月　重巡洋艦「最上」艦長
昭和十一年四月　重巡洋艦「愛宕」艦長
同年十二月　戦艦「榛名」艦長
昭和十二年十一月　第二艦隊参謀長
同年十二月　海軍少将に進級
昭和十三年十二月　海軍省人事局長
昭和十五年十二月　第八戦隊司令官
昭和十六年四月　連合艦隊参謀長兼第一艦隊参謀長
同年九月　軍令部次長
同年十月　海軍中将に進級
昭和十九年三月　兼海軍大学校長

注目したいのは第一線（艦隊）勤務が短く、赤煉瓦（海軍省、軍令部）での勤務期間が長いことである。ふつうの海軍軍人であれば、実施部隊での生活が履歴の大半を占める。ところが、伊

藤の艦上生活は経歴の三分の一に過ぎない。

特に、海軍省人事局に計四年半、兵学校教官を二年半、実に七年間にわたって人事・教育に携わっている。首脳部は伊藤の清廉な人柄を高く評価し、「信用できる男」「若手のお手本になる男」として伊藤を買っていたに違いない。

海外駐在は米国に二年、満州に一年半。これは、将来を嘱望され、国際感覚を磨かせるための起用とみてよい。

帝国海軍は日露戦争後、最大の仮想敵国と目された米国に最優秀の青年士官を送りこんだ。米国での伊藤は、駐在武官の山本五十六大佐（当時）、坂野常善大佐（同）との出会いがあり、米海軍の情報士官レイモンド・スプルーアンスと懇意になる機会を得た。

満州では、建国にあたっての海軍創設という重要任務が与えられている。

相対的に短くなった艦上勤務のうち、艦長職は「鶴見」「木曾」「最上」「愛宕」「榛名」の五艦合わせて二年半。戦隊・艦隊の参謀職が通算四年、司令官職は第八戦隊司令官の半年といったところだ。

こうして艦隊勤務だけなく、人事、教育、海外駐在の各分野にわたって経験を積み、五十一歳で軍令部次長という重職につくのである。

軍令部次長は、帝国海軍のトップの座につくため登竜門である。これは日本が模範とした英国海軍でも同様だった。伊藤は、このポジションで開戦を迎え、三年四か月にわたって奮闘するのである。

軍令部は、天皇直属の幕僚機関である。陸軍でいえば、参謀本部に当たる。海軍省とは並立し、海軍省が軍政をつかさどる一方、軍令部は作戦用兵の策定を行う中枢として機能した。軍令部総長は天皇直属の幕僚長、次長はその補佐であり、部内における事務統括責任者を務めた。

伊藤がこのような要職を任されたのは「海軍大学校首席卒業」の金看板だけではなかっただろう。通常、軍令部次長には古参の中将が当てられたが、伊藤は就任当時、少将だった。抜擢の理由は、軍令部総長永野修身のたっての希望だったとも、連合艦隊司令長官山本五十六の推挙だったとも言われている。

永野は伊藤が兵学校教官時代の校長であり、山本は霞ヶ浦航空隊と米国駐在時代の直属の上司だった。右に偏らず、左に傾かず、中庸を保つ。といって保身を図るわけではない。そういう真摯な態度が首脳陣の厚い信頼を勝ち得ていたものと思われる。

春風接人

戦艦「大和」元副電測士吉田満(『戦艦大和ノ最期』の著者、「大和」沈没直前に伊藤が発した作戦中止命令によって僚艦に救助され、九死に一生を得た)は伊藤の人柄について、次のように述べている。

《伊藤整一は、若い時代から常に正道を歩き、筋を通すことで知られていた。的確な状況把握、均衡のとれた判断には定評があり、良識人の多い海軍部内においても、知性派の代表格であった。ただし、筋を通すといっても、一方的に主張するのではなく、部下、同僚に存分に発言させ、納得できるまで聞く。そしてよく考え、考えぬいてから発言し行動する。したがって、後になって言い訳をするようなことは、まったくない人であった。（中略）しかも、生来、柔和、清廉、鷹揚で、はなはだ寡黙であり、要するに海軍の名将が備うべき条件を、ほとんどすべて身につけていたのである》（文藝春秋刊『提督伊藤整一の生涯』より）

ここまで褒められると、何だか聖人君主のようで面白味に欠ける人ではないか思ってしまうが、そうでもない。

こんな話がある。戦艦「榛名」艦長時代のことである。新米の従兵が艦長室の伊藤に紅茶を出しに来た。ガチガチに緊張している。伊藤は一口するなり、思わず顔をしかめた。緊張のあまり、どうやら砂糖と塩を取り違えたらしい。

伊藤は、何食わぬ顔で、そのまま飲み干した。しばらくして、従兵が青くなって戻って来た。

「申し訳ありません。砂糖と塩を間違えました。お取り換えいたします」

従兵はカップを下げようとして、アッと声をあげた。驚いた従兵は空のカップと伊藤を見比べ、条件反射的に「気をつけ」の姿勢を取った。鉄拳が飛んでくると覚悟したのだ。

ところが、どうしたことか、伊藤は突然、笑い出した。

「ワッハッハッハッハッ」

独特の屈託のない笑い声である。伊藤は固まっている従兵に、いつもの温顔を向けて言った。

「今後は気をつけなさい。分からなくなったら、自分でなめてみることだ」

従兵は救われたような顔で退出した。

公私の区別をきっちりして、私事では決して怒ることがない。寡黙ではあったが、無表情ではない。人に対する時は、かすかに分かる程度の微笑を浮かべている。同じ無表情でも、尊大に見え、「黄金仮面」と陰口をたたかれた宇垣纏（開戦時の連合艦隊参謀長）とは対照的だった。

まさに春風接人。おおらかで穏やかな態度で人に接し、短い言葉の中には、洒脱さとユーモアがあった。伊藤が司令官や参謀長として艦橋にいると、司令部の雰囲気は自然と和らぐのだった。

吉田は前掲書でこう述懐している。「私心がないから、子分もないが敵もなく、めったに喜怒哀楽をあらわすことはないが、親しく付き合うと、思いがけず深い人間的な味わいのある人だった」

最愛の妻

大正十一年秋。伊藤整一は海軍大学校卒業を機に再婚を決意した。郷里の友人、藤田國雄が持ち込んだ見合い話を受けることにしたのである。

妻子を一度に亡くし、失意のどん底にあった二年の間、軍高官の娘との縁談がいくつかあったが、すべて断っていた。藤田が持ってきた相手は、福岡県三潴郡青木村（現久留米市城島町）の医師の家に生まれた森ちとせという女性だった。伊藤より十一歳年下だった。

見合いは森家で行われた。仲介人の藤田夫妻、ちとせ、ちとせの母、ちとせの兄夫婦が出席した。

伊藤はいつも通り寡黙で、静かに膳に箸を付けるばかり。会話は弾まず、ちとせは、無口で、背の高いだけの坊主頭の大男に不満を感じた。

「伊藤君はふだんはこげんしておとなしゅうしとらすばってん、将来は、海軍ばしょって立つ立派な男ですばい。私が保障しますけん」

間に入った藤田が弁解に努めても、伊藤は片頬に微笑を浮かべて黙って聞いているだけだった。

客が辞した後、森家は親族会議を開いた。年の差、家格の違い、二十一歳の若さで後妻に入るのはかわいそう、などの反対意見が出された。

間もなく、伊藤の元に断りの手紙が届いた。伊藤にも異存はなく、ちとせの兄宛てに返事を書いた。もてなしてくれたお礼を言いたかったからだ。

「ちとせさんに断られたのは自分の人格の至らなさである」

返信は、自分を責め、見合いの席での非礼をわびるような内容になった。書いているうちに長くなり、自分でも「長すぎたかな」と驚いたが、そのまま投函した。

兄から分厚い封書を見せられたちとせは戸惑った。

「私、間違っていたかもしれない」

ちとせは悔やんだ。手紙の文面から、伊藤の誠実さを読み取ったのである。人を思いやり、傷つけず、しかも丁寧な言葉で後始末をする姿勢に胸を打たれた。ちとせは、「もう一度会って話がしたい」という気持ちになった。

数日後、藤田から伊藤に電報が届いた。

「ヨメモロタ」

ちとせを嫁にもらうことができそうだ、という吉報である。ちとせは、伊藤と交際を重ねるうち、自分の目に狂いがなかったことを確信した。

「どんなことがあっても、あの方のところ参ります」

そう家族に告げて伊藤の妻になった。ちとせは、一見茫洋として見える伊藤とは対照的に、小柄でよく気の回る世話好きの女性だった。転任、転居の多い伊藤家を万事にわたって切り盛りした。

伊藤はそんなちとせに時折、丸髷に結わせ、それを眺めては悦に入った。

「あっちを向いてごらん」「今度は、こっちを向いて」

ちとせは伊藤の言うなりに、いそいそと畳の上を動いてポーズを取った。そんな両親の無邪気な振る舞いを見て、真面目で潔癖な長女純子（すみこ）は「お母様なんか嫌いッ」と言った。

「母は父が帰宅すると、母ではなく、一人の女性なっていました。父のほうも、私と話す時の感じと母と話す時の感じがまったく違っていて、私はやきもちを焼いていたのです」と、純子は後年語っている。

ある日、ちとせと純子が日比谷公園で、伊藤と待ち合わせをしたことがあった。二人を見つけた伊藤は、遠くから派手に手を上げて大股で歩いてきた。ちとせも子どものように楽しそうな顔で手を上げて答えた。純子は周囲の人たちに見られているようで恥ずかしく、両親を恨めしく思ったという。

伊藤が長く家を離れる勤務に就くと、ちとせは毎日欠かさず手紙を書いた。それを一週間分ほどためて、純子が女学校に通う道すがら投函するのが日課だった。

伊藤もまめに返事を書いた。文末の宛名には決まって、「いとしきわが妻」「いとしき最愛のちとせどの」と記した。

米国駐在時代に身につけたのだろうか。翻訳調の言い回しである。

伊藤から近況を伝える電話がかかると、ちとせはふだんとは違う甘えた声音で話していたとも、純子は証言している。

純子は長男叡（あきら）に続いて生まれた長女だが、その下には、江田島生まれの次女淑子（ひでこ）、佐世保生まれの三女貞子がいた。淑子は父親似で伊藤と馬が合い、貞子は母親似で明るく活発だった。

三姉妹は、「私たちが羨むほど、仲の良い夫婦でした」と口をそろえ、「父は家庭のことはすべて母に任せて、注文めいた口をきくことは一度もありませんでした」と振り返っている。

身ぎれいな暮らし

ちとせの幸せの尺度は、夫の無事と子どもたちの健やかな成長のみによって計測された。家族が元気であったなら、それでいい。他は何も望まなかった。

伊藤の重巡洋艦「愛宕」艦長時代のことである。

江田島で海軍大演習が開かれることになり、「愛宕」が昭和天皇のお召し艦に選ばれた。神戸から江田島までの行幸日程が発表されると、乗組員たちは緊張のあまりガチガチに固まってしまった。

そんな中で、伊藤は努めて平静を装い、乗組員が萎縮しないよう気を配った。役目を果たして帰宅した日、伊藤は、ちとせの顔を見たとたん、すーっと全身の緊張が解けた気がした。

「お疲れさまでございました」

「心配かけたな」

純子が二人の間に入ってこう言った。

「お母様は、お百度を踏んでらっしゃったのよ」

ちとせは、伊藤が艦上にいる間、近くの神社の参道を端から端まで裸足で百回往復して、無事を祈っていたのだ。

その時に、ちとせが詠んだ歌が残っている。

ひたすらに安かれしと祈るなり　み戦（いくさ）ふねの八重の汐路を

ちとせの生活は、伊藤の海軍部内での栄達とは無関係に見えた。

高官夫人として社交界にデビューしようなどという考えは頭の片隅にも浮かばなかったようだ。

とにかく派手な生活を慎み、伊藤が将官に栄進しても暮らしぶりは大尉時代と変わらなかった。

伊藤からは常々こう言われていた。「自分の人生には海軍しかない。海軍をやめたら、家で畑仕事をするだけで、口に糊するためには何もしない。恩給だけでやっていけるように、ふだんから生活設計をしておいてほしい」

これは、伊藤が人事局長をしていた頃の経験から出た言葉だった。当時、予備役編入が近くなった先輩を訪ね、非公式に内報するという任務を与えられていた。嫌がる猫に鈴を付けるという、気の重くなるような仕事だった。

高位高官の者ほど、一線から退くことを潔く受け入れず、愚痴をこぼした。逆に、昇進の遅れていた者が平静に受け入れてくれ、ホッとしたこともある。伊藤は、持ち前の粘り強さで、辛い役目を果たしたが、ちとせには、こうもらしていた。

「人間の値打ちは、棺を覆ってはじめて分かるというけれど、進退を決めねばならぬ時にぶざまな真似はしたくないねえ」

こういう伊藤を、吉田満は『提督伊藤整一の生涯』にこう書いている。

《公私混同を嫌い、身ぎれいな生活を貫いた点でも、高級軍人のなかでは異色の存在であった》

昭和十九年五月、伊藤は軍令部次長の時に母を亡くした。この時、海軍省は体面を考えて、葬儀用にと、自動車や物資の提供を申し出た。だが、伊藤は「もってのほかだ」と一切を固辞し、いかなる労力奉仕も受け付けなかったという。

山本五十六のしごき

伊藤少佐が米国駐在を命じられ、単身渡米したのは、長女純子が生まれて間もない昭和二年五月のことだ。

当時の在米日本大使館付武官は山本五十六大佐である。山本は、海軍大学校時代に軍政学を教えてくれた教官であり、米国異動前の勤務地・霞ヶ浦海軍航空隊では、直属の上司（山本が隊長、伊藤が副長）だった。それゆえ、初めての海外勤務である伊藤も安心して赴任することができた。

ワシントン到着早々、あいさつに赴くと、山本は「おう、よく来た」と気さくに応じた。

「明日からは忙しくなるぞ、今夜はゆっくり休め」

山本に言われ、伊藤はあてがわれた部屋に落ち着いた。バスルームのついた洋室である。ベッドは大男の伊藤でも十分手足が伸ばせそうなサイズだった。窓にはカーテンが引いてある。伊藤は軽いカルチャーショックを感じながらも、長旅の疲れでぐっすりと寝入った。

翌日から、山本のしごきが始まった。会議の準備、資料の用意、部内の打ち合わせ等々、次から次へと用事を言いつけるのである。伊藤はどんな雑用でも黙々とこなした。持ち前のおおらかな態度も変わらなかった。

腑に落ちないのは、お昼の時間帯に必ず、山本が仕事を頼むことだった。

「午後一番で必要な資料だから、そろえておくように」

山本に命じられて大急ぎで準備をしていると、昼食を取り損ねるのである。これが一週間続いた。どんなに酷使されてもいいが、毎日、昼飯抜きはつらい。伊藤は思いきって聞いてみた。

「駐在員は昼飯を食ってはいけないのでしょうか？」

山本は「待ってました」というような顔をして答えた。

「伊藤君、君はこのアメリカ滞在中にできるだけ見聞を深めなければならない。アメリカという国、アメリカ人というものをしっかり理解しなければならない。できれば旅行などもしてほしい。でなければ、わざわざ官費で海外に派遣された意味はない。わかるか？」

「もちろんです」

「しかるに、だ。そういう勉強や活動をするには、官費では到底足らぬ。万事切り詰めて自分の懐から捻出するしかない。昼飯抜きはその辺の呼吸をちょっぴり味わって、工夫せよということだよ」

「なるほど、よくわかりました」

山本はたたみかけた。

「昼飯のことはもういい。君は英語に徹する生活をしたほうがいい。日本人にいないところに住まいを移すことだ」

「と言いますと？」

いきなりの提案に伊藤は一瞬戸惑った。

「どこか大学の寄宿舎に入って勉強してみてはどうか」

山本はぐいぐい押してくる。伊藤は半信半疑ながらも、「はい。やってみます」と答えるしかなかった。

実は、山本も少佐時代の大正八年、初めての米国駐在を命じられた際、ワシントン着任の一週間後にボストンに移り、一年間、ハーバード大学で学んでいた。山本は伊藤にも同じ経験を積ませようとしたのである。

伊藤は大使館の手配で早速、エール大学留学の手続きを取ってもらい、寄宿舎生活に入った。エール大学はニューヨークの北東、コネティカット州ニューヘブンにある名門校である。

伊藤は十歳以上年下の若い学生たちに交じって、授業を受けた。履修したのは、経済学、社会学、米国政治学。授業はもちろん、掲示板を確認するのも英語、食堂で注文するのも英語だ。まわりに日本語を話す者は一人もいない。そのおかげで伊藤の英語力はたちまち向上した。

三か月で日常の生活にはまったく不自由がなくなり、五か月目には仲間と英語で議論ができるようになった。伊藤は学生時代から理系科目は得意だったが、英語は大の苦手だった。

（山本さんはそこまで見抜いていたのだろうか。それにしても、人間、追い詰められれば結構なんでもできるもんだな）

伊藤は、一見手荒に見えて的を射た山本一流の教育法に深く感謝した。

この年の十二月、山本は帰朝命令を受け帰国、伊藤は中佐に昇任した。

ジェントルマン坂野常善

山本五十六の後任としてワシントンに赴任してきたのは、坂野常善（さかのつねよし）大佐だった。岡山第一中学出身。山本の一期下の海兵三十三期。卒業時成績は百七十一人中二十二位。山本と同様、切れ者と言われていた。第一次世界大戦中は、地中海に遠征した第二特務艦隊と英国海軍との連絡業務のため現地に渡った経験を積んでいた。

坂野の着任に合わせ、伊藤はエール大学から大使館に呼び戻され、坂野駐在武官の補佐官筆頭格として活動することになった。坂野に仕えるのは初めてだったが、伊藤はこの新しい上官からも少なからぬ感化を受けた。

坂野は「スマートで目先が利いて几帳面」と言われた海軍士官を地でいくようなジェントルマンだった。語学練達、社交術に長け、人間的な魅力も備えていた。何より、時代の流れをはるか先まで見通す眼力を持っていた。

駐米武官時代に次のような逸話がある。

駐米大使の送別会での出来事である。喫煙ルームで大使館員たちが、オールドパーを飲みながら放談しているうちに座が乱れた。一人の書記官が悪酔いして口喧嘩を始め、揚げ句にウイスキーの空瓶を放り投げたところ、たまたまそばに座っていた坂野の鼻に当たり、負傷させてしまった。

坂野付の補佐官が激怒して書記官の胸倉をつかむ。二人は殴り合い寸前までいったが、伊藤が大きな体で割って入り、引き離した。大使館側は書記官をビリヤード室に鍵を掛けて閉じこめ、事態の収拾を図った。

翌朝、酔いがさめた書記官は、同僚から前夜の顛末を聞いて慌てて武官室に駆けつけ、平身低頭、陳謝した。坂野は、酒席のこととして、この書記官を不問に付した。当時の高級軍人の鼻息からすると、このような侮辱を受けてそのままにしておくとは、あり得ないことだった。うわさが本国に流れれば、「帝国海軍の名折れ」「弱腰」「腰抜け」と非難を浴びたかもしれない。しかし、坂野はそのような些事にいきり立つような男ではなかった。国際情勢は風雲急を告げ、日米間にはただならぬ空気が漂い始めていた。書記官はその重圧に耐えかねて情緒不安定になっていたのかもしれない。

伊藤は、平然と屈辱に堪えた坂野の態度に惚れ惚れとした。坂野の立ち振る舞いこそ在外勤務者の心得であると、胸に刻んだ。

先の話になるが、坂野は三年間の米国勤務の後、少将に栄進し、海軍部内の英米協調派の領袖となる。ところが、海軍省情報局長時代に、「海軍は政治に関与せず」との声明を出して海軍大臣の逆鱗に触れ、台頭してきた艦隊派（強硬派）によって「開戦反対論者」として予備役に追い込まれてしまう。

素志を貫くことができなかった坂野はその後、日米開戦直前に軍令部次長に就任した伊藤に対して、次のような手紙を書き送っている。

「貴官の（軍令部次長）着任時には、すでに海軍の大方針は決定しており、かれこれ変革を許さざる情勢にあるかとも思うが、日米戦争はいまさら言うまでもなく、国家興亡の分かれる一大事である。たとえ東洋に来攻する米艦隊を撃滅することができると仮定しても米国に対して致命的打撃を与えるとは考え難く、結局米国に対して最後の止めを刺すため、いかなる成算があるのかという疑問を禁じえない。何とぞお国のため、深慮遠謀、万違算なきよう懇願する……」

苦闘する伊藤を叱咤激励し、何が何でも開戦を避けるよう求めた文章である。この時期（昭和十六年秋）、伊藤が信頼する山本五十六はすでに連合艦隊司令長官として前線に出ている。避戦派の首領米内光政は予備役である。

海軍大臣、軍令部総長以下海軍中枢が開戦に向かって突き進んでいる中にあって、伊藤一人の力で時代の奔流を止めることは不可能だった。

終戦目前の昭和二十年三月、坂野が脱稿した回想録「大東亜戦争ノ教訓」には、軍人の政治関与が日本の針路を誤らせたことに対する無念と憤りの言葉が書き連ねてある。

《わが国にはヒットラー的独裁者なきも、政策はドイツのものと大差なく、特に言論の自由は極端に圧迫され、国民はあたかも群羊のごとく追いまわされつつある。（中略）世論の批判を甘受せずして進歩発達を見るべきはずはなく、現在においては戦力増強の一標語に没頭せるごとき外観を呈するも、施策面に関しては、早晩爆発を見ることは必然である》

伊藤がこの坂野の手記を目にしたかどうかは不明である。読んでいたとしても、この時期、伊藤はすでに司令長官として戦艦「大和」の艦上にあった。坂野の意見に内心賛同はできても、目前に迫った特攻出撃を取りやめるなどできようはずもなかった。

日米情報戦

故事に曰く、「敵を知り己を知れば百戦あやうからず」。

欧州に、アジアに、戦雲が重く垂れ込めてきたのを見て、各国は情報活動に注力し始めた。

昭和二年夏、伊藤の米国赴任と前後して、レイモンド・スプルーアンス（後の米太平洋艦隊司令長官、駐フィリピン大使）が米海軍情報課の課長補佐に着任した。各国駐在員らの懐に飛び込んで情報収集にあたる新設のポストである。

「情報将校」には通常の軍務とは違った才能がいる。情報を得るには、こちらもギリギリまで手の内を見せる必要に迫られることがあるし、信頼関係を築くには打算を超えた強い信念も持っていなければならない。相手のごまかしを見逃さない怜悧さもいる。要するに敏腕新聞記者のような鋭い嗅覚と粘り強さが求められるのだ。スプルーアンスはそういう仕事に向いている、と米海軍の上層部は判断したのだ。

伊藤もまた、同様の見地から米国に派遣され、情報戦の最前線に立っていた。二人は、坂野常善の駐在武官就任披露パーティーの席で初めて出会った。約十八年後の昭和二十年四月、沖縄決戦で直接対決する運命が待ち受けているとは、夢にも思っていない。

スプルーアンスは夫人マーガレットを伴って駐在武官公邸に向かった。坂野は自ら出入り口に立ち、招待客一人一人に出迎えのあいさつをしている。

この人は外国人との付き合い方を心得ている——スプルーアンスは、坂野の上品な笑顔に好感を持った。

当時、米軍の幹部の多くは、日本人を軽蔑していた。日本などアジアの片隅の野蛮人国としか思っていなかった。だが、スプルーアンスは違った。上層部の差別意識が情報不足による偏見にすぎないことに気づいていた。

例えば、山本五十六大佐である。切れ者というだけなく、教養豊かで、ユーモアもあった。ああいう人格者は米海軍を見渡しても、なかなかいない。

「ヤマモトが離任して日本に帰ってしまったのは残念だったが、新任のサカノもまた素晴らしい」

スプルーアンスは、山本や坂野の立ち振る舞いに日本の文化の厚みと教育水準の高さを見ていた。彼らは決して「イエロー・モンキー」などではない。手ごわい相手だ。そんなことを考えながらカクテルグラスをもてあそんでいると、社交的なマーガレットがいつの間にか見知らぬ日本人と話を始めていた。

武官付の軍人のようだが、武骨な感じはしない。落ち着いていて、常に穏やかな微笑を浮かべている。スプルーアンスは妻のほうへ近づいていった。

「あら、レイモンド、こちらはミスター・セイイチ・イトウ、コマンダー（中佐）でいらしてよ」

中佐なら自分と同じだ。

「初めまして、レイモンド・スプルーアンスです」

右手を差し出すと、伊藤はしっかりと握り返した。体格も良いが、手も大きかった。スプルーアンス四十一歳、伊藤三十七歳。

「海軍大学を卒業したばかりだそうですね。奥様にお聞きしましたよ」

伊藤の英語も坂野に劣らず流暢だ。

「ええ、通信技術を専攻していました。ところで、あなたの奥様は？」

「日本におります。息子が三歳、娘が一歳で、連れてくるのは難しかったのです」

「そうでしたか。お子さんたちに会いたいでしょう？」

「ええ。妻にもね」

フランクな返答にスプルーアンスは思わず笑ってしまった。伊藤もこの軍人らしからぬ、ひょろひょろしたのっぽな米国人に親しみを感じた。

(自分と同様、はにかみ屋ではあるが、手堅く、注意深い男のようだ)

ふだんは無口で物静かな二人である。ところが、この夜に限っては会話が弾んだ。ウマが合ったのだ。ともに農家の出身で、貧乏だったため官費で通える兵学校に入ったこと、海が好きで海軍を選んだことなど境遇も似通っていた。

スプルーアンスは教科書を学校に置いたまま手ぶらで家に帰って来る少年だった。教師は怠けていると思い、注意した。素直に従ったが、家で教科書を開くことはなかった。学校の授業ですべて頭に入っていたから家で勉強をする必要はなかったわけだが、この点も「勉強は家でするものではない。学校で全部すませてくるもの」と言っていた伊藤との共通項だ。

　太平洋戦争で敵味方として戦うことになる両将がいずれも抜群の集中力を持っていたことを示す逸話である。アナポリス海軍兵学校の卒業成績は二百九人中の二十一番。伊藤とほぼ同じレベルだった。

　いつになく饒舌になったスプルーアンスは、少尉候補生として戦艦「アイオワ」に遠洋航海に出て、横須賀に入港した時の思い出を伊藤に語った。この時、連合艦隊旗艦「三笠」を礼訪し、全世界の海軍軍人のあこがれの的であった東郷平八郎に謁見したというのだ。

「目の前を通り過ぎる姿を見ただけで、言葉を交わすことはありませんでしたが、その感激は今も忘れられません」

　話し込むうちに、マーガレットが坂野をつかまえていた。スプルーアンスにウィンクを送っている。

「オー、失礼、私もそろそろ大佐にごあいさつしておかないと」

「どうぞどうぞ、私のほうはお構いなく」

　スプルーアンスは場を離れる瞬間、珍しくジョークを言ってみる気になった。

「いや、私のほうは気になりますね。あなたはとても油断ならない人のように見える」

「ワッハッハッハッハ」

　伊藤は声を上げ、屈託なく笑った。

友情の絆

ワシントンの日本大使館や駐在武官事務所は頻繁に招宴を開いた。伊藤はその度に準備に奔走し、ホスト役を務めた。逆に、米国政府や陸海軍側から晩餐会やホームパーティーに招待されることもしばしばあった。こうした場を活用して、お互いに親交を深めつつ、正面からは聞き出せない話を友好的に引き出そうと努めた。

スプルーアンス夫妻との交流もおのずと深まっていった。スプルーアンスは、伊藤が思慮深く、決して軽率な行動取らない男とみて信頼していたようだ。夫人のマーガレットにとっても、伊藤は体格が良く、タキシードも似合って、格好のダンス相手だった。

そのうち、伊藤はスプルーアンス家の夕食にも招かれるようになった。パンとスープ、サラダ、肉、魚。マーガレットはなかなかの料理上手だった。ただ、なぜか、鶏肉だけはメニューから外されていた。

伊藤はナプキンで口元をぬぐいながら聞いてみた。

「当家では、チキンを食べないのに何か理由があるのですか」

スプルーアンスは照れくさそうに答えた。

「実は、少年時代に父が破産して、私は雛を育てて家計の足しにしていたのです。その鶏たちが殺されるのをいつも見ていてね、どうも苦手になってしまったのです」

伊藤にも思い当たることがあった。

「私も同じですよ。何か祝い事があると、鶏を絞めて羽毛をむしるのが長男の私の仕事だったのです。だから、私もチキンは苦手です」

二人は大いに意気投合して杯を重ね、マーガレットが大皿に盛って運んできたデザートのチョコレートアイスクリームに手を延ばした。

マーガレットはいつも伊藤の留守家族を気遣ってくれた。伊藤は純子が成長していく様子をちとせから送られてくる手紙や写真で知るにつけ、何か贈り物をして喜ばせてやりたいと思っていた。しかし、買い物は大の苦手である。そこで、思いきってマーガレットに尋ねてみた。

「娘に何かプレゼントをしたいと思うのですが、女の子のものとなると、さっぱり分からなくて困っています」

「セイイチ、私に任せてください」

マーガレットは二つ返事で引き受け、翌日、大きな包みを抱えて夫とともに伊藤のアパートに現れた。包みには子供用のドレスが五着とセルロイドの人形が入っていた。

「サンキュー、ベリーマッチ」

伊藤は夫人に心から感謝した。早速、ちとせ宛て手紙を同封して荷物を発送した。末尾にはいつものように、「いとしきわが妻ちとせどの」と書いた。しかし、心待ちにしていた返事は、純子へのプレゼントが期待はずれだったことを伝えていた。

贈ったドレスは日本で着るには派手すぎて、純子の気に召さなかったというのだ。金髪で青い目の人形も気味が悪いばかりで不評だったという。純子は友達と同じような服、同じような人形がほしかったのである。このあたりは、心優しくはあっても、ドジな面もある父親だった。後日、パーティーの席でマーガットが聞いてきた。

「あのドレス、どうでしたか?」

「ええ、とても気に入ったようです。大いに助かりました」

伊藤は穏やかな笑みを浮かべて答えた。

昭和二年末、スプルーアンスは戦艦「ミシシッピー」副長に転出することになった。坂野大佐が門出を祝う席を設け、公邸にスプルーアンス夫妻を招いた。もちろん、伊藤も出席した。庭で外の風に当たりながら伊藤は本音をもらした。

「フネに戻られる貴殿がうらやましい」

「ありがとう。しかし、あなたもいずれ艦隊勤務に就くのでしょう?」

「恐らく。船乗りですから、やはり海が一番です」

スプルーアンスは素早く辺りを見渡して続けた。

「私は、ヤマモト大佐やサカノ大佐、そしてあなたが、これからの日本海軍を担っていく人だと思っています」

「さあ、私に限ってはどうか……」

「いや、きっとそうなる。そこで、ひとつ言っておきたいことがあるのです」

「何でしょう」

「いいですか。日本は、米国の挑発に決して乗ってはいけません」

伊藤ははっとしてスプルーアンスの青く澄んだ目に見入った。スプルーアンスはしっかり見返している。

「覚えておきましょう」

伊藤はゆっくりとした口調でこたえ、スプルーアンスの言葉をしっかりと胸に刻んだ。

「あなたに会えて良かった」

スプルーアンスは最後に言った。彼は伊藤を一個の人間として敬愛していたのだ。伊藤もそうだった。伊藤は無言でうなずいた。

日米が干戈を交えるのはこの十四年後のことである。さらに、スプルーアンスが米海軍第五艦隊司令長官として、伊藤整一第二艦隊司令長官座乗の「大和」撃沈の命令を下すのは十七年と四か月後のことである。

戦後も友情の絆は切れなかった。スプルーアンスは伊藤家の消息について手を尽くして調べた。しかし、伊藤の自宅は空襲で焼け、後継ぎの長男も失って伊藤家は断絶、遺族と接触することはできなかった。ちとせも終戦の翌年、四十五歳の若さで病死、娘たちは筆舌に尽くしがたい辛酸をなめていた。スプルーアンスが彼女たちの実情を知ったならば、激しく胸を痛めただろう。

一方、坂野とスプルーアンスは戦後、再会を果たし、交友関係を復活、終生、家族ぐるみの付き合いをした。

江田島の熱血教官

昭和四年五月、伊藤は米国駐在を解かれた。

太平洋を渡って横浜港に入港、二年ぶりに東京のわが家に帰ってきた。間もなく内命があり、海軍兵学校の教官兼生徒隊監事就任が決まった。

一家四人そろって広島県・江田島の山の手にある官舎に引っ越した。任期は昭和四年七月から六年十二月までだった。この間、次女淑子が生まれている。

着任時の校長は永野修身。伊藤の十一期先輩で、後に軍令部総長となり、伊藤を次長に引っ張り上げることになる。米国駐在経験者としても大先輩だった。

兵学校の建物は現在、海上自衛隊の第一術科学校として使われている。赤煉瓦造りの生徒館、大講堂、グラウンド、桟橋などの施設は伊藤が教官をしていた頃とほとんど変わっていない。

校庭には、戦艦「大和」の主砲弾、特殊潜航艇「甲標的」、潜水艇「海竜」などの展示物が並んでいる。

平成二十六年一月、その一角に伊藤整一ゆかりの桜の苗木が植樹された。

庭仕事が好きだった伊藤は昭和十年頃、東京・杉並の自宅の庭に桜の木を植えた。家は空襲で跡形もなく焼けたが、桜の木だけは残った。戦後になって、根っこの部分から新たな芽が出て、どんどん成長した。戦死した伊藤父子をしのんで、いつしか、「父子桜」と呼ばれるようになった。その伊藤手植えの桜を分枝、接ぎ木して育てた一本が江田島に植えられたのである。杉並の桜は毎年、伊藤の命日（四月七日）前後に満開となり、桜吹雪を舞わせてきたが、近年、樹勢が衰えてきた。

令和四年四月七日、戦後七十七年を迎えた父子桜の様子を杉並の伊藤宅跡で暮らす高篠結子（伊藤の長女純子の長女）に尋ねた。

「今年は開花が早く、一週間前が満開、今はもう葉桜で、主人が毎日掃き掃除をしています。木はすっかり老木になり、以前はきれいなピンクだった花の色もだんだん薄くなり、花びらも小さくなってきました」

時は着実に流れているようだった。結子は昭和二十一年一月生まれ。伊藤が抱くことのできなかった初孫である。

昭和四年に話を戻す。兵学校教官としての伊藤は、徹底した不言実行型だった。とにかく余計な話をしない。だが、ひとたび口を開けば、論旨は簡潔明瞭だった。授業は脱線することなく、合理的に淡々と進められた。

教官にありがちな名調子の説教や武勇伝の開陳など皆無だった。海軍大学校首席卒業の切れ者らしい訓戒もない代わりに、生徒が期待する米国駐在時代の体験談などが語られることもなかった。自分自身をひけらかすようなことが大嫌いだったからだ。

座学とは打って変わり、運動・訓練には大いに情熱を注いだ。江田島の象徴であり、生徒たちの鍛錬の場となった古鷹山の登山競争にも熱心だったが、特に強い印象を与えたのは、水泳の時間だった。

伊藤は毎回、褌一本になって生徒たちと一緒に海に飛び込んだ。巨体を陽に晒して率先垂範、厳しい訓練を共にした。伊藤はいつも先頭を切って泳いだ。山国育ちで泳ぎの苦手な生徒には、こうアドバイスした。

「バタバタするな。力を抜いて泳げ。力を抜けば体は浮く」

彼らが脱落しそうになると、近くまで泳ぎ寄って声をかけた。

「最後まで諦めるな。ここで諦めたら命を落とすぞ」

教官の心のこもった激励にこたえるように、生徒たちは力泳した。

「こんな教官は初めてだ」

生徒たちは疲れ知らずの四十歳の中佐に目を見張った。瞳には尊敬の色が浮かんでいた。仕上げは、宮島から江田島までの二十キロ遠泳だ。

「遠泳は持久力、精神力を鍛えるだけでなく、戦場で生き残るために役に立つ」

伊藤は生徒たちにそう言い、体を張って教えた。熱血指導が奏功し、入学時には金槌だった生徒も含め、一人も欠けることなく二十キロを完泳できるようになった。

鉄拳制裁を禁ず

伊藤が江田島で兼任した生徒隊監事とは、生徒指導の責任者である。監事として真っ先に取り組んだのは、鉄拳による私的制裁の禁止だった。

兵学校では、上級生が下級生に気合を入れるため、鉄拳を振るうのが日常化していた。伊藤はこれを厳禁した。下級生は喜んだが、上級生は面白くない。

「鉄拳制裁は海軍精神を注入するものだ。兵学校の伝統だ」

最上級の「一号生徒」は目をつり上げて怒った。長い間黙認してきた同僚教官たちも不満顔だった。

「生徒の問題は生徒に任せておけばいいのではないかね」

だが、伊藤は理由を明らかにせず、「監事たる私の方針です。従ってください」とだけ答えた。是非を論じても、平行線をたどるのは目に見えていたからだ。

伊藤は、生徒を甘やかそうとは毛頭考えていなかった。制裁につきまとう遺恨の感情を懸念していたのだ。殴った者は忘れても、殴られた者は忘れない。これから、士官として海軍を担っていく者が恨み抱えて生きていくのは将来への禍根を残す。伊藤は、帝国海軍の未来を心配していたのである。戦場で求められる勇気は、殴られて培われるものではない。自分で自分に打ち克つことで鍛えられていく。それが伊藤の考えだった。

伊藤が教官在任中に受け持ったのは、五十八期から六十二期までの五クラス（学年）である。中でも五十八期（百十三名）は私的制裁を禁止されたため、ひじょうにおとなしく、紳士的なクラスと言われている。

このクラスには特殊事情があった。彼らが最上級の一号生徒になった時、兵学校の教育期間が一年間延長され、三年八か月になったのだ。一号生徒は、下級生から見ると、最上級の「神様」のような存在である。「神様」を二度もやることになった五十八期に、気のゆるみが見え始めたのは無理もない。

伊藤は、クラスの規律を維持するため、一計を案じた。伊藤は、五十八期生が「一号生徒＝神様」二年目に入ってすぐの連休に目星をつけた。

生徒たちは大いに羽根を伸ばそうとソワソワしている。連休初日、祝日の遥拝式が終わった直後、伊藤は、温めていた秘策を実行に移した。

「一号生徒、分隊ごとに生徒館前に集合！」

生徒隊監事の突然の号令に一号生徒たちは戸惑いを隠せなかったが、ここでひるんでは一号の沽券にかかわる。生徒たちは何食わぬ顔で整列した。伊藤は涼しい顔で立っている。全員そろったのを確認すると、いつものように、「簡にして明な」命令を下した。

「これから、一号だけで分隊ごとにカッター（短艇）を降ろし、江田島一周の競漕を行う。帰校時刻は分隊間の戦技とする。直ちにかかれ」

休日返上の抜き打ち訓練である。生徒たちは目の前が真っ暗になった。

江田島短艇一周事件

「一号だけでやれ」

伊藤の抜き打ち的な命令に一号生徒は驚愕した。カッターの定員は十四人である。これに対し、各分隊の一号の人数はせいぜい八人に過ぎない。風が凪いだら、オールを漕ぐしかない。ふだんは見習いの最下級生も含め二十人以上で動かしている。これを八人のクルーで競漕するとなると、かなりの苦行だ。

加えて、「直ちにかかれ」という。食糧、飲料を積み込む時間もないというわけだ。生徒たちは駆け足で桟橋に向かいながら頭の中で素早く計算した。

江田島は一周百マイル（百六十キロ）、平均四ノットで航行するとして……これは大変だ。一昼夜かかるぞ。飲まず食わずで果たして体力は持つのか？　生徒たちは顔色を失い、無言でカッターに乗り込んでいった。

伊藤は気をつけの姿勢のまま、江田内に漕ぎ出して行くカッターを見送った。

むちゃな訓練であることは、百も承知だった。しかし、彼らの前途に待ち受けている困難を考えると、あえて無理難題を突きつけずにはおれなかった。

戦場では、突然、予期せぬ事態が振り掛かってくるし、理不尽な命令が飛ぶ。不運、悲運が重なり、絶望的な気持ちになることもある。海軍士官となる彼らには、それに打ち克つ強さが要求されるのだ。カッター競漕というチームワークを要する訓練を選んだのは、同期が力を合わせて困難を乗り越えていく大切さを教えたかったからだ。

伊藤は、いつでも救助の船を出せる準備をして学校に待機した。官舎には戻らず、生徒と同じように飲食を絶って一晩を過ごした。

「何とか無事に帰ってきてくれよ」

翌朝、伊藤は祈るような気持ちで桟橋に立った。午前十時頃から、ポツポツと船影が見え始めた。疲れ果てているのだろう、船脚はおそろしく遅い。ようやく、最初の一艇が桟橋にたどり着いた。生徒八人が整列し、伊藤に帰校の申告を行った。体は疲労困憊しているようだったが、目には光があった。不可能を可能にしたという自信をつけたのに違いなかった。

「よく、帰ってきた」

伊藤は答礼をした後、感極まって彼らの肩を抱いた。この後、カッターは次々に帰ってきた。全員無事だった。伊藤は、生徒全員と握手をし、健闘をたたえた。少人数による江田島一周競漕は、後にも先にもこの時にしか行われていない。この過酷だが、理にかなった訓練は、「江田島短艇一周事件」として後々、兵学校の語り草になった。

伊藤に鍛えられたた五十八期生はその日を境に一回り大きくなったようだ。海へ空へと巣立った教え子百十三人は太平洋で、少佐、中佐の中堅幹部として獅子奮迅の活躍をすることになる。「急降下爆撃のエース」と呼ばれた江草隆繁はマリアナ沖海戦で戦死。「雷撃の神様」と称された村田重治は南太平洋沖海戦で空母ホーネットに突入、自爆戦死した。末次信義（父は海軍大将末次信正）は駆逐艦「若葉」艦長としてキスカ島撤退作戦に参加、その後、第二艦隊水雷参謀として戦艦「大和」に乗鑑、沖縄水上特攻で伊藤とともに戦死した。

このクラスは、六十人以上が出身中学で首席だったとも言われている。生来、大器となる素質を備えた人物が多かったのかもしれない。生き残った者も多くが戦後復興の牽引役を務めた。

伊藤と同じく、福岡県出身の鳥巣建之助は潜水艦艦長、潜水戦隊参謀を歴任、大戦末期には回天特攻作戦担当参謀を務めた。戦後は多数の戦記や評論を通じて社会に警鐘を鳴らした。同じく福岡県出身の中島正は飛行隊長を歴任、戦後、航空自衛隊に入り、空将補になった。飛行隊長や航空参謀を歴任した奥宮正武も戦後、航空自衛官となり、空将にになった。

ハンモックナンバー八番の秀才、千早正隆は戦隊参謀、連合艦隊参謀を歴任。ポツダム宣言受諾を受け、自刃の決意を固めたものの、連合艦隊司令長官小沢治三郎に「自決は許さない。おれも自決しない」と諫止され、思いとどまっている。戦後は海軍省史実調査部員、GHQ戦史室調査員を務めた後、東京ニュース通信社に入社し、編集担当役員を経て、戦史作家として活躍した。

千早は連合艦隊参謀時代、三人の参謀長に仕え、その時の思い出を著書「日本海軍の驕り症候群」（プレジデント社）に書いている。

《参謀長は福留繁少将、伊藤整一少将、宇垣纏少将と三代も替わった。伊藤参謀長は私が兵学校生徒の時の生徒隊監事（訓育主任）であったから、艦橋で私に心安く話しかけたりしていた。福留参謀長はとくに私に話しかけたりすることはなかったが、柔和な顔をして私に対していた。これに反して、宇垣参謀長は私の存在などは完全に無視して、鉄仮面のような顔を少しそらしぎみにして、私の鼻先を通り抜けることがたびたびであった。よく見ていると、幕僚に対してもほとんど同じであった。私はこんな人には仕えたくないと思った》

何ということはない一文ながら三提督の特徴をうまく捉えている。

千早の人物評では、伊藤は三人の中で最も部下とのコミュニケーションが取れている上司だったということになろうか。おそらくは、部下の能力を最大限に引き出す力も持っていたであろう。

二度目の海外駐在

昭和六年十二月一日、伊藤は大佐に昇進し、特務艦（給油艦）「鶴見」艦長に就任する。四十一歳にして初めて艦長職である。

この年の九月十八日、満州事変が勃発、関東軍が電撃的に満州全土を占領した。年明けの昭和七年一月二十八日には第一次上海事変が起きる。「鶴見」は中国各地へ進出し、前線への輸送任務に奔走した。

昭和七年三月一日、満州は中華民国からの独立を宣言、満州国が建国された。伊藤は満州海軍特設機関付を拝命し、「鶴見」を離れる。伊藤にとって二度目の海外駐在である。米国駐在の時と同じく単身赴任だった。留守家族は福岡の実家に引っ越した。長男叡と長女純子は伊藤の母校である開小学校に通うことになった。

満州海軍特設機関は同年一月、奉天（現在の瀋陽）に設置され、年末には新京（現在の長春）に移転した。関東軍司令部も先行して奉天から新京に移っていた。

翌昭和八年四月一日、海軍特設機関に代わって駐満海軍部が新京に新設された。特設機関を格上げして日本海軍の正式な出先機関としたのだ。満州の沿海・河川の防御、警備を任務とし、要港部と同等の地位、権限を有し、独自に兵力を行使することができた。

初代司令官には、特設機関首席小林省三郎少将が就いた。伊藤は初代参謀長に就任した。ナンバー2の立場である。

小林は昭和維新運動と関わりのある人物だった。思想家の大川周明（東京裁判では民間人唯一のA級戦犯）や政治運動家の井上日召らと親交があり、国家革新をめざす青年士官たちのよき理解者であり、後見人でもあった。霞ヶ浦航空隊司令時代の部下には、五・一五事件を計画した藤井斉（決行前に第一次上海事変で戦死）がいた。陸軍皇道派ともつながりがあり、海軍中央は当初、関東軍を牽制するために満州へ小林を送り込んだとも言われている。

満州での小林は、信望が厚く、関東軍を快く思わなかった執政の溥儀も小林には心を許していたという。伊藤が前に仕えた山本五十六とは違った意味で大物といえる。経歴・思想信条から見れば、山本は欧米派、小林はアジア主義者であり、好対照なのも面白い。

このような司令官に女房役の伊藤はどう接したのだろうか。史料がなく詳しいことは分からないが、海軍軍令部のナンバー2（軍令部次長）時代の立ち振る舞いから推認すれば、おそらく、政治向きの話には首を突っ込まず、実務に専念していたのではあるまいか。

伊藤はどんな総長に対しても、おもねらず、腐らず、黙々と職責を果たした。弟繁治の言葉を借りれば、「全エネルギーを日本海軍のために打ち込み、生まれてから死ぬまで全部を海軍のために費やした」人である。建国間もない満州においても、その海軍力強化に全身全霊を注いだに違いない。

伊藤は満州国軍の軍事顧問も兼ねていた。新編された艦隊部隊の育成指導にも心砕いたことだろう。

令和三年三月二十六日、筆者は伊藤の満州時代の手がかりを求めて山口市に足を運んだ。伊藤の評伝『四月七日の桜』（講談社）を書いたノンフィクション作家中田整一に話を聞くためだ。JR山陽本線本由良駅近くの中田宅を訪ねると、庭に植栽された「父子桜」が三分咲きになっていた。

「きれいですねぇ」

思わず声をあげると、中田は「今年初めて開花したんですよ」と言って顔をほころばせた。花を咲かせた父子桜を見るのは筆者も初めてだった。

「ところで中田さんの整一という名前ですが、伊藤提督と同じなのは偶然ですか」

まずはずっと疑問に思っていたことを訊ねた。

「いや、母方のじいさんが付けたんです」

中田の母方の実家は福岡県大牟田市にあり、祖父（母の父）が同郷、同世代の伊藤を尊敬していたのだという。

「評伝を書くことになったのも、名前がきっかけなんですよ」

中田は続けて言った。『戦艦大和ノ最期』の著者吉田満に会う機会があり、名前の由来を語ったところ、吉田から「伊藤整一を書くのはあなたの義務だ」と強く執筆を勧められたのだそうだ。

「整一」は取材にも役立ったという。

「名前のお陰で、長女の純子さんが親近感をもってくれました」

知りたかった満州時代の伊藤については、中田も「私もいろいろ調べてみたが、まったく分からない」との答えだった。ただ、純子が伊藤の帰国の日（昭和八年秋）のことをよく覚えており、「待ちわびた父が帰って来るというので家族全員で大刀洗まで迎えに行きました」と思い出を語ってくれたという。

「大刀洗」とは、陸軍の大刀洗飛行場（現在の福岡県朝倉市、筑前町、大刀洗町）のことである。飛行機から降り立った伊藤は毛襟のついた分厚いコートを着ていた。純子は満州の厳しい寒さを思い、身震いした。この後、次女淑子が、父のコートから毛襟をきれいにはぎ取り、自分のコートに縫い付けて長いこと使っていたという。

昭和八年十一月、内地に戻った伊藤は軽巡洋艦「木曾」艦長、翌昭和九年四月には海軍省に移り、人事局第一課長に就任する。以後、重巡洋艦「最上」艦長、同「愛宕」艦長、戦艦「榛名」艦長、第二艦隊参謀長を経て、昭和十二年十二月、海軍少将に進級し、翌昭和十三年十二月、再び海軍省に戻って人事局長になる。日米開戦が迫った昭和十六年四月、連合艦隊参謀長兼第一艦隊参謀長に転出。この時の上司（連合艦隊司令長官）も山本五十六だった。

福岡県三池郡開村大字黒崎開（現みやま市高田町）にあった伊藤整一の生家〔生誕120周年記念誌〕

伊藤整一は海軍兵学校39期を148人中15番の成績で卒業した。写真は現在も残る兵学校生徒館〔著者撮影〕

伝習館中学時代、友人たちとの記念写真。2列目中央が伊藤整一〔生誕120周年記念誌〕

少佐時代の伊藤とちとせ夫人。夫人が抱いているのは大正13年2月17日生まれの長男叡〔生誕120周年記念誌〕

伊藤整一大佐が初代参謀長に就任した満州国新京の駐満海軍司令部（左の建物）

昭和10年代の伊藤整一と家族。長男叡が東京府立第六中学校在学当時〔生誕120周年記念誌〕

沖縄本島南端、最後の激戦地となった糸満市摩文仁に建設された「平和の礎」。沖縄戦戦没者24万人以上の氏名が出身地別、五十音順に刻まれている〔著者撮影〕

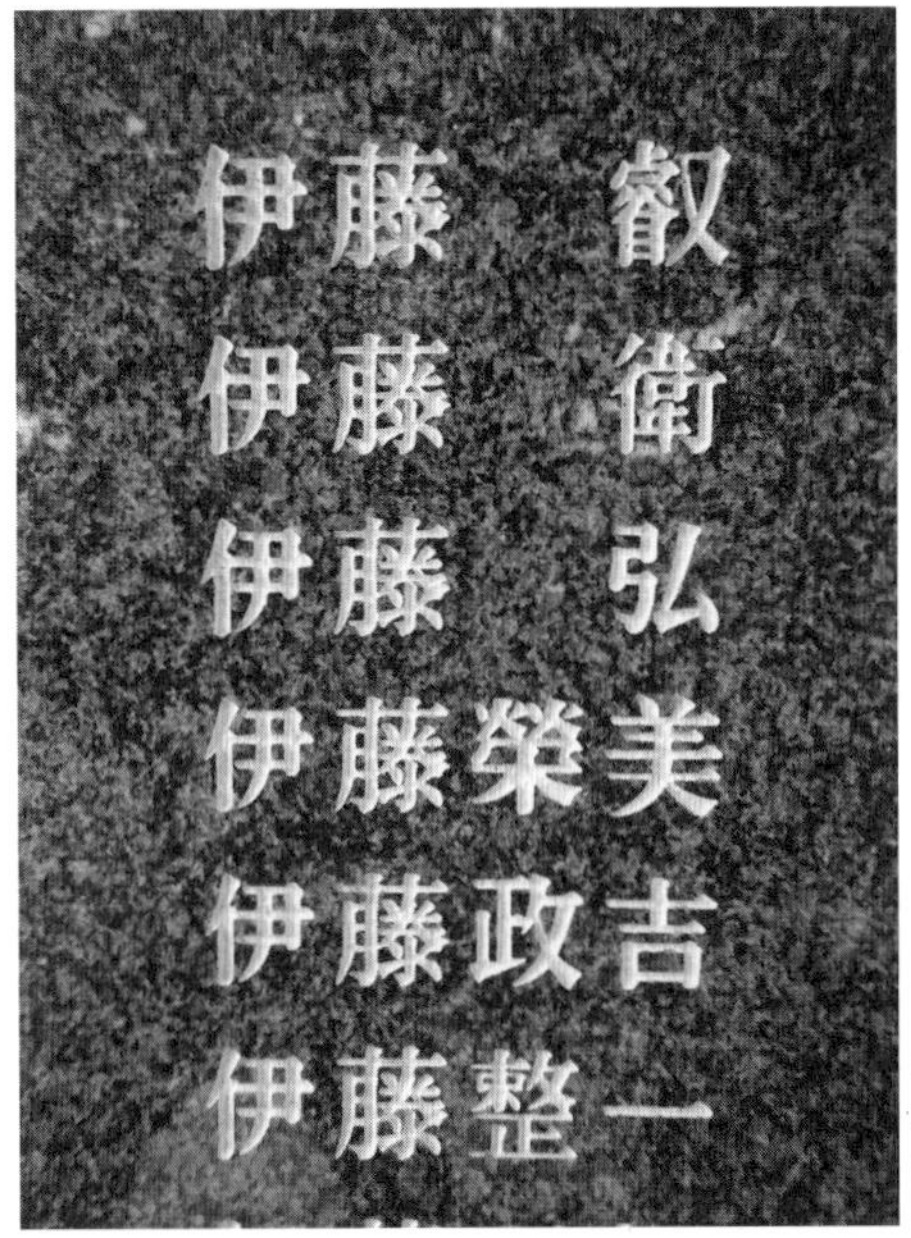

平成16年から、「平和の礎」には水上特攻の戦死者も刻銘されることになった。伊藤整一、叡親子の名も刻まれている〔著者撮影〕

第一章　海軍軍令部

開戦目前の就任

昭和十六年九月一日、伊藤整一少将は軍令部次長に就任した。五十一歳。異例の栄進だった。が、それは苦闘の始まりでもあった。

日米関係はすでに抜き差しならない状況下にあった。もはや議論の余地はなく、開戦へ向けてまっしぐらに進んでいた時期といってもよい。真珠湾攻撃までのカウントダウンは百日を切っており、伊藤にとって、いや、すべての日本人にとっての大試練の時が目前に迫っていた。

伊藤の抜擢には、山本五十六の推薦があったといわれている。伊藤は、霞ヶ浦航空隊と米国駐在で山本から直接薫陶を受けた。山本が海軍次官の時は人事局長、連合艦隊司令長官に出た時には参謀長として仕えた。

山本は伊藤の公平無私な態度、時流に流されない心の強さに信頼を置き、期待を寄せていた。伊藤は海軍の王道を行く人材でありながら、山本とのつながりや米国勤務の経歴から、米内光政、山本五十六、井上成美に連なる知米派、対米戦反対論者・和平推進派ともみられていた。

このため、陸軍は、伊藤が海軍の中枢に入ってくるのを嫌った。実際、陸軍の横槍で、人事発令がひと月遅れたともいわれている。

伊藤から軍令部次長就任予定の知らせを受けた山本は、伊藤に次のような手紙（八月二十二日付）を書き送っている。

〈幸いに海上部隊実力を正確に知悉せらるる前参謀長の位置におらるる事なれば国家百年の大計に違算なきご進言ある事は全然信頼申し上げ、連合艦隊としてはこの上戦力の充実に邁進いたすべく何分宜しくご指導の程願い上げ候〉

意訳すればこうなるだろう。

「直前まで連合艦隊参謀長のポストにあった君のことだから、海軍の実力は十分に承知しているであろう。ついては国家百年の大計を誤らぬよう、軍令部総長、大臣にちゃんと進言してくれ。期待してるぞ」

十月十五日には中将に昇進。十八日、軍令部次長に加え海軍大学校校長も兼務（翌年六月免兼）する。

十月十八日は東条内閣が成立した日である。東條内閣成立時の海軍中枢は次のような布陣となった。

海軍大臣　　嶋田繁太郎
次官　　沢本頼雄
軍令部総長　　永野修身
次長　　伊藤整一

第一部長（作戦担当）　　福留繁
連合艦隊司令長官　　山本五十六
参謀長　　宇垣纏
第一航空艦隊司令長官　南雲忠一
参謀長　　草鹿龍之介

かつて、日米開戦に強く反対し、日独伊三国軍事同盟の実現阻止に力を合わせた米内海相、山本次官、井上軍務局長トリオがいた頃とは、すっかり趣を異にしている。

組織を動かし、歴史を作るのは「人」である。歴史に「イフ」はないが、次のような陣容だったら、戦争は間違いなく回避されていただろう。

海軍大臣　米内光政
次官　　井上成美
軍令部総長　山本五十六
次長　　伊藤整一

しかし現実には、米内は予備役、山本は連合艦隊司令長官、井上は第四艦隊司令長官として最前線に立たされていた。和平派は分断され、伊藤は孤立していた。力を発揮しようにも、後ろ盾はまったくなかった。悲劇の舞台に、たった一人で立たされたようなものだった。懊悩の日々が続いたであろうことは想像に難くない。

だが、伊藤は一言の弱音も吐かず、黙々と職責を果たしていく。与えられた条件下で、あらん限りの力を尽くして。

苦難の日々

昭和十六年九月一日、伊藤は東京・霞ヶ関の海軍省ビル三階にある海軍軍令部に着任した。海軍省ビルは日比谷公園に隣り合わせた赤煉瓦造りの堂々たる建物だ。正面玄関を入ると、吹き抜けの大広間があり、この階（二階）が海軍省のフロア。正面突き当たりに大理石の大階段があり、中央の踊り場で左右に分かれ、三階に至る。こちらが軍令部のフロアだった。

伊藤はこれまで、二階（海軍省）には何度も勤務したことがあるが、三階（軍令部）に出仕するのは初めてだった。二階の大階段の裏側の見えないところに海軍大臣室、その真上（三階）に軍令部総長室があり、伊藤の執務室（次長室）は総長室の隣にあった。同じ階には、軍令部第一部（作戦担当）、第二部（軍備、警備担当）、第三部（情報担当）、第四部（通信、暗号担当）の部屋が並んでいた。

地下には食堂があり、伊藤らが利用する勅任官（少将以上）食堂と高等官（大佐以下）食堂が壁一つ隔てて隣り合わせていた。メニューは、和洋の定食が一種類ずつ。和食は山かけ、すき焼き、うな丼、松茸ごはん、カキの土手煮、茶わん蒸し、洋食はポークソテー、カレーライス、ハヤシライス、オムレツ、エビフライ、ロールキャベツ、マカロニグラタンなどが毎日一品ずつ付いた。

定食とは別に、「嗜好食」というメニューもあり、ハムサラダ、ハムエッグ、野菜サラダ、天ぷらうどんなどを好みに応じて注目することができた。

昭和七年二月から同十六年四月までの長きにわたって軍令部総長を務めた伏見宮博恭王は、勅任官食堂の天ぷらうどんが好物だったという。伊藤が何を好んで食べたのかは伝わっていない。おそらく好き嫌いなく、何でも食べたであろう。

赤煉瓦の建物は、伊藤が戦死した後の昭和二十年五月二十五日深夜、空襲で焼けた。終戦後、徐々に解体され、昭和六十年に完全に撤去された。現在は、高層ビル「中央合同庁舎第5号館（厚生労働省、環境省などが入居）」敷地内に、元首相中曽根康弘揮毫の「海軍省・軍令部の碑」が立っているだけで、当時の面影を残すものはない。

ところで、軍令部の仕事とはどういうものだったのか。簡単に言えば、海軍省が内閣に従属して軍政・人事を担当するのに対し、軍令部は天皇に直属し、その統帥を輔翼する立場から、海軍全体の作戦・指揮を統括した。天皇を基準にしてみれば、連合艦隊司令長官や鎮守府司令長官などはラインで、軍令部総長はスタッフにあたる。

従って、軍令部総長はラインの長とは違って作戦指揮権は有していない。軍隊は「大命」によって動く。逆にいえば、大命がなければ動けない。

戦時には天皇の下に大本営が置かれ、海軍軍令部、陸軍参謀本部の中核部員が大本営参謀を兼ねた。大本営が置かれた場合、大命は大本営海軍部命令（略して大海令）として発出され、軍令部総長が「これを命令せよという勅を奉じて」命令を伝達した。これを奉勅命令という。

次長たる伊藤の職務は、総長を補佐し、各部を監督することだった。戦争指導、作戦計画、戦時編制、軍備計画、情報、通信など、第一部から第四部まである戦争遂行の全責任を担った。「次長」というポストは、どのような組織にあっても、調整能力と忍耐が必要である。吉田満は著書『提督伊藤整一の生涯』でこう述べている。

《軍令畑の仕事には、第一線部隊との意思疎通、部内のとりまとめ、海軍省あるいは陸軍参謀本部とのかけ引きなど、独特の手綱さばきを要する面が多い。しかも軍隊という社会は、かつてその部署に在勤し、あるいは何回か重複して勤務した経験から生まれる熟練や「顔」が大きくものをいうところである》

舵取りの難しい時代にいきなり「新顔」として高いポストに就いた伊藤の苦労がしのばれる。伊藤が仕えた軍令部総長は次の三人である。

永野修身大将（高知県出身、海兵二十八期）
嶋田繁太郎大将（東京都出身、海兵三十二期）
及川古志郎大将（岩手県出身、海兵三十一期）

永野は開戦八か月前の昭和十六年四月九日に伏見宮の後任として就任、十九年二月まで約二年十か月にわたって戦争中の最も重要な期間を担当した。主な出来事としては、真珠湾攻撃、ミッドウェー海戦、ガダルカナル攻防戦、山本五十六長官戦死、アッツ島玉砕、米機動部隊の中部太平洋進撃、トラック空襲を挙げることができる。

嶋田は昭和十九年二月二十一日就任。当時、海相だったが、トラック空襲を契機として、東條首相兼陸相が参謀総長も兼ねようとするのにならい、永野総長に詰め腹を切らせ、大臣のまま総長を兼ねた。在任中の同年八月初めまでの約五か月の間に、マリアナ沖海戦の敗戦、サイパン失陥があった。

及川は開戦直前までの約一年間、海相を務めた後、軍事参議官、海軍大学校長を経て海上護衛司令官をしていた時、総長に親補された。昭和十九年八月二日就任。戦場がフィリピンに迫り、台湾沖航空戦、レイテ沖海戦、神風特別攻撃隊、沖縄戦、本土空襲までの期間を担当し、二十年五月二十九日、「最後の総長」となる豊田副武大将（大分出身、海兵三十三期）にバトンタッチする。

長崎県佐世保市出身で、軍令部勤務経験のある作家吉田俊雄（海兵五十九期、海軍中佐）は著書『四人の軍令部総長』にこう書いている。

《永野にはじまり豊田で終わる四人の軍令部総長の約四年四か月の月日は、それぞれの前任者の任期中に、後任者にとって、もはや取り返しのつかないまでに悪化した時局ないし戦局を引き継がされたものだった》

伊藤は、永野総長時代の真珠湾攻撃から及川総長時代の神風特攻隊までのすべての作戦決定に補佐役としてかかわっている。卓越した調整能力があったとはいえ、平時では考えられないような重圧を抱えていたことであろう。顔や態度には現わさずとも胸中には筆舌に尽くし難きものがあったに違いない。

「天才」総長

軍令部次長に起用された伊藤が補佐することになった最初の総長、永野修身について、ふれておきたい。

長身で恰幅がよい。特に頭部が常人より一まわり大きい。歩く時に、スケートを滑るように右手と右足が同時に前に出るという奇癖もあった。

海軍部内での呼び名は「男女ノ川（みなのがわ）」。面貌が第三十四代横綱「男女ノ川」にそっくりだったというのが、その由来である。写真を見比べると、なるほど瓜二つである。海軍兵学校校長時代、褌一つになって生徒と一緒に泳いだというエピソードが残っているが、その姿はスマートな海軍提督というより、魁偉な力士に見えただろう。

明治十三年、高知県士族永野春吉の四男として生まれた。郷土の英雄・坂本龍馬を敬愛し、少年時代は本気で清水次郎長に弟子入りしようと考えていたという。政治家を志して東京帝国大学への進学をめざしたが、腕試しに受験した海軍兵学校に合格、周囲の説得もあって軍人の道に進むことになった。
ハンモックナンバー（卒業成績）は百五人中二番。海軍では、兵学校卒業成績の上位五人前後は別枠扱いで早く昇進する。永野の場合、首席の波多野貞夫が技官に転向したので事実上の首席（クラスヘッド）として同期のトップを切ってトントン拍子に栄進した。
尉官時代、明治天皇の閲兵のお供をし、愛用のお召し物や双眼鏡などを賜った。日露戦争では、旅順攻囲戦の陸戦重砲隊中隊長として旅順港に逼塞するロシア太平洋艦隊の撃滅に貢献、日本海海戦にも巡洋艦に乗り組み、参加している。大正二年から約二年間、米ハーバード大に留学、大正九年から約三年間、駐在武官として在米日本大使館に勤務し、キャリアを積んだ。この経験から大の親米派となり、「軍人でなければ、米国に住み続けたい」と話していた。
兵学校校長時代は、「自学自習」を骨子とする教育を進めた。受身一辺倒の教育を改め、生徒の自主性、創造性を重視し、才能を開花させ、自由に伸ばす方向へと転換した。当時兵学校の教官兼生徒隊監事だった伊藤も永野の方針に従い、私的制裁を厳禁とし、生徒の自主性を重んじる教育に力を尽くした。
永野はその後も軍政の重責を担い続ける。列挙すると次のようになる。
昭和六年、ジュネーブ会議全権
昭和八年、横須賀鎮守府司令長官
昭和九年、海軍大将に進級、軍事参議官
昭和十年、第二次ロンドン海軍軍縮会議全権

昭和十一年、海軍大臣就任

二・二六事件直後の三月九日、広田弘毅内閣の海軍大臣を拝命した永野は、日独伊三国軍事同盟を回避するため、海軍航空本部長に左遷されていた山本五十六を海軍次官に据え、中央の改革を断行した。艦隊派に追いやられていた条約派、軍政畑の軍人を復活させて、海軍内の大艦巨砲主義と航空主兵主義の調整を行い、大和型戦艦二隻、翔鶴型航空母艦二隻の建造を提案、予算案を帝国議会において成立させた。

昭和十二年二月二日、広田内閣総辞職に伴い、連合艦隊司令長官兼第一艦隊司令長官に転補、昭和十六年四月九日に軍令部総長に就任した。

海軍大臣、連合艦隊司令長官、軍令部総長というポストは「三顕職」と言われ、すべてを経験したのは、大日本帝国海軍七十七年の歴史で、永野ただ一人である。また、昭和十八年六月に元帥に叙せられているが、昭和に入ってから生前に元帥に叙せられたのは、伏見宮博恭王と永野の二人だけだ。

永野とは、かような「大物」だった。その男が今、帝国海軍の現役最古参者として総長室に腰を据えている。濃紺の第一種軍装の胸には金色の参謀飾緒をきらめかせて。

といっても、近寄りがたい感じではなかった。有能ではあったが、素朴で屈託のない性格だったからだ。権威主義的な軍人臭さは感じられず、だれとでも分け隔てなく接することのできる度量の広い人でもあった。そのあたりは伊藤の人柄とも共通している。伊藤から見れば、米国駐在武官の大先輩で、兵学校教官時代の校長でもあり、節度は保ちつつも親近感を持って接することができた。難しい局面でも、阿吽の呼吸で、補佐することができたようだ。

永野を軍令部総長に推薦したのは前任の伏見宮だった。

経緯はこうだ。伏見宮が及川古志郎海相を自邸に招き、体調不良により辞任したいと伝えた。海軍省に戻った及川は次官代理の航空本部長井上成美を呼び、意見を聴いた。井上は例によって歯に衣を着せず、明快に答えた。

「ご承知になったらいいでしょう。もともと皇族の方はこんな重大な時局に軍令部総長のような最重要ポストにおつきになるようには育っておられない。下の者が発案して持ってくる事柄には、いけない、とはおっしゃらず、我慢してでもそれを通すように育っておられる。その結果、次長が総長のような権力を振るうことになり、次長が馬鹿だと軍令部が無能になり、次長が悪い人だと、宮様を悪用して海軍省を圧迫し、横車を押すことになります」

「では、後任には誰がいいかね」

及川が重ねて聞くと、井上はこう進言した。

「山本（五十六）さんは艦隊（連合艦隊司令長官）だし、これぞという人はおりません。最先任の人を持ってきたらいいでしょう」

「そうなると、永野さんか。しかし、永野さんは受けてくれるかなあ」

「永野さんは自分を天才だと思っていますから、二つ返事でしょう」

軍令部総長時代の永野は、一般には、「それ行けドンドン」の主戦派と見られている。日米開戦前、早期開戦を主張したという事実があるからだ。だからと言って、永野が好戦主義者であったと即断するのは誤りだろう。永野は生まれついての侠気と海軍軍人らしい合理的な考え方を併せ持った人物であり、それは補佐役に伊藤を選んだことでも証明される。留学経験・在米武官の経験も長く、軍縮会議などでは各国の将官と討論をしており、国際関係にも精通していた。本来は、山本五十六と同様、避戦派であったが、戦争不可避という状況下にあって、軍令部総長という立場から逃げず、最善の道を模索しながら作戦指導に当たった人、というのが正当な評価ではなかろうか。

敗戦後は、A級戦犯として起訴されたが、「東京裁判」でも武人としての自責と誇りを捨てることはなかった。弁護人はしきりに有利な証人、証拠集めを申し出たが、関心を示さず、弁解がましいことを言うのを極度に嫌ったという。開戦責任を問う検事の訊問に対しても次のような明確な答弁を行っている。

問　閣下は真珠湾攻撃計画に賛成したのですね

答　そうです

問　閣下のその賛成が真珠湾攻撃の決定要因だったのですね

答　そうです

問　それでは閣下は喜んで責任を負うものと考えますが、いかがでしょうか

答　もちろん

昭和二十二年一月二日、法廷から巣鴨プリズンに戻った永野は「寒気がする」といって医師の診断を受け、翌三日、野戦病院に収容され、五日午前、死んだ。急性肺炎だった。収容所の寒風

が六十六歳の肺の活力を奪ったのだろう。

昭和天皇のご叱責

昭和十六年九月六日、御前会議で、日本の運命を左右することになる「帝国国策遂行要領」が決定した。伊藤が軍令部次長に就任して六日目のことだ。

文案はすでに、総長の永野修身、前任の次長近藤信竹、作戦部長福留繁のラインでまとめられ、陸軍側にも提示済みで、伊藤の関与する余地はなかった。

一、帝国は自存自衛を全うするため、対米（英蘭）戦争を辞せざる決意の下に概ね十月下旬を目途とし戦争準備を完整す
二、帝国は右に平行して米英に対し外交の手段を尽して帝国の要求貫徹に努む
三、外交交渉に依り十月上旬頃に至るも尚我要求を貫徹し得る目途なき場合においては直ちに対米（英蘭）開戦を決意す

要するに、米国との外交交渉期限を十月上旬に区切り、それまでに要求が受け入れられない場合、開戦を決意するという内容である。永野は御前会議に先立つ九月三日の大本営政府連絡会議（大本営と政府の協議調整の場、昭和十二年十一月設置）で、国策遂行要領の提案理由を次のように

述べている。

「帝国は各般の方面において物が減りつつあり、すなわちやせつつあり。これに反し敵側は段々強くなりつつあり。時を経れば帝国はいよいよやせて足腰立たぬ。今なれば戦勝のチャンスあることを確信するも、この機は時とともになくなるを虞れる。国軍としては、窮境に陥らぬ立場に立つこと、また開戦時機を我方で定め、先制を占める外なし」（大本営政府連絡会議議事録）

簡単に言えば、このままでは日本はじり貧だ、ドカ貧になる前に先手を打つべし、という主張である。御前会議前日の九月五日、首相近衛文麿は天皇にこの国策遂行要領案を内奏した。

天皇は驚き、「何だか戦争が主で、外交が従であるかのごとき感じを受ける」と疑問を呈された。近衛の説明にも納得されず、「作戦上の疑問等も数々あるので、明日の御前会議において、参謀総長、軍令部総長に質問したい」と希望された。

近衛は、他の国務大臣も同席する御前会議の場で参謀総長、軍令部総長が十分に奉答できないと困ると考え、ただちに両名を召されるよう願い出た。天皇は、参謀総長杉山元（小倉出身、陸士十二期）と永野を急ぎ参内させた。午後六時五分、二人は御学問所に入った。

天皇「日米開戦の場合、陸軍はどれ位の期間で片づける確信があるのか」

杉山「はい。三か月位にて片づけるつもりであります」

天皇「汝は支那事変勃発当時の陸軍大臣である。あの時、事変は一か月位にて片づくと申したと記憶している。しかるに、未だに片づかんではないか」

杉山「はい。支那は奥地が広うございまして予定通り作戦が進みません」

天皇「太平洋はなお広いではないか。いかなる確信があって三か月と申すのか」
天皇の語気はいつになく強く、厳しく叱責するような感じだった。杉山は顔色を失い、絶句した。

永野総長の助け舟

「陛下！」

窮地に立たされた杉山に、永野が助け舟を出した。

「陛下、杉山に対してこの作戦は確実にできるかとのお言葉のように拝しましたが、医師の手術を例えに申上げれば、ここに盲腸炎にかかっている子どもがいて、そのまま放置すれば死を免れないといたします。手術をしても七割までは見込みはないが、三割は助かる見込みがあるならば、親としては思い切って手術するほかないと考える場合がございます。相当の心配はあっても、病を治すには大決心を以て排除を決意する外はない、思い切るときは思い切らねばならぬ時があろうかと思います」

永野のとっさの例え話は、海相時代から「定評」があった。天皇は永野に向き直って、改めてお尋ねになった。

「絶対に勝てるのか」

「絶対とは申しかねます。事は単に人の力だけでなく、天の力もあります。算があれば、やらなければなりませぬ」

天皇は黙ってお聞きになっている。永野は続けた。

「必ず勝つかと聞かれても奉答出来かねますが、全力を尽くして邁進する外はありません。外交で対米妥結といっても、一年や二年限りの平和ではだめで、少なくとも十年、二十年でなければなりませぬ。一年や二年の平和では、第一、国民が失望落胆するでしょう」

そこで永野が持ち出したのが徳川家康対豊臣秀頼の大坂「冬の陣」「夏の陣」の例え話だった。

「大坂冬の陣のごとき平和を得て、翌年の夏には手も足も出ぬような不利なる情勢の下に再び戦わなければならぬような事態は、皇国百年の大計のため執るべきではないと考える次第でございます」

独特の言い回しではあるが、永野の決意と覚悟を率直に伝えた言葉といえるだろう。先述の通り、永野は海外勤務の経験が豊富であり、米国通だった。米国の国力を知るからこそ、その戦力が強大化しないうちにタイミングを見計らった行動をとるべきと考えたのに違いない。実際、米国側も既に対日戦を決意しており、日本本土への攻撃（空襲）も計画していた。情報通の永野は、米国側が飛行場の整備、航空兵力の増強を進めている事実を知っていたはずだ。

この時期、米大統領ルーズベルトはドイツがその主力を東部戦線に回している間に欧州に兵を送り、ドイツを叩きのめそうと考えていた。米国の国力をもってすれば、それも難しくはないはずだった。ただ、米国は議会（世論）が強い。大統領の一存で戦争を始めるわけにはいかない。そこで、ドイツの同盟国である日本を刺激して、米国に一撃を与えさせ、これによって議会に対日宣戦を決議させ、併せてドイツにも参戦するというシナリオを描いていた。

永野をはじめ日本の政府首脳は、ルーズベルトの大戦略の網の中でもがき、自滅したともいえる。いずれにせよ、開戦は避けがたい状況だった。永野の説明で天皇の顔色はわずかに和らいだように見えた。永野はすかさず奏問した。

「原案の一項と二項の順序を変更したほうがよろしゅうございましょうか」

開戦準備と外交努力の順番を入れ替えましょうか、との提案である。

天皇は「順序は、そのままでよい」と仰せられた。

永野は安堵し、杉山とともに退下した。午後六時五十分であった。

「昭和天皇実録」によると、天皇は同五十五分、御前会議開催に関する内閣上奏書類を御裁可になった後、皇后とともに遅い夕食をとられた。

伊藤は、軍令部に戻ってきた永野がたいそう機嫌がよいのを訝しんだ。

終わりの始まり

九月六日、帝国国策遂行要領を決定する御前会議が開かれる日の朝、永野は、次長伊藤整一と作戦部長福留繁を総長室に呼んだ。

「今日は一切、自分一個の責任において自分の信ずるままを話すから、諸君の意見は一切聞かずに参内する」

二人に対して、そう一方的に宣言した永野は、自ら心血を注いで書き上げた陳述書を手に皇居に向かった。「自分一個の責任」という言葉は、サムライの気概としては格好がいいし、理解もできるが、果たしてわが国の未来を決する最重要会議を永野一個の責任に負わせてしまってよいのだろうか。伊藤は不安な気持ちを抑えながら、永野の後を追って参内した。

御前会議は午前十時に始まった。「昭和天皇実録」には、伊藤の名前も出席者の一人として記されている。しかし、あくまで控えていただけであり、発言の機会はない。

永野は統帥部を代表して次のような陳述を行った。

「外交交渉において、帝国の自存自衛上やむにやまれぬ要求すら容認せられず、ついに戦争が避くべからざるに立ち至りますならば、まず最善の準備をつくし、機を失せず決意し、毅然たる態度をもって積極的に邁進し、死中に活を求むる策に出なければならぬと存じます」

開戦後の推移については、「長期戦」になるとの見通しを述べた。

「英米海軍を敵とする艦隊決戦にも勝算が大きいと思っております。しかし、その決戦も終戦には結びつかず、長期戦となるでしょう。日本は進攻作戦で敵の戦意を失わせる手段がないうえ、国内資源に乏しいので長期戦は苦しいでしょう。が、開戦当初の資源地帯と軍事要点の占領作戦をうまく運べば、何とか堪えられるでしょう。それ以後は、欧州大戦がどう決着し、それによって世界情勢がどうなるかで決まると思われます」

続いて、参謀総長杉山元、外相豊田貞次郎、企画院総裁鈴木貞一が陳述を行った。杉山は「ソ連に対処するためにも南方作戦は冬のうちに終わる必要があります」と述べた。鈴木は国内の物資欠乏を訴え、南方資源地帯への武力戦を待望する旨の発言をした。

一通り陳述が終わると、枢密院議長原嘉道が列席者を見渡して言った。

「この案を見ると、外交よりむしろ戦争に重点が置かれている感がある。政府と統帥部に今一度、趣旨を明瞭に承りたい。外交に努力して、万やむをえない時に戦争をする、という意味に相違ないか」

天皇の心配を代弁しての念押しだった。海相及川古志郎が立ち上がり、即答した。

「相違ありません。外交を主体といたします」

ところが、統帥部の永野、杉山はすぐに反応せず、沈黙してしまった。その瞬間、天皇の雷が落ちた。

「ただいまの原の質問はもっともである。これに対し、統帥部が何ら答えないのは、はなはだ遺憾である！」

青天の霹靂であった。天皇は懐中から一葉の紙片を取り出して読み上げられた。

四方(よも)の海　みなはらからと思う世に　など波風の立ち騒ぐらむ
明治天皇の御製だった。天皇は続けてこう言われた。

「余は常にこの御製を拝誦して、故大帝の平和愛好のご精神を紹述しようと努めているものである」

一同粛然として、一語を発する者もいない。天皇のお心はやはり、国策遂行要領の決定に反対だったのだ。ただ、公式の場ではそれをストレートには表明できないので、明治天皇のお歌に託されたのだ。

永野が意を決して立ち上がった。

「統帥部に対するお咎めは恐懼に堪えませぬ。実は先ほど海相が答弁いたしましたのは、政府、統帥部双方を代表したものと存じた次第であります。統帥部としてももちろん海相のお答えした通り、外交を主とし、万やむを得ない場合、戦争に訴えるという趣旨に変わりございません」

異常な緊張感の中、天皇は国策遂行要領を御裁可になった。軍令部着任早々の伊藤にとって、この成り行きは衝撃的だった。そもそも、天皇のご意志によってしか作戦行動を起こさないはずの陸海軍が「あくまで外交により解決を図るよう努力せよ」という天皇のご意志を承知しながら、なおかつ開戦を焦るとは、一体どういうことなのか。

閣僚たちの発言、態度も釈然としない。

（だれかが渾身の力を揮ってブレーキをかけなければならなかったのではないか）

この日の伊藤の言動を伝える記録は残っていないが、その胸中は痛いほど分かる。己の無力を不甲斐なく思い、激しく煩悶したに違いない。わが国はもはや後戻りできない道へ踏み出してしまったのだから。

それでも伊藤は、外交交渉の望みを捨ててはいけない、自分にできることは何でもやろう、と心に誓ったことだろう。

今、歴史を振り返ってみると、この日（昭和十六年九月六日）の御前会議が日米戦争の始まりであり、帝国海軍の「終わりの始まり」であった。最古参、最先任の「天才」総長永野も、そこまでは見通せなかった。

鶴の一声

開戦の二か月前の昭和十六年十月六日、海相及川古志郎は、次官沢本頼雄、軍務局長岡敬純、軍令部次長伊藤整一、作戦部長福留繁を大臣官邸に呼集した。米国が要求している南部仏印からの撤退、中国大陸からの撤兵問題の処理について海軍部内の意見をまとめるためだ。

外交交渉の続行か開戦か。海軍首脳五人は議論を重ね、おおむね次のような方向性で対処していくことを確認した。

①外交交渉を続け、事態をはっかり分かるようにする。
②大陸からの撤兵問題のために日米が戦争するのは愚の骨頂。撤兵を原則とし、治安のできたところから撤兵する。
③条件をもっと緩和する。
④速やかに処置する。

五人の胸中は何とか戦争を避けたいという気持ちで一致していた。伊藤も正直、ホッとした。ところが、である。軍令部総長永野修身が遅れて来て、議論を蒸し返したのだ。

「モンスーン（季節風）の影響で、開戦が十一月末にずれ込んだら作戦が困難になる。時期を失しないようにしなければならん」

及川は反論した。

「そう時期を制限されては困ります。相手あっての交渉なのですから」

永野は返事もしない。及川は一呼吸置き、伊藤、福留、沢本、岡を見回してから、険しい表情で永野に問うた。

「海陸なるべく衝突せぬよう努めますが、場合によっては陸軍と喧嘩になってもかまわぬ覚悟で交渉します。よろしゅうございますか」

伊藤は緊張した。陸海軍が喧嘩になれば、内閣は瓦解する。それで戦争はいったん中止になるだろうが、その後、陸軍がどう出るかは分からない。

テロやクーデターが起こる可能性もある。それでも戦争が回避されればいい。

ともかく、ここで、海軍現役将官の「最先任」である永野が「よろしい」と言えば、海軍中枢の方針は一致し、戦争は避けられる。伊藤は祈るような気持ちで永野の「承認」を待った。

五人の視線が永野に集中した。永野の返事は意外に早かった。

「さて、それはどうかね」

伊藤はアッと叫びそうになる声を呑みこんだ。期待は外れた。永野は、陸軍と対立してまでの外交交渉を認めず、陸軍と協調して事態の打開を図れ、との判断を下したのだ。もはや開戦しかないと考えていたのか。それとも社会の大混乱を危惧したのか。

五人は、押し黙ったまま、金縛りにあったかのように、しばらく身動きもできなかった。帝国海軍では、下級者であっても論議の過程においては自由な発言ができる。主張が聞き入れられ、採用されることもある。しかし、いったん先任者が裁定を下せば、全員それに従わなければならない。意見は意見、決定は決定なのだ。「指揮権の継承は先任順序による」(軍令承行令)。これが帝国海軍の伝統だった。

永野の一声を潮に会合は自然解散となった。伊藤は鉛を呑み込んだような思いで大臣官邸を後にした。

電撃組閣

「あくまで外交で解決を図るよう努力せよ」

昭和天皇は昭和十六年九月六日の御前会議で、明治天皇の御製に自らのメッセージを託して、首相近衛文麿以下、閣僚、陸海軍首脳に対して強く訴えた。

だが、近衛内閣には、もはやこたえる力がなかった。

天皇のご意志に沿って大死一番、身をなげうつ者は一人もいなかった。

近衛は、米国側が要求する南部仏印からの撤退、中国からの撤兵などの条件を陸軍に飲ませることができず、内政と外交の板挟みとなり、ついに政権を投げ出す。

十月十六日、第三次近衛内閣総辞職。わずか三か月の短命内閣だった。辞職した海相及川古志郎はこの日の午後、次官沢本頼雄を海相官邸に呼び、意見を求めた。

「私の後釜はだれがいいかね？」

沢本は直ちに、軍令部次長伊藤整一、軍令部第一部長福留繁、軍務局長岡敬純、人事局長中原義正を呼集して、後任人事について協議した。

伊藤は、呉鎮守府長官の豊田副武大将（大分県出身、海兵三十三期）を推した。豊田が日米関係を悪化させる原因となった日独伊三国同盟や南部仏印進駐に反対し、避戦の立場を明確にしていたからだ。

福留、岡、中原にも異存はなく、五人の意見は「豊田」でまとまった。沢本はすぐに呉の豊田に電話をし、「勲章を持参し、上京願います」と伝えた。

豊田は東京駅に着くと、そのまま海相官邸に入った。及川から後任を託された豊田は、緊張した面持ちで承諾した。対米交渉のデッドラインである十月中旬までの妥結はギリギリの段階だった。

控えていた沢本、伊藤は早速、豊田を別室に呼んで引継ぎのレクチャーを行った。準備万端整い、豊田はやる気満々で首相からの「呼び込み」を待った。

ところが――。海軍部内で一致して推したにもかかわらず、豊田は海相に指名されなかった。後継首相の大命が、沢本や伊藤が想定していた東久邇宮ではなく、東條英機に降下されたからである。

十七日、重臣会議は「東條首相」を承認した。

天皇は、内大臣木戸幸一に対し、「虎穴に入らずんば虎児を得ずということだね」と述べられたという。東條は近衛内閣の陸相で、開戦論の急先鋒だったからだ。

東條は、及川の豊田推挙を即座に突っぱねた。

「豊田は困る」

「しかし、これは海軍部内で決まったことで……」

東條は及川の反問を制止し、続けた。

「豊田では陸軍内の空気が悪い。とてもうまく行かない。海軍がどうしても豊田一点張りで通すなら、自分は組閣の大命を拝辞する」

豊田は大の「陸軍嫌い」で知られていた。常々、陸軍のことを「陸助」と呼び、口を開けば、「あいつらは動物園だヨ」「ケダモノみたいなのもおるからなア」という荒っぽい言葉がポンポン飛び出した。そんな男が東條内閣の閣僚になってうまくゆくはずがない。

及川は重い足取りで海軍省に帰ってきた。

（豊田さんを呉から呼び出しておきながら、蓋を開けてみれば、犬猿の仲ともいえる東條が首相とは。なんたる醜態）

伊藤も自らの読みの甘さを恥じた。同時に暗然たる気持になった。前日、近衛が天皇に奉呈した総辞職の言葉を耳にしていたからだ。

「東條陸軍大臣は、対米交渉は所望時期までに到底成立の望みなきと判断し、（中略）時期を失せず、この際、開戦に同意すべきこと主張してやまず、懇談四度に及びたるもついに同意せしむるに至らず」

そのような東條になぜ、重臣たちは、そして陛下は、日本の運命を委ねたのだろうか。伊藤の脳中には疑問が渦巻いていた。

後任海相には急遽、横須賀鎮守府長官の嶋田繁太郎（海兵三十二期、山本五十六と同期）が選ばれた。嶋田が陸軍と協調路線を取り、大東亜戦争に突入したのは史実の示す通りである。嶋田は、「東條の腰巾着」「東條の副官」と陰口をたたかれるほど、東條への協力を惜しまなかった。

十月十八日、新内閣発足。東條は国務と統帥の融合を図って陸相と内相を兼務した。現役の陸軍大将が枢要の三つのポストを占めるという軍人独裁内閣の誕生である。

新聞各紙は「電撃組閣完了」の見出しで、どちらかといえば好意的に報じた。海外の新聞も大々的に報道した。戦争か平和か。東條内閣の成立は世界が注目する「事件」だったからだ。

沢本は豊田にわびた。豊田は「ナーニ、東條と一緒に閣僚になることはとてもできん。私でなくてちょうどよいことになったナー」と、笑って答えたという。

白紙還元ならず

東條内閣成立の舞台裏を少し詳しくみておこう。日本国の歴史と日本国民の運命を変えてしまった大東亜戦争の開戦はここに端を発しているからだ。

東條を首相候補に推したのは、内大臣の木戸幸一（明治維新の三傑、桂小五郎の妹の孫）だった。東條が自ら望んで得たポストではなかったのだ。

実際、東條は、近衛内閣が総辞職した昭和十六年十月十六日、陸軍大臣の辞表を提出、木戸を訪ねて東久邇宮を後任に推すよう頼んでいる。東條は、国難を乗り切るには強力な皇族内閣が必要であり、陸軍の俊才でもある東久邇宮こそ、天皇の望む和平を実現するのに最もふさわしい人物だと考えていた。

「後任には東久邇宮殿下がよろしいと思う」

東條の提案に、木戸は首を縦に振らなかった。木戸は東久邇宮が和戦どちらの決定を行うにせよ、皇室のイメージダウンにつながると懸念していた。

「では、いったい誰を総理にするおつもりか」

東條は迫った。木戸の意中の人物が、まさか自分であるとは思ってもみなかったのである。

翌十月十七日、後継首相を決める重臣会議が急ぎ召集された。重臣とは、天皇から首相経験者並びにそれと同等の待遇を許された者をいい、首相候補者決めて天皇に奏上する役目を担っていた。

この日、出席したのは、清浦奎吾、若槻礼次郎、岡田啓介、林銑十郎、広田弘毅、阿部信行、米内光政の首相経験者と枢密院議長の原嘉道、内大臣木戸幸一の九人で、近衛文麿は欠席した。

進行役の木戸が経過報告を行い、議事に入った。後継内閣については意見が割れた。

広田が「支那事変中であるので、やはり大本営の意向が中心でなければならないと思う」と言うと、岡田は反発した。林は、東條の意向に沿って皇族内閣を主張した。これに対して、木戸が発言した。

「それでは、国民から見れば、臣下に人なきか、ということになる」

若槻が聞いた。

「それならば、内大臣は誰が適任と考えるのか」

「結論からいえば、自分は東條陸軍大臣にご下命になるのがよいと思う」

岡田、米内は露骨に顔をしかめた。木戸はかまわずに理由を述べた。

「逆説的な言い方になるので、お分かりにならぬ点があるかもしれないが、結局、今日の癌は九月六日の御前会議の決定である。この事態の経過を十分知悉し、その実現の困難なる点も最も身をもって痛感している東條に組閣を命ぜられることが最も実際的な時局の収拾方法であると思う」

この発言が会議の流れを決めた。従来、内大臣は後継内閣についてとやかく言うことはなかったが、木戸は天皇の側近であることをいいことに、会議をリードし、東條推挙の方向へ誘導していったのである。

木戸の主張は、九・六御前会議での「帝国国策遂行要領」決定の経緯を熟知している東條に組閣を命じることで、決定をいったん白紙に戻し再検討させよう、というものだった。「白紙還元の御諚」と言われる提案である。

会議は木戸の提案を踏まえて進行し、最後に原が総括した。

「内大臣の案はあまり満足ともいえないが、べつだん案がないから、まずその案でいくほかあるまい」

その後の歴史の展開を見れば、結果として、木戸は判断を誤ったと言わねばならない。対米英戦は、太平洋を戦場とする海軍の戦争である。であるならば、首相になるべき人物は海軍から出すべきだった、と筆者は考える。豊田副武、米内光政、山本五十六あたりが首相であれば、戦争は回避され、歴史の流れは変わっていたかもしれない。現に米内は戦後、米国戦略爆撃調査団のA・オフスティ海軍少将の質問にこう答えている。

「私は確信していますが、かりに当時、私が首相だったとしたら、われわれはこの戦争を始めなかったでしょう」(『海軍大将米内光政覚書』)

しかしながら、戦争というものは相手があってのことだ。米英両国、その背後で画策していたソ連が日本を戦争に引き込もうとする態度を変えなかったならば、日本も遅かれ早かれ、起たざるを得ない立場に追い込まれていただろう。

たとえ、米国の要求を呑んで仏印から撤兵しても、さらにこの後に出される「ハル・ノート」を受け入れて支那から撤兵したとしても、無理難題をふっかけて日本を暴発させた可能性は捨てきれない。実際、日本は盧溝橋事件から第二次上海事件、南京攻略戦へと泥沼の戦い引き込まれていた。蔣介石と何度和平を結ぼうと努力しても、米英は妨害を続けた。

とまれ、木戸の主張は通った。東條は近衛内閣総辞職に関して天皇から叱責されるものと覚悟し、参内した。拝謁すると、予期せぬ言葉が待っていた。

「卿に組閣を命ず。時局はきわめて重大なる事態に直面せるものと思う。この際、陸海軍はその協力をいっそう密にすることに留意せよ」

東條は呆然とし、返答に窮した。おののきながら退出してきた東條に、木戸はこう告げた。

「国策の大本を決定せられますについては、九月六日の御前会議決定にとらわれることなく、内外の情勢をさらに広く深く検討し、慎重なる考究を加えることを要す、との思し召しであります」

「白紙還元の御諚」は伝達された。組閣を終えた東條は、直ちに国策の再検討を開始した。

大本営政府連絡会議が十月二十四日から三十日まで七日間にわたって開かれた。しかし、結果として白紙還元は実現しなかった。東條はその真面目さゆえ、自らも参加して決定した国策遂行要領を覆すことは天皇に対する不忠である、との信念を変えなかったのだ。こうして内閣は交代したものの、九・六御前会議の方針は引き継がれることになった。

木戸のあては外れた。戦争回避を祈っていた伊藤の失望は計り知れなかった。

国策の再決定

十一月一日、大本営政府連絡会議

十一月五日、御前会議

記録によると、伊藤は、二つの会議にいずれも出席している。国策再検討の結果をとりまとめる最重要会議である。ただ、大本営政府連絡会議には大きな欠陥があった。陸海軍と政府側が議論を深めるための恒常的な事務局がなかったのだ。陸海軍省の軍務課長が日程調整し、いきなり、首相以下、閣僚、参謀総長、軍令部総長が顔を突き合わせて「ああだこうだ」と言い合うような場だったのだ。

軍令部次長に発言が許されるのは、質問に対して回答を求められた場合のみで、自ら発言する権限はなかった。どんなやりとりがあっても、黙って見守ることしかできなかった。「次長」は黒子に徹しなければならない苦しいポストであり、伊藤はその職務に忠実だった。

十一月一日の連絡会議で、首相東條英機はこれまでに挙がった三案以外に意見はないか、と出席者に尋ねた。

第一案　戦争を極力避け、臥薪嘗胆する
第二案　直ちに開戦を決意、政戦略の諸施策等はこの方針に集中する
第三案　戦争決意の下に、作戦準備の完整と外交施策を続行し妥結に努める

軍令部総長永野修身が立ち上がり、第四案として「日米不戦」を提案した。それが永野の本心であったかどうかは分からないが、海軍首脳部の総意ではあった。「現実」は厳しくとも、海軍

としては、それが「理想」であり、少なくとも鼻から除外すべき案ではなかった。伊藤もこの提案が認められることに最後の望みをつないだ。しかし、東條の回答はそっけなかった。

「（日米の）交渉条件を低下させるような案は認められない」

日米交渉の焦点になっている大陸からの撤兵について、東條の姿勢は「絶対反対」で一貫していた。これは陸軍として絶対譲れない一線だった。

まず第四案が却下され、議事は、一、二、三案の採否に移った。第一案に賛成したのは、外相東郷茂徳と蔵相賀屋興宣の二人だけだった。日米不戦を提案した永野も、第一案には反対だった。

永野は幕末の薩英戦争や下関戦争のように、統制が取れていない主戦派が勝手に戦闘を始め、なし崩し的に先の見えない戦争にはまっていくのを恐れていた。海軍は、米軍が日本攻撃用の爆撃機を配備しつつあり、来年初頭には戦力が充実して、こちら側の打つ手がなくなると読んでいた。そうなれば、臥薪嘗胆したくても、まったく相手に歯が立たなくなる。永野としてはやはり、和戦両様が現実的だとの判断だった。

第二案に賛成する者は、さすがにいなかった。

こうして再検討を重ねた東條内閣（政府と統帥部）の国策方針は、改めて第三案に決まった。十一月二日、東條から天皇に上奏され、五日の御前会議で、十一月末日を交渉期限とする帝国国策遂行要領が再決定された。

昭和十六年十一月五日御前会議決定

帝国は現下の危局を打開して自存自衛を完了し大東亜の新秩序を建設する為比の際対米英蘭戦争を決意し左記処置を採る

一、武力発動の時期を十二月初旬と定め陸海軍は作戦準備を完整す
二、対米交渉は別紙（甲案、乙案）＝省略＝に依り之を行う
三、独伊との提携強化を図る
四、武力発動の直前泰（タイ）との間に軍事的緊密関係を樹立す
五、対米交渉が十二月一日午前零時迄に成功せば武力発動を中止す

昭和十六年十一月五日、歴史の歯車は大回転を始めた。伊藤は日本の命運がカウントダウンを始めたのを意識しただろうか。自らの命が三年五か月半後に消えてなくなってしまうと予想しただろうか。戦艦「大和」を率い、悲運の提督として帝国海軍の幕引きを演じ、生涯を閉じることになろうとは、恐らく、夢にも思わなかったのではあるまいか。

変人参謀の談判

帝国国策遂行要領が再決定された二日後の昭和十六年十一月七日、連合艦隊司令長官山本

五十六は大分県佐伯湾に投錨中の戦艦「長門」から機密命令を発した。

「第一開戦準備ヲナセ　Ｙ日（開戦概定日）ヲ十二月八日ト予定ス」

山本は最後まで外交交渉による和平成立を諦めてはいない。しかし、交渉が決裂し、やむなく開戦に至った場合の腹も固めている。開戦劈頭、ハワイ・オワフ島の真珠湾を猛襲し、米太平洋艦隊を撃滅するのだ。そのための準備も怠りなかった。鹿児島では、錦江湾一帯を真珠湾に見立てた飛行訓練が繰り返されていた。

一方、米国側も太平洋艦隊を真珠湾に集結し、連合艦隊以上の準備を整えて臨戦態勢に入っていた。日本側から見れば、それは挑発に映った。まるで、刀を「抜け」と言わんばかりだ。

山本は連合艦隊首席（先任）参謀の黒島亀人を呼んで言った。

「向こうがハワイに大艦隊を持ってきて日本に手が届くぞと言っていることは、逆に見れば、こちらからも手が届くということだ。アメリカは脅迫のつもりで噛みつかれやすいところへ出てきているんだ。どうも少し安心しすぎているようだね」

黒島は三歳の時に孤児になり、中学も出ていないが、独学で海軍兵学校に入った努力家だった。孤独を好み、無口で無表情だったため、先任参謀をもじって「変人参謀」「仙人参謀」とも呼ばれた。山本はこの変人を重用し、ハワイ作戦の立案を命じていた。

「黒島は人の考えが及ばぬところ気づかぬところに着眼して深く研究する。奇想天外なところもある。しかもそれを直言してはばからない美点がある。こういう人がいなければ天下の大事はなせぬ。だから手放さない」

山本はそう言って、開戦後も含めて四年以上の長期にわたって黒島を側近（首席参謀）においた。黒島は山本の期待にこたえるべく、「長門」の私室にこもって作戦を練り上げていった。

その黒島が上京、軍令部を訪ねてきた。東條内閣成立翌日の十月十九日のことである。真珠湾攻撃に対する山本の揺るぎない決意を軍令部に伝え、決行の同意を取り付けるためだ。

実はこの時期になっても、対米戦を巡って軍令部と連合艦隊の作戦計画は一致していなかった。軍令部は長期戦なることを見越して、資源地帯を押さえる南方作戦、米国と豪州を分断する作戦など遠大な計画を立てていた。これに対して、連合艦隊は中央突破によるハワイ攻略に固執していた。

第一部（作戦担当）の部長室を訪れた黒島は、部長福留繁、第一課長富岡定俊との面談に臨んだ。富岡は伊藤整一と同じく海軍大学校首席卒業の俊才であり、米豪分断作戦の立案者でもあった。

口火を切ったのは黒島だ。

「対米作戦を行うには真珠湾の強襲をやらねばならぬ。これがやれぬなら対米作戦は行えない、というのが山本長官の決意です」

黒島はそう言って、これまで軍令部に示していた計画案での使用空母を四隻から六隻に増やすよう求めた。

「それは飲めない相談だ」

富岡は黒島の要求を突っぱねた。富岡は海兵四十五期、黒島は四十四期。しかし、ここでは先輩も後輩もない。真珠湾に空母を二隻追加するとなれば、南方作戦の航空作戦に大きな不安が生じる恐れがある。作戦全体に影響が出る。軍令部としては、認めるわけにいかなかった。

富岡は切り返した。

「ハワイを攻略すると言っても、補給の面からも確保は不可能です。私は第一段作戦でのハワイ攻略には賛成しかねます」

黒島は目をむいて反駁した。

「山本長官は職を賭しても断行すると主張しておられる。もし、この案が容れられなければ、長官はその職を辞するほかない。われわれ全幕僚も同様である」

作戦が通らなければ、連合艦隊司令部一同総辞職するという。これは交渉ではなく、脅しであった。あぜんとする福留、富岡を残し、黒島は床を蹴るようにして第一部長室を飛び出し、隣の軍令部次長室に駆け込んだ。伊藤に直談判するためだ。

執務机についていた伊藤はすぐさま、ただならぬ様子を見て取った。だが、表情には出さない。

「よう、黒島参謀」

ふだんと変わらぬ春の海のような穏やかな笑みで迎えた。黒島の緊張が一瞬ほぐれた。

「伊藤次長に山本長官の考えを聞いていただきたく、やって参りました」

「うん。わかった。まあ、座り給え」

「ハッ」

黒島は改めて山本の強い信念を伝えた。

「まず敵の主力を屠って、彼我の勢力バランスを破り、十分なハンデキャップをつけるより以外に作戦のほどこしようがない、というのが山本長官の考えです」

「そうか」

「しかも、山本長官は南方作戦中に東方から米艦隊に本土空襲をやられた場合のことも懸念しておられます。南方資源が手に入っても東京や大阪が空襲にあったらどうなるか、そのためにも自分が連合艦隊司令長官である限り、ハワイ攻撃は断行する、というのがその決意であり、覚悟であります」

「うん」

黒島に言われるまでもなく、伊藤は山本がこの作戦に自らの進退をかけ、不退転の決意で臨んでいることを知っていた。

「黒島君、ちょっと、ここで待っていてくれたまえ」

伊藤は黒島に告げると、福留と富岡を呼び、総長室に向かった。

ハワイ作戦の決済

伊藤は内心、リスクの大きいハワイ奇襲の構想に不賛成だった。山本五十六も、常識人で合理主義者の伊藤が「ハワイ攻略は投機的であり、採用できない」と言って反対に回るに違いないとみていた。だからこそ、腹心の黒島亀人をわざわざ軍令部に派遣して、伊藤に山本自身の固い決意を伝えさせる方法を取ったのだ。

山本はおそらく、「作戦部（第一部）で埒が明かなければ、次長室に行って伊藤次長と談判して来い」と黒島に指示していたのだろう。

伊藤のほうも、山本の気性は知り尽くしている。

「長官は一歩も譲らぬ気らしい」

黒島の言動を観察して、瞬時にそう悟った。

繰り返しになるが、対米戦について軍令部は、南方資源地帯の確保と本土防衛を主軸とした漸減邀撃作戦を構想していた。太平洋まで出て行って、米国と直接対決することは想定していない。作戦担当の第一部長福留繁、第一課長富岡定俊はもちろん、総長の永野修身も「余りにも博打すぎる」と慎重な態度を示していた。

「だが、しかし……」

伊藤の頭脳は回転する。

（山本長官が私を軍令部に送り込んだのは、今日のような日が訪れるのを予測したからではなかったか。長官はいざという時に、現場と中央の間をうまく調整するよう、私に期待しておられたのに違いないのだ）

ならば、どうする。

（ハワイ作戦に出処進退をかけている長官を連合艦隊に留めおく限り、これ以上の反対は無駄だ。ここは長官支持の方向で軍令部をまとめる側に回るしかあるまい）

伊藤はそう決断すると、自らの意見を封印し、総長室に入ったのだった。

永野との会談は短かった。永野は伊藤の説明を聞き終わると、即決した。

「山本がそれほどまでに言うなら、任せたらよかろう」

永野もまた、自らが次長ポストにつけた伊藤に全幅の信頼を寄せていた。

「ありがとうございます」

「うん、では、私が黒島に会おう」

永野は伊藤とともに、黒島の待つ次長室に戻った。驚いたのは黒島だ。

「あっ」

総長が直々に姿を見せたので、反射的に立ち上がって背筋を伸ばした。

永野も、その後ろに控えた伊藤も、圧するような巨体である。永野は、黒島が何か言おうとするのを制し、言った。

「山本長官がそれほどまでに自信があるというのなら、総長としても責任を持って希望通り実行する。そう、長官に伝えたまえ」

全世界に衝撃を与え、世界史の大きなターニングポイントとなる一大作戦はこうして、意外にあっさりと決裁された。この一件について、軍令部は連合艦隊の強気に押されたという指摘がある。軍令部の永野、伊藤、福留はいずれも秀才であり、逸材だったが、惜しむらくは温厚に過ぎたという声も聞く。

海兵出身の作家豊田穣は著書『海軍軍令部』にこう書いている。

《連合艦隊と軍令部の連絡は必ずしも密とはいえなかったようである。連合艦隊の独走に軍令部がブレーキをかけようとしたが、時すでに遅かったというのが実情であったようだ》

その通りかもしれない。ただ、伊藤の存在なくして永野の迅速な決裁はなかっただろう。軍隊は指揮が単純明快でなければならない。含みをもたせたり、解釈の仕方でどうにでも取れたりするような作戦や命令は禁物である。特に戦時は、指揮命令が一貫し、一枚岩にならなければ、実力を発揮できないまま敗退することになりかねない。

長期戦による漸減作戦を念頭に置く永野と、ハワイ攻撃に戦争のすべてをかけ、勝敗を一日で決めてしまおうと思い詰めている山本。伊藤は、まったく違う考えの両者の交点にいて、中央と現場を一瞬にして一つにまとめた。開戦直前の日本海軍は、この伊藤の人格力、調整力によって軍令部と連合艦隊の決定的な対立、分裂を回避することができたといえる。

ハル・ノート

昭和十六年十一月二十六日、ワシントン。

午後四時四十五分に始まった日米外交交渉で、米国務長官コーデル・ハルは、駐米大使野村吉三郎と特命全権大使来栖三郎に対し、一通の書面を提示した。「ハル・ノート」と呼ばれる覚書である。

野村は海兵三十六期。伊藤整一の三期先輩である。体格は良かった。身長百八十センチ、体重九十ロで、伊藤にも劣らぬ巨漢だ。爆弾テロによって右目を失明しており、「隻眼提督」の異名も取った。ドイツ駐在、米大使館付武官など海外駐在が長く、ルーズベルト大統領とは大統領が海軍次官時代からの知り合いだった。

軍令部次長、横須賀鎮守府長官などを歴任後、阿部信行内閣の外相に就任。英米派としてその国際通ぶりが評価され、戦争回避のための日米交渉の切り札として駐米大使を務めていた。

一方、来栖は外交官。異例の「第二の大使」としてワシントン入りし、野村を補佐していた。親英米派を自認していたが、ドイツ大使時代に三国同盟を調印していたことから、米国側は対米強硬派とみていた。

覚書に目を通した野村と来栖は、驚愕した。

「こ、これは、一体どういうことだ！」

一、支那及び仏印から全面撤退せよ

二、中華民国臨時政府（汪兆銘政権）は認めない

三、日独伊三国同盟の廃棄せよ

要するに、「日本は明治以降の大陸における一切の権益を放棄し、四つの島に引っ込め」というのだ。積み上げてきた話し合いの成果を無視し、一挙に崩す内容だった。これについては、昭和の戦争に批判的な作家司馬遼太郎ですら、「サディスティックな要求で、白人同士の国ではあ

り得なかっただろう」（小説『坂の上の雲』）と指摘している。

「これまで延々八か月も続けて来た交渉は何だったのか」

「これでは問答無用の挑戦状ではありませんか」

野村、来栖は憤然として抗議した。しかし、ハルは「何れも立ち入って説明もしないし、主張もしない」と繰り返すのみで、取り付く島もない。

二人は絶望した。ハルは既にルーズベルトと意見交換を行い、「開戦」を合意していた。ルーズベルトは「日本に奇襲攻撃をやらせた方が、我が国の世論を燃え上がらせるのに都合がよい」と言い、ハルも同意していた。

ハルは回想録にはこう記している。

「ノートを野村に渡した後、私はノックス（海軍長官）とスチムソン（陸軍長官）に『あとは君たちの出番だ』と語った」

近年の情報公開により米国では近現代史の見直しが進んでおり、ルーズベルト政権下においてはソ連の秘密工作によって意図的に反日世論が形成され、「ハル・ノート」の原案を作成した財務省高官もソ連のスパイだったことが明らかになっている。

事実上の宣戦布告

「ハル・ノート」の手交は日本時間では十一月二十七日朝になる。東京では午前十時から大本営政府連絡会議が開かれていた。伊藤も出席している。

会議の途中、一報が入った。

出席者は、余りに高圧的な内容に仰天した。外相東郷茂徳は、「眼もくらむばかりの失望に打たれた。長年にわたる日本の犠牲を無視し、極東における大国たる地位を捨てよと言うのである、これは日本の自殺に等しい」と戦後回顧している。

「これで外交交渉は決裂だな」。伊藤は覚悟した。

会議はいったん解散となり、政府、統帥部それぞれの情報を持ち寄り、午後二時から改めて審議を行うことになった。伊藤は、駐在武官からの覚書の電文を取り寄せ、中身を精査した。米国の意図は極めて明確であり、誠意のかけらも見ることができなかった。血に飢えた狼が平和友好という名の衣を脱ぎ捨て、本来の牙をむき出したのは明らかだった。

（日米交渉は単なる時間稼ぎの隠れ蓑だったということか）

伊藤は苦々しい思いで、午後から再開された連絡会議に出席した。審議の結果は次の通りとなった。

一、この覚書は明らかに日本に対する最後通牒である。
二、我が国として受諾することはできない。かつ、米国は日本が受諾しえないことを知ったうえでこの覚書を送ってきている。
三、以上のことを推断し、各種の情勢を判断し、米国側はすでに対日戦争を決意しているものと思われる。それゆえ、いつ米国から攻撃を受けるかもしれないから、十分に警戒する必要がある。

事ここに至って、国論は一致を見た。日本政府は、「ハル・ノート」を事実上の宣戦布告と受け取り、十一月五日の「帝国国策遂行要領」によって行動することを決めた。ただし、開戦決定は連絡会議ではなく、十二月一日の御前会議で行うこととした。

御前会議では、誰からも異論は出なかった。もはや、天皇も異議を唱えなかった。この時、天皇があくまでも和平を望み、開戦を抑えていたら、どうなっていただろうか。恐らくは、内乱が起こり、結局は戦争になっていただろう。

戦争とは本質的に相互的なものである。必ず相手があり、逆に相手がなければ戦争にはならない。日本がいくら戦争はしないと言っても、相手が攻め込んできたら、自動的に戦争になるのである。

相手はすでに戦闘配置につき、今にも殴りかからんばかりになっている。日本がいくら嫌だといって逃げ回っていても、相手は飛びかかってくる気満々なのだ。全閣僚が「自存自衛のため」に開戦を同意したのは当然のことだったといえるだろう。

東京裁判で被告弁護人を務めた米陸軍将校ベン・ブルース・ブレークニーは「ハル・ノート」についてこう述べている。

「こんな最後通牒を出されたらモナコやルクセンブルグでも武器をとって立つだろう」

司馬遼太郎の指摘を待つまでもなく、「ハル・ノート」は外交史上稀に見る挑発だったのだ。

軍令部に戻った伊藤は、自室のソファに身を沈めて、これからのことを考えた。米国駐在時代の友人スプルーアンスの顔が頭に浮かんだ。日本への帰国直前、スプルーアンスは確か、こう言ったはずだ。

「日本は米国の挑発に乗ってはいけない」と。

「しかし……」

伊藤は頭を振り、立ち上がった。窓を開け、外気を入れた。

夕映えの中を、路面電車が走っている。車輪のきしむ金属音が近づき、やがて遠ざかる。

（米政府は一時的に譲歩案を日本側に出し、日本に望みを持たせながら戦争準備のための時間を稼いでいたのだ。最後通牒を突きつけたとなると、これは開戦準備が整ったということだ）

風が冷たい。伊藤は身震いした。

（米国は最初の一発を我が国に撃たせ、一気に攻めかかる気だ）

「これは油断ならんぞ」

伊藤は気を引き締めた。

ちょうどその頃、ワシントンでは、参謀本部からフィリピンの米極東軍司令官マッカーサーに暗号電が発信された。

「開戦近し。警戒せよ」

無言の聖断

米国から事実上の最後通告を突き付けられた後も、天皇は最後の決断をためらっていた。「ハル・ノート」について、外相東郷茂徳から詳しい説明を受けられたのは、十一月二十八日。天皇はすぐに参謀総長杉山元を呼んで作戦の準備状況を聴取された。翌二十九日（土曜日）には豊明殿で午餐を催し、重臣の林銑十郎、平沼騏一郎、阿部信行、近衛文麿、広田弘毅、米内光政、岡田啓介、若槻礼次郎、原嘉道をお召しになった。

これより先、午前九時半から重臣会議が開かれ、首相東條英機が開戦やむなきに至った事情について、外相東郷茂徳が日米交渉の顛末について説明、続いて、質疑応答が行われた。

「昭和天皇実録」によると、この日の会議では、重臣のうち三分の一の者が「対米開戦やむなし」と主張したのに対し、三分の二は「積極開戦はドカ貧に陥る。現状維持のジリ貧のうちに何とか策をめぐらすのが適当」とし、対米忍苦を訴えたという。筆者はここに、重臣たちの良識をみるが、如何せん彼らは閣僚でもなければ、統帥部の責任者でもない。

会議の進め方も、議長を置かず、議決も伴わない懇談会方式で行われており、政府、統帥部へ「待った」をかける力にはなりえなかった。

午後一時、休憩となり、一同、御陪食に参列した。食事後、天皇は重臣らに茶菓を賜い、午後二時二十分、御学問所に移られ、各人から順次意見を聞かれた。林は「政府・大本営の決断を信頼するほかなし」と言い、阿部も「今や覚悟を定めるほかなし」と同調した。一方、若槻、岡田は「長期戦となる場合の物資補給面を憂慮する」と発言、近衛は「外交交渉決裂後も臥薪嘗胆の状態で打開の道を見出すことができるのではないか」と述べた。

米内は「ジリ貧を避けてかえってドカ貧に陥らないように注意を要する」と言い、広田は「危機に直面して即時開戦はいかがなものか。やむを得ず開戦となっても、和平交渉の機会をつかまえておく必要がある」と指摘した。さらに、若槻は「自存自衛のためならば敗戦を予見し得ても立たなければならないが、大東亜共栄圏の確立等の理想にこだわった国力の使用は非常に危険である」と主張した。直接の当事者ではないから、言いたいことが言えたのかもしれないが、広田、若槻らの意見は至極まっとうである。

天皇は黙って発言に耳を傾けられていたが、同席していた東條は現状維持論に対して一々反論した。天皇は午後三時五分に入御、重臣と閣僚は会議を再開した。重臣らが解散したのは午後四時だった。

引き続き、大本営政府連絡会議が開かれ、開戦決意を議題とする御前会議（十二月一日開催予定）の進行、国内外に対する措置などが話し合われた。会議には伊藤も出席していたはずだが、発言の機会はなかった。重臣たちの意見は意見として、開戦へ向けての手続きは急ピッチに進んでいった。

翌三十日は日曜日だった。天皇は午前十時五分、御座所において、弟君の高松宮宣仁親王（大正天皇の三男）と対面した。率直な意見交換をするためだ。

高松宮は海軍士官である。この年の四月に、長兄である天皇の「なるべく近くに」との内意より横須賀海軍航空隊教官に補され、十一月二十日には、軍令部兼大本営海軍参謀に就任していた。

「海軍はできることなら日米戦争の回避を希望しています」

開口一番の高松宮の言葉に、天皇は衝撃を受けた。

天皇は、それまで宮が主戦論者であると思っていたからである。

天皇「戦争の見通しについては、海軍はどう考えているか」

高松宮「五分五分の引き分け、良くて六分四分の辛勝です」

天皇「私は負けやせぬかと思っているが……」

高松宮「それなら今、止めてはどうですか。海軍は十二月一日から作戦展開します。今この機会を失すると、戦争は到底抑えきれません」

この時の天皇の心境については、『昭和天皇独白録』（文藝春秋）に次のような記述がある。

「宮は止めてはどうかと言うから、私は立憲国の君主としては、政府と統帥部との一致した意見は認めなければならぬ、もし認めなければ、東條は辞職し、大きなクーデターが起こり、かえって滅茶苦茶な戦争論が支配的になるであろうと思い、戦争を止めることについては、返事をしなかった」

それにしても、十二月一日とは、明日である。天皇は直ちに内大臣木戸幸一を呼んだ。木戸は

「一度決意されたら後へは引けない重大事項ですので、十分にご納得のいくよう、海相、軍令部総長をお召しのうえ、海軍の本心を確認し、あわせて首相とも隔意なくお話しくださいますように」と奉答した。

午後四時、東條が御学問所に参内。重臣会議、大本営政府連絡会議の模様を説明し、明日、閣僚・統帥部合同の御前会議を開催する旨、言上した。天皇は、海軍の戦争に対する自信の有無について問い質した。

「事ここに至っては自存自衛上、開戦はやむを得ません。統帥部は戦勝に相当の確信ありと承知しておりますが、海軍作戦が基礎となるため、少しでもご疑念があれば軍令部総長、海軍大臣をお召しのうえ、ご確認ください」

東條はそう奉答して一時間後に退下した。入れ替わりで、海相嶋田繁太郎と軍令部総長永野修身が御学問所にやって来た。午後六時十三分から三十五分にかけてのことである。

天皇「長期戦が予想されるが、予定通り開戦するのか」

永野「明日、委細を奏上すべきも、航空艦隊は明日ハワイ西方の千八百海里に達します。艦隊は士気旺盛、訓練も充実し、司令長官は十分自信を有し、一同必勝の覚悟を持っております」

天皇「開戦の準備状況、ドイツが単独和平した場合の措置はどうなっているか」

嶋田「人員・物資ともに十分準備を整え、大命一下に出動できます。また、元来ドイツは信頼できず、万一同国が手を引くとしてもわが国にとって支障はないと考えます」

海軍首脳二人の力強い応答を受け、天皇はついに決意を固めたようだ。二人が退下すると、天皇は木戸を呼んで、「海相・軍令部総長に下問した結果、両名ともに相当の確信をもって奉答したので、予定通り進めるように」と首相への伝達を命じた。

十二月一日。御前会議は午後二時から開かれた。議題は「対米英蘭開戦ノ件」。

伊藤も永野に随行して出席した。東條が開会を宣し、外相東郷茂徳が日米交渉の経過を説明、永野が統帥部を代表して開戦理由を述べた。

「陸海軍統帥部は十一月五日決定の帝国国策遂行要領に基づき、作戦準備を進めてきましたが、いまや武力発動の大命を仰ぎ次第、作戦行動を開始する態勢を完整しております……」

続いて、内相、蔵相、農相から国力と戦争の見通しについての説明があり、いくつかの質疑応答があった。最後に東條は「全力を傾注して速やかに戦争目的を完遂し、誓って聖慮を安んじ奉らんことを期す」と述べ、会議の終了を宣言した。

天皇は終始沈痛な面持ちで聞いていたが、午後三時四十五分、入御。午後四時五分、内閣より上奏された御前会議決定に関する書類を裁可、「無言」の聖断を下した。

「十二月一日に、閣僚と統帥部との合同の御前会議が開かれ、戦争に決定した、その時は反対しても無駄だと思ったから、一言も言わなかった」（『昭和天皇独白録』）

こうして、日本は二千六百年の有史以来、最も困難を極める戦争に踏み切ったのである。

ニイタカヤマノボレ

十二月一日午後五時、ご聖断を受けて、伊藤は山口県・岩国沖の柱島泊地に錨泊中の連合艦隊旗艦「長門」に電報を打った。

連合艦隊司令長官山本五十六宛ての親展で、事前に送付ずみの最高機密文書の開封を指示する内容だった。

しかし、山本はすでに天皇のお召しで「長門」を離れ、午後四時岩国発の特急列車に乗り、上京の途上にあった。参内、拝謁して勅語を賜るためである。

従って、封書は留守を預かる連合艦隊参謀長宇垣纏が開いた。宇垣は緊張のあまり、指が硬直し、開封に手間取った。

大海令（大本営海軍部命令）第九号

昭和十六年十二月一日

　奉勅　軍令部総長　永野修身

山本連合艦隊司令長官ニ命令

一、帝国ハ十二月上旬ヲ期シ米国、英国及蘭国ニ対シ開戦スルニ決ス

二、連合艦隊司令長官ハ在東洋敵艦隊及航空兵力ヲ撃滅スルト共ニ敵艦隊東洋方面ニ来航セバ之ヲ邀撃撃滅スベシ
三、連合艦隊司令長官ハ南方軍総司令官ト協同シテ速ニ東亜ニ於ケル米国、英国次デ蘭国ノ主要根拠地ヲ攻撃シ南方要域ヲ占領確保スベシ
四、連合艦隊司令長官ハ所要ニ応ジ支那方面艦隊ノ作戦ニ協力スベシ
五、前諸項ニ依ル武力発動ノ時期ハ後令ス
六、細項ニ関シテハ軍令部総長ヲシテ之ヲ指示セシム

この命令を受け、宇垣は翌二日午後五時三十分、連合艦隊司令長官命令の暗号電を打った。「ニイタカヤマノボレ　一二〇八」。X日（開戦日）を十二月八日とするという符牒である。ちなみに、戦争回避、攻撃中止の場合は、「ツクバヤマハレ」「トネガワクダレ」だったというが、いずれにせよ幻の電文となった。

第一航空艦隊司令長官南雲忠一率いる機動部隊は十一月二十六日に択捉島・単冠湾を出港、ハワイに向かっていた。

奇襲を成功させるには隠密行動が必要である。このため、連合艦隊は過去十年間に太平洋を横断した船舶の航路を調査し、十一月から十二月にかけて北緯四十度以北を航行した船舶が皆無であることを確認、北方航路を採用した。

機動部隊は、御前会議のあった一日の午後七時頃には、日付変更線を越えてすでに西半球に入

っていた。旗艦の空母「赤城」が「ニイタカヤマノボレ　一二〇八」を受信したのは二日午後八時。

「やっとこれで戦争に決まったな」

艦橋の南雲はホッとした表情を見せた。南雲は二十日ほど前の十一月十三日、岩国航空隊で行われた作戦会議を思い出していた。

それは、連合艦隊司令部や各艦隊司令官が一堂に会した最後の打ち合わせだった。席上、山本五十六は「たとえ攻撃隊が発艦した後でも、ワシントンでの外交交渉が成立した場合は戦闘を中止するから、直ちに反転せよ」と命じた。

南雲は反感をあらわにし、「出動後に引き帰すことは、実際問題として無理です。士気にも大きな影響があります。出かかった小便は途中で止められませんぞな」と東北弁で言った。

南雲は山形県米沢市出身である。列席の参謀や司令官の中には笑う者もいたが、山本は笑わず、怒気を含んだ厳しい口調でこう言った。

「百年兵を養うは、一日の用にあてるためだ。自分の言うことが聞けない者は、直ちに辞表を出せッ」

場が凍りつき、逆らう者は誰もいなかった。

以来、南雲の胸中には、「もし、連合艦隊から攻撃中止命令が来たらどうしようか」という不安が渦巻いていた。

「これで搭乗員たちも心おきなく戦えるだろう」

南雲は暗い夜の海を見つめながら、安堵のため息をもらした。

言挙げせず

十二月三日午前十時四十五分、連合艦隊司令長官山本五十六は御学問所に参内、勅語を賜った。山本は次のように奉答した。

「開戦ニ先チ、優渥ナル勅語ヲ賜リ、恐懼感激ノ至ニ御座イマス。謹ンデ大命ヲ奉ジ、連合艦隊ノ将兵一同、粉骨砕身、誓ッテ出師ノ目的ヲ貫徹シ、聖旨ニ応ヘ奉ツル覚悟デ御座イマス」

型通りの決意表明に続いて、山本は戦争の見通しについて、率直に語った。

「開戦後の作戦の推移は予定通りすべてが満足に進捗するものとは限りません。ある局面においては、損害が多く相当に苦戦に陥ることも覚悟しております」（戦史叢書）

そこには、政府・統帥部首脳の気休め的な言辞とは違う切迫感があった。

天皇は山本こそ頼みにすべき臣であると思われたようだ。『昭和天皇実録』によれば、天皇は夕方になって、山本の奉答文を侍従武官から受け取り、一度朗読した後、さらに三度ほど繰り返し熟読されたという。

翌四日には、侍従武官を海軍省に遣わして、山本に対して「今回は重大なる任務にてご苦労に思う。十分成功して無事凱旋を祈る」との御沙汰を特別に伝達された。天皇と連合艦隊司令長官の心は開戦直前に響き合い、通じ合った。

宮中を下がった山本は三日夜、海軍大臣官邸で開かれた晩餐会に出席した。散会後、色紙に和歌一首をしたためて軍令部次長伊藤整一に贈っている。

國を負ひて
い向かふきはみ
千萬（ちよろず）の
軍（いくさ）なりとも
言挙（ことあげ）はせじ

この歌の本歌は、万葉歌人・高橋虫麻呂の次の一首と思われる。

千萬の軍なりとも言挙げせず
取りて来ぬべき男とぞ思ふ

虫麻呂は、新羅との戦いに備え、九州に赴いた武人である。
先の歌を意訳すると、「千万の敵であろうとも、あなたなら言挙げせずに討ち取ってくれることでしょう。あなたはそういう勇猛な男であると信じています」ということになろう。
「言挙げ」とは、自分の意志をはっきりと声に出して言い立てることをいう。日本人は古来、言葉には言霊が宿っているので、声に出した言葉は現実に何らかの影響を与えると信じてきた。それが自分の慢心から出た言葉であれば、悪い結果がもたらされるとして、よくない態度だと考えられてきた。万葉集にも、「葦原の瑞穂の国は神ながら言挙げせぬ国」とあり、日本の武人は、「言挙げ」しないことが美徳とされてきた。

そこで、山本の歌をみてみる。

「天皇陛下にも言いたいことは申し上げた。もう、とやかく言うことはない。国家安寧のため、千万の敵といえども果敢に立ち向かっていくのみである」

拝謁を終えた直後の山本の心境が包まずに詠じられた歌であることが読み取れる。

色紙を受け取った伊藤は、これを表装して掛け軸とし、覚書を記した。

〈大東亜戦争開戦直前、昭和十六年十二月三日、御召シニヨリ山本連合艦隊司令長官ハ密カニ上京、出征前ノ拝謁ヲ賜ハル

同日、海軍大臣邸ニオイテ、晩餐後、所懐ヲ揮毫シテ、軍令部次長ニ賜ハリタルモノナリ　整一〉

きちんと記録に残しておこうと思ったのだろう。伊藤の几帳面さが表れている。書を渡される時、伊藤は山本にこう念を押されている。

「戦争は正々堂々とやるべきだ。事前通告は必ず、きっちりとやるよう頼んだぞ、伊藤君」

対米最後通告

山本が伊藤に「必ずやるように」と念押しした事前通告とは、「対米最後通告」のことである。文案は外務省が作成した。

十二月四日の大本営政府連絡会議で、外相東郷茂徳は、この最後通告について、「明五日午後発電、六日着とすれば、手交するにはちょうどよい日と思う」と提案した。これに対し、伊藤は「ワシントン時間の七日（日曜日）午後零時半に手交したい」と異見を述べた。

このため、連絡会議は案文のみを承認し、手交時刻は統帥部の要求に合致するよう別途協議して決めることにした。

戦闘開始の予定時刻は「午後一時半」である。しかし、これは軍機密であり、外相といえども、明かすわけにはいかない。伊藤は、通告は攻撃の一時間前にする腹積もりで、「午後零時半の手交」を申し出たのだった。

手交時刻の決定は伊藤に委ねられた。伊藤は軍令部に戻り、黙考した。

（自分の経験に照らすと、大艦隊を擁した大規模な作戦は実施が計画より二十分ほど遅れるのが通例だ。攻撃一時間前の通告では、敵に時間を与えすぎる恐れがある。奇襲を成功させるには通告から攻撃開始までの間隔をもう少し縮めるべきではなかろうか）

五日午後、伊藤は参謀本部第一部長田中新一を同道して外務省に向かった。

「手交時刻を三十分繰り下げ、午後一時にしていただきたい」

伊藤は東郷に要請した。

「午後一時という時刻で、戦闘行為開始に若干の時間的ゆとりはありますか」

東郷が訊ねた。

「戦闘開始までには十分に時間があります」

伊藤は表情を変えずに答えた。東郷は納得し、時刻変更に同意した。最後通告の手交時刻はこうして決まった。伊藤は慎重を期して、こう言った。

「外務大臣、これは言わずもがなでしょうが、東京とワシントンの時差も考慮に入れられ、発信時刻には十分に注意するよう、担当者の方々に今一度お伝えいただくようお願いします」

翌六日の大本営政府連絡会議で、伊藤は統帥部を代表して時刻変更を報告した。変更の理由、時間の算出根拠については一切触れなかった。事前準備はこれで万端整ったはずだった。

ところが――。

実際の真珠湾攻撃はワシントン時間の七日午後一時二十五分（日本時間の八日午前三時二十五分）に始まった。伊藤が心配した「二十分ほどの遅れ」はなく、逆に予定より五分早まったのである。

だまし討ちの汚名

「トラトラトラ（ワレ奇襲ニ成功セリ）」

攻撃部隊からの一報が入ると、軍令部内は喜びにわいた。だが、伊藤だけは浮かぬ顔をしていた。最後通告手交の報告が遅々として入らないからだ。

「外務省からの知らせはまだか」

参謀たちに何度も聞いたが、答えは返ってこない。知らせが届いたのは夜明け間近になってからだった。

「対米最後通告はワシントン時間一四二〇（午後二時二十分）、野村大使が国務長官ハルに手渡したということです」

「何だって？」

伊藤は愕然として聞き返した。

「一四二〇？　何かの間違いではないか」

「いえ、間違いありません」

「なぜだッ」

温厚な伊藤が珍しく激した。野村がハルに最後通告を手交したのは午後二時二十分。攻撃開始から五十五分も経過していたというのだ。

「発信は一三〇〇、それを手渡すのに、どうして一時間二十分もかかるんだッ」

伊藤は拳を握りしめ、執務机を叩いた。

（手交時刻を繰り下げたのが裏目に出たか……）

否、伊藤が決めたとおり「午後一時」に通告がなされていれば、何ら問題は生じなかったはずだ。だが、伊藤は自分を責めた。

機動部隊からの戦況が刻々と報告された。わが軍は米太平洋艦隊に壊滅的被害を与えた。作戦は成功したのだ。

夜が明け、大本営海軍部はハワイの大戦果を発表した。軍令部の参謀たちは総長官舎に集まって祝杯を上げた。参謀たちの歓声の中で、伊藤ひとりが憮然とし、笑顔を見せなかった。伊藤はまったく気乗りがせず、早々に自宅に引き上げた。

最後通告が遅れた理由をここでくどくど書くつもりはない。伊藤が立てた精密なスケジュールを狂わせたのは、外務省職員の不手際だった。ワシントンの駐米日本大使館が電文の翻訳と清書に手間取ったのである。意図して遅延させたわけではなく、いわば「事故」だった。しかし、米国側はこれを「だまし討ち」だと大宣伝し、結果的に米国民の士気を高め、日本に大きなマイナス効果をもたらした。

繰り返すが、伊藤がもっぱら責めを負うべき筋合いのものではない。だが、この時の伊藤にとって、そんな理屈は関係なかった。自分には軍令部次長として、統帥部を代表して、手交時刻を決めた責任があると考えていた。

ふだん、家で仕事の話をすることがない伊藤だが、この日は自宅に戻ってからも、終始ふさぎ込んでいたという。

茶の間に置かれた箱火鉢の前に正座していた伊藤が突然、鉢の縁に三つ指をついて頭を垂れ、

「野村大使に迷惑をおかけした。ハル長官からハワイ空襲はすでに始まっていると聞かされて、どれほどの屈辱を味わわれたことか。自分は何とか機会を得て、野村大使に謝らなければならない」と言って悔やむのを、妻ちとせが聞いている。

役者の違い

「野村さんに申し訳ないことをした」

伊藤は米国への最後通告が遅れたことへの責任を痛感していたが、米政府の首脳たちはケロリとしたものだった。米情報部は攻撃開始の前日までに、日本側が打電した最後通告の電文をすべて入手、解読ずみだったからだ。

六日午後九時半には翻訳文が大統領フランクリン・ルーズベルト、国務長官ハル、海軍長官ノックス、陸軍長官スチムソンに届けられた。

ルーズベルトは一読し、同席していた補佐官ホプキンスに言った。

「これは戦争を意味する」

ノックスはルーズベルトに聞いた。

「この最後通告をハワイやマニラの司令官に伝えますか」

ルーズベルトは首を振った。

「ノー。その必要はない」

敵を欺くにはまず身内から、というわけだ。このようなやりとりが分かってきたのは戦後、大統領側近者たちの回想録が出始めてからのことである。

当時の日本人は、伊藤はおろか、誰一人、暗号が解読され、大統領が攻撃を知りつつ伏せていたことは知らない。何も知らぬ駐米大使野村吉三郎が最後通告を手にしてハルの部屋を訪ねたのは午後二時五分。真珠湾攻撃開始から三十五分が経過していた。

ハルはちょうど、ルーズベルトから攻撃の第一報を電話で受けているところだった。むろん驚くこともない。大きくうなずいて電話を切り、野村を部屋に招き入れた。午後二時二十分だった。攻撃開始から五十五分経過している。

ハルは攻撃が始まっていることも、最後通告の手交予定時刻が七日午後一時だったことも知っている。知っていながら空とぼけ、野村から渡された最後通告を受け取った。すでに読了ずみの文書を手に取り、改めて目を通したハルは、急に声を荒げた。

「はっきり申し上げるが、私は過去九か月の間、あなたたちとの交渉では一言たりとも嘘を言わなかった。それは記録を見ればわかることだ」

続けて、こうののしった。

「私の五十年間の公職生活を通じて、これほど恥知らずな、虚偽と歪曲に満ちた文書を見たことがない。こんな大がかりな嘘とこじつけを言い出す国がこの世にあろうとは、今の今まで夢想もしなかった」

野村はあっけにとられ、一言もなく辞去した。野村には、なぜ、このような重要な文書が予定より一時間以上も遅れて自分の手元に到着したのかさっぱり分からなかった。

八十年以上経た今なら、嘘と歪曲に満ちた対応をしたのが、どちらだったのか、分かる。ハルやルーズベルトこそ、権謀術数の大策士だった。当時の米政府首脳のしたたかさには舌を巻かざるをえない。同時に、伊藤のように寡黙で裏表のない、真っ正直な日本人とは異質な人間性を感ずる。

海兵出身の直木賞作家豊田穣は著書「海軍軍令部」で次のように述べている。

《ハル・ノート発出までは、ばか正直な近衛や東郷をだましてきた、その欺瞞に満ちた外交的手腕、そして日本より二時間以上も早く最後通告を解読していながら、だまし討ちをくらったような顔をして、相手国の大使を罵倒するその芝居気たっぷりな演技……所詮、日本は数等役者の上の民族と戦争を始めたと考えるのは、思いすぎであろうか?》

マレー沖の捷報

真珠湾攻撃から二日後の昭和十六年十二月十日の夜更け、東京・杉並の伊藤整一宅で、ジリジリジリと電話が鳴った。妻ちとせが台所の壁にかけてある受話器を取った。

「もしもし……はい、お待ちくださいませ。すぐに主人と代わります」

「お父様、お電話ですよ」

ちとせは大きな声で伊藤を呼んだ。伊藤は廊下を隔てた八畳の居間にいた。

「軍令部からです」

伊藤はちとせから無言で受話器を受け取った。

「伊藤だ。うん、うん、おう、そうか」

険しい表情が次第にゆるんだ。電話はマレー沖での大勝利を知らせる第一報だった。この日午後、マレー沖で繰り広げられた海戦で、日本海軍機は英東洋艦隊の最新鋭戦艦「プリンス・オブ・ウェールズ」と巡洋戦艦「レパルス」を撃沈した。二日前、米太平洋艦隊に大打撃を与えた日本海軍航空部隊が、今度は英東洋艦隊を撃滅したのだ。日本は開戦二日目にして、太平洋、インド洋の制海権を握った。

「真珠湾攻撃まで苦しんでいたお父様は、この電話を受けた時、めったにないうれしそうな顔をしていました」

当時、十五歳の女学生だった長女の純子（すみこ）は戦後、そう振り返っている（中田整一『四月七日の桜』講談社）。

マレー沖海戦は世界の海戦史上初めて、作戦行動中の戦艦を航空機で沈めた事例となった。伊藤ら海軍首脳は、真珠湾の大戦果と併せ、航空部隊の活躍に驚嘆した。大艦巨砲主義者だった連合艦隊参謀長宇垣纏も、この日は航空部隊を絶賛している。日誌「戦藻録」にこう記している。

「鴨がネギを背負って現れた。新鋭戦艦も無謀な行動で海の藻屑になった」

一方、英首相チャーチルにとっては生涯最悪の日だったようだ。回顧録で次のように語っている。

《十二月十日、私が書類箱を開けていると、寝台の電話が鳴った。

軍令部長からだ。変な声だった。咳をしているようでもあり、こみ上げてくるものを堪えているようでもあり、明瞭に聞き取れなかった。

「首相。プリンス・オブ・ウェールズとレパルスが、どちらも日本軍の飛行機に沈められましたことを報告しなければなりません。トム・フィリップス（東洋艦隊司令長官）は戦死しました」

「間違いないか」

「疑う余地はありません」

私は受話器をおいた。

私は一人きりであったことを感謝している。

戦争の全期間を通じて、私はこれ以上の衝撃を受けたことはなかった》

マレー沖海戦は、アヘン戦争以来、百年にわたった英国のアジア侵略と支配の終わりを告げる鐘となった。二か月後の昭和十七年二月十五日には、シンガポールが陥落、英国は東アジア征服の拠点を失う。以後、欧米の植民地各地に独立への機運が芽生えていく。

英国の歴史学者アーノルド・J・トインビーはこう述べている。

「英国最新最良の戦艦二隻が日本空軍によって撃沈されたことは、特別にセンセーションを巻き起こす出来事であった。一九四一年、日本は全ての非西洋国民に対し、西洋は無敵でない事を決定的に示した」

日本軍の快進撃はさらに続いた。

三月五日、ジャワ島バタビア（現ジャカルタ）を占領。

三月七日、東インドのオランダ軍降伏。

三月八日、英委任統治領ニューギニア島ラエとサラモアに上陸、占領。ビルマ（現ミャンマー）ラングーン（現ヤンゴン）占領。

三月十三日、米軍フィリピン司令官マッカーサー、フィリピンから逃亡。

四月五日〜九日、セイロン（現スリランカ）コロンボの英軍基地を空襲。

五月一日、ビルマ中部マンダレー占領。

五月四日、英領ビルマのアキャブ占領、ビルマ制圧完了。南方作戦完遂。


第一段作戦が予想外のスピードで終了したため、軍令部は第二段作戦の再構築を急がなければならなかった。

この時期の海軍中央の雰囲気について、元連合艦隊参謀の千早正隆（兵学校時代の伊藤の教え子）は著書『日本海軍の驕り症候群』にこう書いている。

《穏健な意見の持ち主であった伊藤軍令部次長ですらが、陸軍との打ち合わせの席上で、「いまや追撃戦の段階にある」と述べたとほどであった》

海軍部内に危険な楽観論が広がりつつあった。これが、ミッドウェーの蹉跌につながっていく。

第二段作戦の決定

第一段作戦に続いて、第二段作戦でも、中央（軍令部）と現場（連合艦隊）は激しいつば競り合いを演じた。軍令部は「米豪遮断作戦」だと言い、連合艦隊は「ミッドウェー作戦」を主張する。伊藤はここでも調整役に回った。

中央と現場の間に入って話をまとめることができる人物は、軍令部総長永野修身、連合艦隊司令長官山本五十六の双方から厚い信頼を得ている伊藤を措いてほかにいなかった。

真珠湾攻撃後も日露戦争以来研究してきた敵戦力の漸減作戦にこだわり、長期戦に備える構えを崩していない。第二段作戦としては、「米国の補給基地となりそうな豪州を米国本土から分断」することを構想、さらに「豪州全土を制圧、ドイツの英本土上陸と相まって米国を孤立させ、有利な条件で講話に持ち込む」という遠大な計画を立てた。

軍令部は昭和十七年一月二十六日、軍令部は「爾後の作戦はサモア、フィジー、ニューカレドニアの攻略」と決定した。陸軍参謀本部もこれに賛同した。

ところが、実施部隊である連合艦隊司令長官は、この作戦に全く関心を示さなかった。旗艦「長門」の司令部で、山本は参謀たちに向かって、「米豪分断は迂遠にすぎる」と、切って捨てた。山本の考えは、真珠湾攻撃後も変わっていない。あくまで中央突破による短期決戦、早期講和である。

そこで、第二段作戦としては、戦略的に重要なミッドウェー島を占領して、真珠湾で討ちもらした米空母部隊を誘い出し、撃滅するという作戦を立てた。立案したのは、真珠湾の時と同じく、先任参謀黒島亀人だ。

四月三日、山本の意を受けた連合艦隊の戦務参謀渡辺安次が上京し、軍令部を訪れた。ミッドウェー作戦を軍令部に認めさせるためだ。

渡辺は海兵五十一期。当時は中佐。明るい性格で、周囲への気遣いもあり、「安べエ」「安さん」と呼ばれ、同僚、部下に慕われていた。

戦務参謀という役職は、山本が長官着任後に新設したポストで、命令、法令、訓示の伝達、報告を主任務としていた。渡辺は黒島同様に山本のお気に入りで、山本の良き話し相手でもあった。将棋の相手を務めることも多く、山本の性格や考えを理解するのが早かった。

少し話を少し先に進めると、「長門」の連合艦隊司令部に、ミッドウェー海戦の凶報「空母三隻被弾、大火災」が届いた時も、山本と渡辺は将棋を指し続けていたという逸話がある。山本がブーゲンビル島で遭難した際、真っ先に捜索に向かい、遺体を収容したのも渡辺だった。

渡辺は軍令部第一部（作戦部）を訪れ、ミッドウェー作戦の趣旨説明を行った。軍令部の参謀たちはとりあえず黙って聞いた。説明が終わり、同作戦を採用するよう要望すると、一斉に口を開いて反論した。

「ミッドウェーの攻略は不可能である」「たとえ占領できたとしても、その後の防衛は極めて困難であり、いずれ放棄せざるを得なくなる」

作戦立案の責任者である第一部長福留繁も、「ハワイ奇襲と同一方向から、しかも同じ要領の作戦を繰り返すことは古来兵法の戒めるところであり、相当な犠牲がある。連合艦隊の作戦案には反対である」と一蹴した。

渡辺は引き下がらざるを得なかった。苦悩の表情を浮かべて、第一部の部屋を出た。

「どうしたらいいのだ……」。渡辺は吹き抜けの天井を仰いだ。

ふと、昨年八月まで連合艦隊参謀長をしていた伊藤整一の顔が頭に浮かんだ。

「そうだ、伊藤さんなら、なんとかしてくれるかもしれない」

越権行為ではあるが、外に手はなさそうだ。渡辺は意を決し、次長室のドアをノックした。

「連合艦隊の渡辺であります」

「おう、入りたまえ」

伊藤は執務机から立ち上がって、迎えた。この光景は五か月ほど前に黒島が真珠湾攻撃の膝詰め談判に訪れた時とまったく同じである。

渡辺は身長が一八〇センチあり、伊藤に負けぬ大男であるが、見た目と違って心は繊細だった。

「伊藤次長、実はお話がありまして」

「うん、まあ、掛けたまえ」

伊藤は柔和な笑みをたたえている。渡辺は救われる思いだった。

「長官のことだから、今度も作戦が認められなければ辞職すると言っておられるのだろう」

「ご推察の通りです」

「そうか、わかった」

伊藤の返事は短かった。伊藤は渡辺に「暫時、ここで待機せよ」と告げると、直ちに総長室に入り、総長永野修身に渡辺の申し入れを伝えた。伊藤は福留も総長室に呼び入れ、再度意見を聞いた。

断を下したのは永野である。

「山本君がそれほどまでに言うのなら、やらせてみようではないか」

伊藤は次長室に戻り、総長の決断を渡辺に伝えた。

「本当ですか。ありがとうございます」

渡辺は姿勢を正し、目を潤ませて敬礼した。

連合艦隊の直談判はまたもや成功した。

伊藤は多くを口にしなかったが、いったん戦が始まった以上、作戦の立案する際には、現場の意見をよく聞くべきだと考えていた。中央（軍令部）は、作戦実施に際して必要な種々の生きた情報に接する立場にないからである。

（山本長官には、赤煉瓦のビルにいる私たちには分からないことがあるはずだ。血を流すのは、私たちではない。前線の人間なのだ）

軍令部と連合艦隊——伊藤はこの後も戦局をにらみながら、両者の間に入って心を砕き、最善の道を模索していく。

戦艦「大和」の初陣

昭和十七年二月十二日、戦艦「長門」に代わって、「大和」が連合艦隊旗艦となった。「大和」は全長二百六十三メートル、最大幅三十八・九メートル、最大射程四十二キロの主砲九門を備えた世界最大最強の戦艦だった。

呉海軍工廠で建造され、真珠湾攻撃の八日後の昭和十六年十二月十六日、密かに就役し、岩国の柱島沖に錨泊していた。司令長官山本五十六以下、連合艦隊の参謀たちも「長門」から「大和」に移乗した。参謀たちは「長門」とは大違いの、高級ホテル並みの居住性に喜びの声を挙げた。

この、無敵と思われた巨艦が三年二か月後に鹿児島県坊津沖で撃沈される運命にあるとは、当時はだれも知らない。伊藤も夢想すらしなかったろう。自ら司令長官として特攻艦隊を率い、「大和」と運命を共にすることになろうとは。

三月三十日、「大和」は主砲の射撃訓練を終え、いつでも出撃できる状態になった。だが、なかなか出番はなかった。海戦の主役は、もはや戦艦ではなく、空母を中心とする機動部隊に移っていたからだ。

ミッドウェーが初陣になった。ただ、この作戦でも、中心となるのはやはり南雲忠一中将率いる空母機動部隊だった。「大和」はあくまで支援部隊として同行したに過ぎない。

五月二十九日、山本長官を乗せた「大和」は柱島泊地を抜錨した。参加艦艇三百五十隻、航空機一千機超。将兵十万人を擁する連合艦隊の大移動である。

五月三十一日、機動部隊はミッドウェーまでの行程の半分ほどに到達した。

六月一日から二日にかけ、濃霧が発生し、機動部隊を包んだ。

「敵はどこから出て来るのか……」

軍令部の伊藤は気をもんだ。開戦に伴って軍令部には、「大本営作戦室」が設けられていた。といっても、ベニヤ板で囲んだ十二坪ほどの空間である。

「先遣部隊（潜水艦部隊）からの連絡はまだか」と、伊藤は作戦室の参謀たちに聞いた。

「今のところ何も入っておりません」

「なぜ敵を捕捉できないのだ」

「さあ、敵がいないのかもしれませんね。それなら大艦隊を繰り出すまでもなかったかー」

冗談交じりの返答に作戦室の同僚から笑いが起きた。伊藤は笑わない。一人、怖い顔をしている。

（友軍は緒戦の大勝利に幻惑されている。どこへ行こうと、勝利は我にありと楽観しすぎている）

口に出さないが、このところ海軍はどうも気がゆるんでいるように見えて仕方がなかった。伊藤は重ねて参謀たちに尋ねた。

「敵が先遣部隊より先に通過しているということはないか」

「まさか……」

参謀たちの口元から笑みが消えた。代わりに第一部長の福留繁が答えた。

「次長、それはあり得ませんよ。敵がこちらの暗号を解読して、手の内をすべて知っているというなら話は別ですが」

「暗号を解読……。それも、あり得るぞ」

「まさか、そんな」

福留は目を丸くしている。

「第一部長、米国を甘く見てはいかんぞ。米国は情報通信をひじょうに重視する国柄だ。諜報活動にも力を入れている」

「しかし、次長……」

福留以下、参謀たちは納得のゆかない顔だ。軍令部第三部（情報部）部員だった作家吉田俊雄は、当時の参謀たちについて、「明治の頭」で戦争をしていた、と指摘する。著書『四人の軍令部総長』に次のようなくだりがある。

《日本海軍はおかしな潔癖さを持っていた。情報部の首脳でさえ、

「相手が隠したいと考えているものを、横から盗み聞きしたり、スパイしたり、暗号をバラしたりするのは紳士の道に外れる」

と言っていた。

海軍指導部は本当の意味で、戦争の本質を知らず、近代戦争をする心構えに欠けていたのだ》

軍令部にあって、伊藤のような「昭和の頭脳」を持っていた人間は少なかったのだろうか。

（彼らは作戦の成功を信じきっている。危うい）

伊藤は参謀たちの顔を見渡し、彼らの弁解を封じるよう命じた。

「第一部長、敵にこちらの作戦を察知されたという前提で、対策を検討せよ。直ちにかかれ」

昭和16年9月から伊藤は海軍統帥の要、軍令部次長を務めた。写真は同年12月、中将になって以降

東京大宮八幡の自宅で母親と妻子に囲まれた伊藤整一。前列左から次女淑子、整一の母ユキ、三女貞子。後列左から長女純子、整一、妻ちとせ。右上は長男叡〔生誕120周年記念誌〕

昭和18年6月22日、永野修身軍令部総長が元帥府に列せられたのを祝う会食の記念写真（軍令部総長官舎）。前列中央が軍令部総長永野修身大将、その左が軍令部次長伊藤整一中将

東京・霞が関に建っていた赤煉瓦造りの海軍省ビル。２階が海軍省、３階が軍令部のフロアになっていた

中央合同庁舎５号館の敷地内にある海軍省・軍令部跡の碑〔著者撮影〕

戦艦「大和」艦上で撮影された連合艦隊司令部の記念写真。前列右から5人目が司令長官山本五十六大将、6人目が参謀長宇垣纏少将、1人おいて首席参謀黒島亀人大佐、左端は作戦参謀三和義勇大佐

東條内閣の海軍大臣を務めた嶋田繁太郎大将。陸軍との協調路線をとり「東條の腰巾着」「東條の副官」と陰口をたたかれた

日米開戦時の首相東條英機陸軍大将。国務と統帥の融合を図るとして陸相と内相も兼務した

第二章

太平洋の死闘

ミッドウェーの敗報

「悪い予感」は的中した。伊藤の見立て通り、米軍は日本軍のミッドウェー島攻略の意図を事前に知っていたのだ。

米海軍情報部は日本海軍が使う暗号についてほぼ解読していた。ただ、暗号電文の中に攻略目標として出てくる「ＡＦ」という略号がどこを指すのか、特定できていなかった。ミッドウェー島かもしれない、と推測はしたが、確認は取れない。そこで米情報部は、予想作戦期日までに「ＡＦ」を特定すべく、罠を仕掛けてくる。

「ミッドウェー基地では海水を真水にする機械が故障して、飲料水が不足している」

情報部は平文で偽電を打たせた。その四十八時間後、日本海軍は全軍に暗号電文を打った。

「ＡＦは水が不足している」

これで、「ＡＦ」はミッドウェーだと特定された。日本海軍はまんまと罠にはまったのである。

結果、日本機動部隊は米機動部隊を誘い出してたたくどころか、逆に待ち伏せされ、急襲を受けるのである。

海戦は六月五日から七日にかけて行われた。伊藤の危惧は現実になった。詳しい戦闘経過はここでは触れないが、この日米機動部隊の激突は戦局のターニングポイントになった。

日本側には不運も重なった。だが、それにも増して、伊藤が懸念を示していたような、戦に対する慢心と判断の甘さが目立った。

「加賀、蒼龍、赤城火災、飛龍をして敵空母を攻撃せしめ、機動部隊は北方に退避、兵力を集結せんとす」

参謀から渡された電文綴りの内容に、伊藤は一瞬、目を疑った。

（無敵を誇った機動部隊の空母が三隻も一時に火災を起こすとは）

伊藤は残る一艦、「飛龍」に望みをつないだ。

「我が隊は敵空母を攻撃中なり」

「飛龍」からの電報はそう伝えていた。

が、奮闘もそこまでだった。後は敗報が続いた。

「飛龍に爆弾命中、火災」

「敵空母四隻（実際は三隻）いぜん存在す。我が母艦は作戦可能なるもの皆無なり」

軍令部総長永野修身は伊藤が報告にいくたびに、「何かの間違いではないのか。日米の被害が逆ではないのか」と繰り返し聞いた。伊藤には永野の気持ちが痛いほどわかった。だが、友軍惨敗の結果に変わりはない。日本海軍は空母四隻とその艦載機を一挙に失い、戦争の主導権を失った。

「南雲機動部隊全滅」の報告を受けた山本五十六は、全部隊に向けてミッドウェー作戦の中止を命じた。永野は放心したような顔で、伊藤に言った。

「山本はなぜ大和で突っ込まんのだ。追撃はできないのか」

それは、無理な問いかけだった。航空機の護衛なしに戦艦で突っ込んでも、一方的に航空攻撃を受け、被害が出るだけだ。そのことは、わが日本海軍航空部隊がマレー沖海戦で英東洋艦隊を屠り、証明したばかりではないか。

（永野総長は無理だと分かっていながら、尋ねずにはおれないのだろう。総長はお上や首相から同じ質問を受けるに違いないのだ）

伊藤は永野の胸中を察し、言葉を継ぐことができなかった。

作戦中止後、伊藤は海軍部内での善後策と報道対応（大本営発表）を巡る協議に忙殺された。

大本営海軍報道部は「この際、国民に真相を知らせて奮起を促す必要がある」と主張した。一方、軍令部は「国民の士気と戦意の喪失を考慮すべきだ」としてこれを拒否し、議論は平行線とたどった。

（今は平時ではない。戦争が進行中なのだ。事実を報道すれば、敵にも筒抜けになる。手の内をすべてさらして戦争を遂行するという選択肢はあり得まい）

伊藤は悩んだ末、「海戦の真相は機密扱い」の線で部内をまとめた。

六月九日午後、伊藤は陸軍参謀本部に出向いた。発表方針に対する陸軍の了解を取り付けるためである。伊藤は参謀総長杉山元、次長田辺盛武、第一部長田中新一と会談し、海軍側の苦衷を包み隠さずに述べた。

真相を知った陸軍首脳は討議のうえ、伊藤に回答した。田中新一の手記によると、陸軍側の結論は田辺が伊藤に電話をかけて伝えたという。

「敗戦の真相をそのまま発表するのは今後の戦争指導上、悪影響大なるものがあろうから、しかるべく手加減を加えて発表されるのがよろしかろうと思います」

伊藤はこう答えたという。

「一時は戦局の前途に対し悲観的にならざるを得なくなったのは事実です。しかし、その後、冷静になって種々検討の結果、海軍としても戦争をやりぬく自信を回復しました。ついては今後の戦力回復に陸軍側のご協力をぜひともお願いします」

伊藤が海軍部内をまとめるだけでなく、陸軍との協力関係維持にも腐心していた様子が見て取れる。

六月十日、事実を隠蔽し、粉飾した大本営発表が行われた。

「米空母二隻撃沈、我が方の損害、空母一隻喪失、一隻大破」

以後、国民は事実を知らされないまま、戦争への協力を続けることになる。

軍令部はさらに、情報漏れを防ぐため、機動部隊の生き残り将兵を九州各地の基地に分散して缶詰めにした。下士官兵は、家族との面会も許されず、全員、南方に転属させられた。伊藤は、いたたまれぬ思いだったが、心を鬼にして一連の手続きを進めていった。

非常時なのだ。戦争とはかように理不尽極まりないものなのだ。そう自分自身に言い聞かせ、重い任務を遂行していった。

ヒーロー誕生

伊藤がワシントン駐在中、同世代の米海軍士官レイモンド・スプルーアンスと意気投合し、敵味方を超えた友情を育んできたことは先に述べた。

その後十年ほどの間に両者のキャリアは、大きく開いた。伊藤が海軍省人事局長、連合艦隊参謀長、軍令部次長とトントン拍子に出世していったのに対し、スプルーアンスは造船所の監督官や工作艦の艦長などの閑職を転々とした。

日本海軍において伊藤の名を知らぬ者はなかったが、スプルーアンスは米海軍では無名に近い存在だった。スプルーアンスが初めて戦艦の艦長になったのは五十二歳の時。ちなみに、伊藤の五十二歳は、軍令部次長に就任して二年目にあたる。

吉田満は『提督伊藤整一の生涯』にこう書いている。

《アメリカ海軍のような巨大な組織では、無名の提督に千載一遇の活躍のチャンスが与えられる確率はゼロに近い。スプルーアンスは実力を認められながら、内気な学究的な肌合いと若い頃の特殊なキャリアに禍されて、存分に真価を発揮することができなかった、惜しむべき人材として生涯を終えたとしても、苦情を言える筋合いではなかったであろう》

そんな男が一躍ヒーローになるのだから、人生は面白い。デビューのきっかけをつくったのは、空母二隻を擁する米機動部隊の司令官ウィリアム・ハルゼーだった。ハルゼーは「ブル（猛牛）」

の異名を取る闘将だ。

「戦いに勝つためには三つのことしかない。ジャップを殺せ、ジャップを殺せ、ジャップをもっと殺せ」「ジャップをもっと殺せ！　もっと猿肉をつくれ！」と豪語して将兵を鼓舞したことで知られている。

米太平洋艦隊司令長官ニミッツは、真珠湾の惨敗によって沈滞する米海軍の士気高揚を図るため、決戦艦隊の司令官にハルゼーを起用した。この人事は当たった。ハルゼーが「キル・ジャップ！」と叫ぶたびに配下の将兵たちは血をたぎらせ、実力以上の力を発揮した。

その頼もしい提督が、皮膚病を悪化させ、ミッドウェー海戦を十日後に控えて、緊急入院してしまった。これは米海軍にとって大きな痛手だった。

「だれが親分の代わりを務めるのか」

麾下の将兵たちの関心はその一点に集中した。そんな異様な雰囲気の中で、ニミッツが後任に指名したのがスプルーアンスだった。

「君がハルゼーに代わって司令官になるのだ。ミッドウェー島に迫る日本軍を迎撃、撃退せよ」

ニミッツから直接指示を受けたスプルーアンスは、心底、驚いた。スプルーアンスは、ハルゼー配下の無名の一少将に過ぎず、空母には一日たりとも勤務したことがなかったからだ。この人事はハルゼーの推薦だった。

「あの男（スプルーアンス）は冷静沈着であり、禁欲的ともいえる自制心を持っている。判断は的確で、命令は簡潔だ」

「確かに君の言う通りだ」

ニミッツも賛意を示した。ニミッツは後にスプルーアンス登用の理由をこう説明している。

「ミッドウェー海戦のような危機的状況において、特に望ましい指揮官の条件は、自分の名声に対する無関心である。このような指揮官だけが、いかに不利な準備不足の海空決戦においても、いたずらに犠牲を恐れぬ勇気をもつことができる。スプルーアンスこそ１００％、その適格者であった」

功名心、名誉欲のない武人はまれである。現に、ハルゼーはレイテ沖海戦の折、自らの手で日本の空母艦隊を沈めるという野望にかられ、囮の小沢艦隊におびき出される失態を演じている。このため、肝心のレイテ湾口がガラ空きになり、マッカーサー指揮下の上陸部隊は一時、全滅の危機に陥り、ハルゼーは危うく、軍法会議にかけられ、解任されるところだった。ハルゼーが功名心にかられて冷静な判断力を失った結果だった。

スプルーアンスはハルゼーと正反対で、「欲が無い」という点では、伊藤整一と甲乙つけがたい提督だった。寡黙、冷静で、無欲。だからこそ、客観的で正しい戦況判断ができた。ニミッツのお眼鏡にかなったスプルーアンスは、驚きつつも黙ってボスの命令に従った。

スプルーアンスの就任にあたって、ハルゼーは「自分の幕僚をそのまま引き継ぎ、旗艦は空母エンタープライズに置くこと」という条件をつけた。このため、スプルーアンスは副官ロバート・オリバー中尉一人を伴っただけでエンタープライズに着任した。

「スプルーアンスってのは、どこのどいつだ！」

水兵たちはわめき立てた。幕僚たちも航空部門の経験がない新司令官を不審な面持ちで迎えた。初顔合わせの席で、スプルーアンスは言った。

「諸君、私は諸君の一人ひとりについて、いささかの不安の念も持っていないということを、まずはっきりさせておきたい。もし一人でもそうでない人物がいたら、ハルゼー提督が君たちをこのままにしておくはずがないからだ」

幕僚たちは顔を見合わせ、満足そうにうなずいた。スプルーアンスは続けた。

「そこでお願いだ。私には機動作戦の経験がない。作戦に関しては君たちのアドバイスを尊重したい。作戦の成否の責任はすべて私が負うから、最良と思う方法を考え、提言してくれたまえ」

この率直な言葉で、スプルーアンスはいっぺんに部下たちの信頼を得た。

ミッドウェー海戦は勝負の分かれ目となる局面のすべてで、戦況が米軍側に有利に、日本軍側に不利に働いた。しかし、そういう「運」を呼び込んだのも、スプルーアンスの人柄と司令部のチームワークが完璧だったこととの成果だろう。

米国の戦史家サミュエル・エリオット・モリソンは、こう述べている。

「スプルーアンスは、よく部下の意見に耳を傾け、部隊の状況を広く分析して常に明確に把握し、適切にこれを活用した。とっつきは悪いが、公平な人物であったので、敵をつくらないことが強みであった」

ミッドウェーは太平洋戦争のターニングポイントとなった。スプルーアンスはその立役者として一躍、米海軍のヒーローになった。

吉田満は前掲書でこう述べている。

《歴史にイフを問うことは、意味のないことかもしれないが、もし、ハルゼーに不測の事故がなければ、ミッドウェー海戦の様相は一変し、スプルーアンスが日本海軍の前面に姿をあらわす場面は、起こらなかったかもしれない。少なくともあのような華々しい登場はありえなかったかもしれない》

海戦からハワイに戻ったスプルーアンスは、ニミッツの参謀長となり、その存在感を増す。以後、ニミッツは自分の用件の全てをスプルーアンス経由にするほど、信頼を寄せるようになる。

一方、伊藤の苦悩は深まる。虎の子の空母四隻を失ったことで対応策の幅が狭まったからだ。戦局打開をめざす伊藤の苦闘は、沖縄決戦でスプルーアンスとの対決に敗れ、戦艦「大和」に殉じる日（昭和二十年四月七日）まで続く。

失意の山本長官

昭和十七年六月十四日、ミッドウェー作戦に参加していた連合艦隊旗艦「大和」は瀬戸内海に帰投した。「大和」は機動部隊の支援部隊として後方に控えていたため、敵と砲火を交えることはなく、無傷だった。

六月十六日、伊藤は飛行機で岩国に飛び、柱島沖の「大和」を訪艦した。連合艦隊司令部との打ち合わせのためだ。幕僚を伴って艦橋に向かう。この巨艦が二年十か月後に自分と運命を共にするなどとは夢にも思っていない。

海戦結果が秘匿されたせいもあるのだろう。司令部内は寂として声もなかった。伊藤は参謀長宇垣纏と会見した。

宇垣は海兵四十期で、伊藤の一期下である。プライドが高く、上官に対してもあまり敬礼をせず、下級者のあいさつは無視したり、「おう」とだけ言って頭を後ろに反らしたりした。常に不機嫌そうに見え、海軍部内では、「鉄仮面」「黄金仮面」などと呼ばれていた。

この不遜な男がこの日は、伊藤と会う前に髪を短く切り、いつになく、しおらしく見えた。伊藤は宇垣に対し、軍令部総長永野修身に代わって天皇陛下のお言葉を伝達した。

「お上は今回の事、余りご心配にはあらせられず。戦のことなれば、これくらいの事は当然なり。士気を衰えしめず、ますます努力するように。そういうことであった」

宇垣は肩を落とし、神妙に聞いた。この後、軍令部と連合艦隊の幕僚が意見を交換し、戦訓をまとめた。反省点は次のようなものだった。

連合艦隊司令部

一、作戦を急いで準備不足だった。

二、敵が我が企図を察知していた。

三、四日には機動部隊も攻略部隊も発見された。

四、敵情をつまびらかにせず。

五、従来と同一手法でやった。

六、同時に二方面作戦をやった。

機動部隊司令部

一、作戦がまずかった。側方警戒不足。

二、空母が団子になっていた。

三、索敵不足。索敵機の発進が遅い。索敵は疎に過ぎた。

四、雷爆同時攻撃にとらわれすぎた。

五、戦闘機の援護兵力を多く使いすぎた。

六、空母の飛行機を発進させぬうちにやられた。搭乗員は残念がっている。もっと早く出せぬことはなかった。

会議を踏まえ軍令部は、敗戦の原因を次の三点に集約した。

一、心のゆるみ、事前の状況判断（敵空母はいない）からきた油断。

二、空母航空戦の事前研究不足。

三、米軍の暗号解読。

幕僚たちの意気は上がらず、皆、石を呑んだような顔をしていた。それだけ敗戦のショックが大きかったのだ。だが、「大和」には、それ以上に打撃を受けている男がいた。連合艦隊司令長官山本五十六である。

「日本は開戦から半年、もって一年は優勢を維持することができるが、それ以降は米国の国力が日本を圧倒するだろう」

山本は繰り返し、そう語っていた。しかし今回、日本は、国力で圧倒される前に惨敗してしまった。戦力では決して劣っていなかったのに、である。

「大和」での反省会で明らかになったように、日本は戦力で勝りながら、戦略、戦術、用兵の拙劣さで敗れた。この点が深刻かつ重大だった。

山本のねらいは、ミッドウェーで勝って講和のチャンスをつかむことだったが、結果は裏目に出て、短期決戦、早期講和の望みは泡と消えた。山本の失望の大きさを考えると、米国側にとって、ミッドウェー海戦勝利の最大の効果は、山本の精神に加えた一撃だったかもしれない。

実際、ミッドウェー海戦後の山本は、全艦隊を率いて積極的な攻撃作戦を行い、和平を勝ち取ろうとする執念を見せることがなくなった。腹心を遣わして伊藤に談判させることもなくなり、軍令部の方針にも従順になった。周囲の目には、戦勝への気力を失ったようにさえ映った。

（山本長官は自らの責任を痛感しておられるのだ）

これまで山本の意向に沿って海軍部内をまとめてきた伊藤は、自分も同罪であると考えていた。

（前線で指揮を執る山本長官にだけ責任を負わせてはならない。むしろ、中央にいる私のほうが

責任は重いのだ）

内火艇に乗り込んで「大和」を離れる時、伊藤は不意に米国駐在中に知り合ったスプルーアンスの言葉を思い出した。スプルーアンスは確か、こう言ったはずだ。「日本は決してアメリカの挑発に乗ってはいけない」と。

伊藤は、開戦を止めることはできなかったことを改めて悔いた。ミッドウェーの敗報とともに早期講和は遠のいた。ここは腹をくくるしかない。岸壁に降り立った伊藤は足を止めて「大和」の艦影を振り返り、つぶやいた。

「戦は続く。これからが正念場だ」

「見敵必戦」の指示

昭和十七年の梅雨が明け、夏が来た。内地では猛暑が続いた。ミッドウェー海戦後しばらく、戦局に大きな変化は見られず、連合艦隊司令部をいただく戦艦「大和」は、柱島泊地に根を下ろしてしまったように動かない。

しかし、東京・霞ヶ関の軍令部は、忙しかった。第二段作戦が破綻したとはいえ、米豪分断の目的は放棄していない。「大規模な反攻は昭和十八年以降」との前提に立ち、太平洋の広大な地域に部隊を展開させ、前進基地の建設を着々と進めていた。ビスマルク諸島からニューギニアに至る線を固め、さらに南東に進んで、ブーゲンビル、ショートランド、ツラギなどを攻略した。

ミッドウェー島の攻略中止により手隙となった海軍設営隊がツラギ対岸の島に上陸し、飛行場を作り始めたのは七月十六日。

島といっても、千葉県よりも少し広い。ニューギニアから南東方面に数珠繋ぎに連なるソロモン諸島の一つで、ガダルカナルという名だった。東京から五千四百キロも離れた南半球の島であり、当時、その名を知る日本人は皆無だった。そのガダルカナル島の北岸、ルンガ地区に広々とした平野があった。軍令部は、そこに飛行場を建設すれば、米国と豪州の交通を遮断することができる、と考えた。

八月五日、突貫工事で長さ八百メートル、幅六十メートルの飛行場が完成した。あとは戦闘機部隊の進出を待つばかりとなった。ところが、米軍はこの機を逃さず反撃に出た。

八月七日、海兵師団を主力とする一万九百人が艦砲射撃と航空機の支援を受け、ガダルカナルに奇襲上陸を開始。同時に対岸のツラギ方面にも千五百人が上陸してきた。

ツラギには横浜航空隊の水上機部隊が進出して哨戒任務についていたが、「敵兵力大、最後の一兵まで守る。武運長久を祈る」と打電して音信を絶った。

ガダルカナルの警備隊、設営隊もなすすべなく、島の奥地へ敗走した。完成したばかりの飛行場があっけなく敵手に落ちた。寝耳に水とはこのことだ。ミッドウェー海戦から二か月足らず。想定外の早さだった。

「まさか、こんなに早く敵が反攻してくるとは」

伊藤は守備隊からの突然の悲報に驚愕した。だが、悠長に構えてはおれない。

「見敵必戦。ここはすぐに手を打ち、反撃せよ」

伊藤の指示で、参謀たちは直ちに作戦の立案に取りかかった。伊藤はルンガ飛行場奪還には陸兵の力を借りる必要があると判断し、陸軍参謀本部へも協力を求めた。

ガダルカナルに最も近い前線基地はニューブリテン島のラバウルである。現地の指揮官、参謀たちは、東京以上に色めき立っていた。

当時、ラバウルに進出していた航空部隊は、第十一航空艦隊である。司令長官塚原二四三中将は間髪を入れず、ラバウルに展開中の零戦十八機、一式陸攻二十七機を全機、ガダルカナルに投入、前日に到着したばかりの九九式艦爆にも出撃を命じた。この後、同航空艦隊はソロモン海域全域に活動範囲を拡大、「ラバウル航空隊」の愛称で親しまれることになる。

塚原は海兵三十六期で、伊藤の三期先輩。ガダルカナルの航空消耗戦で最前線に立ち続け、この年十月にマラリアに罹患、草鹿任一中将に後任を託して内地に帰還する。その後、航空本部長として航空行政の最高責任者となるが、昭和十九年三月、陸軍参謀本部にならって軍令部も次長を二人に増員することになった際、航空本部長を兼任したまま、軍令部次長に就任し、伊藤とタッグを組むことになる。

塚原は伊藤の先輩ではあるが、次長としての経験は伊藤が長く、多少の混乱はあったようだ。しかし、それも東條政権崩壊に伴って、参謀本部・軍令部の次長二人制も崩れ、塚原は再び航空本部長の専任に戻る。

話をラバウルに戻す。当時、ラバウル港には、外南洋担当の第八艦隊がいた。

司令長官は七月十四日に着任した三川軍一中将（海兵三十八期）。将旗を掲げたばかりで、大まかな作戦計画を練る暇もなく、「敵来攻」の緊急電を受けた。先任参謀神重徳大佐（海兵四十八期）が即座に反応し、三川に進言した。

「上陸時は敵も混乱しております。殴り込みましょう。今日やらなければ、いつやられるか分かりません」

神は早速、夜間突入作戦を立案した。驚いたのは軍令部である。総長永野修身は言下にこの案を退けた。

「これは大胆を通り越した猪突猛進だ。協同訓練を一度もやったことのない練度に低い艦隊を、真夜中に、海図さえつまびらかでない海面に突入させるなど、無謀もいいところだ」

永野がさらに何か言おうとするのを、伊藤が遮った。

「総長」

伊藤の物腰は落ち着いており、その声はあくまで穏やかだった。

「総長、ご説はごもっともです。しかし、戦況については現地の指揮官がいちばんよく認識しておるのではないでしょうか」

永野は口をつぐんで、伊藤の言葉に耳を傾けている。

「見敵必戦、夜襲は、わが海軍の伝統です」

予想外の伊藤の押し出しの強さに、永野は苦笑しつつ、答えた。

「よし、わかった。計画通り、作戦を遂行せよ」

軍令部から作戦実行の緊急電を受けた三川艦隊は勇躍、ラバウルを出港、夜陰に紛れてガダルカナルに進撃を開始した。伊藤は、この一戦がミッドウェー以後落ちてしまった海軍の士気を高める絶好のチャンスととらえていた。

（気力を失っている山本長官にも元気を出してもらわねば）

伊藤の期待通り、山本五十六の闘志にも再び火がついた。柱島在泊の戦艦「大和」の連合艦隊司令部からラバウルに向け、久しぶりに激励電が発信された。

「貴艦隊の作戦成功を祈る」

作戦の神様

八月七日午後二時三十分、第八艦隊司令長官三川軍一は全軍に闘志満々の訓示を発信し、ラバウル港を出撃した。先頭は三川長官以下司令部が座乗する旗艦の重巡洋艦「鳥海」。これに軽巡洋艦「夕張」「天龍」、駆逐艦「夕凪」が続く。

「帝国海軍ノ伝統タル夜戦ニ於テ必勝ヲ期シ突入セントス　各員冷静沈着宜シク其ノ全力ヲツクスベシ」

午後四時三十分、重巡洋艦「青葉」「加古」「古鷹」「衣笠」が合流。八隻は単縦陣となり、夜光虫のきらめく長い航跡を引きながら二十四ノットでガダルカナル泊地をめざした。

奇襲は成功した。日本海軍はお家芸ともいえる夜間水雷戦で、その戦闘能力の高さを見せつけ大戦果をあげた。
▽撃沈　重巡四隻、駆逐艦一隻
▽大破　重巡一隻、駆逐艦一隻
▽中破　駆逐艦一隻
味方は重巡「加古」が戦場離脱中に潜水艦の雷撃によって沈没、「鳥海」「青葉」「衣笠」の小破にとどまった。惜しまれるのは、敵輸送船団を沈めないまま、引き上げたことである。艦隊決戦に勝利するや、風の如く戦場を去る。兵站部の破壊を重視していないのは、真珠湾攻撃の時と同じである。武士道精神を重んじる日本海軍の伝統ではあった。

三川は戦後、次のように回想している。

「敵の海軍をやってつけておけば、敵の陸軍がガダルカナル島へ上陸しても、日本の陸軍がうまくやってくれるだろうと考えていた。だから戦場を離脱するのに、べつに心の迷いはなかった」

さらに、三川は第八艦隊司令長官就任の際、軍令部総長永野修身からこう注意を受けていたのだという。

「無理な注文かもしれないが、日本は工業力が少ないから艦を壊さないようにしてもらいたい」

この海戦は第一次ソロモン海戦（八月八日〜八月九日）と呼ばれている。ミッドウェー以後、沈みがちの軍令部も、この大捷によって、ようやく敗北感から立ち直り、明るさを取り戻した。伊藤が気にかけていた海軍全体の士気の高揚も、一時的ではあったが、図ることができた。

作戦を立案した第八艦隊先任参謀神重徳は「作戦の神様」と祭り上げられた。これが後々、彼の主張する無謀な作戦が安易に採用される下地になる。伊藤の運命を決定づけた「戦艦大和の沖縄水上特攻」もその延長線上にある。

連合艦隊首席参謀に栄進した神は昭和十九年十月、史上最大の「殴り込み」として、戦艦「大和」以下の艦艇をレイテ湾に突入させる作戦を計画した。この時は、指揮官の栗田建男中将がレイテ湾口を目前にして反転したため、作戦は失敗に終わった。しかし、翌二十年四月、再び「大和」を沖縄に突っ込ませる作戦を起案、伊藤が指揮官として特攻艦隊を率いていくことになるのである。

神は鹿児島県出水郡高尾野町の焼酎製造元の長男として生まれ、川内中学を経て兵学校へ進んだ。太平洋戦争中、海軍部内において異常な闘魂と行動力を示した軍人であり、「ドン・キホーテ」的存在だったが、第一次ソロモン海戦では、その言動が見事図に当たった。

「勇敢、知謀、決断、実践力ともに抜群で、西郷隆盛の部将桐野利秋をしのばせる」

海軍随一のインテリ、高木惣吉少将はそう評した。後日談を記しておく。

第十航空艦隊参謀長で終戦を迎え、昭和二十年九月十五日、北海道千歳飛行場から内地に戻る際、乗機の練習機「白菊」がエンジン故障を起こし、津軽海峡に不時着水した。神の指示で乗員は泳いで陸をめざして泳ぎ、米駆逐艦に救助された。しかし、神のみは、皆の泳いでいるところから遠ざかり、海に消えた。空をぐるりと見回してから機体とともに沈み、二度と浮き上がらなかったという目撃談もある。

兵学校時代から水泳の達人で、抜群の技量を持っていた男がなぜ一人だけ行方不明となったのか。米軍に救助されるのを潔しとしなかったのか。享年四十五。殉職扱いの特別進級で少将に昇任した。

連合艦隊、トラックに進出

昭和十七年八月七日、米軍のガダルカナル上陸時点に話を戻す。「米軍上陸」の急報は先述の通り、ミッドウェー海戦後の連合艦隊司令部の沈滞した空気をいっぺんに吹き払った。

「空母が出て来るぞ」

敵機動部隊の捕捉に腐心していた司令長官山本五十六が目を輝かせたのは、言うまでもない。

「敵は陸部隊を支援するため、必ずソロモン海域に空母を進出させる。それを迎え撃つのだ」

ミッドウェーで取り逃した敵空母を撃滅し、仇討ちをする絶好のチャンス到来である。山本は内心躍り上がるような気持ちだったに違いない。

山本が息を吹き返すと、当然、軍令部とのやりとりもめまぐるしくなる。連合艦隊はまず、軍令部が指示していたインド洋方面の通商破壊戦を即刻中止した。続いて、第二艦隊、第三艦隊の可動全力を敵機動部隊捕捉撃滅のためソロモン方面に出撃させた。

第一ラウンドともいえるサボ島沖の捷報（第一次ソロモン海戦）が届くと、司令部は沸き立った。山本は、喜び合う幕僚たちをキッとにらみつけて、怒声を発した。

「なぜ輸送船団を叩かなかったのだ」

幕僚たちは目を白黒させ、「勝ち戦なのになぁ」とぼやいた。

後に、同海戦で活躍した第八艦隊（三川艦隊）の指揮官たちの勲功授与の稟議が回ってきた時、山本は「こんな連中に勲章をやる必要はないッ」と書類を破り捨てんばかりの勢いだったという。

米軍が占領したガダルカナルの飛行場（ヘンダーソン飛行場、日本軍名・ルンガ飛行場、現在のホニアラ国際空港）の争奪戦は、日米の大消耗戦となり、太平洋戦争の天王山となった。私たちはそれを史実として知っている。

しかし、昭和十七年八月の時点で、そうなると予想した者はほとんどいなかった。ただ、山本だけは、事の重大性を正しく認識していた。

「これは米軍の本格的な反攻である」

山本はガダルカナル奪回をめざして、連合艦隊司令部を瀬戸内から内南洋のトラック基地に進出することを決断する。ガダルカナルは赤道より南、日本本土からあまりに遠いからだ。トラックはカロリン諸島にあり、以前はドイツ領だったが、第一次世界大戦後、日本の委任統治領となっていた。

日本の南約三千四百キロ。トラックからラバウルまでは赤道をまたいで南へ約千五百キロの位置にあった。

旗艦「大和」以下、連合艦隊主力が柱島を出撃したのは八月十七日。

山本にとっては、この日が日本本土の見納めとなったのだが、この時は、それを知るよしもない。前日、永野は天皇陛下に連合艦隊司令部のトラック進出を奏上している。

陛下は「この方面は敵潜水艦のしきりに活動しているところというではないか。潜水艦にやられた重巡加古の例もある。もちろん、山本のことであるから抜かりはないものと思うが……」と心配そうに述べられたという。お言葉は、伊藤を通じて山本にも伝えられた。

八月十八日夜、駆逐艦六隻に分乗した一木支隊（約九百人）がガダルカナル上陸に成功した。この部隊は、元々、ミッドウェー島占領部隊だったのだが、作戦が中止となり、ガダルカナル奪還に振り向けられたのだった。以後、島内では、激烈な肉弾戦が繰り広げられ、近海では海戦が連続して起こる。

第二次ソロモン海戦（八月二十四日）では、機動部隊同士が交戦した。この海戦で日本軍は軽空母「龍驤」や輸送船を多数失い、ガダルカナル島奪回作戦は中止に追い込まれる。しかし、米軍も空母「エンタープライズ」が中破するなど、完勝とは言い難かった。

八月三十一日には、珊瑚海で、日本潜水艦が雷撃により空母「サラトガ」を大破させる。九月十五日にも、同じく潜水艦が雷撃によって空母「ワスプ」を撃沈する。

これで、開戦当時六隻いた米海軍の正規空母のうち三隻が沈み、満足なのは「ホーネット」一隻のみになった。

それに比べると、日本海軍は、正規空母「瑞鶴」「翔鶴」の二隻が無傷で残り、「飛鷹」も七月末に竣工して、「瑞鷹」を入れて計五隻が戦力になっている。

少なくとも、この時期までは、日米は五分と五分の戦をしていた。

ラバウル視察

昭和十七年八月二十日、ガダルカナル奪回の尖兵として送り込まれた一木支隊がほぼ全滅した。十八日に上陸した支隊は、ルンガ飛行場の東三キロにあるイル川河口に進出。対岸に布陣した米海兵隊大隊に対し夜襲を決行した。しかし、敵陣を抜くことができず、逆に迂回してきた敵に包囲攻撃を受け、敗退する。戦死者七百七十七人。支隊長一木清直（大佐）は二十一日、軍旗を奉焼し自決した。この時、一木支隊が相手にした米兵が一万人もいたとは、だれも知らなかった。

事ここに至って、海軍軍令部並びに陸軍参謀本部は、ガダルカナル奪回が陸海軍の緊密な連携協力なしでは進まないことを、はっきりと認識した。

九月四日、軍令部次長伊藤整一は参謀佐薙毅（中佐）を伴ってラバウルに飛んだ。八月三十一日に結ばれた陸海軍中央協定を現地陸海軍に伝達し、これに基づいて作戦要領を策定するためだ。陸軍からも参謀次長田辺盛武（中将）、参謀井本熊男（中佐）、竹田宮恒徳（少佐）が同行した。

一行は途中、トラックに立ち寄り、連合艦隊司令部との打ち合わせも行った。

中央協定の作戦方針は〈陸海軍協同して、速やかにソロモン群島の要地を奪回するとともに『レ』号作戦（ポートモレスビー攻略作戦）を既定計画に基づき、速やかに遂行す〉というものだった。

いまだにポートモレスビー攻略を遂行、と悠長なことを言っている。焦眉の急はガダルカナルであり、ガダルカナルに全神経を集中すべき時なのに、である。中央の陸海軍首脳部が依然として上陸してきた米軍を過小評価していた証左だろう。

九月五日、陸海軍はラバウルにおいて、一木支隊に続いてガダルカナルに送り込んだ川口支隊の総攻撃に伴う作戦協定を結んだ。同日、田辺が参謀本部に打電した報告をみると、川口支隊の上陸で、味方は六千人になるので、これで飛行場は奪取できると考えていたことが分かる。参謀本部は、敵は五千人程度と見ていたようだ。

伊藤はラバウルで、第十一航空艦隊司令長官塚原二四三、第八艦隊司令長官三川軍一らと会談した後、参謀たちと詳細な打ち合わせを行い、現地視察を終えて慌ただしく帰京した。

さて、川口支隊のその後である。

伊藤のラバウル滞在中に総勢約五千六百人が海軍の駆逐艦などに分乗してガダルナカルに上陸、九月十二日、総攻撃を行った。将兵は満身に闘志をみなぎらせて奮戦し、敵飛行場まであと一歩のところまで迫った。しかし、火力不足で撃退されてしまう。

川口支隊の主力は、伊藤の郷里・福岡の歩兵一二四連隊である。同連隊のガダルカナルでの戦死者は三千百七十九人に上った。一木支隊の壊滅に続く川口支隊の敗退で、陸軍部隊は十月下旬まで組織的戦闘ができなくなった。

陸軍はその後、さらに第二師団約一万人を投入する。だが、ガダルカナルを奪回することはできなかった。

伊藤のラバウル視察後にも、連続して海戦が起きた。

十月十一日～十二日　サボ島沖海戦
十一月十三日～十五日　第三次ソロモン海戦
十一月三十日　ルンガ沖夜戦

ガダルカナル島の北方、サボ島、フロリダ諸島の間の海峡は、「アイアンボトム・サウンド（鉄底海峡）」と呼ばれている。日本軍艦十八隻、連合軍艦二十六隻をはじめ無数の大小艦艇、航空機が沈み、海底は、その名の通り、鋼鉄の残骸で埋め尽くされた。

今思えば、日本軍は、川口支隊敗北の時点で速やかに撤退すべきだったのかもしれない。そうしておけば、泥沼のような大消耗戦に巻き込まれ、継戦能力を失ってしまうまでの事態は避けられただろう。

敗戦の研究

ラバウルに赴く前、伊藤は、第一課（作戦課）の課長富岡定俊一（大佐）に宿題を出していた。

「帰庁したら、日米決戦の図上演習を行う。日本艦隊の司令長官役は君だ。作戦を練り上げておくように」

「承知しました」

富岡は表情を変えずに応答した。が、内心は気が重かった。ミッドウェー海戦後、手持ちの艦艇、航空機は少なくなっている。作戦課長という立場上、その数（戦力）をごまかすわけにはいかなかった。富岡は正直なところ、現存の艦艇、航空機で米軍に勝てるという確信を持てないでいたのだ。

「で、米艦隊の司令長官はだれにやらせるおつもりですか」

「うん、敵方は横山大佐だ」

伊藤はさらりと言った。富岡は顔を曇らせた。

横山大佐とは、八月二十日に米国から帰国したばかりの横山一郎である。海兵四十七期だから、富岡の二期後輩になる。昭和十五年十月に渡米、駐米大使館付武官補佐官として野村吉三郎大使とともに日米交渉に携わってきた。交渉決裂・開戦に伴い、第一回の日米交換船で横浜に帰着すると、すぐに軍令部出仕を命じられていた。

伊藤はこの二年間、日本を留守にしていた横山こそ「米艦隊の司令長官」役に打ってつけだと考え、横山を呼び出し、すでに指示を出していた。

「君は米国側に立って作戦を立てるのに最適任者だ。帰国したばかりですまんが、すぐに図上演習の準備に取りかかってくれ」

相手は富岡作戦課長である。不足はなかろう。横山は目黒の海軍大学校にこもって研究に没頭した。二週間後、完成した作戦計画書を伊藤に提出した。

ところが――。いよいよ、図演を開こうという段階になって、富岡が突然、白旗を揚げた。富岡は伊藤の面前に進み出て言った。

「申し訳ありません。図演はご容赦願いたいと思います」

「そうか。うん、わかった」

伊藤は軽くうなずき、富岡の申し出をあっさりと受けた。命に従わなかったことを責めるどころか、富岡を気遣うようにかすかな笑みさえ浮かべている。

「君もそのつけない男だねぇ」

「すみません」

富岡は深々と頭を垂れた。富岡は海軍きっての秀才である。その男が図演をやりたくないと言うのだから、結果は見えている。これで、現存する日本側の艦艇を総動員し、考え得る最良の作戦を立てても、米艦隊に勝てないことは、はっきりした。伊藤は改めて横山を次長室に呼び、第二の注文を出した。

「横山君、今度は、ガダルカナルが米軍に奪還されたという前提で、その後の米軍の進攻コースを予想してくれ」

当時の戦局はソロモン海戦から南太平洋海戦に局面が移る前後で、連合艦隊の健在を疑う者はいない。しかし、伊藤は戦況を楽観していなかった。ラバウルで現地指揮官や参謀たちの話を聞いて、ガダルカナルは米軍の本格反攻の始まりであると確信し、次に打つ手を模索していたのだ。

横山は伊藤の意を受けて自宅に閉じこもり、持てる知識を総動員して難題に挑んだ。米軍の司令官・参謀になりきって、作戦計画を練り上げた。

二週間後、横山は伊藤に「攻撃計画書」を提出した。横山が考案した米軍の反撃コースは、ニューギニア↓マリアナ↓フィリピン↓硫黄島↓沖縄だった。史実とぴったり一致しているのに驚かされる。

伊藤は、計画書を子細に検討してから、横山を自室に招いた。

「有り難うございました。これで、我々がなすべきことがはっきりしました」

伊藤はまるで上官に言うように丁寧な言葉遣いで礼を述べた。

横山は恐縮した。いろいろと質問されるのではないかと構えていたが、内容については一切問われなかった。後日、伊藤は横山に三つ目の課題を与えた。

「横山君、今度は、この戦争がどういう形で終結するか、それを一つ、検討してくれないか」

伊藤はふだんと変わらぬ表情で、さらりと言った。これは一種のタブーとも言える設問だった。言葉を換えれば、「終戦の研究をせよ」ということだ。

横山は一瞬たじろいだ。

（しかし、これも自分を信頼してのことだろう）

横山は腹をくくった。

（それにしても、これは最大の難問だぞ。しかも核心に触れる問題だ。適当に答えておく、という態度は許されない）

再び自宅に引きこもり、必死の形相で研究に没頭した。その結果、導き出された結論は次のようなものだった。

〈この戦争はどうやっても負ける。負けた結果、うまくいっても、あらゆる条件が日清戦争以前の日本の状況に戻る〉

当時の多くの日本人の目から見れば、非常識極まりない「必敗論」だ。事が知れたら、「非国民」のレッテルを貼られて、袋叩きに遭いかねない。

〈これではさすがの伊藤提督も怒るだろうな〉

しかし、うそはつけない気質である。横山は恐る恐る報告書を提出した。

案に相違して、伊藤は書類を突き返すことも書き直しを命じることもなかった。いつもと変わらぬ温顔で、時折ウンウンと頷きながらページをめくっていった。

「ほう」

結論の部分に至ると、伊藤は感嘆の声すらもらした。横山の勇気をほめるような響きだった。

一通り読み終わると、伊藤は眼鏡を外して横山に顔を向け、「ご苦労さまでした」と礼を述べた。横山はハッと我に返り、伊藤の顔を見た。仏のように穏やかな笑みを浮かべる提督がそこにいた。怒声を浴びせられることを覚悟していた横山は改めて、「これは本当に偉い人だ」と思ったという。

以下、余談である。

伊藤が命じた図上演習で相まみえるはずだった横山、富岡両大佐は戦後も生き残り、昭和二十年九月二日、奇しくもそろって戦艦「ミズーリー」で行われた降伏文書調印式に随員として出席した。最終階級はともに海軍少将だった。

ガダルカナル撤退

昭和十七年十二月頃から、ガダルナカル島の日本軍兵士の間で生命判断が流行しだした。福岡歩兵一二四連隊の連隊旗手小尾靖夫少尉は、陣中日誌「人間の限界」十二月二十七日の項にこう記している。

立つことの出来る人間は、寿命三十日間。
身体を起して座れる人間は、三週間。
寝たきりで起きられない人間は、一週間。
寝たまま小便をする者は、三日間。
もの言わなくなった者は、二日間。
まばたきしなくなった者は、明日。

小尾少尉ら一二四連隊はルンガ飛行場（米国名ヘンダーソン飛行場）を臨むアウステン山を死守していた。同連隊は日中戦争の杭州湾上陸以来、精強をうたわれたが、補給が絶えては、戦いようがなかった。

将兵たちは木の芽や草の根、トカゲや蛇を捕まえて露命をつなぎ、ガダルカナル島はいつしか飢餓の島「餓島」と呼ばれるようになっていた。この惨状を中央（東京）が知らなかったわけではない。

天皇の耳にも届いていた。十二月十二日、天皇は極秘のうちに東京を発ち、伊勢神宮に向かわれた。自ら内宮の神殿の前に立たれ、御告文を奏して必勝を祈願された。日清、日露の戦役では決して見られなかった光景である。陛下はそれほどまでにガダルカナルの消耗戦を憂慮されていた。

十二月二十八日、軍令部総長永野修身、参謀総長杉山元が参内、戦況について上奏した。翌日、天皇は永野、杉山に対し、侍従武官長を通じて次のように述べられた。

「事態は誠に重大である。ついては、この問題について大本営会議を開くべきであると考える。このためには年末も年始もない。自分はいつでも出席するつもりである」

このお言葉を聞いて伊藤は恐懼した。軍の最高統帥者である大元帥の心痛を思うと、居ても立ってもおれなかった。

（もはやメンツにこだわってはおれない。ガダルカナルの敗戦を認め、一刻も早く戦線の立て直し図らなければならない）

伊藤は、永野に進言した。

「総長、決心すべき時が来ました」

「うむ」

永野も同じ思いだった。天皇のお沙汰による異例の大本営会議が、大みそかの三十一日午前十時から、東一ノ間で開かれた。

軍令部からは、永野、伊藤、第一部長福留繁、第一課長富岡定俊、陸軍参謀本部からは、参謀総長杉山元、参謀次長田辺盛武、第一部長綾部橘樹、第一課長真田穣一郎が出席した。ほかに、陸海軍大臣、侍従武官長が列席した。

会場は、開戦前の会議以来の緊迫した雰囲気に包まれた。会議は二時間に及び、天皇は議論に黙って耳を傾けられた。戦況は明らかに連合軍が本格的反攻に移ったことを示していた。列席者は、国民に対して連戦連勝と宣伝してきた戦況がすでに挫折してしまったことを認めざるを得なかった。

伊藤は横山大佐に書かせたガダルカナル撤退後のレポートの内容を思い出していた。

(ミッドウェー海戦に続く、ガダルカナルの敗北で太平洋の戦局は完全に攻守逆転してしまった。この事実をしっかりと受け止めて、次の手を打たなければならない)

議論が出尽くすと、列席者全員が起立し、永野が代表して会議の結論を奏上した。

「ガ島奪回作戦を中止し、一月下旬ないし二月上旬にわたる期間に陸海軍協同してあらゆる手段を尽くして在ガ島の部隊を撤収いたします。なお、ガ島に対しては海軍航空隊と潜水艦によって戦闘を継続し、敵戦力の低下を図ります。右作戦方針の変更に関し、謹みて御裁可を仰ぎ奉ります」

永野は、続けてこう述べた。

「南太平洋方面の作戦が当初の見通しを誤りまして、事ここにいたりましたことは、まことに恐懼の至りに堪えざるところでございますが、今後とも陸海軍緊密に協同いたしまして、万難を排して戦局を打開し、誓って聖慮を安んじ奉らんことを期しております」

軍の最高首脳が公式に、しかも天皇の面前で、作戦の見通しを誤ったことをわびるのは、これが初めてだった。伊藤は永野の決然たる態度に頭が下がった。同時に、作戦に対する己の見通しの甘さを深く恥じた。

（もっと早く、決断すべきだった……）

天皇の決裁により、ガダルカナル撤退はようやく正式に認可された。最後に、「陸海軍は協同してこの方針により最善を尽くすように」とのお言葉があった。

明けて昭和十八年元日。東京の決定は、六千キロも離れているガ島には届いていない。アウステン山に孤立し、なお守備を続ける小尾少尉がその極限状況を日誌に綴っている。

〈一日一日〉

昭和も十八年になった。だが、俺には昭和十八年は何日ある生命であろう。

生き残りの将兵全員に最後の食糧が分配された。

乾パン二粒と金平糖一粒だけ。

全員、北方を望んで祖国の空を仰ぎながら拝んで食べた。

ああ、今頃故郷では、ささやかながらもお雑煮があるだろうに。母が陰膳を据えて祈ってくれてる姿が涙の網膜にボーと映る。

〈一月三日〉

アウステン山の守兵は腐木のように動かない。

屍体は足の踏み場もない。

生きている者とそれから腐った者と白骨になった者が枕を並べて寝たまま動かないのだ。

英霊二万ノ加護

昭和十八年一月四日午後四時五分、軍令部次長伊藤整一は総長代理として参内、御学問所において勅語を賜り、連合艦隊司令長官山本五十六への伝達を命じられた、
伊藤は軍令部に戻ると、ガダルカナル島からの撤収を命じる大本営海軍部命令（大海令）を起案、連合艦隊に発信した。

大海令を受けた山本は、撤収作戦について幕僚たちにこう指示した。

「連合艦隊司令長官としては陸軍に対する責任がある。動ける駆逐艦はすべて投入する。結果、水雷戦隊の半数を失うことになるだろう。が、作戦は何としても成功させねばならない」

ガダルカナルでは、上陸した三万人超の日本兵のうち約二万人がすでに死亡していた。このうち一万一千人は餓死または病死だった。

マキアヴェッリ曰く、「兵糧の手配が不十分な軍隊は、敵と武器を交える前に、すでに負けている」（戦略論）

わが軍はガダルカナル戦でその愚をおかしてしまった。ともあれ、いまは、島に取り残された将兵の救出が焦眉の急であった。

日本海軍が担ったこの一大撤収作戦は「ケ」号と称された。「ケ」とは「捲土重来」の意味である。作戦は三回にわたって実施され、延べ五十八隻の駆逐艦が参加した。乗組員たちは、山本長官の覚悟を知って捨て身でガ島に突進した。軍令部の伊藤整一は祈るような気持ちで見守った。

結果は次の通りである。

▽第一次　二月一日
救出　四千九百三十五人（うち海軍四百四十一人）
沈没　巻風
大破　巻波
▽第二次　二月四日
救出　三千九百二十一人（うち海軍三百三十二人）
中破　舞風
▽第三次　二月七日
救出　千七百九十六人（うち海軍七十五人）

困難を極めた決死の作戦だったが、米軍は日本軍の意図にまったく気がつかず、撤退は無事完了した。

ガ島撤退は、同年七月のキスカ島撤退と並ぶ、水際だった作戦として戦史に記されており、米国の戦史家モリソンも「世界海戦の歴史において、これほど見事な撤退戦はなかった」と激賞している。

成功の陰には、殿軍として送り込まれた矢野大隊（老兵を主体に七百五十人で編成）の勇戦や第八艦隊特信班の「偽電作戦」などがあった。筆者は、英霊二万人の加護があってこその奇跡的な成功だった、と思っている。

陣中日誌「人間の限界」を書いた福岡連隊の連隊旗手小尾靖夫少尉も、ボロボロになった連隊旗を腹に巻いて奇跡の生還を果たした。半年に及んだ戦いで、上陸した福岡連隊約四千人のうち三千百七十九人がガ島の土となっており、小尾少尉にも英霊の加護があったのだろう。

海軍担当の新聞記者伊藤正徳は戦後、「ガダルカナルはたんなる島の名でない。それは帝国陸軍の墓地の名である」と評した。

二月九日、大本営発表。

「ソロモン諸島ガダルカナル島で作戦中の部隊はその目的を達せるにより、二月上旬、同島を撤し、他に転進せしめられたり」

大本営は、ガ島奪還の目的は果たせないまま、「退却」を「転進」とごまかした。伊藤はただ、「ほう」とため息をもらすだけだった。国民に対して、「日本は負けました。緒戦の進軍は終わったのです」と事実をありのまま公表できるわけもなく、もはや、ガ島にこだわっている暇もなかった。伊藤は、戦争そのものをどう収拾するかを、考えねばならなかった。

日本海軍は、ガ島を巡る攻防戦で、艦艇二十四隻を喪失、航空機八百九十三機を失った。航空機の損害はミッドウェー海戦の約三倍にのぼった。

伊藤はそれ以上に、航空機搭乗員の損失に心を痛めていた。優秀な搭乗員を二千三百六十二人も失ってしまったからだ。

（作戦上の員数が足りなくなるだけでなく、教育訓練に充てる人材、時間も不足して、練度も著しく低下するだろう）

艦隊の手足となる駆逐艦を輸送任務で大量に沈めてしまったことも、今後の作戦遂行に大きな影を落とすに違いなかった。

（緒戦の進軍はこれで完全に終わったな）

伊藤は、「攻守逆転」の事実認識に立って、戦線の整理を急がねばならなかった。

「い」号作戦

ガダルカナル撤退作戦の指揮を執った連合艦隊司令長官山本五十六は作戦終了直後の昭和十八年二月十一日、戦艦「大和」から「武蔵」に移乗した。連合艦隊の旗艦任務が「大和」から「武蔵」に変更されたためだ。

「武蔵」は「大和」型戦艦の二番艦で、「大和」の運用実績を踏まえて通信設備などが改良されていた。同年一月十八日に呉を出港、空母「瑞鶴」「瑞鳳」、軽巡洋艦「神通」、駆逐艦四隻とともにトラック泊地に入った。

以後、「武蔵」は大東亜戦争期間中、一番長く連合艦隊の旗艦を務めることになるが、昭和十九年六月のマリアナ沖海戦まで最前線に立つ機会はなく、「大和」が「大和ホテル」と呼ばれたように、「武蔵」もまた、「武蔵御殿」「武蔵旅館」などと揶揄された。

昭和十八年三月二十五日、「武蔵」に移った山本長官に対し、大海指（大本営海軍部指示）が発令された。要旨は次の通りだ。

第三段作戦の作戦目的は、来攻する敵艦隊及び航空兵力を撃滅し、敵海上輸送路を破壊するとともに、速やかに自立必勝の戦略態勢を確立し、敵の戦意を破砕するにある。

一、航空戦でまず必勝態勢を確立する。

二、適宜、敵艦隊を根拠地等に奇襲撃破し、戦略要点を攻撃破壊、侵攻企図を破砕、また敵隊を誘出撃滅する。

三、要地防備を強化、敵来攻をとらえて先制撃破する。

四、海上交通保護を徹底する。

五、敵の本土空襲に対し警戒を厳にする。

要するに、大本営海軍部（軍令部）は積極攻勢を取らず、「持久、攻勢防御」でいく方針を打ち出したのである。これは軍令部次長伊藤整一の考えでもあった。大海指を受け、山本は、「い」号作戦（四月五日から二十日まで）を発動した。機動部隊の空母艦載機をラバウル基地に集めて、ソロモン、ニューギニア方面の敵撃滅作戦を展開するという大胆なものだった。

（練達の艦載機搭乗員を陸上に揚げて使うとは。山本長官らしい思い切った策戦だ）

伊藤は、邪道ともいえる運用に敢えて挑んだところに山本の異常な決意を感じ取った。

山本は幕僚を従えて「武蔵」を離れ、ラバウル基地に赴いて指揮を執った。

作戦には、空母機動部隊である第三艦隊（司令官小沢治三郎中将）の飛行機隊百九十五機、基地航空部隊二百二十四機の計四百十九機が参加した。

攻撃は四次にわたり、延べ六百八十機が稼動、一時的ではあったが、米軍の侵攻反撃を食い止める効果をもたらした。

四月十六日、山本は作戦の終結を下令した。同日、連合艦隊から戦果報告を受けた軍令部も、概ね作戦目的を達したと判断した。

「トラックに引き揚げる前に最前線の将兵を見舞い、労をねぎらいたい」

山本は、ラバウルから、バラレ島、ショートランド島、ブーゲンビル島ブインの三基地に赴く前線視察計画を立てた。視察の詳細なスケジュールが南東方面艦隊司令部から軍令部など関係各方面に打電されてきた。

「――これは、本当に大丈夫なのか」

電文を受け取った伊藤は胸騒ぎがした。ミッドウェー海戦前に感じた「嫌な予感」と同質のものだった。

（ブーゲンビル、ショートランド方面はわが軍の制空権下にあるとはいえ、司令長官が最前線に出かけていくのは無茶ではないのか）

最高責任者の細かな行動予定を長文の電報で知らせてくる艦隊司令部の無神経ぶりにも、腹が立った。電文には、出迎える部隊の服装にまでふれてあった。

（戦場での電信は短いに越したことはないのに、危機感が足りない。暗号が解読されていなければよいが……）

海軍甲事件

山本のバラレ、ショートランド、ブイン視察について、東京にいる伊藤は気をもみながらも黙って見守るしかなかった。

そんな伊藤の胸中を察するかのように、現地で代弁する者が現れた。ショートランド基地の司令官城島高次少将（海兵四十期）である。伊藤と同じ九州人、隣県佐賀の出身である。開戦時には、空母「翔鶴」初代艦長として真珠湾攻撃に参加している。

城島は山本長官の前線視察計画の電報を受け取るや、不機嫌極まるという顔でラバウルに飛び、山本に面会した。視察予定前日の四月十七日のことだ。

「急ぎ帰って参りました」

山本は驚いて迎えた。

「おう、どうした。これからお前のところに行こうと思っていたのに、お前のほうから帰ってくるとは」

「ハッ。長官が最前線においでになれば一同大変喜ぶとは思います。しかしながら、私は行かれない方がよいと思います。視察は中止してください」

城島はそう進言した。目に涙をためている。山本は何も言わず、城島のうるんだ目を見つめている。城島は同席していた連合艦隊参謀長宇垣纏の方を向いて言った。城島と宇垣は海兵同期である。

「主将の行動を第一線にまで詳細に無線電報する奴があるかッ。参謀長の貴様がおそばについていながら、長官をわざわざ危地に送り込むとは何事だッ」

宇垣は憤然として答えた。

「貴様は敵が暗号を解読しておるとでも言うのか」

「解読していないと言い切れるのか。証明できるのか」

城島は再び山本に向き直り、懇願するように言った。

「長官、重ねてお願いします。どうか、ご再考をお願いします」

山本は城島を労わるように言った。

「お前はそう言うが、一度行くと言ったものを、行かないというわけにもいかんだろう」

城島の具申は聞き入れられなかった。

翌四月十八日午前六時、山本は一式陸上攻撃機に乗り込み、ラバウル基地を離陸した。宇垣も二番機に搭乗した。護衛の零式戦闘機はわずか六機。果たして、米軍は暗号全文を解読し、山本が前線を訪れる日時を正確に把握し、万全の体制で待ち伏せしていた。

「双胴の悪魔」と呼ばれたＰ38ライトニング十六機からなる戦闘機隊がガダルカナル島ヘンダーソン飛行場を飛び立ち、ブーゲンビル島の上空を低空飛行しながら、山本長官機の飛来を待った。

午前七時半すぎ、山本長官搭乗機を確認した戦闘機隊は急上昇して展開、護衛の零戦には目もくれず、長官搭乗機に襲いかかった。長官搭乗機は煙を吐き、樹木をなぎ倒しながら密林内に墜落、乗員十一人全員が死亡した。山本は機内で被弾戦死した。二番機も攻撃を受け、海岸近くに不時着水、生存者は宇垣を含め三人のみだった。宇垣は右手骨折の重傷を負った。

四月十八日は日曜日で、軍令部に「長官搭乗機遭難」の一報が入ったのは深夜だった。幹部はほとんど不在で、伊藤も自宅にかかってきた電話で急報を受けた。

「しまったッ」

伊藤は思わず舌打ちした。嫌な予感は的中した。「い」号作戦が終了して、一段落した気持ちでいた軍令部を打ちのめすような緊急事態である。

『昭和天皇実録　第九』によると、天皇が軍令部総長永野修身から山本長官搭乗機遭難の奏上を受けたのは、四月十九日午前十時三十分。翌二十日、軍令部に「長官戦死」の確報が届く。

伊藤は天を仰いだ。日本海軍はシンボルを失ったのだ。途轍もないことが起こったと思った。軍令部は事件を「甲事件」と称して秘匿し、善後策に当たった。

二十日午後五時、天皇は御学問所において海軍大臣嶋田繁太郎に謁を賜い、山本長官の後任として横須賀鎮守府司令長官古賀峯一大将を充てる件につき、内奏を受けられた。人事は二十一日付で発令されたが、事件を関係者以外厳秘としたため、親補式も見送られた。大本営発表で国民が事件を知ったのは発生から一か月以上過ぎた五月二十一日だった。

ラバウルの残影

昭和十八年五月一日、連合艦隊司令長官の後任人事を終えた伊藤は、海軍省人事局長中澤佑(たすく)少将を伴って連合艦隊の前進基地トラック島に飛んだ。

横浜から飛行艇に乗り、三日にトラック泊地に到着した。ブーゲンビル島で戦死した司令長官山本五十六の遺骨は環礁内に在泊中の連合艦隊旗艦「武蔵」の長官室に安置されていた。

伊藤は遺骨と対面し、合掌した。瞑目すると、無念の涙がにじんだ。

「なぜ、こんなことに……」

遺骨そばに、顔じゅう包帯で巻いた男が座っていた。連合艦隊参謀長宇垣纏だった。海軍兵学校では伊藤の一期後輩だ。山本に危険な前線視察を強く勧めたのは、この宇垣だったというのが定説である。山本は一番機、宇垣は二番機に乗っていた。二番機は海上に不時着水し、宇垣は奇跡的に救助された。

「すみません。私がついていていながら……」

宇垣は素直にわびた。態度が尊大で、常に不機嫌そうに見えるので、「黄金仮面」という渾名がついていたほどの男だが、この時ばかりはしおらしく、無念さを隠せない様子だった。宇垣は日誌「戦藻録」（怪我のため、この期間は口述筆記）にこう書いている。

〈かねて長官の身代わりたらんと覚悟せる身が、長官を失いて反りて生還す。意外にして相済まざる処なるも、これ神意に基づくものと観念し生きて働くべき道に遺憾なく、この仇を返し、もって神霊に答えんとはするなり〉

この言葉に嘘はなかった。

終戦の日の「戦藻録」は、こう綴られている。

〈外国放送は帝国の無条件降伏と正午陛下の直接放送あるを報じたり。ここにおいて当基地（大分航空基地）所在の彗星特攻五機に至急準備を命じ、本職直率のもと、沖縄艦船特攻隊突入を決す〉

これに続く、最後の言葉は――。

〈事ここに至る原因については種々あり、自らの責また軽しとせざるも、大観すれば是国力の相違なり。（中略）余また楠公精神をもって永久に尽くす処あるを期す。一六〇〇幕僚集合、別盃を待ちあり。これにて本戦藻録の頁を閉づ〉

宇垣はこの後、幕僚たちと杯を交わし、山本から贈られた脇差一口を手にして飛行場に向かった。玉音放送後の出撃であり、部下を道連れにしたため、「私兵特攻」との批判を浴びることになるが、山本にもらった脇差を肌身離さず持ち歩き、特攻の時も手にしていたところに、筆者は宇垣という男の心髄を見る。

さて、伊藤は五月六日、ニューブリテン島のラバウル航空基地まで足を伸ばし、南東方面艦隊司令部との打ち合わせを行った。

同基地には五つの飛行場があったが、稼働機は百機程度に減っていた。将兵たちの話によると、ラバウルでの山本長官はいつも純白の第一種軍装に身を包み、出撃していく飛行機を見送っていたという。

「帽子を右手に高く掲げ、機体が見えなくなるまで心をこめて振り続ける長官の姿に、私たちは感激し、泣きながら出撃したものです」

そんな話を聞いて、伊藤は胸が熱くなった。

(何一つ言挙げはしなかったが、長官はやはり何か心に期するところがあったのだ)

伊藤はそう確信した。

大きな宿題

灼熱のラバウル基地は、日没後もなかなか気温が下がらなかった。

将官宿舎の毛布は熱帯の湿気を含んで寝苦しい。伊藤は宿舎を出て、夜空を見上げた。無数の星が鳴るように輝いている。胸に司令長官山本五十六の思い出が去来する。

米国駐在時代、上司だった山本が何気なく口にした言葉があった。

「伊藤君、僕はエイブラハム・リンカーンという男が好きだ。人間としてすばらしい、とても偉い男だ」

その時はピンと来なかったが、今は分かる。リンカーンとは奴隷制度を巡った南北戦争を勝利に導き、「奴隷解放宣言」を行った第十六代合衆国大統領である。

曰く、「私はいつチャンスが来てもいいように学び、いつでもすぐに仕事にかかれる態勢を保っている」「人は誰でもほめられることが好きなものだ」「もし、木を切り倒すのに八時間与えられたなら、私は六時間を、斧を研ぐのに費やす」

これらはリンカーンの名言としてよく知られているが、山本の言っていることも、言い回しこそ違え、まったく同義だった。山本は、色紙に揮毫を求められると、よく「常在戦場」と書いた。これはリンカーンの言う「いつでもすぐに仕事にかかれる態勢」と同じ意味だ。

また、ある時、山本は船乗りには似合わぬ低い声で、こう言ったものだ。

「伊藤君、やってみせ、言って聞かせて、させてみて、ほめてやらねば、人は動かず、だよ」

さらにこう続けた。

「話し合い、耳を傾け、承認し、任せてやらねば、人は育たず。やっている姿を感謝で見守って、信頼せねば、人は実らず。よく覚えておくことだ」

人材育成には時間と労力がかかり、根気がいる、という意味であろう。これもリンカーンの「人はほめられるのが好き」「八時間のうち六時間、斧を研ぐ」に通じる。

米国から帰国後、海軍兵学校教官をつとめ、その後、海軍省で人事畑を長く歩いた伊藤は、

「やってみせ」の忠実な実践者となった。

「長官、長官の肉体は滅んでも、その精神は私の中に生きております」

伊藤は、ひときわ明るく輝く星に向かって言った。

宿舎に戻ると、同行している海軍省人事局長の中澤佑を呼んだ。伊藤の米国駐在に三年遅れてスタンフォード大学で学んだ知米派であり、伊藤の最も信頼する部下である。

「中澤君、ブーゲンビルに行くぞ」

「いけません。危険です」

中澤は即座に止めた。

「わかっている。しかし、どうしても行ってみたいんだよ」

「この上、伊藤次長の身に何かあったら、海軍はどうなりますか」

伊藤は、中澤の峻拒のまなざしから視線を逸らし、努めて穏やかに言った。

「内地に戻る前に、長官が亡くなった現場を見ておきたいんだよ。この目で」

中澤はしばらく黙考した後、ゆっくりと肯いた。

「分かりました。それでは私もお供します」

「いや、君は行くことはない」

「いいえ、同行させていただきます」

中澤は引かない。北部仏印進駐と三国同盟締結の時、職を賭して反対した骨太の男である。これ以上、押してもむだである。

「まあ、そうにらむな」

伊藤は苦笑して同行を認めた。

ブーゲンビル島のブイン飛行場に降り立った二人は、息を呑んだ。

滑走路は敵の爆撃によって随所に穴が開き、破壊された友軍機の残骸があちこちに放置されたままになっている。砂埃が舞い、七十機余り展開していた零戦も三十機ほどに減っていた。

周囲は鬱蒼たる密林で、毒蛇やワニが這い回り、マラリア蚊が飛び回っている。搭乗員や整備兵の多くが熱帯マラリアや熱帯アメーバ赤痢、デング熱に苦しんでいた。治療薬は不足し、衛生状態も悪い。飲料水は煮沸が必要だった。

「地獄ですね」

中澤の言葉に、伊藤は黙って頷いた。

（ここに比べれば、ラバウルでさえ天国に思える。何とかせねばならぬ）

伊藤は広がりすぎた戦線の整理と航空兵力の増強が急務であることを、肌で感じた。中澤もそれを実感した様子だった。

ブーゲンビルを去る時、二人は上空から島に向かって敬礼した。山本長官の搭乗機が墜落した現場は緑濃いジャングルの一部が赤茶けて見えた。

伊藤は山本から「終戦」という大きな宿題を課せられたような気がした。

五月十日、二人は飛行艇で横浜に帰着した。軍令部に戻った伊藤は早速、幕僚を呼集し、戦局打開の策を練るよう指示した。

「戦争を早期に収束し、一気に講和に持っていくには、最後の一大決戦が必要となる。その覚悟を決めて取り組んでもらいたい」

その時は自分の命もないもの、と心に決めていた。事実、戦艦「大和」を率いて出撃し、帝国海軍の有終の美を飾るまで「二年弱」の時間しか残されていなかった。

伊藤は中澤を軍令部第一部長（作戦部長）に推挙した。自分の右腕として存分に働いてもらうつもりだった。ただ、六月六日の故山本元帥の国葬終了までは、海軍省人事局長の職務が外せず、伊藤が第一部長の職務を代行した。

国葬終了後の六月十五日、正式に第一部長に着任した中澤は、以後、昭和十九年十二月までの一年半にわたって伊藤の右腕として働いた。

前任の第一部長福留繁は、宇垣纏に代わって連合艦隊参謀長に就任した。中澤の手記によると、中澤が人事局長として横須賀鎮守府司令長官古賀峯一大将を訪ね、連合艦隊司令長官就任の内意を伝えたところ、「参謀長には福留中将がほしい」との申し出があったのだという。

キスカの奇跡

昭和十八年五月二十一日、大本営海軍部（軍令部）は「山本元帥の戦死」を発表した。ラジオがニュースを流した時、杉並の伊藤家では、食卓を囲んでいた。

「山本さんは、おかわいそうなことでしたね」

妻ちとせがしんみりとした声で言った。

「馬鹿ッ、軍人は死ぬのが当たり前だといつも言っているではないか。何がかわいそうなもんか」

伊藤はぶっきらぼうに答えた。

ちとせはパチンと箸を卓に置き、居住まいを正して言った。

「いいえ、私がかわいそうと言ったのは五十六さんのことではありません。奥様がかわいそうだと言ったのです」

ちとせはキッと伊藤をにらんでいる。伊藤はハッとして妻の顔を見つめた。

（自分が死ねば、目の前にいる妻は、どうなるのか）

妻の言葉に伊藤は何一つ応答できなかった。ちとせは、夫がいずれ山本の後を追う覚悟を決めているのを見透かして、山本の妻に自分自身を重ねて見ていたに違いない。これに対して、伊藤には妻や三人の娘たちを顧みる余裕はなかった。不覚であった。

戦局は差し迫っており、軍令部次長という要職にあって、私生活に割く時間はほとんどなくなっていた。夜中の十二時前に自宅に帰り着くのは稀で、朝も早めに家を出た。健康を保てたのは、若い頃から鍛えぬいた肉体があったからだ。

食糧事情も悪化していたが、伊藤は好き嫌いがなく、何でも食べた。寝つきも良かった。疲労が蓄積した時は、役所で、十分、二十分と時間を区切って昼寝をした。どんな場所でも、時間が短くても熟睡することができた。艦上生活で体得した特技の一つだった。

五月二十九日、アリューシャン列島アッツ島の守備隊玉砕
六月五日、山本五十六国葬
六月八日、長門型戦艦二番艦「陸奥」、柱島泊地で爆沈

アッツはグアムとともに日本軍に占領された数少ない米国領で、今次大戦で日本が初めての「玉砕」を経験した島だった。米国内では、アッツ奪回後、「アメリカから日本を叩き出せ」という声がさらに高まった。

大本営は、「次はキスカに来るぞ」と身構えた。キスカ島はアッツ島よりさらに東にあり、補給と維持はアッツより困難な島だった。ここに陸海軍合わせて五千百八十三人の守備隊がいる。島の制海権、制空権は米軍に握られている。孤立無援の守備隊を救出するには、ガダルカナルの時と同様に海軍部隊の決死的な協力が必要だった。伊藤は悩んだ末、こう結論した。

(戦略的価値のない島で、これ以上、将兵を無駄死にさせるわけにはゆかぬ。駆逐艦部隊の総力をあげて撤収作戦を実施する)

伊藤は海軍部内の反対を抑えて幕僚たちに積極的救出策の立案を命じる一方、陸軍との調整を図った。

六月二十八日、キスカ撤退「ケ」号作戦発動。現場指揮官は第一水雷戦隊司令長官木村昌福少将。海軍兵学校四十一期で、伊藤の二期下である。ハンモックナンバーは下位で、海軍省や軍令部の経験はなく、艦隊勤務一筋の実戦派提督だったが、上層部の顔色をうかがうようなところがなく、常に沈着冷静な態度であったので部下の信頼は厚かった。

七月七日、木村の率いる水上部隊は千島列島・幌筵島を出撃した。この作戦は、濃霧が発生している間に、隠密裏に進めることが肝要だった。七月十五日、木村はキスカ島の目前まで進出しながら、突入を断念し、引き返しを命じた。霧が晴れたからだ。

「帰ろう。帰れば、また来られるからな」

木村は、そう言って、強行突入を主張する部下たちを諭した。手ぶらで帰投した木村への批判はすさまじく、連合艦隊司令部からは、「弱腰」と、非難の声があがった。

「何だ、ヒゲなんか生やしやがって、案外臆病者ではないか」

しかし、木村は意に介さず、司令室で参謀と碁を打ったり、舷側から釣り糸を垂れたりして、平気な顔だった。

七月二十二日、再出撃。キスカ島は、待ち望んでいた濃霧に包まれた。

七月二十八日、キスカ島を包囲中の米艦隊は弾薬補給のため一時、艦隊を後退させた。

翌二十九日、木村は、米艦隊が包囲を解いた一瞬の隙を突いて艦隊を島に突入させ、わずか五十五分で守備隊全員を無傷で収容した。

「作戦成功」の報には伊藤も溜飲を下げた。

八月十五日、米軍は無人の島に艦砲射撃を行ったうえ、約三万四千人の大軍を島に上陸させた。極度の緊張により同士討ちが多発し、五十六人の死傷者を出した。島には犬が三匹いるだけだった。米国の戦史家サミュエル・エリオット・モリソンは、「史上最大の最も実戦的な上陸演習であった」（『アメリカ海軍作戦史』）と皮肉った。

戦後、キスカから撤退した将兵たちの多くは、「この作戦の成功は、アッツ島の英霊の加護によるものだった」と振り返った。

以下余談。寡黙な木村は戦後も自らを語ることがなく、元連合艦隊参謀千早正隆が昭和三十二年に「キスカの奇跡」という原稿を雑誌に発表するまでは、家族すらその戦歴を知らなかったという。

兵術思想のズレ

昭和十八年夏、北のアリューシャンでは「キスカの奇跡」が起きたが、赤道直下、ソロモン諸島・ニューギニア方面の戦局は悪化の一途をたどっていた。七月五、六日、ニュージョージア本島とコロンバンガラ島の間にあるクラ湾で起きた遭遇戦（クラ湾海戦）で第三水雷戦隊が壊滅、さらに苦戦が続いた。

七月十二日、コロンバンカラ島沖海戦
八月六日、ベラ湾夜戦
八月十五日、連合軍、中部ソロモンのベララベラ島に上陸
八月十七日、第一次ベララベラ海戦
九月四日、連合軍、ニューギニアのラエ、サラモアに上陸

九月六日、日本軍、サラモア、ラエから撤退
九月二十二日、連合軍、東部ニューギニアのフィンシハーヘンに上陸

この時期、伊藤は、陸軍の参謀次長秦彦三郎（中将）との間で、「絶対国防圏構想」について協議を重ねている。秦はこの年の四月に参謀次長・大本営兵站総監となり、伊藤と同様、戦局不利な状況の中で作戦指導にあたっていた。

この先、秦は伊藤が戦死した昭和二十年四月七日に関東軍総参謀長に就任。同年八月九日、ソ連軍の侵攻で満州帝国が滅亡したのを受け、参謀の瀬島龍三中佐を伴い、極東ソ連軍総司令官ワシレフスキー元帥に会い、停戦交渉を行うことになる。戦後、A級戦犯としてGHQの逮捕命令リストに名前が挙がったが、既にシベリアに抑留されており、十一年後の昭和三十一年末に復員した。

話を昭和十八年夏に戻す。軍令部次長室で、伊藤と秦が二時間にわたって議論をするのを、軍令部第一部（作戦部）の大井篤中佐が聞いている。

秦「陸軍としては、今後、対ソ戦準備を犠牲にしてでも、米国に対する絶対国防圏を強化する決心をしております」

伊藤「海軍はすでに戦力の九割をラバウルにつぎ込んでいる。これから後方に絶対国防圏を作ると言っても、海軍にはもはや資材がありませんよ」

秦「総理（東條英機）は『輸送の船が足りぬ。海軍に出させろ』といって聞きません。何とかなりませんか」

伊藤「海軍としてはラバウルで戦うしかありません」

陸軍は、開戦後しばらく、対米戦は海軍の担当として、南方には戦力の一部を小出しにするにとどめた。その後、ガダルカナル、ニューギニアの戦況が容易ではないのを見て、次第に重点を南方に移してきた経緯がある。一方、海軍は、米軍がガダルカナルに逆上陸して来た時から、ソロモン、ニューギニアを決戦場と定め、ラバウル基地に戦力を集中、総力戦を展開してきた。

秦に協力を求められた時点での伊藤の本音は、南方戦線が破局的様相を見せ始めた今頃になって、海軍に協力を求められても困る、というものだった。伊藤は内心、「今さら何を言い出すのだ。陸軍の決心は遅すぎる」と反論したかった。それをぐっとこらえて、秦の話に耳を傾けた。

秦は「総理がこう言っております」「総理がこう言って聞かないのです」と繰り返しつつ、「後方に絶対国防圏を設定し、対ソ戦に温存していた北方の兵力を南方に大移動させ、防備強化に努めるので、海軍にもぜひ協力してほしい」と懇請した。

秦の言動からは、遅すぎるとはいえ、「今後は陸軍が主役となって戦う」という強い決意が感じられた。どうやら、陸軍は、太平洋の攻防戦を「野戦」の一形態と位置づけているようだった。「主陣地」と定めた島に陸軍部隊が展開して守備する。その間に、陸海空の全力を挙げて敵を撃つ。陸軍ではこれを、「蜘蛛の巣戦法」と呼んでいた。

一方で、秦は「主力の反撃を期待できないような前進基地には陸軍部隊は出せない」と言った。将兵を無駄に死なせるのは耐え難い。アッツ島玉砕の反省もあり、この点については伊藤も首肯した。

しかし、陸軍と海軍の兵術思想の隔たりは、埋めようがなかった。海戦と野戦では、その思想が根本的に違っていた。機動力を駆使して随時随所に敵を求めて戦うのが海軍であり、連合艦隊である。「蜘蛛の巣」を張って陣地にじっとしていては話にならないのだ。伊藤はこの点について、秦に一本釘を刺した。

「海軍としては、絶対国防圏構想では、専守防衛となり、対米戦には勝てないと考えます。日本のような海洋国家が専守防衛をすれば、海上交通路をズタズタにされ、国も国民も息の根を止められてしまう。海軍としては敵を求めて艦隊決戦を挑むしかない。覚悟して一大決戦をするしかないと考えております」

伊藤、秦の会談は互いの主張を延々と述べ、ついに平行線に終わった。

（このような陸海軍の戦略・戦術の調整は本来、開戦前にやっておくべきことなのだが……）

伊藤は深い悔恨を抑え切れず、最後の幕引きは自分がやるしかない、という思いを強くした。

絶対国防圏の策定

昭和十八年九月三十日、首相東條英機が構想する「絶対国防圏」が御前会議で承認された。正式には「今後採ルヘキ戦争指導ノ大綱」という。

その内容は「帝国戦争遂行上太平洋及印度洋方面ニ於テ絶対確保スヘキ要域ヲ千島、小笠原、内南洋（中西部）及西部ニューギニア、スンダ、ビルマヲ含ム圏域トス」というものだった。

これまで、海軍は太平洋を主戦場とし、陸軍は中国大陸と東南アジアを戦域としてきたが、今回設定された絶対国防圏は陸軍の担任地域とほぼ重なっていた。

海軍統帥部は、この御前会議の決定について面従腹背の姿勢をとった。実際、海軍は尻に火がついており、陸軍に付き合っている余裕などなかった。

軍令部総長永野修身は構想が陸海軍統帥部でまとまりかけていた九月十五日、参内して天皇にこう述べている。

「海軍といたしましては、中部太平洋のマーシャル、ギルバートなどが有力な決戦場になりますので、それを利用いたしまして敵を求めて撃滅いたします。（絶対国防圏構想で）後方要線を確保すると申しますが、それほど固いものではございません」

永野がポロリと漏らした本音に、天皇は驚愕された。

「（陸海軍）両総長の考えに相違があるとすれば、今までやってきた会議は何の意味か。永野にもっと聞いてみたい。なんのためにあれだけやったのか」

陸下のご立腹、お叱りを受けても、陸海軍の食い違いは解消されなかった。合意のないまま、御前会議に至ったというのが真相だろう。

トラック在泊の戦艦「武蔵」に将旗を掲げる連合艦隊司令長官古賀峯一も納得していない。絶対国防圏設定に先立って、軍令部員が「陸海軍中央協定」（陸海両軍の統一指揮が必要な時、作戦ごとに結んでいた）について説明に訪れた際、古賀は部員を叱りつけ、突っぱねている。

「ラバウル、ニューギニアを失って、トラックに艦隊がおれるか。トラックに艦隊がおれない場合、太平洋作戦をどうするか。やれる人があったら、代わってやってみろ。陸軍は弱い。紙の上で妥協してはいかん。こんなもの（陸海軍中央協定）は実施部隊としては受け取れん」

こうして、海軍は、御前会議の決定後も、絶対国防圏の外側の地域（ソロモン諸島やラバウル）の確保にこだわった。その結果、国防圏内の防衛体制や戦力の増強が後回しになり、最重要拠点のサイパン島ですら迎撃体制が整う前に米軍の来攻を許し、惨敗する羽目に陥るのである。

陸海軍の兵術思想のズレは結局、終戦まで続く。陸軍は「本土決戦」に備えて兵力を温存したが、海軍は戦艦「大和」以下、稼動可能な残存部隊を特攻に使い果たし、終戦時にはもはや戦力を喪失していた。それはまだ先の話としても、すでに昭和十八年九月時点で、海軍に絶対国防圏を実現し、維持する余力はなかった。

伊藤も無論、そのことが分かっている。だから、参謀次長秦彦三郎の再三の説得にも応じなかった。

（陸軍が言うような、太平洋の広範囲な地域を戦場とするのは事実上不可能だ。今の海軍にはどこか一点に決戦場を求めるしかない。全力で決戦に挑み、講和に持っていくしかない）

伊藤はその実現可能性を探っていた。

太平洋の礎石

昭和十八年十一月一日、米軍はソロモン諸島最大の島、ブーゲンビル島の西海岸タロキナ岬に上陸した。中部ソロモンを制した米軍がついに日本海軍の最前線基地ニューブリテン島ラバウルの膝元にまで迫って来たのである。

「よし、今だ」

伊藤は、「第一航空戦隊」（一航戦）のラバウル基地投入を決意した。一航戦は開戦以来、獅子奮迅の活躍を続けている海軍航空の主力部隊だ。今は、第三艦隊（司令長官南雲忠一）の直率部隊となっている。この虎の子の航空部隊を、「い」号作戦の時のように母艦からラバウル基地に移して集中運用し、敵の上陸作戦を阻止するのだ。

作戦名は「ろ」号と称した。故山本五十六連合艦隊長官が陣頭指揮した「い」号に続く作戦という意味だ。伊藤は急ぎ、第一課長山本親雄、航空担当参謀源田実を引き連れ、連合艦隊の前進基地トラックに飛んだ。

十一月五日、戦艦「武蔵」艦橋の連合艦隊司令部に到着、早速打ち合わせに入った。

「敵主力は北部ソロモンに向かっている。一航戦をこの反撃に使うことを了承する」

伊藤が軍令部の意向を伝達すると、連合艦隊参謀長福留繁は大いに喜んだ。

「それならば、思い切りやれます」

福留はこの年五月まで軍令部で第一部長（作戦部長）をしており、伊藤直属の部下だった。続いて作戦期間についての協議に入った。

福留は「十日間程度と考えます」と述べた。

「いや、十五日だ。一度、母艦から部隊を投入する以上、しっかりやってもらいたい」

伊藤はきっぱりと言った。

「わかりました」

福留は了解したものの、「Z作戦」のことが心配になった。「Z作戦」とは、連合艦隊が決戦と位置づける中部太平洋正面での米機動部隊迎撃撃滅作戦である。

「伊藤次長、ソロモンで一航戦が潰れてしまった場合、Z作戦はどうしますか」

「二航戦はシンガポールで再建中であり、未完成だ。三航戦はいまゼロで、再建には来年二月までかかる。となると、Z作戦は、そこにいる兵力だけで撃退してもらうしかない」

伊藤は正直にそう答えた。

「ちょっと待てくれ」

それまで黙って聞いていた連合艦隊司令長官古賀峯一が割り込んだ。

「一航戦が半分でも帰って来たら、それで何とかZ作戦はやる。だから、Z作戦ができなくなるような話は絶対に口にしてくれるな。マーシャル、ギルバートの孤島にいる者たちの士気に影響する。彼らは連合艦隊のために礎石になる気持ちでいるのだ」

生一本の硬骨漢である古賀は、続けてこう言った。

「私の気持ちとしては、Z作戦のために是が非でもという時には、二航戦を、（訓練不足で）着艦ができなくても使うつもりでいる。発艦さえできたら使うつもりだ。中央も、Z作戦はできないなどと考えずに、その後の航空部隊再建の準備をよろしく頼む」

実施部隊の統率者としての切々たる訴えに、伊藤は胸を打たれた。古賀の発言を踏まえ、福留が連合艦隊としての考えをまとめ、次のように述べた。

「Z作戦実施を視野に入れると、今作戦での飛行機隊の損耗が懸念材料となります。搭乗員の損失を三分の一に抑え、残りの三分の二で再建したいと思います」

これに対し、伊藤は決然として言った。

「古賀長官、福留参謀長、私は、機材は全てつぶしてしまっても、搭乗員が半分残れば、三か月で再建できると考えます。今作戦で三分の二を失ったとしても仕方ありません。後のことを考えすぎず、作戦目的達成を第一としてもらいたい。後のことは引き受けます」

こうした決死の構えで実行された「ろ」号作戦だったが、急いで結果を述べてしまうと、作戦は失敗に終わった。ブーゲンビル島沖の航空戦は三次にわたり、連合艦隊は稼動可能な飛行機をすべてラバウルに進出させて敵攻略部隊の撃滅を目指したが、有効な打撃を与えることはできなかった。

一航戦は大損害を受けて事実上壊滅、作戦は十一月十一日を最後に打ち切られ、同日付で第三艦隊司令長官は南雲から小沢治三郎に交代した。以後、海軍航空部隊の戦力再建は進まず、錬度の回復どころか定員さえ満たせない状態に陥る。

さらに――。伊藤が帰京して間もない十一月十九日、空母十一隻を基幹とする米機動部隊が数百機の艦載機を飛ばして中部太平洋のギルバート諸島に襲いかかる。空襲は翌日も続き、二十一日には、攻略部隊がマキン、タラワ両島に上陸してきた。いきなり、「Z作戦」への真正面からの挑戦である。

連合艦隊は同日直ちに「Z作戦」を発動した。しかし、あまりに早い展開に、連合艦隊は想定していた機動部隊による迎撃作戦を実施できなかった。空母航空部隊はすでに「ろ」号作戦で戦力を失っており、艦船は多くが損傷し、油も不足していた。

マキン、タラワ両島の日本軍守備隊（マキン六百九十三人、タラワ約四千八百人）は、まさしく連合艦隊の「礎石」として孤軍奮闘するしかなかった。二十五日、両島の守備隊は激闘の末、玉砕した。米軍戦史は、この戦いを昭和二十年の硫黄島上陸戦とともに米軍側損害の多かった激戦として記録している。

結局、米機動部隊迎撃決戦は行われないまま、伊藤が期待した乾坤一擲の機会は空しく去ってしまった。

クェゼリン玉砕

南太平洋のソロモン方面に航空部隊を投入して決戦するという伊藤の判断（「ろ」号作戦）は、間違っていたわけではないだろう。目の前に出てきた敵に全力で立ち向かい、それを倒さなければば、次の展開はないからだ。

しかし、結果は、残念ながら裏目に出た。わが軍が南太平洋の「ろ」号作戦に力を傾注している間に、敵は中部太平洋に現われた。これにより、わが軍は対米作戦の核心ともいえる中部太平洋マーシャル海域での一大決戦（Z作戦）の戦機を逃がしてしまった。

（これほど早く、太平洋正面に敵が出てくるとは）

伊藤は頭を抱えた。敵の主反攻のコース、その時期を見誤ったことは、率直に認めざるを得なかった。

（もしや、敵は防御力の強いラバウルを素通りしていく気になったのか）

そんな不安も膨らんでくる。だが、気落ちしている暇はない。

昭和十九年に入ると、状況はさらに悪化する。マーシャル諸島への空襲が激しくなり、一月三十一日、敵は戦艦、巡洋艦で猛烈な砲撃を加えたうえで、翌二月一日、クェゼリン環礁、ルオット島に上陸を開始した。

三十余のサンゴ礁からなるマーシャル諸島は、かつてスペイン領だったが、一八九九年（明治三十二年）にドイツに売却され、第一次大戦後、日本の委任統治領となった。昭和十六年一月、日本海軍はクェゼリンに第六根拠地隊司令部を配置。以来、クェゼリンはマーシャル方面の中枢基地となっていた。

伊藤はすぐに作戦の重点を太平洋正面に向け直し、救援を送り込まねばならなかった。作戦部は苦心惨憺したが、なかなか工夫がつかない。重苦しい空気の中、軍令部総長の永野が伊藤を呼んで言った。

「これは、桶狭間の心構えが必要だ」

二月三日、永野は参内して、「今後は太平洋正面海上作戦を主とし、三月から六月の間に東正面で決戦を予期いたします。作戦可能な全航空兵力を東正面に備えます」と上奏した。

これを聞きつけた陸軍参謀本部から軍令部へ早速、抗議が来た。

「絶対国防圏構想の根本方針に対する違反である。こんなことでは困る」

陸海軍の首脳は、航空機の生産配分についても激論を闘わせていた。

宮中での首脳会談で、永野が「同じ日本人の男の子でも、山で育てば金太郎になり、海で育てば浦島太郎になる。海洋作戦では海軍航空でなければならない。広い太平洋の真ん中で敵艦船を捜索し、高速に回避する艦船に爆弾魚雷を命中させるには、海軍航空でなければ不可能だ」と強調すれば、参謀総長杉山元は、「それでは海軍に航空機を全部あげたら、この戦勢を挽回できるのか」と詰め寄る。永野は色をなして反問した。

「そんなことは確約できない。それは、あんただって同じことだろう」

中央で、こうしたやり取りが続いている間に、クェゼリンの守備隊は全滅してしまう。海軍陸戦隊、陸軍部隊計三千九百名は救援のないまま最後の一兵まで見事に戦い抜いた。戦死者の中には元皇族の侯爵、音羽正彦大尉（第六根拠地隊参謀）も含まれていた。

米軍は、二月六日までに占領を完了したと発表した。委任統治領とはいえ、米軍が日本の領土を占領したのは初めてだった。米軍にとって、クェゼリン占領は、日本本土への飛び石作戦を次の段階に進める上での大きな布石となった。

（マーシャルの次はトラックに来るだろう）

伊藤は覚悟した。トラックを無力化すれば、ラバウルは補給線を断たれて干乾しになる。そうなれば、ラバウルなど「ソロモンの孤児」だ。無理してラバウルを攻略する必要もなくなるのだ。敵はやはり、南太平洋の大基地ラバウルを無視して、トラックを襲うに違いなかった。

トラック大空襲

伊藤のにらんだとおり、焦眉の急はトラック基地だった。そこは、広大な環礁を有し、日本海軍の中部太平洋における一大根拠地になっている。

二月初めの時点では、米艦隊との決戦に備えて戦艦「武蔵」以下、連合艦隊主力三十隻以上と、工作艦、補給艦などが在泊していた。ラバウル方面への兵站拠点でもあり、多数の予備航空機、輸送船が常駐し、大量の補給物資が集積、保管されていた。

そのトラックが敵大型機の偵察を受けたのは一月七日。危険を察知した連合艦隊司令長官古賀峯一は撤退を決意し、二月一日トラック発で、主力部隊をパラオ経由でシンガポールの南にあるリンガ泊地に移動させた。

旗艦「武蔵」をはじめ、一部の部隊はトラックにとどまっていたが、二月四日、さらに大型機の偵察を受けたため、七日、急遽、引き揚げを決めた。

二月十五日、「武蔵」は横須賀に入港した。古賀は上京し、十七日、永野、伊藤らと会い、トラックの防備について協議に入ろうとした。その矢先、トラックは米機動部隊の猛襲を受けた。連合艦隊主力が去ってわずか一週間である。

（古賀長官がもう一週間引き揚げを渋っていたら、連合艦隊主力は「武蔵」もろともトラック環礁の底に沈んでいただろう）

冷静沈着な伊藤も、この時ばかりは冷や汗の出る思いだった。空襲は十七日朝から十八日午前中にかけ、十三次にわたって反復された。米機動部隊の艦載機延べ五百五十機が襲来、日本軍艦船、航空機に甚大な損害を与えた。日本側の被害は次の通りである。

【艦艇】　沈没九隻、損傷九隻
【輸送船】沈没三十一隻（うちタンカー六隻）
【飛行機】戦闘時の消耗七十機、地上での損害約二百機
【死傷者】約六百人

このほか、トラックに近づいていた輸送船団が攻撃され、二隻沈没、陸兵約千百人が戦死した。

米国側は「われわれは真珠湾の仕返しをした」と発表し、士気を鼓舞した。

「これは真珠湾の比ではないな」

伊藤は第一部長（作戦部長）の中澤佑に言った。日本の真珠湾攻撃は二次にわたり延べ三百五十機で敵の主力艦船を沈めたが、ハワイの基地機能を喪失させるには至らなかった。これに対し、トラックは、敵の攻撃によって補給兵站まで完膚なきまでに破壊された。

「泣くに泣けぬ戦力の大量損耗です」

中澤は渋面をつくり、相槌を打った。航空部隊も全滅し、「金城鉄壁」とうたわれたトラック基地は壊滅したのである。この結果、最前線のラバウル基地は、戦線から遠く取り残されることになった。

米軍の反攻はさらに続く。トラック空襲の五日後の二月二十三日、マリアナ諸島が空襲を受け、飛行機百二十三機を失った。あれよ、あれよという間に、敵は絶対国防圏内に入ってきた。

（それにしても速い……）

伊藤は米軍の進攻速度に目を見張った。ところが、東京では、陸海軍の首脳部が相も変わらず、「飛行機をよこせ」「船舶が足らぬ」と血相を変えて言い争っている。

（敵が庭先にまで迫って来ているというのに、いったい誰と戦争をしているのか）

伊藤は、こうした中央の不毛なやりとりに付き合いつつ、この先、この戦をどう収めるかを考えることに神経を集中させようと努めた。とはいえ、これまで一度も議論したこともない作戦を考案するのだから、そう簡単にはいかない。

中澤は当時を回想して手記『作戦部長・人事局長の回想』にこう書いている。

《今までの大本営及び連合艦隊の作戦指導は、進むを知って退くを知らず、いたずらに前進、戦域拡大を続けてきた。孫子の言に反する作戦方針であり、百戦必敗と評せられても返す言葉がない》

切れ者の中澤は早くもこの時点で、この戦争において勝利する道は完全に失われたとの判断を下していた。しかし、今ここで作戦部長の職務を投げ出すわけにはいかず、踏みとどまっている。むろん、伊藤もじっと耐えた。一方的に敵にやられながら、手を拱いているのは耐え難い。何とかして敵を痛撃する一大作戦を敢行し、戦局打開の道を探りたかった。

軍令部総長の交代

トラック空襲は、国内政治にも波紋を広げた。

参謀総長杉山元、軍令部総長永野修身が引責辞任、陸海軍大臣が総長を兼務するという異例の人事が行われることになった。ここには、首相東條英機の「重大な戦局を担うため、自分が軍政と統帥を一手に握り、陸海軍の連絡を緊密にする」という狙いがあった。

昭和十九年二月二十一日、海相嶋田繁太郎が自ら軍令部総長を兼ねることになった。これは、連合艦隊の根拠地トラックが大空襲を受けてテンヤワンヤの海軍中央における新たな「非常事態」だった。嶋田は、首相兼陸相兼軍需相の東條英機が参謀総長も兼ねると決めたのに倣い、嶋田も「陸軍がやるのなら海軍もそうする」と同調したのである。

東條は、戦争遂行や石油、船舶、飛行機の分配などで、海軍統帥部（軍令部）が首相や陸相を批判するのを苦々しく思っており、いつも煙たい軍令部総長が嶋田になれば、御しやすく、陸海軍の統一指揮ができると目論んでいた。

嶋田は実家が神官の家系であることからひじょうな敬神家で、毎朝の神社参拝を日課としていた。職務にも忠実で、酒は飲まず、政財界との付き合いもなく、生真面目な人だった。そういう人柄から来るものか、海軍大臣就任（昭和十六年十月十八日）後は一貫して東條に遠慮し、陸軍に対して協調的態度を取った。海軍部内で、「東條の副官」「東條の腰巾着」などと陰口された所以である。

日米開戦の際には、「海相一人が戦争に反対したために戦機を失しては申し訳ない」と述べ、開戦に同意している。海兵同期の山本五十六は「嶋ハンはおめでたいんだから」と慨嘆したものだ。

個人と公人の評価基準はなかなか一致しがたいものだが、嶋田の場合、戦争指導という面からは不適切だったという評が多い。個人としては立派でも、海軍を率い、国家を背負っていく人ではなかったということだろう。

ふつう、兼務というものは、主務のほかに他の業務を副務として兼ねることをいう。ところが今回の嶋田は、大臣と総長という同等の、しかも、国務と統帥という異質のものを兼ねる点が特異だった。「一人二役」と言えば聞こえはよいが、憲法上、独立している統帥権が内閣の一員に握られてしまう危険があった。何より、独裁色が強まる。東條はそれを狙っているのかも知れないが、海軍までも倣う必要があったのか。

伊藤にとっては、直接の上司である総長の交代人事だ。反対はしにくいが、統帥の要にいる者として簡単に承服するわけにもいかなかった。

二月二十日午後六時、嶋田は省部首脳会議を招集し、趣旨説明を行った。

「大臣、ちょっと、よろしいでしょうか」

ふだん寡黙な伊藤がサッと手を挙げ、立ち上がった。嶋田は「意外」という顔をして、発言を許した。

「非常措置と了解していますし、最高人事のことですから意見を言うつもりはありません。また、意見を述べる筋合いでもありません、しかし……」

伊藤にしては珍しく奥歯に物の挟まったような言い方をした。直属の上司になろうという嶋田に対し、あからさまに「反対」とは、言いづらかったのだろう。

「現在、第一線はひじょうに苦戦しております。連合艦隊をはじめ、各部からいろいろと要求が出ております。ですが、国力には限度があり、第一線は満足しておりません。飛行機の生産、分配問題も不満足です。開戦当初とは違います。第一線に悪影響を与えないように予防措置を講ずる必要があります」

伊藤はいつになく多弁だった。嶋田は不服そうに聞いている。

「大臣、軍令部では今ちょうど、数か月以内に関が原となる大海戦（マリアナ沖海戦）を予期しております。前線は緊張しており、方策を誤れば盲動するものも出るでしょう。第一線将兵に及ぼす影響を考えれば、私は大臣が軍令部総長を主として、大臣を兼ねることにされるのが望ましいと思います」

「一人二役」は受け入れるが、あくまで、軍令部総長を主務としてほしい、との訴えだった。伊藤はさらに念を押した。

「海軍は軍令と軍政が分立していて少しも差し支えありません。陸軍に引きずられてはいけないと思います。この点、改めなければならないと思います。大臣のお考えも明白にしていただきたい。特に連合艦隊司令部には徹底していただきたい。この点、お願いいたします」

嶋田は憮然として返事もしない。じっと目を閉じたまま伊藤の話を聞いていた永野がおもむろに口を開いた。

「私としては、この件に対し反対意見である。しかし、人事権を持つ大臣があくまで断行されるのであれば、致し方ない」

永野の諦観的な発言により、会議は終了した。実は、永野と嶋田の間では、前日（十九日）に話が着いていたのである。永野は嶋田にこう述べたという。

「海軍の人事には何も文句は言わない。しかし、大臣と総長の一人二役となれば、統帥に政治が関わってくる恐れがある。永年のよい慣習を破って統帥権の独立を損なう恐れがある。すぐに賛成しろと言われても、そうはいかぬ」

困った嶋田は、熱海別邸に伏見宮元帥を訪ね、相談した。伏見宮は嶋田の人柄を愛され、その信任は厚かった。伏見宮は嶋田に対し、「永野の言うことには一理ある。しかし、それは人による。嶋田ならば、よいと思う。この非常の難局にあたっては良策だろう」と述べられたという。

嶋田は勇躍して石川台の永野邸に転進、永野に宮様のお言葉を伝え、永野の首に鈴をつけることに成功した。伏見宮は永野を総長に推薦した人でもある。不承不承であっても、永野は了解せざるを得なかった。永野、伊藤ラインの「不同意」は、宮様のお墨付きによって無言のうちに押さえ込まれたといってよい。

こうして開戦前夜から二年半にわたって難局に当たってきた「永野・伊藤コンビ」は解消された。戦死した山本五十六に続いて、永野修身という大きな後ろ盾を失い、伊藤は孤独になった。温厚円満な伊藤も、嶋田とはなかなかソリが合わなかった。

パラオ空襲

昭和十九年二月二十一日、東條英機参謀総長、嶋田繁太郎軍令部総長の親補式が宮中で執り行われた。以後、嶋田は大臣と総長の一人二役を演ずる。海軍省ビル二階中央の「大臣室」から中央階段を上って三階中央の「総長室」に入ると、大急ぎで黄色の参謀肩章を吊るし、大臣から総長に「早代わり」して作戦室に顔を見せた。

嶋田はさらに、陸軍参謀本部に倣って、軍令部次長ポストを二人制に移行した。航空本部長塚原二四三が現職のまま第一次長、伊藤整一は第二次長になった。

ただ、次長が二人になったからといって、飛行機や艦船が増産され、戦略物資が増えるわけでもない。ましてや戦局が好転するわけもない。この職制は機能しないまま、七月十七日、嶋田が大臣を辞め、総長専任となった後、七月二十九日付で廃止されることになる。

そこまでの半年の間に、日本は分刻みで敵に追い詰められていった。ついには絶対国防圏を破られてマリアナを失陥、命運尽きてしまうのだが、それはまだ少し先の話になる。

嶋田総長を迎えて新体制となった軍令部は、東條首相の要請に基づき、絶対国防圏の設定に力を注いだ。東條は「サイパンを難攻不落の要塞にする」と意気込んでいた。

三月一日、嶋田は連合艦隊の編成替えを行った。空母を中心とする第三艦隊と水上艦艇中心の第二艦隊をもって第一機動艦隊を創設し、司令長官に小沢治三郎中将を任命した。続いて三月四日、第十四航空艦隊（第二十二、第二十六航空戦隊）と第四艦隊をもって中部太平洋方面艦隊を創設、司令長官に南雲忠一中将を任命した。

この中部太平洋方面艦隊司令部はサイパンに置くことになった。

連合艦隊司令長官古賀峯一大将は将旗を戦艦「武蔵」に揚げ、トラックからパラオに移っていた。パラオはトラックに比べて、泊地が狭い。水深も浅く、艦船の出入りは不便だったが、トラックが敵の制空権下に入ってしまった以上、そんなことを言ってはおれなかった。

伊藤は、古賀が「武蔵」に座乗したまま全作戦を指揮するのは合理的ではないと考えていた。その理由は次の二点だった。

敵の諜報能力（電波測定、暗号解読）が向上している可能性があり、秘匿上不利である。

中央との連絡が不便である。

軍令部第一部長中澤佑は伊藤の命を受けて、連合艦隊司令部を適時サイパン島に移せるよう、急ぎ通信施設の整備を手配した。このように軍令部も着々手を打っていくのだが、敵の進攻速度はそれを上回っていた。

三月二十七日、偵察機がアドミラルティ島の北方を西進中の敵機動部隊を発見
三月二十八日、哨戒機が依然西進中の敵機動部隊を確認
三月二十九日、連合艦隊司令部をパラオの陸上に移動
三月三十日、敵機動部隊がパラオ、ペリリュー、メレヨン、トラックを空襲

司令部が陸上に移った後、「武蔵」は駆逐艦に守られて出港したが、すぐに敵潜水艦の雷撃を受けて損傷、修理のため呉に帰らなければならなくなった。空襲は三十一日まで続き、延べ六百機が間断なく猛烈な攻撃を加えた。このため、司令部はしばらく無電も打てない状況だった。

こうして古賀司令長官以下連合艦隊司令部は、パラオにいながらトラックと同様、甚大な被害を受けた。

【艦艇】沈没六隻（駆逐艦、工作艦、給油艦）、座礁破損一隻（駆潜艇）
【船舶】沈没十八隻（タンカー三、輸送船十五）
【飛行機】損耗百四十七機
【戦死】百二十八人以上

地上施設も焼失し、武器資材も相当の損害を出した。

「あのタンカーが三つともやられたか」

被害報告の電文を見て、伊藤は嘆息した。この三隻は軍令部が折衝を重ね、苦心の末、ようやく連合艦隊に配置した優秀船で、二日前にパラオに到着したばかりだった。それがすべて海の藻

屑と消えてしまった。タンカーの喪失によって連合艦隊の機動力は著しく低下した。以後のマリアナ沖海戦では、小沢艦隊がサイパンまで進出できないという事態に陥る。

港外に退避しようとした船団の沈没原因は、触雷によるものだった。米空母艦載機は港口付近に磁気機雷をバラ撒いていた。今大戦で初めてのことだった。

「わが軍はロジスティックス（補給・後方）に無関心すぎる」

伊藤は、工作船や輸送船など支援船舶への避難命令の不徹底を重視、今後は陸軍の徴用船も含めて命令権限を明確にしておくよう、担当部に指示した。一か月前のトラック空襲の教訓が生かされていないのは明らかだった。敵に先手を打たれ、後手に回ってばかりいては、戦局挽回は覚束ない。

「さて、どこから手をつけたものか……」

天を仰ぐ伊藤に追い討ちをかけるように重大事件が起こる。「海軍乙事件」である。

海軍乙事件

パラオに居ながら敵機の猛襲を受けた連合艦隊司令長官古賀峯一以下、司令部の幕僚たちは焦りに焦った。

昭和十九年三月三十一日、連合艦隊参謀長福留繁は「〇八五八」（午前八時五十八分）に緊急電を発し、サイパンにあった大型飛行艇（二式大艇）をパラオに呼び寄せた。福留は敵がパラオに上陸を敢行する公算が大きいと判断し、攻防戦に巻き込まれる前に、司令部機能をフィリピンのダバオ（ミンダナオ島）に移そうと考え、戦況を見て司令部をサイパンに移転する計画を立てた。

判断根拠となった情報は、「敵艦隊が輸送船団を伴って西航中」という軍令部からの緊急電だった。しかし、実際には、軍令部にそういう情報を発信した者はだれもいなかった。まことに不可思議な話だが、連合艦隊司令部は、「幻の情報」に基づいて、慌てて逃げ出す形となった。戦争は錯誤の連続というが、この時の錯誤はきわめて重大な結果を引き起こすことになる。

三十一日午後八時、連合艦隊司令部からの要請に基づき、サイパンから二式大艇二機がパラオに到着した。一番機に古賀、首席参謀柳沢蔵之助大佐らが乗り、二番機に福留、作戦参謀山本祐二中佐らが搭乗した。

午後十時、離水。パラオには、情報参謀一人を残しただけで、司令部全員の脱出行だった。ところが――。

二機はダバオに向かう途中、低気圧に遭遇、長官搭乗機は行方不明となり、二番機はセブ島沖に高度五十メートルから墜落、大破炎上した。長官機の消息はその後もつかめず、全員殉職と認定された。二番機は搭乗者十七人のうち八人が死亡した。前任の山本五十六長官の戦死から一年もたたないうちに、連合艦隊司令長官が続けて死亡したことの衝撃は大きかった。

「またか」

沈着冷静な伊藤整一も、この時ばかりは動揺し、頭がクラクラした。丹田に力を入れ、深呼吸して気を鎮めなければならなかった。

四月二日午前五時から、軍令部は海軍省と緊急協議を行った。軍令部からは伊藤、第一部長中澤佑らが出席した。協議の結果、事実を公表すれば、国内外に及ぼす影響は計り知れないとして、しばらく「厳秘」とすることに決まった。

呼称は、山本長官の戦死事件の「甲事件」に準じて、「乙事件」とし、国民には五月五日まで秘匿された。会議の後、伊藤は中澤を次長室に呼んで言った。

「ダバオに飛ぶぞ」

中澤は無言でうなずいた。司令長官、参謀長が突如不在となった連合艦隊を建て直し、海軍中央の意向を連合艦隊に徹底するには、伊藤が現地に赴くのがベストな選択だった。

「敵は待ってくれんからな」

中澤の手記によれば、伊藤、中澤は四月五日から参謀源田実中佐らを従えてフィリピンへ出張、連合艦隊司令部の再建に忙殺されたという。

伊藤は前年四月、山本長官戦死した際にも、事後処理のため、ラバウルへ出張している。長官が戦死、参謀長がかろうじて生き残ったという構図も前年と同じだった。伊藤が現地で連合艦隊の陣容を把握している最中に新たな情報が入った。墜落機から脱出、消息不明になっていた福留、山本ら九人がセブ島の海岸に泳ぎついた後、抗日ゲリラに拉致されたというのだ。

伊藤はセブの情報収集、ゲリラとの交渉についても指揮を執らねばならなかった。

敵手に落ちた機密書類

フィリピン・セブ島で抗日ゲリラに捕まった連合艦隊参謀長福留繁ら一行は四月十一日、現地陸軍部隊に救出された。

四月十三日、一行はセブ市の水交社に到着。翌十四日、中央の命により輸送機で内地に帰還、上京した。

四月十七日、福留は海軍大臣官邸に出頭し、海軍大臣兼軍令部総長嶋田繁太郎に事件の詳細を口頭で報告した。この後、海軍次官沢本頼雄、軍令部次長の塚原二四三、伊藤整一、第一部長中澤佑らが福留の事情聴取を行った。

「亡失した暗号書や機密書類はどうなったか」

調べる側は根掘り葉掘り追及するのだが、福留は言を左右にして答えない。遭難状況については詳しく説明するのだが、機密書類の件になると口をつぐんだ。福留が重大な秘密を隠しているという疑いは晴れなかったが、「自供」は得られず、真相はうやむやになった。

実は、福留の鞄の中にあった機密書類は、ゲリラ側の手に落ちていた。敵に渡ったのは、暗号書と海軍の次期作戦構想「機密連合艦隊命令第七十三号」（あ号作戦、捷一号作戦などに関わる新Z作戦要領）だった。後のマリアナ沖海戦、レイテ沖海戦につながる最重要書類である。

書類一式はゲリラの手からマッカーサー司令部に渡り、情報は米太平洋艦隊司令長官ニミッツにも伝えられた。中澤は戦後、手記にこう記している。

《乙事件により生起した大不祥事事件は、福留参謀長または参謀が携行しておった、連合艦隊の爾後の作戦に関する計画書が敵手に取られたことである。この計画書がセブ島のゲリラ隊の手に入るや、在ハワイのニミッツ艦隊司令部は、潜水艦一隻を現地に急派してこれを受け取り、日本艦隊の今後の作戦を熟知して、これが対応策を樹立したのである》（『海軍中将中澤佑　作戦部長・人事局長の回想』原書房）。

なんということだ。福留は処罰を恐れて、真実を語らなかったのだろうか。

ともかく、海相兼総長の嶋田は、福留を不問に付し、福留は軍法会議にかけられることも、予備役に退かされることもなく、この後、第二航空艦隊司令長官に着任して海軍の要路に留まることになる。

しかし、福留の不誠実が招いた結果は極めて重大だったといわねばならない。伊藤らは機密漏洩の事実を確認できず、暗号変更の処置も取らぬまま、その後の作戦を継続するという過ちを犯してしまうことになるのだから。

一方、日本海軍の「虎の巻」を得た米海軍は、その後の海戦でことごとくわが軍の裏をかいて勝利を重ねた。

五月三日、殉職した連合艦隊司令長官古賀峯一の後任に横須賀鎮守府長官豊田副武大将が就任し、同日、連合艦隊は「あ号作戦」を発令した。三月に策定した「Z作戦」に代わる連合艦隊の新作戦である。

「あ号作戦」は、敵（米軍）がマリアナか西カロリン方面へ侵攻してくるとの判断に基づき、パラオ近海において決戦を行うというものだった。このため、マリアナ諸島のグアム、サイパン、テニアンの兵力を強化して敵をパラオ方面へ誘い込み、機動部隊と基地航空隊によって撃破するという作戦を立てた。

ところが、先述の通り、この作戦の基になる「新Z号作戦」計画書は米軍に渡っていた。米軍は暗号も解読して、日本海軍の兵力、航空機、艦船の数、補給能力などすべての情報を踏まえ、約一か月でマリアナ侵攻作戦を立案した。

日本海軍は手の内をすべてさらしたまま、大海戦に臨もうとしていた。

リンガ泊地の若鷲

昭和十九年五月、伊藤は想像を絶するような重圧の日々を送っていた。マリアナ諸島（グアム、サイパン、テニアンなど）をめぐる日米の激突、天下分け目の一大決戦が目前に迫っていた。

米国はB－29（通称スーパーフォートレス＝超空の要塞）の量産を始めていた。ボーイング社が開発した戦略爆撃機で、六千キロを超す航続力を持ち、爆弾を積んだ状態で高度九千メートルを飛行できる高度性能を備えていた。

（マリアナ諸島が敵手に落ちれば、日本はB－29の爆撃圏内に入る。そうなれば、軍需工場、港湾施設ばかりでなく、一般家屋にまで被害が及ぶことになろう）

「今度の海戦だけは絶対に負けられんぞ」

伊藤は軍令部第一部員で大本営参謀を兼務している源田実を呼んで言った。

「源田君、すぐに飛行機を手配してくれ」

伊藤は源田を伴って現地に飛び、決戦の準備状況を視察した。マリアナ、パラオ、ダバオ、スラバヤを経由し、シンガポールに入った。

決戦部隊の第一機動艦隊はシンガポール南方のリンガ泊地に集結していた。正規空母五、小型空母四の計九隻を擁し、艦載機は零戦二百二十五機、彗星艦爆九十九機、九九艦爆二十七機、天山艦攻百八機など計四百三十九機。これに加えて、戦艦七、重巡洋艦十一、軽巡洋艦三、駆逐艦三十二など計七十三隻。司令長官は小沢治三郎中将、参謀長は古村啓蔵少将。

これに対する米海軍第五艦隊は、艦艇九十隻以上、艦載機は少なくとも九百機と目算されており、戦力は日本海軍を上回っている。指揮官はミッドウェー海戦以来の宿敵レイモンド・スプルーアンス大将。

伊藤は、なんとか、この一戦に勝利し、戦争終結のきっかけにしたいとの決意でリンガ泊地の艦隊司令部を訪れた。

リンガ泊地はシンガポールの南約百五十キロに位置する。西はスマトラ島、東と北は小島群に囲まれ、南側の水路はスマトラ島に沿ってパレンバン、ジャワ方面に通じている。パレンバンには重油、シンガポールには航空基地があり、訓練にはもってこいの水域だった。

小沢長官以下、幕僚は最新鋭の空母「大鳳」に座乗していた。小沢は海兵三十七期で伊藤の二期先輩である。宮崎県出身で、宮崎中学時代、暴力沙汰を起こして退学となり、東京の成城中学に転入。その後、鹿児島の第七高等学校に進学したが、海軍兵学校に合格したため退学、兵学校に入った。いわゆる秀才ではなかったが、「智将」として知られ、面相から「鬼瓦」というあだ名がついていた。

小沢は生真面目な顔をして伊藤に言った。

「ここ（リンガ泊地）は油もあるし、絶好の隠れ家だよ」

「隠れ家」という表現が伊藤には皮肉に聞こえた。ここに隠れていれば、安全だが、ここを出ると危険だという意味に取ったのだ。しかし、表情は変えず、小沢の説明にじっと耳を傾けた。

「次期海戦ではアウトレンジ戦法を取りたい」

小沢は作戦の基本方針を明かした。アウトレンジ戦法とは、敵の射程外から攻撃するという意味である。日本の艦載機の航続距離が米軍のそれより長いことに着目し、敵機が届かない遠距離から攻撃をしかけるというのだ。

小沢は「零戦、天山、彗星はいずれも三百マイル飛べる。敵機はせいぜい二百マイルだ。わが方の脚の長さを利用し、先に槍をつけるのだ」と言った。

伊藤は小沢の言葉を反芻し、吟味した。

（理屈は分かるが、そううまくいくだろうか）

伊藤が一番心配しているのは搭乗員の技量度だった。

（わが軍はミッドウェー、ガダルカナル、多くの優秀な搭乗員を失っている。いま、ここにいる

訓練不足の若いパイロットが、刻々と動く敵機動部隊を首尾よく発見するのは至難の業ではなかろうか）

一緒に小沢の説明を聞いていた源田が、伊藤の胸中を察して、代弁するように口を開いた。

「本官は航続力の限度付近の戦闘は避けたほうがよいと考えます。いま、わが海軍には緒戦の頃のベテランがおりません。搭乗員の腕は落ちています。無理は禁物です」

鬼瓦の目が光り、源田をキッとにらみつけた。源田はひるまずに続けた。

「攻撃隊が最大の戦闘能力を発揮するのは、発進して三十分ないし一時間経過した時です。それ以下の時間帯では、搭乗員はその日の天候や視界、風速、風向になじまない。つまり、ウォーミングアップが不足しています。反対に、二時間、三時間と飛んだ後では、疲れてどうしようもない。見張りで神経をすり減らし、いざ攻撃の際には、クタクタになっています」

小沢は口を「へ」の字に結んだまま聞いている。

「そのうえ作戦距離が長遠では、攻撃を果たした後、空母へ帰投するのも大変です。被弾して力尽き、海上に不時着した場合など、どうしたらよいのですか。搭乗員は駆逐艦が救助に来てくれることを切望しています。しかし、戦域が目いっぱい広くては、駆逐艦の救助活動も思うに任せないでしょう。搭乗員は見殺しにするほかありません。これでは作戦の総合的な効果が薄くなります。それゆえ、敵とこちらの距離は百五十カイリから二百五十カイリが望ましい。本官はそう考えます」

理路整然たる意見だった。小沢は何ひとつ反論しなかった。伊藤は、ハッと気づいた。

（小沢さんは分かっている。何もかも分かっていて、すべて承知のうえでの決断なのだ。まともにぶつかっては勝算がない。アウトレンジで行くしかない、悲愴な決意なのだ）

伊藤は、「絶好の隠れ家」という言葉に込めた小沢の真意を悟った。

（ここは小沢さんに任せるしかない）

伊藤はこれ以上、搭乗員の練度の問題に触れるのはやめ、最後に一本だけ釘を刺して、協議を打ち切った。

「敵は強力なレーダーを持っています。待ち伏せされる危険性を考慮に入れ、くれぐれも慎重を期してください」

空母「大鳳」を離れ、水上機でリンガ泊地上空に舞い上がると、眼下では艦載機の着艦訓練が始まっていた。搭乗員たちは文字通り、「月月火水木金金」で訓練に励んでいる。

（しっかり頼むぞ）

伊藤は若鷲たちの活躍を心から祈った。

マリアナ沖海戦

伊藤の激務は、内地に戻ってからも続いた。軍令部総長嶋田繁太郎への報告、海軍省や陸軍との連絡調整、軍令部各部への指示……。むろん、土日もない。

伊藤がリンガ泊地を去って間もなく、小沢治三郎中将指揮の第一機動艦隊は錨を上げて前進基地タウイタウイに移動した。フィリピン・スールー諸島にある基地である。

通常、入港した空母部隊は、艦載機を付近の航空基地に送り出して発着訓練を積ませる。ところが、タウイタウイの近隣には有力な航空基地がなく、待機中一か月以上、ほとんど航空訓練ができなかった。この訓練不足が作戦遂行に深刻な影響を及ぼすことになる。

昭和十九年六月十三日、連合艦隊司令長官豊田副武は「あ号作戦」決戦用意を発令した。軍令部には、小沢から、「第一機動艦隊はフィリピン諸島のギマラス泊地に向かう」との電報が入った。

ちょうどその頃、マリアナ諸島では、サイパン島に対する米軍の空襲が始まり、南部の飛行場が壊滅した。第一部長中澤佑が次長室に飛び込んできた。

「伊藤次長、これは上陸作戦の始まりとみるべきです」

「ウム。そうみなければならんね」

「サイパンを取られたら、日本本土が空襲にさらされ、危なくなります」

「わかっている」

サイパンを失えば、日本の敗戦は決定的になる。そんなことは百も承知だが、伊藤は「わかっている」の一言以外、何も言わなかった。今さら慌てても仕方がないという心境だった。

六月十五日、米軍は、サイパン島に猛烈な艦砲射撃を浴びせ、上陸を開始した。

「やはり来たか」

伊藤の脳裏に南雲忠一中将の姿が浮かんだ。サイパンには中部太平洋方面の艦隊司令部があり、南雲が司令長官として指揮を執っていた。二万五千人にのぼるサイパン島の在留邦人の安否も気がかりだった。

六月十七日午前七時十七分、豊田長官は「あ号作戦・決戦発動」を発令した。次いで午前八時、「皇国の興廃この一戦にあり、各員一層奮励努力せよ」の激励電を発信、全軍将兵の奮起を促した。

小沢艦隊は直ちにギマラス泊地を出撃、米機動部隊が展開するマリアナ方面への進軍を開始した。

午後五時三十分、小沢艦隊はサンベルナルジノ海峡を通過し、さらに東進。翌六月十八日、決戦海域に進出、サイパン島西方に敵機動部隊の存在を確認した。

前衛部隊は敵の一部と接触したが、攻撃は控えた。小沢艦隊は洋上での一大決戦を行うため、ジグザグコースを取りながら間合いを詰めていった。

軍令部でも緊張が高まった。「攻撃隊発進」の一報が入ったのは、六月十九日午前八時。小沢対スプルーアンスの決戦の火ぶたは、ついに切って落とされた。

「いよいよだな」

伊藤は小沢のアウトレンジ戦法が図に当たり、成功することを祈った。作戦室では、幕僚たちが攻撃隊からの電報を今か今かと待ち受けていた。だが、「突撃準備隊形つくれ」の電信符号「トツレ」、続いて「全軍突撃せよ」の「ト」連送が届くはずの時刻になっても、飛行機隊はウンともスンとも言ってこない。

軍令部副官野村実中尉が思い余って口を開いた。

「攻撃隊の電信は、周波数と送信勢力の関係で、こちらでは直接受信できないのではないでしょうか」

幕僚たちは暗澹たる表情で考え込んでしまった。

「しかし……」

伊藤が首を傾げながら言った。

「ハワイの時は飛行機の電信はそのまま聞こえたし、ミッドウェーの時も、南太平洋の時も聞こえたんだよ」

「周波数が変更されて、遠達性に欠けているとは考えられないでしょうか」

「それならいいんだが……」

伊藤の心配を打ち消す材料はどこにもなかった。作戦室は重苦しい雰囲気に包まれた。伊藤は黙って次長室に戻った。

日本機動部隊の壊滅

時間の経過とともに、軍令部の作戦室は苛立ちを隠せなくなってきた。「攻撃隊発進」の入電以降後、マリアナ沖の戦況がまったく入って来ないのだ。

「おかしいな」

伊藤が次長室から出てきて中澤に聞いた。

「何かあったのか」

「只今、鋭意調査中です」

中澤はすかさず答えた。この直後、作戦室が急に騒がしくなった。

「『大鳳』から打電がありました」

幕僚の一人が中澤に報告した。「大鳳」とは、日本海軍が誇る最新鋭空母であり、小沢治三郎長官が座乗する機動部隊の旗艦である。

「何と言ってきたのか」

「はいッ。敵潜水艦ノ潜望鏡認ム、であります」

「続報はないのか」

「以後、連絡が途絶えました」

「何ッ！」

中澤の顔からみるみる血の気が引いた。伊藤は無言で次長室に戻った。

（初陣が一番危ないのだ）

伊藤は窓の外に目をやり、「大鳳」の運命を思った。

東京から南へ約三千キロのマリアナ沖で、「大鳳」は、米潜水艦の雷撃を受け、艦歴わずか三か月の生涯を終えていた。たった一発の魚雷により、漏洩した航空機燃料に引火して大爆発を起こし、八時間後に沈没したのだった。

その少し前、空母「翔鶴」も潜水艦の攻撃を受けて海底に没していた。日本海軍は、小沢が採用したアウトレンジ戦法に傾注し、遠距離の米空母に気を取られすぎていた。「翔鶴」「大鳳」の撃沈は、その隙を衝かれ、足元をすくわれた形だった。

さらに——肝心のアウトレンジ戦法も無残に打ち砕かれた。

小沢機動部隊の第一次攻撃隊は、米側のレーダーにしっかりと捕捉され、直掩のグラマンF6F（愛称ヘルキャット）の待ち伏せを受けた。攻撃隊は遠くから飛行して疲労が極に達したところを狙い撃ちされ、バタバタと海中に没していった。米軍側はこれを「マリアナの七面鳥撃ち」と呼び、快哉を叫んだ。

かろうじてヘルキャットの攻撃をかわし、米機動部隊に肉薄した艦攻や艦爆も新兵器の近接信管（VT信管）を使用した対空砲火の弾幕に阻まれ、次々と火を噴いて海面に突っ込んでいった。

VT信管は、目標物に命中しなくても、目標物を電波で検知して一定の範囲内に達しさえすれば起爆するという、恐るべき兵器だった。これにより、目標を直撃する必要がなくなり、命中率は飛躍的に向上した。劇的な破壊力を見せたことから、「マジック・ヒューズ」とも呼ばれた。

結局、日本海軍の第一次攻撃隊は百四十機以上を失いながら、米軍にはほとんどダメージを与えることができなかった。続く第二次攻撃隊八十三機は練度不足、未熟な航法技術が足を引っ張り、なかなか決戦場にたどり着くができなかった。グアム島へ着陸寸前に撃墜されたり、ロタ島に不時着したりする機もあった。

この日一日で、小沢機動部隊は約二百機の艦載機を失った。

翌二十日、小沢は攻撃を続行するため未明から索敵を行ったが、敵を発見できず、逆に小沢艦隊が米軍機の接触を受けた。

夕方、日米ともに薄暮攻撃を決意して攻撃隊を発進させた。米軍機は小沢艦隊に殺到し、空母「飛鷹」を雷撃（後に潜水艦の雷撃を受け沈没）したのに対し、日本軍機は米空母を発見できなかった。空しく帰投した友軍機の中には、母艦を見つけられず、駆逐艦のそばに不時着水して救助される者もいた。

二十日を過ぎて、小沢艦隊に残った艦載機はわずか三十五機になっていた。惨憺たる大敗北だった。参加空母の三〇％、搭乗員の六〇％、艦載機の九〇％がマリアナ沖に消え、日本機動部隊は事実上壊滅した。

ただ、戦艦、重巡を中心とする水上打撃部隊はほぼ無傷で残った。この現実が、残存水上部隊の総力を挙げたレイテ湾突入作戦につながっていく。

小沢長官に対し、沖縄・中城湾への帰港を命じた後、伊藤は次長室の椅子から立ち上がれないほどの疲労を感じた。しかし、祖国日本の先行きを思うと、ここで自分が挫けてしまうわけにはいかなかった。

伊藤は、戦死した山本五十六連合艦隊司令長官の言葉を思い出していた。

苦しいこともあるだろう。
言いたいこともあるだろう。

不満なこともあるだろう。

腹の立つこともあるだろう。

泣きたいこともあるだろう。

これらをじっとこらえてゆくのが男の修行である。


「伊藤君、しっかり頼むぞ」

山本長官の声が天から降ってきた。日本海軍は天王山の戦いに敗れた。それを認めるのはつらいが、率直に認めなければ、前には進めぬ。時運に恵まれなかったと嘆いてみても仕方がない。なぜ負けたのか、冷静に分析し、反省し、戦訓を次の戦いに生かす他はない。

伊藤は臍下丹田にぐっと力を入れ、暗雲を振り払うようにサッと椅子から立ち上がり、再び作戦室に向かった。

作戦部長の異動願い

昭和十九年六月二十一日、マリアナ沖海戦の翌日、海軍省の教育局第一課長神重徳大佐が軍令部にやって来た。

「中澤さんはおられるか」

神は第一部長（作戦部長）中澤佑少将を呼んだ。

「どうした？　神大佐」

神は中澤の顔を見るなり、唐突に申し出た。

「私を戦艦山城の艦長にしてくれませんか」

「君を艦長にして、どうするというのだ」

「山城を指揮してサイパンに進出、海上より陸戦を助けて米軍を撃破いたします」

「どういうことだ……」

「山城をサイパンに乗り上げ、浮き砲台とし奪還いたします」

「何だと？　わかった、もう言うな」

中澤は神の言葉をさえぎった。

「君の意見に同意することはできない。制空、制海権を失った今、山城がサイパンに進出するのは不可能であり、山城の将士をみすみす失う結果になるのは火を見るより明らかだ」

神の意見具申は却下された。海軍省に戻った神は、教育局長高木惣吉に向かって、作戦部の弱腰をこき下ろした。この時の神の鬱屈は、翌七月十三日付で連合艦隊司令部参謀となってから一気に吐き出される。後のフィリピン作戦での小沢空母部隊の囮作戦、栗田艦隊のレイテ湾突入作戦、戦艦「大和」による沖縄海上特攻——いずれも神の起案である。

マリアナ沖海戦の戦況については、軍令部総長嶋田繁太郎が逐一、天皇陛下に奏上した。天皇は再三にわたって、「緊急に増援部隊をサイパンに送り、何とか、これを奪回できないのか」と要請された。

帝国海軍にとってマリアナ沖海戦は大東亜戦争の天王山であり、サイパンは戦争遂行上絶対に確保しなければならない要衝だった。それだけに、マリアナ沖海戦の惨敗は、大本営のみならず、政府、一般国民にも大きな衝撃を与えた。

天皇のお言葉は全国民が希求する気持ちを代弁していたともいえる。

「陛下のお言葉はごもっともだ。しかし、逆上陸作戦となると相当な犠牲を覚悟しなければならん。簡単にはいかんぞ……」

伊藤は中澤を呼んで意見を求めた。

「まったく勝算のない作戦を敢行するのが可か、あるいは忍び難きを忍んで作戦の根本方針を大改正して、後図を策し、速やかに和平に導くを是とするか、です」

「ウム」

「私はサイパン奪回断念の上奏を総長にお願いしたいと思っております」

「よかろう」

伊藤は中澤の見解に同意した。中澤が彼我の情勢を冷静、慎重に分析し、熟慮のうえで判断していることがわかっていたからだ。

一方、陸軍側も逆上陸作戦の検討を行ったが、兵力、輸送船の確保が不可能であり、「目的を達成することはできない」との結論に達していた。

六月二十四日、参謀総長東條英機、軍令部総長嶋田繁太郎はそろって参内し、正式にサイパン奪回断念を上奏した。

ところが、天皇はこの上奏を保留され、「元帥会議を開き、これに諮問せよ」と仰せられた。まったく異例のことだった。『昭和天皇実録　第九』（平成二十八年九月刊）六月二十四日の項に、次のような記述がみえる。

《午前十一時、侍従武官長に謁を賜い、元帥会議は翌二十五日午前十時に宮中において臨御のもとに開催する旨の伺いを受けられ、これを御聴許になる》

二十五日は日曜日であった。天皇は「午前十時、東一ノ間に開催の元帥会議に臨御され」（実録）、杉山元、永野修身、梨本宮守正王、伏見宮博恭王の四元帥から順次意見の言上を受けられた。会議終了後、先任元帥の伏見宮から「現情勢にては、両総長の意見のごとく援軍を送ることは不適当」の旨、奉答があり、天皇もようやくサイパン奪回をあきらめられたのだった。

この直後、中澤は次長室に伊藤を訪ね、異動を申し出た。

「伊藤次長、私は大東亜戦争について必勝を期しえる信念を失いました。必勝の信念のない者が作戦を指導する機務に従うことは、自他を偽るものであり、私の良心が許しません」

「……」

「誰か必勝の手段を有する者と交代させられ、私を第一線に配して最後のご奉公をする機会を与えてください」

伊藤は薄く目を閉じて沈思黙考の末、こう言った。

「最期のご奉公がしたい――か。そうだな。おれもそう思うよ」

中澤の耳底に、「おれもそう思うよ」の一語が残った。伊藤はかたちを改めて言った。

「中澤君、君の意見にはまったく同意である。しかし、命あるまでは現在の仕事を続けてくれ」

「承知しました」

中澤はサッと敬礼して退室した。一瞬の出来事だったが、これで二人とも気持ちの切り替えができた。第一線に出て働きたいのは、中澤だけではない。伊藤も同じだった。だが、命令があるまでは、どんなに苦しくとも、この軍令部で踏ん張らねばならないのだ。二人は何事もなかったかのように持ち場に戻り、目下の課題に全力で取り組んだ。

南雲提督の最期

サイパン島の日本軍将兵は、連合艦隊の来援を信じて、上陸した米軍と死闘を繰り広げていた。しかし、頼みの連合艦隊は、マリアナ沖海戦で空母三隻（大鳳、翔鶴、飛鷹）を失って、内地に帰投してしまっている。

（南雲さんはどうしておられるだろうか）

軍令部次長室で、伊藤はサイパンの守備についている中部太平洋方面艦隊司令長官南雲忠一中将の境遇を思いやった。艦艇もなければ、飛行機もない。南雲は今、陸上にいて、海や空を黙って見つめているしかない、名ばかりの「艦隊」司令長官だった。

ミッドウェー海戦の惨敗後、海軍部内には、南雲を白眼視する空気があった。

「敗北の責任は南雲にある」と正面きってののしるだけでなく、「責任も取らず、おめおめと生き恥をさらしている」と陰口をたたく者もいた。

伊藤はそうした心ない言葉を聞くたびに、腹が立った。

「文句があるのなら、自分がその立場にたってみろ。貴様がサイパンに行け」と怒鳴り返してやりたかった。それを、ぐっとこらえて沈黙を守ってきた。

（まったく、ひどいことになった）

伊藤は、連合艦隊の救援が絶望的になった孤島に南雲を置いておくのは、「死ね」というのに等しい、と思っていた。南雲は海兵三十六期で、伊藤の三期上である。昭和十九年三月四日、中部太平洋方面艦隊司令長官に親補され、神奈川県鎌倉市の自宅で家族と最後の時間を過ごした後、サイパンに着任した。

鶴岡八幡宮に詣でた折、「今度は帰らない」と家族に告げており、壮行会の席でも、「今度という今度は白木の箱だ」と話していたという。

六月十五日、米軍がサイパンに上陸すると、南雲は迎撃戦闘の指揮にあたった。サイパンは絶対国防圏の要である。中部太平洋方面艦隊約六千人のほか、約三万人の陸軍部隊が展開していた。首相兼陸相兼参謀総長の東條英機は「サイパンの守りは鉄壁でございます」と奏上していたが、海空からの支援のない守備隊はたちまち苦境に陥った。島内の邦人約二万五千人も否応なく戦闘に巻き込まれた。

一月足らずで守備隊は島の北端に追い詰められ、洞窟陣地にこもった。後はバンザイ突撃を敢行するしか打つ手がなくなった。

七月五日、守備隊の勇戦に対し、天皇陛下から御嘉賞の言葉があった。それを南雲に伝える電文をもって、東條ならびに海相兼軍令部総長嶋田繁太郎は、サイパン守備の陸海軍部隊への決別の言葉とした。電文を受け取った南雲は翌六日、最後の訓示を打電した。

「サイパン全島の皇軍将兵に告ぐ」で始まる一文は、「今や、止まるも死、進むも死、死生命あり、すべからくその時を得て、帝国男児の真骨頂を発揮するを要す、余は残留諸子と共に、断乎進んで米鬼に一撃を加へ、太平洋の防波堤となりてサイパン島に骨を埋めんとす」という言葉で締めくくられていた。

六日午後十時、南雲は軍令部に「これにて連絡止む」と打電し、通信を絶った。

開戦劈頭の真珠湾攻撃以来、機動部隊を率いて大海原を疾駆した南雲提督も、ついに矢尽き刃折れ、孤島のじめじめとした洞窟で最期の時を迎えたのである。

電文を受け取った伊藤は涙をこらえ、瞑目した。ミッドウェーで山口多聞少将、ブーゲンビルで山本五十六大将、パラオで古賀峯一大将、そして、サイパンで南雲中将。帝国海軍を率いてきた将星が次々と太平洋に没していくのを、伊藤は軍令部にいて、じっと見守るしかなかった。

苦悩を顔には出さぬようにしていたが、胸奥は張り裂けんばかりだった。

南雲の戦死公報の日付は昭和十九年七月八日。同日付で海軍大将に任じられた。最期には諸説あり、今なお、謎に包まれている。海兵出身の直木賞作家豊田穣は著書「悲劇の提督・南雲忠一中将～波まくらいくたびぞ」にこう書いている。

《南雲長官は第三種軍装の襟章を副官荘林中佐の手でむしりとらせて焼いた。七月六日夜、地獄谷の陸軍の別の洞窟で、斎藤中将と井桁少将が自決した。それを知った長官は残存の海軍将兵を集めると、襟章のない軍装のまま、戦闘帽も黒線のない兵用をかぶって、拳銃を構えてタナバクの米軍に向ってバンザイ突撃を行った。乱軍にまぎれてマタンシャからタナバクのあたりのいずれかで最後を遂げたが、時刻は七月七日未明と推定される》

米国のノンフィクション作家ジョン・トーランドのピュリッツァー賞受賞作『日本帝国の興亡』には、次のように記されている。

《地獄谷の最後の洞窟には、南雲海軍中将、斎藤陸軍中将と井桁陸軍少将の三人の将官が自決を覚悟して潜んでいた。七月六日朝、斎藤中将は告別の辞を参謀平櫛孝少佐に伝えた。三人は自決のため新しい洞窟に移り、切腹と同時に介錯の副官が後頭部を撃った。南雲中将の介錯者は誰も申し出るものがなく、ついに陸軍の若い副官が「私にその仕事をさせて下さい」と言って志願した。時刻は七月六日午前十時頃と見られる。三名の死体は、南雲中将を中心にしていた》

東條内閣瓦解

マリアナ沖海戦の惨敗後、伊藤の作戦構想は「和平提唱に有利な戦機を作為すること」の一点に絞られてきた。ただ、「和平」は政治問題であり、その主務は海軍省にあり、軍令部にはない。したがって、伊藤は「和平のきっかけとなるような作戦」を練り上げるのに腐心することになるのだが、最高責任者である総長嶋田繁太郎がどうも頼りなかった。

昭和十九年六月三十日夕、嶋田は伊藤の右腕である中澤佑を海相官邸に呼び出し、こう命じた。

「予備役大将のお歴々に、戦況を説明してくれ」

中澤は、予備役の「大先輩」たちを前に、今日に至るまでの情勢判断、措置を正直に報告し、今後の作戦見通しについて、丁寧に話した。

「以上、説明申し上げた通り、戦局は極めて憂慮すべき状況です。この際、軍令部としては和平を考慮して作戦を立てる所存であります」

中澤の忌憚のない意見を聞いて、予備役大将たちは一様に暗然とした表情を浮かべた。説明会終了後、嶋田は中澤を別室に呼び、苦言を呈した。

「君の陳述はあまりに絶望的で前途が暗い。もっと積極的、有望的に述べるべきである」

「お言葉を返すようですが」

中澤はすぐさま反論した。

「本日お集まりの方々は海軍最高の地位におられた方々です。これらの方々には、祖国の将来について真剣に、無私の心境にて考えていただかなくてはならないと思いましたので、私は所信の通り申し述べたものであります」

嶋田が何か言おうと口を開くのを遮るように、中澤は言葉を重ねた。

「これが実施部隊の指揮官、参謀長でありますれば、部下の士気振作を考慮し、もっと有望かつ戦況打開策があるかのごとく説明いたします。しかしながら、本日のお相手はわれわれの大先輩であり、大所高所からわが国の行く末を見ておられる方々であります」

「もうよい。下がれ」

嶋田は追及をやめ、中澤を退出させた。中澤から報告を受けた伊藤は、嶋田の時勢に対する感覚の鈍さにあきれた。先日、戦況報告をした折も、「いやあ、聞くところによると、近衛（文麿）さんをかついで和平への大転換をするという動きがあるというのだが、どうかねぇ、伊藤君」と、まるで他人ごとのような、的外れな答えが返ってきた。

サイパン失陥の際の言葉には、呆れてものも言う気もなくなってしまった。

「なーに、前進基地の一つや二つ取られてもそう驚くことはない」

（サイパンを失った今、必死に和平を模索するのが海軍大臣のなすべき仕事ではないのか）

伊藤は内心そう反発した。嶋田の人柄については、海兵同期の山本五十六がよく、「嶋ハンはおめでたい」と言っていたが、それはこういう能天気さを揶揄したのだろうと思った。

マリアナ沖海戦の敗北とサイパン失陥が日本の死命を制したことは歴史が示すとおりだが、天皇陛下は当時、戦局をどう認識しておられたのか。中澤は回想録に次のように記している。

《当時、軍令部第一部長付であられた高松宮殿下（宣仁親王、海軍大佐）には、宮中から退下されて私の席に来られ、「陛下は今後いかに上手に戦争に負けるかを思し召しです」と申されました。このお言葉は今なお耳底にあります。陛下には戦機をとらえ和平への道をお考えになっておられたものと拝察いたします》

絶対国防圏を破られ、米軍による直接の日本本土爆撃を可能にしたサイパン失陥は直ちに政治問題化した。東條英機首相兼陸軍大臣兼参謀総長、嶋田繁太郎海軍大臣兼軍令部総長の独裁体制に対する非難の声は日増しに高まった。

倒閣運動の先頭に立ったのは重臣の岡田啓介海軍大将だった。岡田は、東條に辞職を勧告して大激論をし、嶋田にも海相辞職を強要した。政局は一挙に動いた。

七月十七日、嶋田はついに海相辞任に追い込まれ、翌十八日、東條内閣も総辞職。東條は参謀総長も辞任した。

七月二十日、小磯国昭陸軍大将、米内光政海軍大将に組閣の大命が降下し、二十二日、新内閣が誕生した。東條は予備役に編入され、表舞台から去った。一方、嶋田は八月二日に軍令部総長を辞任、軍事参議官となる。後任の軍令部総長に親補されたのは及川古志郎大将だった。伊藤が次長に就任して三人目の総長である。

嶋田のその後を簡単に記しておく。昭和二十年一月二十日、予備役編入。戦後、A級戦犯として「終身禁固」の判決。仮釈放後、海上自衛隊の練習艦隊壮行会に出席してあいさつをした。その話を聞いて、元海軍大将井上成美は「恥知らずにも程がある。人様の前へ顔が出せる立場だと思っているのか」と激怒したという。

和平への歩み

「嶋田はだめだ。やめさせるよ」

昭和十九年七月二十二日に成立した「小磯・米内内閣」に副総理格で入閣し、海軍大臣に就任した米内光政は、軍令部総長にとどまっていた嶋田を直ちに更迭した。

（これで、前線の士気も上がるだろう）

伊藤は米内の現役復帰を心から喜んだ。米内が後任の総長に選んだ及川古志郎は海兵三十一期。米内と同じ盛岡中学出身だ。熱心な読書家で、漢籍については学者顔負けだったといい、自宅の土蔵の一つは完全に書庫となっていた。

続いて米内は、海軍次官に井上成美中将を起用した。井上は、米内、山本五十六とともに海軍良識派の「三羽烏」と称された提督である。海軍省軍務局長時代には、「米内大臣─山本次官─井上局長」のトリオで、日独伊三国同盟締結、対米開戦に真っ向から反対してきた。開戦時は第四艦隊司令長官だったが、昭和十七年十月、前線から追われて江田島の海軍兵学校校長をしていた。

七月二十八日夜、米内は親任奉告の伊勢神宮参拝の帰途、京都に立ち寄り、井上を江田島から呼び出した。米内は「都ホテル」の一室で、井上と夕食を共にした。その席で、「おい、やってくれよ」と米内流に次官就任を口説いた。が、井上はなかなか「ウン」と言わない。痺れを切らせた米内は声を張り上げた。

「おい、井上君、君の政治ぎらいは百も承知しているが、ほかに人がいないのは分かっているだろう。政治の話になったら天井を向いておればいいよ」

「そこまでおっしゃるなら仕方ありませんな。政治のことは知らん顔でいいならやります」

とうとう井上も折れた。

「ただ部内に号令することなら、必ず立派にやりますから、ご心配いりません」

最後にはきちっと姿勢を正して、胸を叩いてみせた。

井上の次官就任についても、伊藤は歓迎だった。山本長官の戦死により、「米内—山本—井上」トリオ復活はならなかったが、「米内—井上」コンビは不退転の決意で和平への道筋をつけてくれるだろうとの期待があったからだ。

実際、米内は嶋田と異なり、天皇陛下に戦況についてありのままを伝えた。

例えば、御前会議で、前任の嶋田は石油に関して、「油はこんなにございます」と報告したものだが、米内は「本当のことを報告しなければ意味がない」と言って、正直に石油の枯渇を言上した。御前に同席することの多い伊藤は、米内の奏上を聞いて、遅まきながらも政治が終戦へ向けて動き始めたのを実感した。

米内はまた、毎朝、軍令部作戦室で行われる作戦説明にも極力出席し、戦況把握に努めた。米内は、第一部長中澤佑らの意見に真剣に耳を傾け、速やかに和平に導く必要を痛感している様子だった。そんな米内を、伊藤は頼もしく思った。

八月十九日、天皇陛下ご臨席の下、新内閣の第一回最高戦争指導会議が開かれた。従来の大本営政府連絡会議を強化したもので、メンバーは小磯国昭首相、米内海相、重光葵外相、杉本元陸相、梅津美治郎参謀総長、及川軍令部総長。これに参謀次長秦彦三郎と軍令部次長の伊藤がオブザーバーとして同席した。

会議では今後とるべき「戦争の大綱」が話し合われた。伊藤が注目したのは「帝国は徹底せる外交施策によって戦局の好転を期す」という一項だった。

この日の会議では、「重慶に対しては、速やかに統制ある政治工作を発動し支那問題の解決を図る。このため極力ソ連の利用に努める」ことが決まった。

伊藤に発言の機会はなかったが、天皇臨席の長い会議の緊張で、軍令部に戻って来た時には体が綿のように疲れていた。伊藤はすぐに中澤を呼んで会議の決定事項を伝え、ソ連に和平の仲介を依頼する案を検討するよう命じた。

「ソ連は信用できるでしょうか」

中澤は疑問を口にした。

「うん、ソ連はしたたかだからなぁ」

伊藤は満州国駐在武官を務めた経験があり、ソ連の外交政策を熟知していた。中立条約を結んでいる相手だからといって油断してはいけない。そう考えていたのだが、案の定、ソ連は日本からの特使派遣を拒否し、このルートでの工作は早々に消えてしまった。

続く九月五日の最高戦争指導会議では、「対重慶政治工作実施に関する件」が決定された。これは、重慶・南京両政府を合同させ、この政権に対して満州国の現状維持以外のすべての条件を譲歩し、「支那の好意的中立を以って満足す。支那側をして在支米英軍を自発的に撤退せしむ」という案だった。開戦直前に突きつけられた米国の最後通牒「ハル・ノート」を丸呑みするような内容だった。

しかし、重慶政府も日本の敗戦は近いとみて応じず、結局、交渉は頓挫した。

（やはり、戦争というものはいったん始めてしまうと、勝つか負けるか、決着がつくまでやめられないのだ。相手のあることゆえ仕方ないが……）

伊藤は改めてそう思った。和平への道のりは依然として遠く、軍令部に課せられた仕事は多かった。伊藤の苦闘は続いた。

最後のチャンス　捷号作戦

内閣が交代したからといって戦局が一気に好転するわけではない。

サイパンの陥落は、「絶対国防圏」の崩壊を意味しており、軍令部は直ちに次期作戦方針をまとめなければならなかった。

伊藤と中澤はすでに、絶対国防圏のラインをフィリピン、台湾、南西諸島、本土、千島を結ぶ線まで後退させる腹を固めていた。となると、フィリピン、沖縄、北海道あたりが最後の決戦場になるはずだ。

昭和十九年七月二十四日、陸海軍の合同研究を経て、「陸海軍爾後の作戦指導大綱」が裁可された。その内容は、「本年後期、米軍主力の進攻に対し決戦を指導しその企図を破摧」するため、「決戦の時期を概ね八月以降と予期」し、「空海陸の戦力を極度に集中し敵空母及び輸送船を必殺すると共に（中略）空海協力の下に予め待機せる反撃部隊を以って極力敵を反撃す」というものだった。

この作戦は、「捷号作戦」と呼称された。「捷」とは「戦いに勝つ」の意味である。四つの決戦区域を想定し、このいずれに敵が来攻しても陸海空戦力を総結集して起死回生の決戦を行うという計画だった。

捷一号作戦 比島方面
捷二号作戦 九州南部、南西諸島及び台湾方面
捷三号作戦 本州、四国、九州方面及び小笠原諸島方面
捷四号作戦 北海道方面

軍令部は七月二十四、二十五日、図上演習を実施した。米軍が九月に硫黄島、十月に沖縄に来攻するという想定で行われ、空母を中心とする敵主力艦隊に対しては、基地航空部隊が迎撃、敵が上陸地点にかかったら、味方の主力艦隊で上陸部隊と輸送船団をたたく、というシナリオだった。

判定結果は、硫黄島で五隻、沖縄で七隻の「敵空母撃沈」と出た。図演結果を踏まえ、二十七日には、軍令部総長官邸で研究会が開かれ、伊藤ら軍令部首脳のほか、海相米内光政、連合艦隊司令長官豊田副武も参加した。

伊藤は本作戦を「一撃講和」の最後のチャンスと考えていた。作戦成功のカギは航空戦力にあったが、海軍航空部隊は、「あ」号作戦（マリアナ沖海戦）で三百九十五機喪失という壊滅的打撃

を受け、捷号作戦の実施までに本格的な再建は見込めなかった。これが目下、伊藤が一番頭を痛めている問題だった。

そうこうしている間にも、前線では死闘が続いていた。八月二日、テニアン島の日本軍守備隊玉砕。八月十一日、グアム島の日本軍守備隊玉砕。これでマリアナ諸島はすべて敵手に落ちた。九月十一日、敵はさらに歩を進め、パラオ諸島のペリリュー島に上陸した。パラオを奪われたら、フィリピンは目前である。米軍はすでにフィリピン攻略方針を確定させていた。

敵将マッカーサーは昭和十七年三月十二日、日本軍の進攻により、マニラ湾コレヒドール島の要塞に追い詰められ、家族と側近だけを連れて魚雷艇で脱出、オーストラリアに逃れた。この時、十万の将兵が置き去りになった。

「アイ・シャル・リターン（私は必ず戻ってくる）」

そう言い残して遁走したマッカーサーにとって、フィリピンとは、意地でも奪回しなければならない土地だった。

「米国の威信がかかっているのだ」

マッカーサーは幕僚たちに檄を飛ばし、先頭に立って進撃を続けた。

台湾沖航空戦の大誤報

伊藤と中澤はフィリピン訪問の帰路、台湾、沖縄に立ち寄った。

台湾では高雄警備府（司令長官福田良三中将）、第二艦隊航空艦隊司令部（司令長官福留繁中将）、第一海上護衛隊司令部、沖縄では沖縄根拠地隊、第二十五航空戦隊と、それぞれ打ち合わせを行い、防衛態勢強化を急ぐことを確認した。

十月九日午後四時四十五分、羽田着。直ちに軍令部に帰任した。

翌朝、沖縄が米機動部隊の強襲を受けているとの報告が入った。

（またしても後手に回ってしまった。まったく、なんのための打ち合わせだったのか）

伊藤は無念の思いで、報告電文を握りしめた。

九日夜、米機動部隊は、伊藤らが立ち去るのを待っていたかのように沖縄近海に姿を見せた。ウィリアム・ハルゼー大将率いる第三艦隊の高速空母部隊、第三十八任務部隊（指揮官マーク・ミッチャー中将）である。マリアナ諸島の攻略を終えた米軍は、次の作戦としてフィリピンへの進攻を計画。これに先立ち、フィリピン守備の支援拠点となりそうな南西諸島から台湾方面に散在する日本軍基地を、機動部隊による空襲で破壊しようと考えたのだった。

最大の攻撃目標は沖縄だった。

十月十日午前六時前、ミッチャーは沖縄に向けて最初の攻撃隊を出動させた。六時四十五分、第一次攻撃隊が読谷村の北飛行場に到達し、攻撃を開始。続いて南部の小禄飛行場などへも襲いかかった。攻撃は第五次まで続き、出撃機数は延べ千三百九十六機に達した。

「潜水母艦、迅鯨、沈没」「満州国駆逐艦、海威、沈没」「敷設艇、鷹島、沈没」

次々と上がってくる報告に、伊藤は平静さ失わないよう努めなければならなかった。後に

「十・十空襲」と呼ばれる猛襲により、沖縄本島在泊の日本軍艦船はほぼ全滅した。那覇市街地は九割が焼失し、軍人、民間人合わせて六百人以上が死亡した。

前日に東京に戻っていた伊藤は間一髪で命拾いしたのだが、防衛態勢が不十分で有効な反撃を行えなかったことが残念でならなかった。

(サイパンと同じ悲劇が沖縄でも繰り返されるのではないか)

嫌な予感がした。伊藤は中澤を呼んで尋ねた。

「なぜ、こういう結果になったのか」

中澤の報告によると、日本軍はミッチャー部隊の所在を十月六日以降、見失っていたという。むろん、各航空基地は大規模な哨戒活動を行っていた。ただ、当時、台風が沖縄南西沖を北上していて、未帰還となる哨戒機が多く、敵を発見できていなかった。

現地では、未帰還機が多いのは悪天候が原因と判断していたのだという。しかし、実際は米軍にことごとく撃墜されていたのだった。

さらに、沖縄の陸軍首脳部は十日に大がかりな図上演習を予定し、九日夜は各地の司令官が那覇市の料亭に集まって宴会を開いていたことも分かった。このため、十日は指揮官不在の部隊が多く、対応が遅れたらしい。

「危機感が欠如している」

中澤の報告を聞いて、伊藤はうめくように言った。

準備不足の日本軍に対し、米軍は畳みかけるように攻撃を加えてきた。翌十一日、米機動部隊はルソン島北部を襲い、十二日には台湾を空襲した。同日、連合艦隊は「基地航空部隊捷一号、二号作戦発動」を下令、台湾沖航空戦（十二日〜十六日）が始まった。

基地航空部隊が全力を挙げて米機動部隊をたたくという迎撃戦である。結果は、巡洋艦二隻に損傷を与えただけという軽微なものだった。ところが、大本営海軍部は連日、「大戦果」の発表を重ねた。十月十九日の発表は次の通りである。

【大本営発表】

わが部隊は十月十二日以降、連日、台湾及びルソン東方海面の新機動部隊を猛攻し、その過半の兵力を壊滅して、これを遁走せしめたり

一、わが方の収めたる戦果

▽轟撃沈　航空母艦十一、戦艦二、巡洋艦三、巡洋艦もしくは駆逐艦一

▽撃破　航空母艦八、戦艦二、巡洋艦四、巡洋艦もしくは駆逐艦一、艦種不詳十三

▽撃墜　百十二機（基地における撃墜を含めず）

二、わが方の損害

▽飛行機未帰還　三百十二機

なぜ、このような現実とかけ離れた発表がなされてしまったのか。筆者は、戦況などかまっておれない苛烈な戦場の現実が誤報を招いた最大の原因だと考えている。この時期の航空戦は、緒

戦の頃と違って、ゆっくりと戦果を確認する余裕などない。爆弾や魚雷を投下したら、すぐに離脱しないと、敵に撃墜されてしまうからだ。こうした状況下で、経験の浅い搭乗員が、敵の対空砲火や自爆した味方機の炎を爆弾や魚雷が命中した炎だと見誤るのは、仕方のないことだ。

とまれ、内地は大誤報の「大戦果」に沸き立った。街頭では戦勝祝賀会が開かれ、提灯行列が行われた。伊藤はあまりに調子の良すぎる報告内容に首を傾げつつも、正確な情報をつかみきれず、修正のタイミングも見失ってしまった。

悔やまれるのは、二十日に開かれたフィリピン決戦に向けた陸海軍合同の作戦会議で、陸軍側にも真相が伝達されなかったことだ。

この結果、陸軍は誤認戦果と知らないまま、米機動部隊が甚大な被害を受けているとの前提で、ルソン島での迎撃方針を「レイテ島決戦」に急遽変更し、決戦兵力をレイテへ増派するという、誤判断をしてしまうのである。

クラーク基地の夜

昭和十九年十月二日、伊藤は中澤を伴ってフィリピンに出張した。捷号作戦で最前線となる可能性が大きいフィリピンの陸海軍首脳との意思疎通を図り、あわせて現地部隊の要望を聞くためだ。

午前八時、横浜から飛行艇で出発。台北を経由してマニラに向かった。味方の戦闘機は補給が追いつかず、今やフィリピン上空の制空権も確保されてはいなかった。いつ敵機が襲ってくるかもわからない状況下、乗機はなるべく雲から雲へと身を隠しながら飛んだ。

「勝てるチャンスは過去に一、二度あったのでしょうが、ここまで来てはどうにもなりませんね」

中澤がボソリと言った。飛行機がガクンと揺れた。雲が切れたため、一気に海面すれすれまで高度を下げたのだ。伊藤は苦笑した。

「うん、ここまで来てしまったねぇ。パイロットも大変だ」

マニラに到着した二人は、南西方面艦隊司令部の三川軍一司令長官、第一航空艦隊司令部の寺岡謹平司令長官と会談した。寺岡はマリアナ諸島テニアン島で消息不明になった角田覚治中将の後任として八月十二日に着任し、指揮を執っていた。

十月四日、伊藤、中澤はマニラ郊外の「クラーク・フィールド」飛行場に降り立った。かつてはフィリピンにおける米軍の重要拠点だったが、今は日本海軍が占領し、「クラーク北」「クラーク中」「クラーク南」「クラーク・フィールド」「マバラカット」「マルコット」「バンバン」などの飛行場群を設置、運用していた。

滑走路の端で、第一航空艦隊所属の第二十六航空戦隊司令官有馬正文少将が待っていた。鹿児島出身の海兵四十三期、中澤の同期である。酒も煙草もやらず、部下に対する言葉遣いが異常なほど丁寧なことでも知られていた。殴りつけたり、怒鳴ったりすることもなく、部下の信頼は厚かった。

伊藤の姿を見つけると、有馬は背筋を伸ばして敬礼した。

「元気そうだな」

「はい、元気でがんばっております」

有馬はそう答えると、今後は中澤の方を向いて端正な顔をほころばせ、「よう、久しぶりだな。来てくれたんだな」と言った。

中澤が「うん、うん」とうなずくと、有馬は中澤の背中をポンポンとたたいた。

「伊藤次長、お疲れでしょう。さあ、お車へ」

有馬は手を挙げて車を呼んだ。三人は飛行場そばの料理屋で夕食を共にした。

「有馬君、せっかくの機会だ。きょうは本音を聞かせてくれ」

伊藤の言葉に有馬は笑顔で応じた。

「はい、それでは腹を割ってお話しいたします」

有馬はナイフとフォークを皿の上に置いて、こう言った。

「飛行機が足りません。もはや必勝の精神しかありません」

有馬は九月下旬、ルソン島東方に現れた敵空母群に対し、戦闘機わずか十五機で「挺身攻撃隊」を編成して出撃させた。攻撃隊は、命中弾五発を見舞って敵艦を炎上させ、敵戦闘機グラマン三機を撃墜する戦果を挙げた。

「残念ながら五機が未帰還になりました。しかし、やればできる。勇気をもって敵空母に突っ込む。これしか手がないのです」

伊藤はナプキンで口をぬぐった。有馬は続けて言った。

「優秀なパイロットは戦死し、搭乗員の技量は著しく低下しています。したがって、未帰還機が多くなります。どうか、飛行機と優秀な搭乗員を現地に回してください」

「ご苦労をかけている」

伊藤は頭を下げた。中澤が話を引き取るように口を開いた。

「有馬、正直言って、大勢はきわめて不利だ。国体護持のため、大きな決断せねばならぬ時も近いと思っている」

「中澤！」

有馬は中澤をキッとにらみつけて反駁した。

「君は東京にいるから、われわれ前線の者がどんな気持ちで戦っているか、分からないんだ。私は一度たりとも日本が負けるなどとは考えたことがないぞ。中央がそんな弱気では困るのだ」

「いや、おれはそういうことを言っているのではない」

「では、飛行機を送ってくれ。航空戦隊を派遣してくれ」

「それが難しい。手配がつかんのだ」

「ならば……、ならば、おれたちは死ね、ということか」

気まずい沈黙の後、有馬はかたちを改めて言った。

「いずれ、私が先頭を切って突っ込んでいきます」

伊藤はハッとして有馬を見た。有馬の顔面は蒼白だった。

「この際、航空隊の士気を奮い立たせるには、海軍の伝統たる『指揮官先頭』を実行するより良策はありません」

「馬鹿を言うな。特攻は認めんぞ」

中澤はうめくように言った。

「中澤、ここでは、部下たちが出撃のたびに死んでいくのだ。部下を殺さねばならないおれの気持ちが貴様には分かるか」

有馬はグラスのサイダーを一気にあおり、咳き込んだ。中澤は視線を落とし、黙りこんでしまった。伊藤は無力感に襲われた。

「有馬君、君の辛い気持ちは分かった。だが、ここは自重してくれ」

そう言うのが精一杯だった。熱帯の夜は更け、三人は店を出た。月明かりの中で、肩をたたき合い、別れの握手を交わす有馬と中澤の目に涙が光っていた。二人の影法師を、伊藤は離れたところから黙って見つめていた。有馬の姿を見るのはこれが最後となった。

有馬少将の最期

台湾沖航空戦最中の昭和十九年十月十五日午後二時すぎ、フィリピンの「クラーク・フィールド」から陸攻三機と艦攻十機が飛び立った。編隊一番機の一式陸攻に、第二十六航空戦隊司令官有馬正文少将が乗り込んでいた。
数時間前――。

有馬は戦闘指揮所に幹部を集め、ふだんと変わらぬ丁寧な口調で言った。

「これからは絶対に体当たり攻撃が必要です。それ以外に敵空母を沈める方法はありません。だが、そのために、若い士官や兵隊だけを死なせるわけにはいきません。しかるべき上級の指揮官が搭乗していかねばならないと思います」

整列した指揮官たちの間に重苦しい空気が漂う。

「みなさんの中に志願者はいませんか」

名乗り出る者はなく、皆うつむいて沈黙している。

有馬の落ち着いた声だけが響く。

「よろしい。わかりました。それなら、私が乗りましょう」

最高指揮官の突然の宣言に一同悄然としてしまった。

たまりかねて先任参謀が一歩前に進み出て、「私もお供します」と言った。

「馬鹿野郎！　参謀が出てどうする」

有馬はとっさに大きな声を出したが、すぐに平静さを取り戻し先任参謀の肩をつかんで言った。

「征かせてくれ。わかってるじゃないか」

先任参謀はうつむき、目を伏せた。有馬は軍服から「少将」の襟章を引きちぎり、机の上に置いた。続いて、ポケットから小刀を取り出して双眼鏡に刻印されていた「司令官」の文字を削り取った。

「司令官、死に急ぎだけはしないでください」

先任参謀が声をつまらせて言う。

「うん、うん」

有馬はまるで遠足に行く子供のようにうれしそうだった。

軍令部に届いた有馬機の報告は次のようなものだった。

「マニラの六十五度二十四分に敵機動部隊を発見、午後三時五十四分、全軍突撃を下令、敵空母に対し魚雷を発射してのち、率先驀進体当たりを敢行、これを撃沈し、壮烈なる戦死を遂ぐ」

マバラカットで、伊藤、中澤と三人で卓を囲み、腹蔵なく語り合ってから十一日後のことだった。伊藤は、おのれの無力に恥じ入りながら、有馬の戦死を海軍大臣米内光政に報告した。

「そうか、そこまで来たか。つらいなぁ」

米内はそう言って目を瞑った。

「なんとか和平の道はありませんか」

伊藤がせかすように問うと、米内は「おいおい」と言って伊藤をにらみつけた。

「めったなことを口にするな。大本営は今、戦争に取り付かれた狂人たちの巣だ。そんなことを言っていると、君も前線に送られるぞ」

「望むところです」

伊藤は思わず本音をもらしてしまった。有馬の魂が伊藤に乗り移ったのだ。

「伊藤君、君がそんなことを言ってはいけないぞ。冷静に巻き返しの機会をつかむのだ」

伊藤はハッとして我に返った。

「大臣、失礼いたしました」

軽く「うん」と肯いた時の米内の目がなんとも悲しげに見えた。土壇場に追い詰められた帝国海軍を率いて、「終戦」に当たらねばならない男の苦衷が察せられた。

（恐らく、米内さんは「最後の海軍大臣」となられる覚悟なのだろう）

伊藤は、身勝手な物言いをした無礼を心の中で詫びながら、かたちを正して一礼し、退出した。

以下、有馬の略歴と逸話を記し、紙碑としたい。

明治二十八年、鹿児島県日置郡中伊集院村生まれ。鹿児島第一中学校五年次に中途退学し、海軍兵学校入校、昭和十七年五月、空母「翔鶴」艦長。航海中は公室を使わず常に艦橋にあり、食事は畳一枚ほどの艦長休憩室でとった。

兵や部下に対していつも、「お疲れさまです」「お早うございます」と丁寧な言葉で、にこやかに接した。夜になっても帰還しない艦載機のために、艦の危険を顧みずサーチライトの照射を命じ、自らも双眼鏡を抱えて艦橋を離れなかった。

戦死した部下を水葬する時は、艦の速度を落として同じところを何度も回り、一人ずつ海中に投じさせ、「こうすれば、同じところに葬られることになるからな」と言って敬礼した。戦死者の家族には欠かさず自筆の手紙を書き送った。

昭和十七年八月二十四日、第二次ソロモン海戦、さらに同年十月二十六日、南太平洋海戦に参加。南太平洋海戦では、大破した「翔鶴」を囮とし敵の攻撃を誘引せよ、と第三艦隊司令長官南雲忠一に進言したが、参謀長草鹿龍之介から「飛行甲板が大破した空母で戦えるか」と一喝され、実現しなかった。

昭和十八年二月、海軍省航空本部教育部長。中澤によると、この頃の有馬は、航空戦術について同僚と議論した際、必死戦法（特攻）には反対の意見を述べていたという。

昭和十九年四月、第二十六航空戦隊司令官。あ号作戦を前に、フィリピン・ミンダナオ島ダバオに将旗を揚げた。しかし、上級司令部の第一航空艦隊が所在地テニアンで玉砕したため、指揮系統が混乱。この時、有馬は潜水艦の支援を受けた二式大艇によるパナマ運河空襲を計画していたという。

台湾沖航空戦で大本営からもたらされる「大戦果」についてはまったく信じていなかった。従軍記者に対し、こう語っている。

「日本海軍航空隊の攻撃精神がいかに強烈であっても、もはや通常の手段で勝利を収めるのは不可能である。特攻を採用するのはパイロットたちの士気が高い今である」

「率先垂範」が揺るがぬ信念だった。伊藤、中澤にマバラカットで本心を明かす前にも、周囲の者に次のように話していた。

「司令官以下全員が体当たりでいかねばだめだ」「戦争は老人から死ぬべきだ」「偉い（階級が上の者）者から順に死んでいくことだ」

昭和二十年一月七日、戦死公報をもって海軍中将に特別昇進。享年四十九。

有馬の死は確実に神風特別攻撃隊への呼び水となった。以降、特攻が常態化する。

十月十五日　　有馬少将の出撃（戦果不明）
十月二十一日　大和隊、敷島隊、朝日隊、山桜隊の計二十四機が特攻出撃
（未帰還の久納中尉が巡洋艦に体当たりの可能性）
十月二十三日　大和隊・佐藤馨上飛曹がスルアン沖の連合国軍艦船に突入
（戦果未確認）
十月二十五日　敷島隊・関大尉を中心に計十七機が特攻
（米護衛空母一隻撃沈、四隻に被害）

大西中将、参上

昭和十九年十月二十日、マニラに司令部を置く第一航空艦隊司令長官の交代人事があり、寺岡謹平中将に代わって、軍需省航空兵器総局総務局長をしていた大西瀧治郎中将が新司令長官に就任した。

大西は海軍航空一筋に歩いた空の武将である。海兵四十期。伊藤の一期後輩だ。同期には福留繁、宇垣纏、山口多聞らがいる。

大西は腹が据わり、押し出しが強く、常に陣頭に立つ頼もしい存在として部下から慕われた。気骨の人でもあり、開戦劈頭のハワイ作戦については反対論を唱えていた。

「真珠湾を攻撃すれば米軍は怒りに燃えて最後まで戦争を続けるだろう。そうなると勝ち目はな

い」

　智勇に優れ、どこか山本五十六と似た気風も漂わせていた。内示を受けた大西はマニラに赴く前に軍令部にあいさつに訪れた。総長及川古志郎、次長伊藤整一、第一部長中澤佑の三人が応対した。このあと、大西の要請により日比谷の総長官舎で、膝を交えて懇談することになった。

「本日は、現状打開のため、航空機をもって行う戦法について軍令部の了解を求めておきたいと思い、大西、参上いたしました」

　大西はそう切り出した。中澤の手記によると、大西は次の四点について詳細な説明を行った。

一、彼我航空兵力の比較、数、量
二、彼我搭乗員の術力の相違
三、彼の対空防御の実情、戦闘機、対空兵器、特に電波兵器進歩の現況
四、彼の対空警戒、邀撃能力

「以上のように、敵の警戒網を突破してめざす攻撃目標に到達するのはきわめて困難、しかもいたずらに犠牲大きく、敵に有効な攻撃を加えることができない状況になっております」

　大西はぎょろりとした目をさらに大きくして、及川ら軍令部首脳たちの顔を見据えた。

「この苦境を打開するには第一線将兵の殉国精神と犠牲的至誠に訴えて必死必殺の体当たり攻撃を敢行するほかに良策はありません。これが大義に徹するところであると考えますので軍令部と

してもご了解していただきたいと思います」

どこかで聞いたせりふだった。伊藤は頭がくらくらした。そうだ。有馬だ。大西の主張は、半月ほど前に出張先のマニラ郊外マバラカットで有馬正文少将から聞いたものとまったく同じ、航空機による体当たり攻撃の決意表明に他ならなかった。伊藤は、大西の顔が有馬の顔と重なって見えた。

（ただし、有馬は海軍の伝統たる『指揮官先頭』を実行するより良策はないと言っていたが……）

列座の四名は黙して一句も発せないでいた。壁の掛け時計だけがコチコチと鳴っている。大西は「特攻」という言葉こそ使わなかったが、これは「特攻」の直訴以外の何ものでもない。重苦しい空気に耐えかねたように及川が口を開いた。

「分かりました。大西君、軍令部も了解いたします。戦死者に対する処遇は十分考えましょう」

「ハッ」

大西は目を潤ませて、頭を下げた。伊藤と中澤は思わず顔を見合わせた。

（まさか、総長が特攻を認めるとは……）

「ただし、大西君」

及川は、何かいい残したとでもいうように、慌てて付け加えた。

「大西君、この際はっきり申し述べておくが、実行に当たってはあくまで本人の自由意志でやってください。決して命令はしてくださるなよ」

伊藤は目の前が真っ暗になった。

軍令部としては指示しないが、現地の自発的実施には反対しない。及川はそう言っているのだ。なんと情けない話だろうか。これで海軍トップは責任を逃れ、大西一人が責めを負うことになるのか。

（なんと姑息な！）

数か月前までは、ここまで切羽詰ってはいなかった。

マリアナ沖海戦の六月末、伊藤は、第二航空艦隊司令長官福留繁の部下であった航空隊司令岡本基春大佐から特攻に関する進言を受けた。この時、伊藤は「総長にも申し上げて研究はするが、自分としてはまだ体当たり攻撃を命ずる時機とは思わない」と明確に反対していた。

しかし、今の伊藤には、大西の明快な論旨を跳ね返す力がなかった。大西の進言に対して、軍事科学的な根拠を示して反論することも、理性的判断に基づく対案を示すこともできなかった。

伊藤は、何か一言いわねばと、腰を浮かしかけたが、下半身に力が入らず、立ち上がれなかった。

伊藤はおのれの無力を深く恥じた。顔から血の気が引き、軍服の背中がじっとりと汗ばんだ。

「よく分かりました。本日はありがとうございました。事後のことはよろしくお願いします」

大西は三人に礼を述べ、会談は終了した。

「軍隊という本来はトップ・ダウンを身上とする組織において、このような責任回避の命令の形式がまかり通ったのは、世界広し、と言えども日本の軍隊をおいて他にあるまい」

エコノミスト森本忠夫氏は著書「特攻　外道の統率と人間の条件」で、そう指摘している。

大西との会談の直後、伊藤は高熱を発して昏倒し、海軍軍医学校付属病院に緊急入院した。マニラへの慌しい出張中、アメーバ赤痢に罹患、発病したのだった。軍令部次長に就任して三年二か月、積り積もった疲労が、ここに来て一気に噴出したのだ。きわめて頑健だった体も、最早これ以上の激務には耐えることはできなかった。入院は一か月に及んだ。

別人のようにげっそりとやせた伊藤を見て、家族は心配した。だが、自分の辛さを家族に語ることはなく、「自分が苦しむのは当たり前だ」というような顔をしていたという。

二〇一海軍航空隊

第一航空艦隊司令長官就任（昭和十九年十月二十日付）の内示を受けた大西瀧治郎中将のその後をみておきたい。

軍令部総長及川古志郎から「本人の意思ならば特攻を許す」という言質を取った大西は十月十六日に内地を立ち、十七日、マニラに着いた。有馬正文少将が「指揮官先頭」で特攻出撃（十月十五日）してわずか二日後。大西は有馬と入れ替わるように決戦場のフィリピンに着任した。

公刊戦史『戦史叢書　海軍捷号作戦』には、大西の一航艦長官任命について次のような記述が見える。

「その人選の裏には、戦況によっては特攻の採用はやむなしと考え、これを実施できるのは、航空関係者に信望のある大西中将をおいて他にないとの理由もあったのではなかろうか」

捷一号作戦の発令、日米海上決戦は目前に迫っていた。マニラに到着した大西は、交代予定の一航艦長官寺岡謹平中将と直ちに面談した。大西と寺岡は海兵同期の親友である。大西は自分の考えを腹蔵なく述べた。

「基地航空部隊の当面の任務は、敵空母の甲板を破壊し、発着艦能力を奪うこと。そのうえで、水上部隊を突入させる。もはや普通の戦法では間に合わないよ。体当たりで確実に命中する戦法しかない」

「戦争に勝つには心を鬼にせざるをえない……か」

「ウム、特攻を志願した者は、姓名をあらかじめ大本営に報告して、彼らの心構えを厳粛にし、心を落ち着かせる必要があるだろうと思っている」

「司令を介さずに、直接、彼ら若鷲たちに呼びかけるというわけにはいかんか」

「いや、司令を通じた方が後々のためによいと思う。航空部隊が率先してこれを決行すれば、水上部隊もその気持になるだろう。海軍全体がこの意気で行けば陸軍も続いてくるだろう」

必死必中の体当たり戦法しか国を救う方法はないという大西の決意は固かった。寺岡は多くを語らず、大西に作戦実施を一任した。

十九日夕、大西はマバラカット飛行場第二〇一海軍航空隊本部に入った。町の一角にある二階建ての洋館である。大西はこの一室に、一航艦首席参謀猪口力平大佐、二〇一空副長玉井浅一中佐、二十六航空戦隊参謀吉岡忠一中佐ら幹部を集め、会議を開いた。この時期のフィリピンは、日本の初秋ほどの気候である。窓外では、陽が落ち、空が赤紫色に染まっている。

決戦を前にして、使用可能な零戦は三十機程度しか残っていなかった。大西らの命題は、この戦力でいかにしてわが水上部隊の斬り込みを助けるか、に凝縮されていた。大西は、切り出した。

「米空母を一週間くらい使用不能にし、捷一号作戦を成功させるには、零戦に二百五十キロ爆弾を抱かせて体当たりをやるよりほかに、確実な攻撃法はないと考える」

沈黙が流れた。帝国海軍は、この年六月のマリアナ沖海戦で航空部隊が壊滅、水上決戦兵力も米海軍の四分の一に減少していた。海戦に勝利し、マリアナ諸島を次々と奪取した米軍はすでに日本本土を爆撃射程内に収めている。冷静に見れば、マリアナでの敗北によって近代戦の勝敗はついてしまっている。が、戦争はなおも継続され、フィリピン沖での大海戦が刻々迫っている。

大西の提案に正面から異議を唱え得る者は、だれもいなかった。

「大西さん、編成に関しては航空隊側に一任させてください」

玉井が言った。

「もちろんだ」

大西は大きくうなずいた。

「では、これから飛行隊長たちに会って話をしてきます」

玉井は一礼して退出し、二階の士官室兼食堂に向かった。

「わしも行こう」

猪口も席を立ち、玉井に続いた。

関行男大尉の決意

関行男大尉は自らに迫った運命に気づかず、二〇一空本部二階の士官用ベッドで眠りについていた。海軍兵学校七十期。二十三歳。

特攻隊の指揮者として、真っ先に突っ込むのは兵学校出身者でなければならない。その中で、人物、技量、士気の三点を兼ね備えた者として挙がったのが、「関行男」だった。従兵が部屋の前に立った。

「玉井副長がお呼びです」

「ウム、すぐ行く」

関は起き上がって第三種軍装を引っ掛けた。関はこのところ、熱帯特有の下痢の症状に悩まされ、寝たり起きたりの状態だった。前日、軍医から絶食を命じられ、この日は、重湯をすすっただけ。発熱はなかったが、体力は消耗しきっていた。元々、長身で細面だけに、頬が落ちて目だけがギョロリとした風貌は、凄惨な印象を与えた。

士官室兼食堂の柱時計は午前零時を回っている。

「お呼びですか」

関は、二〇一空副長玉井浅一中佐、一航艦首席参謀猪口力平大佐を認めて、驚いたように両眼を見開いた。

「こんな遅くにすまない。実はその、至急相談したいことがあってな」

玉井の言葉がもつれた。玉井は温厚な性格で、大声で部下を叱りつけるようなタイプではない。目の前の椅子を関に勧めてその隣に座り、関の肩を抱くようにして語りかけた。

「関、実はな、今日、大西長官が直々に当隊に来られたのは、捷号作戦を成功させるため、特別なお考えがあってのことでな……」

まったく思いがけない話だった。両耳に全身の血がゴーッと音をたてて逆流するのが聞こえた。何か答えなければと焦るが、うまく言葉が出てこない。

関は内心の動揺を隠し、「少し、考えさせて下さい」と、かすれた声で答えた。

玉井は「うん、そうか」と言って、しばらく黙っていたが、にわかに表情を変え、決然として言った。

「どうだろう、君、征ってくれるか」

この局面で、関に猶予を与えるわけにはいかなかった。玉井は心を鬼にして畳みかけた。

「征ってくれるか」

数秒の間が、五分にも十分にも感じられた。関も決断を延ばすことはできないと悟った。

「わかりました。ぜひ、私にやらせてください」

「そうか、やってくれるか」

玉井の眼に光るものがあった。猪口が尋ねた。

「関大尉はまだチョンガー（独身）だっけ」

「いいえ」と関。

「そうか、チョンガーじゃなかったか」

猪口は関が妻帯者であることを知らなかったのだ。

「ちょっと失礼します」

関は背を向け、薄暗いカンテラの下で何かを書きはじめた。猪口、玉井はその背をじっと見つめている。関はその場で遺書を二通書いた。

一通は愛媛県西条市の母と妻の両親宛、もう一通は、妻、満里子へ。

父上様
母上様
西条の母上には幼時より御苦労ばかりおかけし、不孝の段、お許し下さいませ。今回帝国勝敗の岐路に立ち、身を以て君恩に報ずる覚悟です。武人の本懐此れにすぐることはありません。鎌倉の御両親に於かれましては、本当に心から可愛がっていただき、その御恩に報いる事も出来ず征く事を、御許し下さいませ。本日、帝国の為、身を以て母艦に体当たりを行ひ、君恩に報ずる覚悟です。皆様御体大切に

満里子殿
何もしてやる事も出来ず散り行く事はお前に対して誠にすまぬと思って居る　何も言はずと

も　武人の妻の覚悟は十分出来ている事と思ふ　御両親様に孝養を専一と心掛け生活して行く様
色々と思出をたどりながら出発前に記す　恵美ちゃん坊主も元気でやれ

時計は午前一時を回り、窓の外では満天に星が瞬いていた。

統率の外道

十月二十日、マバラカット基地の北を流れるバンバン川の河原。足元は小石だらけで、踏みしめると、ザクザクと乾いた音がした。空は曇り、たそがれが迫っている。

第一航空艦隊司令長官大西瀧治郎に相対して、関大尉を右先頭に、神風特別攻撃隊の「敷島」「大和」「朝日」「山桜」の各隊計二十四人が四列に整列している。大西の脇には、二〇一航空隊副長玉井浅一、一航艦首席参謀猪口力平の姿が見える。

大西は、副官が持つ水筒を取り、まず自分の口に含んだ。次いで、玉井が水筒を手にし、関以下、隊員一人ひとりに別れの水盃を注いでいく。関を除くと、皆、二十歳前後の独身者である。神風特別攻撃隊という呼称は、猪口が提案し、玉井も「神風を起こさなければならない」と同意、最終的には大西が認可した。「敷島」「大和」「朝日」「山桜」の隊名は大西が付けた。由来は本居宣長が詠じた和歌による。

敷島の大和心を人問わば　朝日に匂う山桜花

大西は、隊員たちの顔を見回し、訓示した。

「日本はまことに危機である。しかし、この危機を救いうるのは大臣でも大将でも、軍令部総長でもない。もちろん自分のような長官でもない。それは諸子のごとき純真にして気力に満ちた若い人々のみである」

隊員たちの真っ白な飛行マフラーが目にまぶしい。

「自分は一億国民に代わって皆にお願いする。どうか成功を祈る。皆はすでに神である。神であるから欲望はないであろう。もしあるとすれば、それは自分の体当たりが無駄でなかったかどうか、それを知りたいであろう。しかし、永い眠りにつくのであるから、残念ながら知ることもできないし、知らせることもできない。だが、自分はこれを見届けて、必ず上聞に達するようにするから、そこは安心して往ってくれ。しっかり頼む」

猪口は共著書「神風特別攻撃隊」（雪華社）にこう記している。

「訓示を受けて立ち去っていく隊員の姿には、自らの意義と力を知るものだけが持つあの沈着と生気が張っていた」

各隊は何度か基地を飛び立ったが、悪天候でむなしく引き揚げる日が続いた。関の率いる第一次の敷島隊が目的を達したのは五日目の二十五日だった。彼らの戦果は、マバラカット東飛行場跡の慰霊碑の碑文に記されている。

筆者は平成十七年一月、フィリピン・ルソン島の戦跡を訪ねた際、この飛行場跡に立った。道路沿いに、横長の大きな鳥居と慰霊碑があり、その奥には、飛行服を着た特攻隊員の像が見えた。碑文は英語と日本語で書かれていた。

〈1944年10月25日朝7時25分、関行男大尉は中野盤雄一飛曹、谷暢夫一飛曹、永峰肇飛長及び大黒繁男上飛の敷島隊を率いてこの東飛行場から飛び立った。同日午前10時45分、レイテ島沖の米機動部隊に対し攻撃を開始、関機が最初に米空母セント・ローに体当たりした。同艦は炎上、20分後に沈没した。他の隊員も全員体当たりを果たし、米空母カリニン・ベイ、キトカン・ベイ、サンガモン、サンティー、スワニー及びホワイト・プレーを大破あるいは中破させ、米軍に多大な損害を与えた。（以下略）。

【注記】マバラカット観光局が神風平和記念廟の建立を推進した理由は、神風特別攻撃隊の栄光を称賛する為ではなく、その歴史的事実を通じて世界の民族に平和と友好の尊さを訴える為である。神風平和記念廟が神風特別攻撃隊のような不幸な出来事を二度と繰り返さないと誓う場所となることを祈念する。マバラカット観光局長〉

現地のガイドは、「この慰霊碑を建立したのは、日本人ではなく、地元の市民です」と教えてくれた。「神風」は、マバラカットの人々にとって忘れることができない出来事で、皆で少しずつお金を出し合い、長い時間をかけてモニュメントを作りあげたのだという。

昭和十七年から始まった日本軍の軍政は、それまでのスペイン、アメリカ統治時代とは違い、地元住民と信頼の絆で結ばれていたらしい。特に、住民と特攻隊員との交流は感慨深いものがあり、特攻隊員らは自らの運命を享受しつつ、生活を共にすることになったマバラカットの人々を守ることにも力を注いだという。「特攻隊員は地元の子供たちにとって英雄でした」というガイドの言葉に筆者は少なからず驚いた。

話を昭和十九年十月に戻す。猪口の前掲書によれば、十月二十七日に特攻隊を見送った際、大西はこう語ったという。

「こんなことしなければならないのは日本の作戦指導がいかにまずいかを示しているんだよ。こりゃあね、統率の外道だよ」

米軍にレイテ島上陸を許した後、猪口は大西に対し、「戦況も一段落したので特攻は止めますか」と提案した。しかし、大西は決然としてこう答えたという。

「いや、こんな機数や技量では、戦闘をやっても、この若い人々はいたずらに敵の餌食になってしまうばかりだ。彼らに死所を得さしめるのは主将として大事なことだ。自分はこれを大愛と信ずる。小さい愛に拘泥せず、自分はこの際続けてやる」

通常の攻撃では得られない戦果に指揮官たちの気持ちにも変化が出てきたようだ。こうして当初、フィリピン決戦の非常手段として局所的、限定的に実施されるはずだった神風特攻は、「成功体験」が積み重なって全軍特攻へと飛躍していく。これが、戦艦「大和」の海上特攻にもつながってくるのだが、伊藤はそうなることを予期していただろうか。大西の意見具申に黙許を与えたことがいずれは己に跳ね返ってくると……。

これでよし

先走って、大西瀧治郎の最期に触れておく。

昭和二十年五月、軍令部次長に就任。伊藤の二代後任になるが、海軍大学校甲種卒業者ではない者が次長職につくのは異例だった。軍令部に移った大西は「統率の外道」との批判を甘受しつつ、引き続き、特攻作戦を推進していく。

当時、新聞記者の取材に対して次のように語っている。

「会津藩が敗れた時は、白虎隊が出た。この戦争には勝てんかもしれん。しかし、青年たちが国難に殉じて戦ったという歴史を記憶する限り、断じて日本民族は滅びはしない。特攻精神こそ、永遠に日本民族を救うもんだよ」

玉音放送のあった夜、昭和二十年八月十六日午前二時、大西は渋谷南平台町の官舎の一室で割腹した。古武士の作法にのっとって腹を十字に切り、頸と胸を刺したが、頑健な肉体は持ちこたえた。官舎の使用人が見つけ同期（海兵四十期）の海軍次官多田武雄が軍医を連れて駆けつけた。

大西は介錯を拒み、軍医にも「生きるようにはしてくれるな」と頼んだ。だが、軍医としては職務上、傷口を縫合しないわけにはいかない。大西は、麻酔もない荒療治に苦痛を訴えることもなく、軍医と冗談さえ交わした。

「貴様の立場もあるだろうから、勝手に治療するがいいさ。でも、恥をかかすなよ」

午前九時、絶命。享年五十五。神風特攻隊の編制を命じてから一年足らずだった。沖縄と本土をめぐる特攻作戦で戦死した隊員は、海軍が二千四十五人（機数九百四十機）、陸軍が千二十二人（同八百八十七機）、合計三千六十七人（同千八百二十七機）に達していた。

令和元年十二月七日、七十八回目の開戦記念日の前日、筆者は大西が眠る横浜市鶴見区の墓所を訪ねた。

冷たい雨がアスファルトを叩きつけるように降る朝だった。時折、傘がひっくり返るような突風が吹き、ずぶぬれになりながら、京浜急行線・京急鶴見駅から曹洞宗大本山・鶴見総持寺に向かって歩いた。

境内の墓域は広大で、大祖堂の裏手にある大西の墓にたどり着くまでが、また一苦労だった。ようやく見つけた「海軍中将　大西瀧治郎之墓」は、何の変哲もないお墓で、最近はお参りする人も少ないのか、供花もなく、やや荒れた印象だった。

裏面には「昭和三十八年八月二十三日再建立　大西淑恵　児玉誉士夫」と彫り込んであった。未亡人の淑恵と友人の児玉が施主となり、戦後十八年目に建て直したということだ。墓の左隣には観音像が立っていた。「海鷲観音」である。こちらは昭和二十七年九月彼岸の建立で、施主は淑恵夫人。「故人は特攻隊員に申し訳ないと言い残して自決したのですから、特攻で散華された方々をお祀りする観音様を故人の墓と並べて建立したい」との希望で建てられたのだという。

墓に向かって右手に比較的新しい石碑が立っていた。元副官の門司親徳（海軍主計少佐）が発起人となり、平成十二年に建立された「遺書の碑」である。末尾に大西の辞世が刻まれていた。

之でよし　百萬年の仮寝かな

碑にはないが、大西の辞世には、もう一句ある。

すがすがし 暴風のあと 月清し

暴風の後には、必ず美しい月が輝く。それが悠久を貫く大自然の姿だ。だからもう、おれも「これでよし」という心境だったのであろうか。この辞世には、体当たりの人生で命を燃焼させてきた男の一種の爽快感がある。

特攻とはいったい何だったのか。いろんな考え方があるだろうが、例えば、戦記文学の泰斗、大岡昇平は著書『レイテ戦記』の中でこう述べている。

「想像を絶する精神的苦痛と動揺を乗り越えて目標に達した人間が、われわれの中にいたのである。これは当時の指導者の愚劣と腐敗とはなんの関係もないことである。今日ではまったく消滅してしまった強い意志が、あの荒廃の中から生まれる余地があったことが、われわれの希望でなければならない」

「捷一号作戦」発動

時計の針を昭和十九年十月に戻す。

伊藤がアメーバ赤痢に倒れ、入院した直後に始まったレイテ沖海戦（日本側呼称は比島沖海戦）について書いておかねばならない。この一大決戦は、フィリピン・レイテ島上陸のため、レイテ湾に集結した敵大部隊の撃滅作戦（捷一号作戦）として計画された。

参加兵力は、日本側七十七隻（六十六万トン）、米国側が一七〇隻（一五〇万トン）。上陸用艦船を含めると九百隻近くになる。航空兵力は日米合わせて二千機を超えた。そのスケールの大きさは世界の海戦史上空前のものだった。これまでの、真珠湾攻撃、ミッドウェー海戦、マリアナ沖海戦も大海戦だったが、レイテ沖海戦の決定的意義もそれらをしのぐ。この海戦によって、日本海軍は組織的戦闘能力を失い、大日本帝国の戦争継続は事実上不可能となった。

歴史的に見ると、古代地中海でギリシャの覇権が確立するきっかけとなったサラミス海戦や、イギリスがナポレンオンの野心をくじき、大帝国に発展する契機となったトラファルガー海戦に匹敵するだろう。作戦概要は次の通りだ。

▽小沢機動部隊

空母「瑞鶴」「千歳」「千代田」「瑞鳳」を基幹とし、航空戦艦「伊勢」「日向」、巡洋艦「大淀」

以下防空駆逐艦数隻を含む機動部隊（司令長官・小沢治三郎中将）が、ルソン島東方海面を南下。現地基地航空兵力と協力して敵機動部隊に打撃を与えるとともに、いわゆる「囮艦隊」として敵の主力を引きつける。

▽栗田艦隊

超弩級戦艦「大和」「武蔵」および「長門」「金剛」「榛名」の三戦艦、重巡「愛宕」「摩耶」「高雄」「鳥海」および「熊野」「鈴谷」「利根」「筑摩」、さらに「羽黒」「妙高」の計十隻、軽巡「矢矧」を旗艦とする第十戦隊、同型艦「能代」を旗艦とする第二水雷戦隊を第一遊撃部隊（司令長官・栗田健男中将）として、フィリピン群島の間を東進して太平洋側に出て、北からレイテ湾に突入し、敵艦隊を粉砕する。

▽志摩艦隊

戦艦「扶桑」「山城」以下重巡「最上」、軽巡「阿武隈」を旗艦とする第一水雷戦隊を含む第二遊撃部隊（司令長官・志摩清英中将）が第一遊撃部隊（栗田艦隊）と時を同じくして、ミンダナオ海よりスリガオ海峡を経て南よりレイテ湾に突入する。

簡単に言えば、「日本にはもう空母勢力はないに等しい。そこで小沢機動部隊が囮となって米機動部隊を決戦場から引き離し、その間隙を縫って栗田艦隊、志摩艦隊がレイテ湾に突入、決戦を挑む」ということになろう。

今や時代の主役は、戦艦ではなく、空母である。そんなことは言われなくても分かっている。

わが海軍自ら、開戦劈頭の真珠湾攻撃やマレー沖海戦で証明済みである。だが、ミッドウェー海戦、マリアナ沖海戦の敗北によって、航空戦力を失ったわが軍には、残念ながら、戦艦部隊の突入というアナクロな作戦に国運をかけるしか選択の余地はなかった。指揮を執った連合艦隊司令長官豊田副武にしてから、この作戦を評して、「全く兵術の常道を外れた奇道であるが、奇道以外に手の打ちようがない」と語っていたほどだ。

この海戦については、多くの戦記が書かれ、評論がなされている。必ず出てくるのが、レイテ湾を目前にしながら突入しなかった栗田艦隊の「謎の反転」へ向けられた批判である。「あの時はこうすべきだった」「ああすべきだった」といった後付けの講釈や論評、安直な反省や弁明が目につく。

筆者は違った見方をしている。レイテ沖海戦は一見、非常に複雑な作戦に見えるが、実は、国難に殉じて民族本来の死生観を示すという極めて単純明快な戦いではなかったかと思うのだ。くだけた言い方をご容赦願うと、「戦略も糞もない。無理、不可能は百も承知。我々はただ生死を超越して日本人の意気地を世界に向かって示す」という戦いだったのではなかったか。

将兵たちは、明治以降、国民の血と汗でつくりあげた連合艦隊の持てる力の全てを発揮すべく、鬼神となり、阿修羅となって奮戦した。それを助けるために、神風特攻隊も参戦していく。日本海軍が一丸となって、サムライ国家伝統の戦闘者の精神を発揮したのだ。この凄みを含んだ不敵とも言える戦いぶりに、筆者は深く頭を垂れ、合掌する。平時の常識論で批評しても意味はないのだ。

昭和十九年十月十七日、敵将マッカーサーは、レイテ湾口、スルアン島に上陸した。日本軍の猛襲を受けてフィリピンを撤退する時に残した、あの有名な「アイ・シャル・リターン」の約束をついに実行に移したのだ。マッカーサーがレイテに目をつけたのは、わが軍の防備が手薄だったからだ。

十七日午前六時五十分、スルアン島の海軍見張所は立て続けに平文の通信を打った。「敵、上陸準備中」「敵は上陸を開始せり」「天皇陛下万歳」――。

慌ただしい連絡の後、電文はぷっつり途絶えた。全滅したのだ。

十九日、軍令部は「捷一号作戦」を発動。連合艦隊も行動を開始する。小沢機動部隊は瀬戸内海を出撃し、フィリピンを目指し南下。栗田艦隊はリンガ泊地を出て、ブルネイへ移動を開始、志摩艦隊は十月二十一日、馬公を出撃した。

一大決戦を前に、伊藤も病床に伏せてはおれなかった。入院直後で、熱も下痢も続いていたが、担当医から外出許可を取って軍令部に詰めた。

鋼鉄の山、動く

昭和十九年十月二十二日、ボルネオ島・ブルネイ基地。

第一遊撃部隊（栗田艦隊）の旗艦「愛宕」のマストに、全軍出撃を示す濃青の旗旒(きりゅう)信号が上がった。戦艦「大和」「武蔵」「長門」以下総勢三十九隻の巨艦群がレイテ湾目指して航進を開始した。鋼鉄の山が一斉に動く。そんな表現がぴったりだった。栗田艦隊の陣容は次の通りである。

【第一遊撃部隊】
司令長官　栗田健男中将
第一部隊（栗田中将直率）
　第一戦隊（宇垣纏中将）
　　戦艦　大和　武蔵　長門
　第四戦隊（栗田中将）
　　重巡　愛宕　高雄　鳥海　摩耶
　第五戦隊（橋本信太郎少将）
　　重巡　妙高　羽黒
　第二水雷戦隊（早川幹夫少将）
　　軽巡　能代
　　駆逐艦　早霜 秋霜　長波 朝霜 岸波 沖波　浜波 藤波　島風
第二部隊（第三戦隊司令官鈴木義尾中将）
　第三戦隊（鈴木中将）
　　戦艦　金剛　榛名
第七戦隊（白石萬隆少将）

重巡　熊野　鈴谷　利根　筑摩
第十戦隊（木村進少将）
軽巡　矢矧
駆逐艦　浦風 磯風 浜風 雪風　清霜 野分
第三部隊（第二戦隊司令官西村祥治中将）
第二戦隊（西村中将）
戦艦　山城　扶桑
重巡　最上
駆逐艦　満潮 朝雲 山雲　時雨

一つの艦隊に中将旗が四本も立つのは、日本海軍史上、初めてである。二万五千人の将兵は総員、カーキ色の第三種軍装、戦闘服に身を固めている。

これだけの大陣容を整えるのに、わが国は、幕末から数えて百年近く、あらゆる努力を傾けてきた。これぞまさしく、全国民の血と汗と涙の結晶だった。

戦艦「武蔵」の艦長猪口敏平は十月十五日、艦長在任のまま大佐から少将に進級した、世界でも珍しい「提督艦長」だった。

猪口の指示により、「武蔵」は出撃に先立って、他の艦より明るい「ねずみ色」に塗り替えた。乗組員たちは、敵の攻撃の目を「武蔵」一艦に集中させ、その間に他の艦艇をレイテ湾に突入させる策ではないか、とささやき合った。「（武蔵の）艦長は猪口少将が四代目、副長は二代目、これが本当の四二（死）装束よ」という声も聞かれた。

ちなみに、猪口敏平は、「神風特別攻撃隊」の命名者となった第一航空艦隊首席参謀猪口力平の兄である。兄弟を区別するため、海軍部内では、敏平を「チョコビン（猪口敏）」、力平を「チョコリキ（猪口力）」と呼んでいた。敏平の本当の読み方は「としひら」だったが、部内でそう呼ぶ者はなかった。

十月二十三日未明、栗田艦隊はパラワン水道を通過中に米潜水艦の不意討ちを食らった。旗艦「愛宕」とその姉妹艦「摩耶」が相次いで沈没。「高雄」も大破してブルネイに後退した。

栗田艦隊は敵艦隊と遭遇する前に強力な重巡洋艦三隻を一挙に失い、出鼻をくじかれた。「愛宕」生存者のうち駆逐艦「岸波」に救助された栗田中将、小柳参謀長、荒木艦長らは戦艦「大和」に移乗した。この時点で、旗艦は「大和」に移った。

艦隊司令部は以前から、設備の整った「武蔵」か「大和」に旗艦を移したいと、軍令部に上申していたが、皮肉な形で実現した。だが、司令部通信兵が各艦に分散したため、艦隊の通信能力が低下し、その後の戦闘に影響した。

東京・霞ヶ関の軍令部。

伊藤は作戦室で戦況を見守っていた。熱のせいで、時折、くらっと立ちくらみがした。

「またしても潜水艦にやられたか」

「愛宕」「摩耶」の沈没の報に接し、伊藤は六月のマリアナ沖海戦で新鋭空母「大鳳」が潜水艦の魚雷一発で沈められた悪夢を思い出した。

（機先を制され、幸先悪し）

そう思ったが、口には出さなかった。全身がだるく、立っているのも辛かった。隣を見ると、作戦部長中澤佑が声もなく、じっと腕組みしていた。

「武蔵」は「摩耶」の乗組員七百六十九人を収容し、進撃を続けた。

十月二十四日、シブヤン海。

米艦隊は潜水艦や偵察機の情報から日本艦隊の動きを察知、ハルゼー率いる機動部隊が栗田艦隊への攻撃を開始した。航空支援のない栗田艦隊は米艦載機部隊の猛襲により一方的な被害を受けた。図体が大きいうえ、塗装の目立つ「武蔵」は格好の標的となった。雷爆撃が殺到し、沈没寸前にまで追い込まれ、戦場離脱を余儀なくされた。

さらに、「妙高」が被雷して脱落。「大和」「長門」「利根」などへも爆弾が命中し始めた。深刻な被害状況をかんがみ、栗田は、一時反転して空襲を避けることを決意、艦隊を反転させて海域を離脱した。

一方、ハルゼーは小沢艦隊の南下をキャッチ、栗田艦隊への攻撃を中止して北上を開始した。囮作戦は成功したのだ。栗田は再反転してレイテへの進撃を再開した。しかし、反転したために、別働隊である志摩艦隊と同時にレイテ湾へ突入するのは時間的に不可能となった。

手に汗握る緊迫した戦況が続く。伊藤は脂汗をかきながら次の報告を待った。

戦艦「武蔵」の最期

シブヤン海は、フィリピン中央の狭い海域で、ルソン島とビサヤ諸島とを分け隔てている。十月二十四日、そのシブヤン海で、戦艦「武蔵」は戦列を離れ、繰り返し敵の集中攻撃を受けた。それは野生動物の世界と似ていた。群れを離れた獲物に猛獣が襲いかかる光景である。

一五〇〇（午後三時）――。

第一遊撃部隊（栗田艦隊）の司令長官栗田健男は、駆逐艦「清霜」「島風」を護衛に派遣、「武蔵」に対し、コロン湾に退避するよう命じた。

艦長猪口敏平は鉄兜をかぶって防空指揮所の正面に立ち、双眼鏡をのぞいている。そこへ第五波。機数はこの日最大の百機以上。

「武蔵」の被雷は、さらに十本。合計十九本に達した。命中爆弾は十七発。ついに艦首が水面下に没した。浅瀬に座礁を試みるも、すでに操艦不能。前のめりで漂流するのみだ。

しかし、その巨砲は最後まで空に向けられ、襲い来る敵機に対し、荒れ狂う阿修羅のごとくすさまじい応戦を繰り返す。高角砲は吹き飛び、機銃座はひしゃげた。艦上は、ちぎれた死体で埋まった。

今、ここで「武蔵」を失うことは、栗田艦隊の半分を失うに等しかった。「武蔵」と「大和」

はわが部隊の誇りであり、皆がその両巨艦の主砲の威力をレイテ湾内で発揮することを願っていたからだ。

「武蔵」の姿は、最も強く大きな父親が、子供のためにその身を犠牲にして奮戦しているようにも見えた。子供たち（僚艦）は、重傷を負い、歩くことすらできなくなった父親を一生懸命に介抱し、いたわるように周囲で護衛していた。

第五波が引き揚げると、あたりは真空となったように静まり返った。空を覆った砲煙はいつしか薄れ、鏡のように澄んだシブヤン海が、激戦を忘れたように美しい夕焼けを映す。暮色が濃くなり、もはや敵が攻撃してくる気配はなくなった。最期の時が近づいていた。

一九二〇（午後七時二十分）――。

艦の傾斜が二〇度を超えた。猪口は「総員退艦」を命じた。

「皆、よくやってくれた。これも運命だよ。これを連合艦隊司令長官にわたしてくれ」

猪口は副官に戦闘記録を渡し、ひとり艦橋に残った。

「さあ、皆、降りてくれ。命令だ」

一九三五（午後七時三十五分）――。

艦は突如、左舷側にぐらりと横転。艦首一番砲塔付近から真紅の火柱が立ち、大音響とともに艦影を海中に没した。猪口以下士官三十九人、下士官兵九百八十四人の勇士が、「武蔵」とともにシブヤン海に没した。

二条の閃光が輝き、同時に太い火柱が上がった。海は次第に暗くなり、やがて漆黒の闇に包まれた。不沈艦と呼ばれた「武蔵」の最期は、世界最大、最強を誇る戦艦であっても、一方的な航空攻撃には勝てないことを証明した。それは、同型艦「大和」の運命を予告するものでもあった。

軍令部作戦室では、伊藤が栗田艦隊の「レイテ湾突入」の第一報を今か今かと待っていた。そこへ入ってきた「武蔵沈没」の報。伊藤は電文を手にして一瞬、わが目を疑った。

「総長、武蔵がやられました」

伊藤の報告に、軍令部総長及川古志郎は顔面蒼白となり、返す言葉もなく、ただ伊藤の顔を見つめるだけだった。

全軍突撃セヨ

十月二十四日午後三時三十分、フィリピン・シブヤン海。

栗田艦隊は五波にわたる計二百五十九機の猛襲を受けながらも航進を続けている。戦艦五、巡洋艦十一、駆逐艦十五の戦力は、戦艦四、巡洋艦八、駆逐艦十一に減り、残存艦も皆、傷つき、速力を落としていた。

サン・ベルナルジノ海峡を抜けて太平洋に出、レイテ湾に突入する前に七時間も費やしてしまった。旗艦「大和」の艦橋では、二人の提督、司令長官栗田健男と参謀長小柳冨次が断末魔の「武蔵」を後方に見ながら思案していた。

敵機が活動できなくなる日没にはまだ間がある。さらに第六波、第七波の攻撃がないとは言い切れない。このまま東進すれば、艦隊はサン・ベルナルジノ海峡に入るが、海峡の狭隘部では、空襲だけでなく、潜水艦の待ち伏せも警戒しなければならない。一体、敵は、どこにどれだけの空母を配置しているのか。

敵情がまったく分からない中で、運動不自由な海峡に入るのは極めて危険である。ただでさえ、速力の落ちた艦隊である。このまま進めば、「武蔵」だけではなく、艦隊が全滅する恐れがある。

栗田、小柳は相談のうえ、ここはいったん後退し、夜になってからサン・ベルナルジノ海峡を抜ける決心をした。

午後三時三十五分、栗田は命令を発した。

「全艦隊、一斉回頭！」

後々問題となる最初の「反転」である。栗田は「針路を西に取り、避退せよ」と命じた。「西」とは、レイテに背を向け、引き返すことを意味する。艦隊は「大和」を中心に、海をかき混ぜて一八〇度、回頭した。

栗田は連合艦隊司令長官豊田副武に宛てて、「このまま作戦を続行することは敵にほとんど損害を与え得ずしてわが艦隊の全滅となり、極めて不利である。一時、敵機の空襲圏外に避退する」旨の電報を打った。

この電報は当然、軍令部にも届いた。作戦室は蜂の巣をつついたような騒ぎとなった。いつも冷静な第一部長中澤佑も血相を変えている。

「栗田長官はなぜレイテ湾に突入しないのだ！」「ここで艦隊が腰砕けになっては勝利をつかむ

ことはできんぞ」

軍令部総長及川古志郎は、伊藤、中澤ら幹部を集めて緊急会議を開いた。

「これは連合艦隊最後の出撃である。戦機を見失ってはいけない。栗田艦隊は全滅を賭して前進すべきである」

及川、伊藤、中澤、作戦部員一人残らず同意見だった。ただ、この状況で連合艦隊の豊田長官が栗田に再進撃を命ずるのは苦しかろうから、軍令部から確固たる意思表示をすべきだ、と結論した。

軍令部は急ぎ連合艦隊に電話をかけ、「断固再進撃」の意向を伝えた。すると、連合艦隊のほうでは、「すでに栗田艦隊司令部に再進撃を発令した」という。伊藤、中澤はホッとして顔を見合わせた。

連合艦隊が打った電文は次の通りである。

「天佑ヲ確信シ全軍突撃セヨ　一八一三（午後六時十三分）」

しかし、この激励電報は不要だった。栗田はすでに、敵襲がなくなったとして、「一七一五」（午後五時十五分）に艦隊に反転、再進撃を命じていたのである。

栗田「よし、空襲がないなら行こう」

小柳「今夜のうちにサン・ベルナルジノ海峡を出れば、明日はレイテ湾に突入できます」

「大和」艦橋ではそんな会話が交わされていたことを、軍令部の伊藤らは知らない。連合艦隊からの激励電「天佑ヲ確信シ全軍突撃セヨ」が「大和」に届いたのは、再進撃開始から一時間も経過していた。

「長官、今頃こんなことを言ってきましたよ」

小柳が電報を渡すと、栗田の片頬に薄い笑みが浮かび、すぐに消えた。

栗田の視界には、爆発を繰り返し溶鉱炉のように燃える「武蔵」の姿が残っている。

（あの光景を中央の奴らに見せてやりたい）

栗田はぐっと唇をかみ、夕闇迫るシブヤン海の海面を見つめていた。栗田の心中を代弁するように幕僚たちの怒声が艦橋に響いた。

「シブヤン海で引き返すといったもんだから、連合艦隊が防空壕の中からどえらいことを言ってきやがったぞ」

連合艦隊は去る九月二十九日、司令部を千葉県・木更津沖に停泊していた軽巡洋艦「大淀」から慶応義塾大学の日吉分校内（横浜市）に移した。キャンパス内に二・六キロにわたって地下壕を掘り、司令部のほか、海軍総隊司令部、軍令部第三部（情報部）、航空本部、海軍省人事局などの中枢機関を「疎開」させていたのだ。

連合艦隊司令部が軍艦から陸上に移るのは日本海軍創設以来、初めてのことだった。豊田長官は、戦場からはるか遠く離れた「安全な防空壕」で全艦隊の指揮を執っていたのである。

この措置については、「最後の決戦に、司令長官が陣頭指揮しないとは何事だ」という不満が渦巻き、第一線の士気に影響した。現場の不信感は、昭和二十年四月の「大和」の沖縄海上特攻の時にもっとはっきりした形で現れる。

猛牛の突進

戦争は錯誤の連続である。十月二十四日午後、フィリピン・シブヤン海での第一遊撃部隊（栗田艦隊）の反転は、敵将ハルゼーの誤判断を誘った。

「なんてしつこい奴らだ」

米空母部隊を率いるハルゼーはイライラしていた。ありったけの飛行機をつぎ込んで叩いているのに、栗田艦隊がなお、サン・ベルナルジノ海峡を突破し、レイテ湾へと向かう意志を変える気配をみせないからだ。

「ブル（猛牛）」の異名を取るこの提督は、マッカーサーの陸軍部隊を無事フィリピンに上陸させるとともに、日本艦隊を撃滅させる任務を負っていた。旗艦「ニュージャージー」艦橋で、猛牛は顔をしかめ、うなった。

「日没までに全機を収容するには、攻撃はあと一回が精一杯だな」

脳中に焦りと困惑が広がっていた。

「それにしても、ジャップの空母は一体、どこにいるのだ」

そもそも、米海軍には、飛行機の援護のない裸の艦隊の殴り込みなどという発想がない。そんな不合理で非常識な戦法は、作戦上ありえないからだ。したがって、ハルゼーは栗田艦隊の近くに必ず空母機動部隊がいると考え、それを見つけるのに躍起になっていた。

そこへ、「栗田艦隊の反転」の報が入る。帰投したパイロットの報告にハルゼーは小躍りした。

「クリタは壊滅的打撃を受け、ついに撤退したぞ」

畳みかけるように、別の索敵機が、フィリピン北方のエンガノ岬沖で小沢治三郎司令長官率いる機動部隊（小沢艦隊）を発見したと報告してきた。猛牛は、広げた海図を太い指で押さえて吠えた。

「獲物が現れた。われわれの行くべき所はここだ。全艦隊、直ちに北進せよ」

ハルゼーの機動部隊は飛行機を一機残らず空母に収容し、小沢部隊に向かって、全速力で北上を始めた。わが海軍首脳部が考案した苦肉の囮作戦成功の瞬間である。小沢艦隊は、見かけは四隻の空母を率いた堂々たる艦隊だった。だが、内実は艦載機計百八機という非力な部隊であり、敵をおびき寄せるための囮部隊だった。

小沢は前もって、発艦後の飛行機はフィリピンの航空基地に着陸するよう命じていた。帰艦する時には、母艦は沈んでいると見越していたのである。かくして、小沢艦隊は見事にハルゼーの艦隊を北方に誘い込むことに成功した。これによって、サン・ベルナルジノ海峡の出口は無防備となり、再反転した栗田艦隊は悠々、海峡を通過することが可能になったのである。

この後、栗田艦隊は戦艦の巨砲を連ねてレイテ湾に迫る。驚愕した米海軍司令部は「ハルゼー艦隊いずこにありや。全世界は知らんと欲す」との電文を発して、大混乱に陥る。

ハルゼーはアナポリス海軍兵学校を六十二人中、四十三番で卒業。明治四十一年、少尉の時に親善艦隊乗組員として来日し、東郷平八郎元帥を戦艦「三笠」艦上で胴上げした。昭和十年、五十歳の時にパイロット資格取得。空母部隊の指揮官になるには、パイロット資格が必要だったからで、目的達成に必要な努力を惜しまない性格を表わしている。

昭和十七年四月には、日本本土空襲成功を収めたドゥリットル隊を戦闘海域まで輸送。同十八年四月には、山本五十六長官機撃墜作戦を指揮している。日本軍との戦闘に際して「敵を殺せ！もっと殺せ！　猿肉をもっと作れ」と暴言を繰り返したことでも知られる。

暁の遭遇戦

十月二十五日午前零時三十分、栗田艦隊は全艦、サン・ベルナルジノ海峡を通過し、太平洋に出た。心配された潜水艦による攻撃も、空襲もなかった。

午前六時三十分、フィリピン・サマール島沖。

真っ先に敵艦を発見したのは、第十戦隊の旗艦・軽巡洋艦「矢矧」だった。

後に沖縄海上特攻に参加、戦艦「大和」とともに戦い、ともに沈む運命が待ち受けている艦である。「矢矧」はこの時、艦隊の索敵隊形における最左翼、敵に一番近いところにいた。

「マストらしきもの、左六五度、水平線！」

マストの数は六本。直ちに敵発見の信号を掲げ、栗田艦隊の旗艦「大和」に報告した。

「敵ラシキマスト見ユ、方位百十度距離二万六千メートル」

マストに続いて、飛行甲板が見えてきた。飛行機が次々と着艦している。

「空母だッ」「敵機動部隊だ」

「矢矧」の艦橋は、求めてきた獲物にありついた喜びと興奮に包まれた。「大和」の艦橋も、オーッというどよめきとともに総立ちになった。「大和」は全艦に命令を発した。

「第十戦闘序列ニ占位セヨ。最大戦速即時待機トナセ」

索敵隊形よりずっと密集した海上戦闘態勢だ。各艦総ての攻撃兵器を敵艦隊に向ける。待ちに待った敵艦隊との決戦。しかも、日の出直後の好条件での敵空母群との遭遇である。

「天佑我にあり」。艦橋にあるものは皆、「快哉」を叫び、幕僚に中にはうれし涙を流している者もいた。「ありがたい」と拝むように手を合わせている水兵もいた。

栗田艦隊司令部は、敵は正規空母六、七隻を含む集団で、ハルゼー提督率いる米機動部隊の一部であると直感した。であれば、敵は全力で、我が艦隊から離脱し、飛行機によって反復攻撃を加えてくるであろう。千載一遇といおうか、優曇華の花といおうか。この僥倖をものにするためには、一刻の猶予もない。隊形にこだわらず、直ちに敵に殺到して撃滅するのみだ。

今こそ、帝国海軍史に壮んなる一頁を書き記す時である。「大和」の九門の巨砲がうなりを上げて獲物に向かって回転し始めた。巨大な砲身がグッと仰角を取る。「大和」は前部砲塔からの斉射で海戦の火蓋を切った。

主砲発砲のブザー音が全艦に鳴り渡ると、甲板上の無蓋機銃座の兵員たちは、付近の物陰に素早く身を隠した。主砲は発射されると、その爆風で体ごと吹き飛ばされてしまうからだ。

轟然たる爆発音が、晴れわたった空に響き、灰褐色の砲煙がもうもうと艦を覆った。この一つの炸裂が、小艦隊をいっぺんに吹飛ばすほど巨大なものなのである。水平線に「モクッ」とマストより高く上がる水柱が上がった。

「大和」の第二斉射が始まった。敵はようやく、その巨大な日本艦隊が自分に砲門を向けているのに気付いたらしい。マストの動きが慌てたように右往左往し出した。彼我の距離はぐんぐん接近する。敵はついに、その艦体を水平線上に現わした。明らかに空母と、その直衛駆逐艦からなる艦隊であった。

敵は艦尾をこちらに向け増速して逃走し始めた。やたらと飛行機を発艦させている。攻撃に向かわせるためか、空に飛ばして逃がす作戦か、分からない。

続いて「大和」の第三斉射。同時に、戦艦「長門」「金剛」「榛名」の巨砲もうなりをあげる。この後はもう、戦艦群のつるべ打ち。耳をつんざく轟音と濛々たる砲煙の海である。

この時の敵の正体は、ハルゼーの機動部隊ではなく、C・スプレイグ少将率いる護衛空母部隊だった。空母十六隻という大部隊ではあったが、上陸戦や輸送船団の護衛に従事させるために商船やタンカーを改装したもので、ベビー空母とか、ジープ空母と呼ばれていた。が、それは戦後、米側の発表によって判明したことであり、当時の栗田艦隊司令部はハルゼー機動部隊の正規空母群と思って猛攻を加えた。

「空母一隻大火災、〇八二五（午前八時二十五分）」「撃沈確実、空母二」「エンタープライズ型空母、撃沈一、大破一、駆逐艦三……」

軍令部で、伊藤整一は、次々と入ってくる「大和」や十戦隊からの報告電報を手にし、「ウン、ウン」と手ごたえを確かめるようにうなずいた。

作戦室の参謀たちの顔にも、久しぶりに明るい表情が戻った。昨日の「武蔵」沈没という暗い報告を吹き飛ばすような戦果である。軍令部総長及川古志郎は早速参内し、戦況を上奏した。

「敵空母はわが戦艦の砲撃に驚いて煙幕を展張し、現在までに空母四隻、巡洋艦二隻、駆逐艦一隻および輸送船四隻以上沈没の損害を受けて遁走中で、わが方は目下これを追撃中でございます」

天皇陛下もご満足の表情を浮かべられたという。

軍神は日本に微笑んでいるように見えた。

「よし、これで栗田艦隊がレイテ湾突入を果たしてくれれば作戦は成功だ」

「マッカーサーの生け捕りはともかく、当面のフィリピンの危機は去ったのではないか」

「戦局の挽回も夢ではないぞ」

参謀たちのにぎやかな会話に、伊藤も頬を緩めた。しかし、好事魔多し。この後、栗田艦隊「謎の反転」という予期せざる異変が持ち上がる。

追撃戦中止命令

十月二十五日、フィリピン・サマール島沖。

栗田艦隊は戦艦、重巡洋艦の砲撃戦だけでなく、軽巡洋艦、駆逐艦部隊による水雷戦も展開した。敵を求め、レイテ湾に向けて先頭を切って進むのは、第十戦隊旗艦・軽巡洋艦「矢矧」である。「矢矧」は大傾斜している敵駆逐艦に五百メートルまで接近し、砲撃を加えた。気がつくと、味方の艦隊ははるか後方に離れ、視界内にいるのは第十戦隊の駆逐艦だけになっていた。

午前九時十二分、栗田艦隊旗艦「大和」から命令が発せられた。

「逐次集まれ、ワレ〇九〇〇の位置ヤヒセ43（海図上の位置を示す符号）」。

「矢矧」の乗組員たちは「えっ」と思った。「大和」が命じた集合地点は、「矢矧」から見れば、はるかに後方で、レイテ湾を目前にして、引き返すことになるからである。

「なぜ、今さら、下がれと言うのだ！」

「矢矧」艦橋の第十戦隊司令部員は首をひねった。栗田艦隊は、長時間の戦闘で陣形を崩していた。これを整える必要はあったかもしれない。

「しかし、集合地点がえらく後ろ（北）の方で、わざわざレイテ湾から遠い所に集まるというのが不思議でなりませんでした」

当時、「矢矧」艦橋にいた航海士池田武邦は振り返る。この「大和」の追撃中止命令が、栗田艦隊「謎の反転」につながってくる。ここでは、事実経過だけを記し、筆を先へ進める。

「大和」は「〇七五五」に敵駆逐艦の魚雷攻撃を受けていた。右舷側に四本、左舷側に二本の魚雷に挟まれ、左右いずれの方向にも転舵できなくなった。このため、魚雷が推進力を失うまで二十六ノットの速力で魚雷と並走するという事態に陥った。この際、北方へ針路を向けてしまったため、敵空母を追跡していた味方艦隊との距離が大きく開いてしまった。

ようやく魚雷との並走から解放され、反転して南方に針路をとった時には、すでに味方は水平線の彼方に消え、戦況が全くつかめなくなっていた。

「大和」の栗田艦隊司令部で、参謀長小柳冨次が「もう追撃はやめては如何でしょう」と進言すると、栗田は黙ってうなずいたという。一方、「矢矧」は約二時間にわたる追撃戦で錐の先のように敵陣鋭く突き進んでいた。気がつくと、味方艦隊中、一番レイテ湾の近くに進出し、湾口のスルアン島の灯台を臨む位置にまで迫っていた。

こうして、拡大した戦場に分散した各艦は一斉に「大和」のいる地点を目指すことになった。

驚いたのは米側である。サマール島沖で、米護衛空母部隊は、「矢矧」などの猛追を受け、瀕死の状態にあり、指揮官のスプレイグ少将は「もはやこれまで」と全滅を覚悟していた。

少将は、回想録にこう記している。

「私は自分の目を信じることができなかった。戦闘に麻痺した自分の脳髄に、この事実をしみ込ませるのは困難だった。最善の場合でも、間もなく私は泳いでいることを予期していたからである」

栗田艦隊がくるりと背を向けて引き上げた時は「死刑執行寸前に黙って部屋を出て行く執行人を見送る死刑囚」の心境だったという。スプレイグの上官であるキンケイド中将も、すでに味方は砲弾不足で最期の時が来たと覚悟していた。

「日本艦隊はまるで目に見えぬ巨大な手で引き戻されたようだった。神の力以外には考えられない」

キンケイドはそう思い、部下たちに「さあ、祈ろう」と声をかけた。

地獄から天国。想定外の事態に、米軍将兵の間には、日本軍指揮官が死んだのでは、と考えた者もいたという。米海軍の目には、最後の一兵まで闘うことを誇りとする日本軍にはあり得ない珍事に映った。

謎の反転

一一二二（午前十一時二十二分）——。

集結を終えた第一遊撃部隊（栗田艦隊）は、輪形陣をつくり、「右一斉回頭」して二二五度、変針した。レイテ湾へ向けての再進撃である。昨日までは二つの輪形陣をつくっていたが、隻数が減った今、輪は一つになってしまった。

南下を始めた艦隊は正午すぎから、再び激しい空襲にさらされた。空襲は断続的に続いた。

一二〇五（午後零時五分）——。

栗田は旗艦「大和」から連合艦隊司令部に「敵の航空攻撃を意とせず、レイテ湾突入計画を遂行する決意なり」と打電した。突入決意は揺るがず、とだれもが思った。が、そのわずか二十分後、栗田はレイテ湾を目前にして再反転を命じるのだった。「一二二六（午後零時二十六分）」の反転である。これが後々、「謎の反転」として物議を醸すことになる。

それは、捷一号作戦の大目標であったレイテ湾突入を中止するという極めて重大な作戦方針の変更であった。「大和」に反転の旗旒信号が上がった時、「大和」座乗の第一戦隊司令官宇垣纏は、びっくりしてマストを見上げた。

「参謀長、北へ行くのか」

参謀長小柳冨次が答えるより先に、栗田が即答した。

「ああ、北へ行くよ」

それは、前日二十四日のシブヤン海での反転の折の「いいんだ。行くんだ」と、まったく同じ調子のぶっきらぼうな一言だった。だが、そこには一度決めたら決して翻すことはないという重い響きがあった。一切の責任は長官である栗田が負うのだ。宇垣はそれ以上、何も言えなかった。

一二三六（午後零時三十六分）――。

栗田は連合艦隊司令部に次のように打電した。

「第一遊撃部隊はレイテ泊地突入を止め、サマール東岸を北上し、敵機動部隊を求め決戦、爾後サン・ベルナルジノ水道を突破せんとす」

栗田艦隊は針路をゼロ度（真北）として、サマール島東岸を北上し始めた。レイテ湾口四十三マイルにまで迫りながら、突然身を翻したのだ。レイテ湾には、マッカーサー元帥率いる上陸部隊と輸送船団が雲集していた。レイテ湾で、大和の巨砲が火を噴けば、敵船団は海の藻くずとなり、マッカーサー自身も吹き飛ばされていただろう。戦局の大転換があったかもしれない。

そもそも、栗田艦隊はレイテ湾に突入し、輸送船団を撃滅するためにブルネイ基地を進発し、悪夢のパラワン水道、魔のシブヤン海を抜け、恐怖のサン・ベルナルジノ海峡を通過し、歯を食いしばって、ここまでたどり着いたのではなかったか。その突入を支援するため、西村艦隊、小沢機動部隊が捨て身の突撃を敢行し、空からは神風特別攻撃隊が決死攻撃を加えたのではなかったか。

ここまで敵を追いつめておきながら、なぜ栗田は反転したのか。敗走する敵を追撃してレイテ湾に突入するのは戦場の常識ではないのか。この反転劇には、いくつもの「？」マークがつく。戦後、栗田自身が口をつぐんだこともあり、憶測はさらに憶測を生んだ。

不思議なことに、栗田から反転の電報を受け取った軍令部、連合艦隊は、昨日とは違って、激励電も打たず、沈黙したままだった。

昨日、栗田艦隊が一時反転した際には、今を逃せばチャンスは二度と来ないとばかりに連合艦隊司令長官豊田副武が躍起になって「全軍突入セヨ」という激励電を発した。しかし、それが届いた時、栗田艦隊はすでに再反転してサン・ベルナルジノ海峡に向かっていた。

東京は情報が不足していた。なぜ、栗田はここで突入を変更して反転したのか。それは現地にいなければ分からない。押すべきか、引くべきか。東京の軍令部、日吉地下壕の連合艦隊司令部は、もはや判断を下す根拠がなく、混沌とした中で頭を抱えていたというのが実情だった。

すでに時間的にもレイテ湾突入の時機は失していた。軍令部総長及川古志郎、次長伊藤整一、第一部長中澤佑は額を寄せて対策を練ったが、結局は、栗田艦隊の反転、北上を追認するしかなかった。

「これは栗田君のところと敵の高速空母部隊（ハルゼー機動部隊）が激突するということか。小沢君の機動部隊がこの敵を攻撃することができるといいが……」

及川はブツブツとつぶやくだけで、栗田への命令、指示を出すことはなかった。伊藤は無言のまま次長室に戻り、ぐったりとソファに倒れ込んだ。アメーバ赤痢は完治しておらず、再び高熱を発したようだった。

栗田に救われた命

栗田艦隊がレイテ湾を目前にして反転した時、戦艦「大和」の司令部では一体何が起きていたのだろうか。

当時、「大和」副砲長だった深井俊之助（海兵六十二期）の話を紹介しておきたい。深井の自説は、拙著「軍艦『矢矧』海戦記」（平成二十二年、光人社刊）で初めて開陳され、世間の知るところとなった。

その後、深井は自ら筆を取って『私はその場に居た　戦艦大和副砲長が語る真実』（平成二十八年四月、宝島社）を刊行した。反転の直前、「大和」艦橋ではどんなやりとりがあったのか。深井が語るハイライト部分はこうだ。

「なぜレイテと逆に進んでいるのですか」

深井は仲間とともに、栗田司令部の参謀たちに詰め寄った。

「なぜ、北進を続けているのですか」

通常、海軍で上級者に対してこんな物言いは許されない。

だが、深井はたまらず、艦橋に駆け昇り、司令部員を問い詰めずにはおれなかった。

「どういうことですか。なぜレイテに行かないんですか！」

深井は怒りのあまり、声を荒げた。

すると、作戦参謀大谷藤之助が作戦室に行き、戻ってくるなり、「これだッ、この敵を叩きに行くんだ」と鉛筆で叩きながら電報を差し示した。

電文には「敵　大部隊見ユ　ヤキ一カ　〇九四五」と書いてあった。

「ヤキ一カ　〇九四五」とは、航空機用の地図に示された符号で、レイテ湾口のスルアン島灯台の方位五度、距離百十三カイリの位置を示す。

その位置に、新たな敵機動部隊を発見したという内容である。

「大和」の現在地からは北方約五十カイリの至近距離だった。

ただし、この方向に進めば、「大和」はレイテに背を向けて遠ざかっていくことになる。

深井は「おかしいじゃないですか」とかみついたが、大谷は、「お前たち若い者は引っ込んでおれ」と怒鳴りつけ、相手にしなかった。

深井は「あの電報には発信者も着信者も記されておらず、大谷参謀の捏造だと信じている」と主張する。しかし、その深井の主張を裏付ける証拠はなく、「捏造電報」というのは推理に過ぎない。一方、陸軍の索敵機がサマール沖の栗田艦隊を米機動部隊と誤認し、陸軍司令部を通さず「大和」に直接送信してきた、という証言もある。

とまれ、「反転」の断を下したのは、あくまで艦隊の司令長官である栗田健男である。作家児島襄は著書『悲劇の提督 南雲忠一中将 栗田健男中将』（中央公論社）に次のような栗田の談話を載せている。

「あの電報がなかったら、まっすぐレイテに行ったでしょうね。とにかく、ですよ。敵情はさっぱりわからん。それで、まだこっちにはこれだけ兵力が残っている。一方、レイテに行っても収穫は期待できない。そういうとき、敵がいるという電報がはいった。それじゃあ、ということになったわけですね。あとから考えれば、ですがね。何だって見えもしないものを追って、……それも飛行機もないし、向こうもスピードを上げて逃げ回るのに……いってみれば、ハエタタキも持たずにハエを追うようなものじゃないか、といわれると、ちょっと困る」

戦場での判断には一秒の遅滞も許されない。即断即行あるのみだ。戦後、栗田の誤判断、勝負度胸の欠如などを責める意見が相次いだが、栗田は一切弁明をしていない。「弁解すればするほど自分を下げる。そうでしょう。知る人ぞ知るですよ」と言って取り合わなかった。

元報道班員で作家の山岡荘八のインタビューにも、さらりと答えている。

「ほとんど夢中ですよ。ただ、やたら腹がすいていたのを覚えています」

英首相チャーチルは、著書『第二次世界大戦回顧録』にこう書いた。

「この戦場と同様の経験をした者だけが、栗田を審判することができる」

栗田は昭和二十年一月、海軍兵学校校長に補され、最後の校長となった。当時生徒だった大岡次郎（七十八期）が戦後、大阪・吹田の栗田の寓居を訪ねている。栗田は淡々としてまったく屈託がなく、「終戦後は苦労したよ。おれには陸上勤務がなかったから、他の者のように実社会との結びつきがまったくなかったからな」（『針尾の島の若桜　海軍兵学校七十八期生徒の記録』所収の大岡次郎「栗田校長をおたずねして」）と述懐したという。

戦後の戦記出版物に不満を持っていたようだ。

「いろいろ戦記が出ているが、みんなだめだね。児島襄という人が書いているが、あちこちの記録を寄せ集めて、いつどこでどんな艦が沈んだか、どんな艦がどう動いたか、それが正確なだけで、海戦を闘った将兵の気持ちがかけてない。ほとんどの戦記がネイビーの気持ちで書かれていない」（同）

大岡は「ネイビーの魂はネイビーでなければわかるものかと思っている私には、全くわが意を得た言葉であった」と感想を述べている。

筆者が注目しているのは、大岡ら海兵七十八期生が口をそろえて「僕たちは栗田校長に命を救われた」と証言している点である。

七十八期生は「疎開」のような形で長崎県佐世保市の針尾島に急造された分校（現在、リゾート施設ハウステンボスの敷地内になっている）に入校しており、そのお陰で江田島のように空襲に遭うこともなく、無傷で終戦を迎えた。

彼らが戦後、各界に散らばり、戦後復興の推進役となったのは有名な話だ。そうすると、栗田

は「謎の反転」でレイテ湾に突入しなかったことで多くの将兵の命を救い、海軍兵学校長として
さらに多くの若い命を救ったことになる。

それを裏付ける話をノンフィクション作家亀井宏が古村啓蔵（沖縄海上特攻時の第二水雷戦隊司令官）から聞き出している。

「あの戦争中、栗田さんのとった行動というのはね、あれは部下に無駄な死をあたえまいとする情からきているのですよ。情の厚い人ですからね。レイテなんて、あれは一種の特攻ですから」

部下を含め栗田をよく知る者で栗田を批判する者は皆無だったということもここに記しておく。

もっとも尊敬する方

深井と伊藤との浅からぬ因縁についても触れておこう。

深井は東京府立第四中学（現在の都立戸山高校）四年生の時に、海軍兵学校を受験した。第一高等学校から帝国大学に進むつもりだったが、同級生らと「腕試し」に兵学校も受けたのだ。

会場は築地にあった海軍経理学校で、試験は四日連続で行われた。初日には七百～八百人ほどいた受験生が、四日目には四十～五十人になっていた。最終日は午前中に筆記試験、午後は口頭試問が行われた。

試問室に入ると、大きな机があり、向こう側に海軍士官五名が着座していた。中央に座っているのが試問官で、名札には「伊藤中佐」と書いてあった。当時の伊藤整一である。深井は難問を

予想し緊張していたが、伊藤の質問は案に相違して、ひじょうにやさしいものだった。

「どんなスポーツが好きか」

「兄弟は何人か」

「よく喧嘩をするのか」

深井はホッとし、伊藤の温顔に気を許してすらすら応答していった。

最後に進学の目標を聞かれ、思わず、「一高です」と口を滑らせた。しまった、と思ったが、もう遅い。伊藤はニコニコしながら、「これで質問は終わりだ。退室してよろしい。ご苦労さまでした」と言った。

その時の伊藤の穏やかな表情になんともいえぬ包容力を感じた。

帰宅途中、同級生に口頭試問の失敗談を話すと、「馬鹿だなあ、お前」と笑われたが、深井は失敗の悔しさよりも、わずかな時間ではあったが、面接で伊藤から受けた感銘の方がはるかに大きかった。

深井は後日、兵学校に入学した際、伊藤が生徒隊監事として全生徒の教育指導にあたる主席の地位にあるのを知った。

深井はレイテ沖海戦の後、「大和」を去り、第三航空艦隊参謀として終戦を迎える。呉で「大和」を退艦する日、「あとで取りに来るから保管しておいてくれ」と従兵にアルバムや軍服の入った荷物を預けた。

結局、それきり「大和」に行けないまま、「大和」は沈んでしまった。

一方、伊藤は深井の退艦後、第二艦隊司令長官として「大和」に着任、沖縄海上特攻で戦死する。人間の運命は神のみぞ知るである。

伊藤について、深井は前掲書で次のように述べている。

「私も大和に残りたかったが、命令では仕方がない。聞けば、私の退艦後、第二艦隊司令長官として伊藤整一中将が着任されたという。私が兵学校を受験した際は口頭試問の担当者であり、入学後は生徒隊監事を務めておられた。私がもっとも尊敬する方である。沖縄に向かう途中で大和と運命をともにされたが、私はあの方のためなら死ねると思っていた」

神風特攻隊の戦果

時計の針をもう一度、昭和十九年十月二十五日に戻す。

フィリピン・サマール島沖で栗田が追撃戦を中止して艦隊の終結を図っていた時、敵空母群に対し、疾風迅雷の攻撃をかける味方機があった。十八機（半数は直掩機）の零戦隊、「神風特別攻撃隊」である。

攻撃隊は、「敷島」「大和」「朝日」「山桜」「菊水」の各隊に分かれ、クラーク、セブ及びダバオの三方面から出撃した。指揮官は関行男大尉（海兵七十期）。三次にわたる護衛空母への突入攻撃で五機が命中、三機が至近機となり、一隻を撃沈、六隻に中小破の損傷を与えた。

関の率いる「敷島隊」（零戦九機）は午前七時二十五分、ルソン島マバラカット東飛行場を発進した。

フィリピン東海岸沿いにタクロバンに向かって索敵中、午前十時十分、スコールの中に、戦艦、巡洋艦、駆逐艦など三十隻以上を認めた。これは栗田艦隊とみられる。栗田艦隊が討ちもらした敵艦隊に違いなかった。

続いて十時四十分、空母四隻、巡洋艦、駆逐艦など六隻の一群を発見。関機は護衛空母「セント・ロー」に命中、同艦は火薬庫の誘爆を起して二つに折れ、轟沈した。

十時四十五分、攻撃隊は空母めがけて突入を開始。

クラーク基地からマニラの司令部に直ちに電報が打たれた。

「神風特別攻撃隊・敷島隊、一〇四五、スルアン島の北北東三〇カイリにて空母四を基幹とする敵機動部隊に対し奇襲に成功、空母一に二機命中、撃沈確実、大火災、巡洋艦一に一機命中、撃沈」

吉報は東京・軍令部にも届いた。

「やったぞ」

作戦室に喚声が上がった。伊藤は複雑な思いで報告を聞いた。爆弾を抱いた零戦の体当たりが、戦艦大和以下の主力艦隊にも劣らぬ戦果をあげたことは、今後の作戦指導に大きな影響を与えるに違いなかった。クラーク基地にいる大西滝治郎の顔が頭に浮かんだ。

(少なくとも大西は自信を得ただろう)

伊藤は大西が提唱した特攻を黙許した責任が今、両肩にずっしりと重くのしかかるのを感じた。

『昭和天皇実録　第九』によると、軍令部総長及川古志郎が天皇陛下に敷島隊の戦果を奏上したのは十月二十六日午後四時。及川は続いて二十八日午後にも、神風特攻隊の編制ならびにその戦果について奏上している。

天皇は及川に対し、「そのようにまでせねばならなかったか」と述べられた。

陛下の言葉を聞いて、伊藤は粛然としてうなだれた。戦いの主導権をすっかり米国側に握られてしまい、しかも、小人と巨人のように戦力格差がついてしまった今、この急場をしのぐため、われわれは何をなすべきか。特攻以外に打つ手はないのか。どういう戦をしたら、停戦、和平に持ち込めるのか。

伊藤は自問自答を繰り返した。しかし、衰弱しきった脳中に名案は一つも浮かばない。

ラジオニュースは「落下傘を携行する者はひとりもいなかった」と特攻隊員たちの勇気を称え、新聞各紙は一面トップでその大戦果を報じた。関大尉は二階級特進して海軍中佐となり、新聞はその後も軍神・関行男を追い続けた。

日本じゅうの若者たちがこぞって特攻隊を志願するという風潮が生まれた。伊藤は自室に引きこもり、鉛でも呑みこんだように黙りこくる時間が長くなった。

戦艦「大和」帰還

レイテ湾にくるりと背を向けた栗田艦隊その後を記しておこう。

旗艦「大和」が指示した集合点付近には、「長門」「金剛」「榛名」の戦艦群が姿を見せた。しかし、重巡戦隊は「利根」のみで、「熊野」「鈴谷」「筑摩」「鳥海」の姿は見えない。軽巡「能代」を旗艦とする第二水雷戦隊の駆逐艦も、ほとんど残っていなかった。

早暁、サンベルナルジノ海峡を通過した戦艦四、重巡六、軽巡二、駆逐艦十一の艦隊は三分の一を失い、戦艦四、重巡二、軽巡二、駆逐艦七に減少していた。三日前のブルネイ基地出撃時と比べると、三十二隻から十三隻に減り、しかも、いずれも損傷を受けていた。

栗田艦隊はすでに、軽巡「矢矧」などの活躍により、敵護衛空母など数隻に大打撃を与えていた。さらに攻撃を継続して、敗走する敵を追い、目標のレイテ湾突入を図るのが常道ではあっただろう。

米軍側も当然、そうなると予測していた。ところが、栗田艦隊は「北方の敵機動部隊」と決戦するとして、突如、針路をゼロ度とし、北上を開始した。しかし、探し求めた敵機動部隊は、どこを探しても見つからず、艦隊は「空振り」のまま帰途につく。

「大和」は、前甲板をほとんど水面近くまで沈め、「金剛」「榛名」にも随所に被弾の痕が残る。「長門」は舷側に大穴を開け、破口部分から水しぶきを上げながら航行している。「利根」は右舷に大きく傾き、「矢矧」も前甲板を沈め、前のめりに進んでいた。駆逐艦もマストが折れたり、煙突が破れたりしている。落武者が折れた刀を杖に、傷ついた友を背負って山路を行く。そんな様を想像させた。

往路、潜水艦攻撃を受けたパラワン島西岸の航行を避け、復路はずっと西に出て、新南群島の間を縫ってブルネイに至る航路をとった。レイテ沖海戦で失われた艦船は次の通りである。

▽日本軍

【戦艦】武蔵　扶桑　山城【空母】瑞鶴　瑞鳳　千歳　千代田【重巡洋艦】愛宕　摩耶　鳥海
筑摩　最上　鈴谷【軽巡洋艦】多摩　能代　阿武隈【駆逐艦】秋月　初月　朝雲　浦波　早霜
満潮　山雲　藤波　野分　若葉　不知火

▽米軍

【軽空母】プリンストン【護衛空母】ガンビア・ベイ　セント・ロー【駆逐艦】ジョンストン
ホーエル【護衛駆逐艦】サミュエル・B・ロバーツ

※セント・ローは神風特攻隊の攻撃により沈没

十月二十八日、「大和」ブルネイ着。十一月八日、「大和」は、多号作戦（オルモック輸送作戦）で連合軍の注意を引きつける目的でブルネイを出撃。特に戦闘は起きず、十一日に帰港。十一月十六日、Ｂ－24爆撃機十五機が来襲、主砲で応戦し、三機を撃墜。同夕、「大和」「長門」「金剛」の戦艦三隻）、第十戦隊の「矢矧」「浦風」「雪風」「磯風」「浜風」とともに内地に向け出港、台湾沖で「金剛」と「浦風」が米潜水艦の雷撃により沈没。

十一月二十三日、「大和」呉に到着。森下信衛艦長に代わって有賀幸作大佐が六代目艦長に就任。森下は第二艦隊参謀長として引き続き「大和」に乗艦した。以後、「大和」以下残存艦艇は燃料不足のため満足な訓練もできず、内地待機を続ける。

十一月二十九日、大和型戦艦三番艦を改造した新型空母「信濃」が呉に回航中、紀伊半島潮岬沖で、米潜水艦の魚雷攻撃を受けて沈没した。竣工からわずか十日の命だった。呉での「大和」「信濃」の二大巨艦の合同は水泡に帰した。

航空参謀　源田実

「伊藤君、マニラに行って現状を見て来てもらえないか」

レイテ沖海戦の後、及川古志郎は伊藤を総長室に呼んで言った。

「分かりました。すぐに現地に飛び、対策を考えましょう」

伊藤は病み上がりの体に鞭を打って、出張の準備を急いだ。日本海軍が総力を挙げて臨んだ大海戦は、本隊である栗田艦隊の「謎の反転」によって失敗に終わった。とはいえ、フィリピン防衛が日本の命運を左右することに変わりはない。

フィリピンを失えば、敵は間違いなく、台湾、沖縄、そして日本本土へと進攻してくる。なんとしてもフィリピンを守り抜かねば、日本は滅びる。

伊藤は、第一課長（作戦課長）山本親雄と第一課の航空参謀源田実にフィリピン視察の同行を求めた。源田は広島県出身の海兵五十二期。技量抜群の戦闘機搭乗員として知られ、その操縦技術は「源田サーカス」と称された。

伊藤は、源田のパイロットとしての腕だけではなく、その着眼点の良さ、見識の高さを買っていた。源田は、基本的には不用なことは語らない不言実行型の軍人であった。しかしながら、口数のきわめて少ない伊藤と違って、言うべきことは歯に衣を着せずに言うところがあり、伊藤はそこが気に入っていた。

マニラへの同行を命じた時も、源田ははっきりと言った。

「伊藤次長、どうもジリ貧ですね。これはやはり海軍が悪い」

信頼する部下から「海軍が悪い」と言われて伊藤はドキリとした。小柄な源田は、長身の伊藤を見上げるようにして、続けた。

「戦争に負けているのは海軍が主役を演じている海上戦に負けているからです。海上戦に負けているのは航空戦で圧倒されているからです。航空戦が有利に展開できないのは、わが戦闘機が制空権を獲得できていないからです」

その通りである。伊藤は黙って耳を傾けた。

「何とかして、精鋭無比の戦闘機隊をつくらねばなりません。私も戦闘機乗りの末席を汚しているのですから、精鋭部隊を率いて思う存分暴れ回り、冥土の土産にしたいのです」

源田の気持ちは痛いほど分かるが、今、源田に冥土に行ってしまっては困る。

「私が勝てる部隊をつくりますので、どうか、現場に戻してください」

源田はあくまで軍人として戦い、劣勢を覆そうと考えているのだった。この国家危急存亡の秋に、最前線に立って戦いたいのは自分も同じだ、と伊藤は思った。

（源田君、制空権を確保しようにも、わが海軍にはもう補充すべき飛行機がないんだよ）

伊藤は言いかけた言葉を呑み込んで、こう言った。

「源田君、マニラに行って、君の考えが実現できるかどうか、その見極めをしっかりつけて来ようじゃないか」

理想と現実

昭和十九年十一月一日、軍令部次長伊藤整一、第一課長山本親雄、第一課参謀源田実の一行はフィリピンの首都マニラに着いた。

市街地は連日の爆撃で瓦礫の山が築かれ、殺気立っていた。港では、損傷した艦船があちこちで無残な姿をさらしている。伊藤はすべてが危機的状況にあるのを肌で感じた。

レイテ沖海戦に備え、台湾からマニラに進出していた第二航空艦隊司令部は埠頭に近い海岸通りにあった。司令部の庭に防空壕が掘られていた。司令長官は福留繁が務めている。しかし、司令部の玄関で伊藤らを出迎えたのは、福留ではなく、第一航空艦隊司令長官の大西瀧治郎だった。

「伊藤次長、お待ちしておりました」

大西は大きな声で言い、一行を建物の中へ誘った。

話は少し遡る。大西は第一航空艦隊司令長官就任直後の十月二十二日、福留に対し、第二航空艦隊も特攻を採用するよう説得したが、断られた。十月二十五日、一航艦の特攻攻撃による大戦果を受け、大西は再度、福留に会い、決断を迫った。

「特攻以外に攻撃法がないことは、事実によって証明されたではありませんか。この重大時期に基地航空部隊が無為に過ごすことがあれば全員腹を切ってお詫びしても追いつきませんぞ。二航艦も特攻を決意すべき時です」

福留は搭乗員の士気について心配していたが、「確信をもって保証する」という大西の強気の姿勢に押され、ついに特攻の採用を決心した。これにより、第一航空艦隊と第二航空艦隊を統合した連合基地航空隊が編成され、福留が指揮官、大西が参謀長を務めることになった。

十月二十七日、大西は神風特攻隊の編制方法、命名方法、発表方針などを軍令部、海軍省、航空本部に通報。特攻隊員の心構えを厳粛にするため、隊員の特別待遇を禁じ、他部隊の個別勝手な特攻を禁じた。また、飛行隊長以上を召集し、「今後、おれの作戦指導に対する批判は許さん」「反対する者は叩き斬る」と宣言したのだった。

「伊藤次長、本当によく来てくれましたなぁ」

大西は伊藤たちを作戦室に招き入れた。

「もはや特攻しか勝利の道はなくなりましたよ」

伊藤たちがテーブルにつくのを待ちかねたように、大西は説明を始めた。

「敵の空母は三十隻、輸送船は四百隻、これをやっつければ、敵の太平洋作戦は困難になります。空母三十に対し特攻機三十機、輸送船四百に対し特攻機四百機、これよりほかに戦法はないと考えます」

（そんな単純なものではあるまい）

伊藤はそう思ったが、口には出さなかった。代わりに源田が言った。

「大西長官、そうはおっしゃいますが、米軍はきっと特攻機に対する防備を固めてきますよ。私は、まともな戦闘機乗りを育てることが大切だと思います」

大西は大きな目玉でぎろりと源田をにらみつけた。

「源田、確かに貴様の言うとおりかもしれぬ。理論上はそれが正しい。おれのやっていることは外道だ。だが、現実はどうだ。ここには戦闘機もなければ、搭乗員も来ないではないか」

そう言われると、伊藤も源田も答えに窮してしまう。

「現地指揮官としては、あるものでやるしかない。軍令部も海軍省もこっちの事情は何も分かっていないのだ。クラーク基地を見てみろ、満足な機銃もなく、敵機にやられっぱなしだ」

大西の迫力に圧され、論客の源田もそれ以上、異を唱えることができなかった。こうして大西は自ら育てあげた海軍航空部隊を、特攻によって、すりつぶしていくことになる。

話は先走るが、この後、源田も己の信念を曲げず、大西とは別の道を進んでいく。昭和十九年末になって、源田は本土周辺の制空権を回復する戦闘機部隊の創設を着想、第三四三海軍航空隊(通称・剣部隊)を編成し、二十年一月十五日、自ら司令に就く。剣部隊は優秀な搭乗員を擁し、局地戦闘機「紫電改」によって日本本土防空戦を終戦まで闘い抜く。

戦後は戦時中の苦い経験を踏まえて、航空自衛隊の生みの親となる。空自の初代航空総隊司令、第三代航空幕僚長を歴任、ブルーインパルスの創設者にもなった。参議院議員を四期二十四年、赤十字飛行隊の初代飛行隊長も務めた。

戦死した部下全員の氏名、出撃日（命日）を記録した資料を保存、どんなに忙しくとも、毎朝、仏壇に向かい、数珠を手に資料を開いて前日に戦死した部下の名を呼んで読経するのを日課とした。交流のあった三島由紀夫は、「人にこびた妥協がなく、明快で簡潔、男らしく国民に自覚と責任を求め、根本で話し、俗耳に入りやすいようなことは言わなかった」と語っている。

赤煉瓦を去る

昭和十九年十一月七日、フィリピン・ルソン島に敵の有力な機動部隊が接近していた。フィリピン出張中の伊藤、山本親雄、源田実の一行は予定していたブルネイ視察を取りやめ、この日、急遽マニラを発ち、帰途についた。

途中、悪天候のため台湾、九州で足止めをくい、九日、東京に戻った。

翌十日朝、伊藤らは、総長及川古志郎に現況報告を行った。

山本は「現在、フィリピンを取り巻く日米の軍事勢力は二対三の比率で、米軍が優っております」と述べた。

源田は「ルソン島に迫っている敵を撃滅するには、戦闘機四百機、爆撃機百機が必要であります。しかしながら、クラーク基地には戦闘機が三十機しかありません」と指摘した。現地で行われている特攻作戦については「効果はいずれ半減すると考えられます」と述べ、改めて否定的な見解を示した。

源田はさらに防空体制の不備について具申した。

「クラーク基地を守るには、高角砲百門、機銃一千丁が必要であると考えます。しかしながら、現状では、高角砲三十門、機銃百二十丁しかありません。早急に手を打たねばなりません」

及川は困ったような顔をして黙っている。源田の意見は正論なのだが、飛行機も搭乗員も銃火器も足りず、如何ともしがたいのだ。伊藤は及川の表情をチラッと見て言った。

「以上のように、フィリピンの現況は誠に憂うべきであります」

誠に憂うべき――それ以外に口にする言葉が見つからなかった。伊藤は、作戦の中枢にありながら、なんら有効な対策を打ち出せない自分を深く恥じた。

打ちたくても、もう打つ手がない。こういう状況下で、自らに課せられた義務を淡々と果たして死んでいく前線の者たちのことを考えると、胸が張り裂けそうだった。一体、これから、どれだけの死者が出れば、この戦争を終えることができるのだろうか。

軍令部は霞ヶ関の海軍省ビル三階にあり、隣は日比谷公園だ。都心のオアシスのような公園も、今は落葉の季節を迎え、今は緑が少なく、寒々しく感じられた。

この日、伊藤は鉄の塊を背負わされたような重たい足取りで、家路についた。

翌十一日、神風特攻で戦果を挙げた関大尉夫人の記事が新聞に掲載された。

世田谷の自宅で朝刊を手にした伊藤は、喪服姿の未亡人（関満里子）が菊の花を祭壇に飾っている写真を見て、ハッと胸を突かれた。

（おれはこれまで、特攻で死んでいく者たちのことで頭がいっぱいで、残される家族についてては

まったく思いが至っていなかった）

新聞を持つ手が震えていた。無意識のうちに、関大尉の若き未亡人を、妻ちとせに重ねていた。

一週間後の十一月十八日――。

海軍首脳部の人事異動が発令された。伊藤も該当者の一人だった。軍令部次長の職を解かれて、十九日付で「出仕」となり、新任発令を待つことになった。

伊藤が軍令部次長に就任したのは、開戦前の昭和十六年八月十一日。以来、三年三か月におよんだ「赤煉瓦」（海軍省・軍令部）における伊藤の苦闘は、筆舌に尽くしがたい。それは、やった者でないとわからない。

永野修身総長時代の真珠湾攻撃から及川総長時代の神風特攻隊まで、主要作戦すべての決定にかかわった。首脳の一人としてその責任は痛感しており、退任して中央を離れても、それが減じるわけではない。新任地がどこであろうと、すべて背負っていくつもりだった。

後任には、小沢治三郎中将が就くことになった。小沢はレイテ沖海戦で囮部隊を率いて奮戦、東京に戻っていた。伊藤の右腕として活躍してきた第一部長中澤佑の手記によると、十一月十八日、小沢は「一三二〇」に軍令部に着任、伊藤は同日「一五三〇」に退任した。小沢は海兵三十七期、伊藤の二期先輩である。

中澤によれば、小沢は名実ともに海上指揮官として海軍の第一人者であり、源田実の談によると、昭和十五年以降は航空部隊の指揮官もやり、海空両面にわたる兵術家として知られ、青年将校の衆望を担っていた。

（もはや、軍令部において私の出る幕もなかろう）

伊藤は後顧の憂いなく、前線に赴くことができそうだった。退庁する際、伊藤は次長室の壁に掲げていた山本五十六直筆の掛け軸を丁寧に巻き取って、風呂敷に収めた。掛け軸には、開戦前、山本が伊勢神宮を参拝した折に詠んだ歌が書かれていた。

千万（ちよろず）の戦さなりとも言挙げせず　取りて来ぬべく思い定めたり

敵は幾千幾万あろうとも、つべこべ言わずに討ち取って来るぞ、という覚悟を示した歌だった。次長在任中、この軸を何度眺めたことだろう。

これまでの伊藤は、前線に出て征った山本の信頼と期待にこたえるべく、海軍中央で苦心惨憺、骨身を削ってきた。が、これからは、自ら先頭に立って敵地に乗り込み、山本の仇討ちをすることができる。

そう考えると、体中に抑えきれぬほどの気力が充溢してくる。沈黙を強いられた日々が長く続いた分、蓄積されたエネルギーも大きかったのかもしれない。

この後、伊藤とともに奮闘してきた部下たちも順次、赤煉瓦を去っていく。

「中央にいて指揮するよりも、実戦部隊に出て役に立ちたい」と伊藤に訴え続けていた中澤は、十二月五日、在台湾の第二十一航空艦隊司令官の内命を受け、翌六日、軍令部を去る。手記には、「生きて再び本土の土を踏まざる覚悟をもって出征準備をした」と書いている。

第一課長の山本も翌二十年一月六日、第十一航空艦隊司令官に転出、軍令部の主要メンバーは一新された。

束の間の安息

軍令部次長を退任した伊藤は、待命中、束の間の安息を得た。

マニラ出張後、アメーバ赤痢に罹患した伊藤は、本来なら療養を続けなければならない体に鞭を打って職務に邁進してきた。

「父は自分の辛さを家族には絶対に見せませんでしたが、あの頃は、それはもう、げっそりとやつれていました。自分が苦しむのは当たり前という人でしたから。あの表情はよく覚えています」

とは、次女淑子（ひでこ）の回想である。伊藤の身を案じていた家族にとっては、わずかの時間でも天からの贈り物のように感じられたことだろう。

（こうして自宅でゆっくり過ごすなど、何年ぶりかな）

思い起こせば、若い頃から転勤、転勤で、東京に戻ると、ろくに休みもなく、家庭のことはちとせに任せきりだった。一時ではあっても激務から離れて家族と触れ合う時間ができたのは僥倖だった。伊藤は家庭人としての素顔を見せ、娘たちの胸に大切な思い出を残した。

当時の伊藤家は、整一、妻ちとせ、次女淑子、三女貞子の四人暮らしだった。

長男叡（あきら）は昭和十八年九月に海軍兵学校（七十二期）を卒業、戦闘機乗りとなり、第五航空艦隊に配属されて鹿児島・出水基地に進出していた。五航艦司令長官は宇垣纏である。

長女純子（すみこ）は結婚して三重県四日市市に住んでいた。夫は東京帝大を出た海軍主計大尉で四日市の燃料廠に勤務していた。

四人が暮らす家は世田谷の大宮八幡のすぐそばにあった。伊藤自ら図面を引いて建てた木造二階建ての家である。その自宅庭で野良仕事をするのが伊藤の唯一の楽しみだった。

福岡の地元有志が編纂した「伊藤整一海軍大将生誕120周年」記念誌に三女貞子の特別寄稿が掲載されている。

「昭和十九年の頃でしょうか。父は日常公務が多忙でしたので、神経を痛めることもあったのでしょう。体力をつけるためや神経を休めるために、出勤前に一時間位早起きをして、庭仕事や土いじりをしていたことを覚えています」

伊藤は、敷地内に二百坪ほどの畑をつくり、柿、桃、栗、サトウキビ、ジャガイモ、トマト、アスパラガス、オクラなどを植えていた。花壇では、チューリップやアネモネ、松葉ボタンなどを栽培し、色とりどりの花を咲かせていた。

「お父様はあんなに真剣な顔をなさってやりすぎではないかしら」

ちとせは、朝食の支度をしながら心配していた。貞子は、伊藤が朝一番に採取したイチゴなどの果物を小学校の教員室に届けるのを恥ずかしがった。

女学生だった淑子は、街へ出て映画を見たり、買い物をしたりするより、伊藤と一緒に畑仕事をするのが好きなようだった。貞子は、裸足になって土を運んだり、種をまいたり、仲良く父と作業をする姉の姿を記憶している。

ある日、伊藤は急に思い立ったように淑子と貞子をデパートに誘った。

「好きなものを買ってあげるよ」

父にそう言われ、貞子は母と一緒でないのを心許なく感じながらも、ついて行った。しかし、貞子はいくら見て回っても、なかなか好きなものを選ぶことができなかった。

「私はなぜか自分でもわからず、馬のぬいぐるみを選んでしまいました。父にしてみれば、女の子なのでお人形でも選ぶと思ったのでしょう。父は私に本当にこれでいいの？と何度も聞くのですが、うなずくばかりで妙な気持でした」

多忙を極めている父と幼子の微妙な距離を感じさせる話だが、貞子は「父と街に出る機会が少なく、二人とも緊張しつつ、とても嬉しかったのです」と振り返っている。

夕方、入浴の後は、家族四人で近所を散歩した。そのころの東京郊外は田畑あり、松林ありで、ゆっくり夕涼みができた。

「父は家庭が一番休めるところで、まったく偉そうにしたこともなく、リラックスして、ニコニコしていました。時には姉の淑子を足の甲に乗せ、私を背中におんぶして廊下を歩いてくれたり、父の大きな背中が気持ちよくていつまでも『もっと歩いて』とせがんだりいたしました」

淑子は、父と勉強した「英語」も思い出の一つになっている。英語教育には不熱心な時代であったが、伊藤は淑子に英語を教えた。ふだん日本風の発音で勉強していた淑子は、父の発音がまるで外国人と同じなので、びっくりしたという。

長女の純子も女学生時代に同様の経験をしている。純子が英語の発音練習していたところ、伊藤がそーっと近づいてきて、「ＤＯＬＬだよ、もう一度言ってごらん」と言った。「Ｌ」の発音が普通の日本人の発音とまったく違っており、純子は全身がゾクゾクっとして気味が悪いほどだったという。

淑子は次第に工場へ勤労動員に駆り出される日が多くなり、伊藤の身の回りの世話を焼き、話し相手となるのはもっぱら貞子になった。とはいえ、貞子はまだ十三歳になったばかりである。末娘の甲斐甲斐しく働く姿が、伊藤にはなにやら面映く、体がムズムズしたようだ。

最後の御奉公

伊藤の自宅があった大宮八幡周辺は今、閑静な住宅街となっている。庭があった場所には、伊藤が植えたとされる桜の木が枝を伸ばし、大きく茂っている。

大宮八幡に参拝すると、社殿の柱に、明治天皇の御製が記されていた。

よもの海みなはらからと思ふ世になど波風のたちさわぐらむ

昭和天皇が開戦直前の御前会議で、読み上げられたお歌である。伊藤もその場にいて、陛下のお言葉をじかに聞いた一人である。

帝都東京を破壊し、焼き尽くしたのは、Ｂ‐29の爆弾と焼夷弾である。本格的な空襲が始まったのは昭和十九年十一月二十四日。この日は、サイパン、テニアン、グアムの各基地からＢ－29百十一機が出撃。富士山付近から東進し、中島飛行機武蔵野製作所（現在の武蔵野市）と周辺の市街地に爆弾を投下し、鹿島灘から太平洋上に去った。

同二十七日には六十一機が飛来し、港湾地区を爆撃、さらに二十九日には深夜の爆撃があり、九千戸が焼失した。以後、東京は終戦までに百六回の空襲を受ける。「通学の往復では、サイレンが響くと近くの防空壕に入って身を隠し、恐怖の日々でした」と、三女貞子は回想している。

伊藤家にも、畑と家の間にコンクリート造りの防空壕があった。屋根の上には高さ一・五メートルほど土が盛られ、焼夷弾が貫通しないよう防護されていた。壕内部もコンクリートで固めてあり、備え付けのベンチが置かれ、一般家庭の防空壕とは比べものにならないほど頑丈だった。

ただ、伊藤は東京で空襲が始まった時、ちとせにこう言い渡している。

「わが家は絶対に疎開はしてはいけない。家財道具の引っ越しもまかりならぬ。軍人の家が引っ越しをすれば、ご近所の方々も不安を増すからな」

ちとせは、伊藤の言いつけを守って疎開せず、家は昭和二十年五月二十五日の空襲で全焼した。家財道具も、家族の思い出の品々もすべて焼失してしまう。伊藤は同年四月七日に戦死しており、家族は一家の大黒柱を失い、続いて住居も失うことになるのだが、それはまだ少し先の話になる。

Ｂ－29の東京初空襲から一か月後、ついに伊藤の前線への転出希望が実現した。

昭和十九年十二月二十三日付をもって第二艦隊司令長官を拝命したのである。連合艦隊は事実上、崩壊しており、第二艦隊は現在、日本海軍に残された唯一の艦隊だった。つまり、最前線の最高指揮官を任されることになったのだ。

三年四か月に及んだ海軍中央での生活はようやく終わりを迎えた。

（これでやっと、戦場に出て、ご奉公ができる）

それは、間違いなく「最後のご奉公」になるはずだったが、伊藤の心は、澄みきった青空のように晴れ晴れとしていた。

「伊藤整一海軍大将生誕１２０周年記念誌」に、親補式当日、自宅庭で撮影された家族の記念写真が掲載されている。第一種軍装に身を包み、軍刀を手にした伊藤の表情は、何か吹っ切れたように明るい。

昭和18年5月、トラック泊地に停泊する2隻の「大和」型戦艦。連合艦隊旗艦「武蔵」（右）と「大和」。この時期、両艦とも出撃の機会を得ぬまま泊地に閑居、「武蔵旅館」「大和ホテル」と揶揄された

昭和18年、ラバウルで零戦隊の出撃を見送る山本五十六連合艦隊司令長官と幕僚。この少しあと4月18日、山本長官は暗号解読で行動予定を把握した米軍により乗機を撃墜され戦死する（海軍甲事件）

ガダルカナル島の飛行場奪還のため送り込まれながら、米軍の反撃で壊滅した陸軍一木支隊の慰霊碑〔著者撮影〕

右と同じ時に撮影された伊藤整一と叡の親子写真〔生誕120周年記念誌〕

昭和19年1月2日に撮影された伊藤整一と妻ちとせの記念写真〔生誕120周年記念誌〕

昭和19年8月、軍令部総長に就任した及川古志郎大将

連合艦隊参謀長福留繁中将。昭和19年4月、パラオからダバオへの撤収中、乗機が不時着、フィリピンのゲリラに囚われ、暗号書や機密書類を奪われた（海軍乙事件）

昭和19年10月24日、比島シブヤン海で米機動部隊の空襲を受ける戦艦「武蔵」。艦橋を上回る高さの水柱と爆煙に包まれている。この日、「武蔵」は海底に沈んだ

レイテ沖海戦時、主力の第一遊撃部隊の指揮を執った栗田健夫中将。目標のレイテ湾到達直前に艦隊を反転させ、「謎の反転」として批判を浴びた

機動部隊を率いてマリアナ沖海戦、レイテ沖海戦を戦った小沢治三郎中将

海軍神風特攻隊の第1号とされる敷島隊の出撃。手前の250キロ爆弾を搭載した零戦が隊長の関行男大尉機

第二十六航空戦隊司令官有馬正文少将。自ら陸攻に同乗、「特攻」の嚆矢と言われる体当たり攻撃を実施した

比島沖海戦時、フィリピンで航空機による体当たり攻撃隊を編成した第一航空艦隊司令長官大西瀧治郎中将

第三章

沖縄海上特攻

「大和を託す」

伊藤整一中将の第二艦隊司令長官親補式は昭和十九年十二月二十三日午前九時五十五分、宮中「鳳凰ノ間」で執り行われた。式に先立ち、伊藤は転任あいさつのため海軍省に赴いた。

海軍大臣米内光政は、伊藤の三年四か月に及ぶ軍令部次長としての奮闘をねぎらい、続けてこう言った。

「長い間、ご苦労だった」

「大和をどうするか考えてくれ」

それは、帝国海軍の象徴である戦艦「大和」を伊藤に託す、という重たい言葉だった。

「分かりました」

伊藤は米内の目をまっすぐに見て応答した。かねてより、無口同士の二人である。飾ったあいさつや、細々した指示はない。まさに以心伝心。凝縮した寸言の応酬で、いわんとすることは十分に伝達された。

吉田満は『提督伊藤整一の生涯』にこう書いている。

《米内の気質からすれば、この作戦がたとえ絶対的に不利な条件を強いるものであったとしても、海軍の主流を歩き続けてきたものの名にかけて、力の及ぶ限り最善をつくし、最後の艦隊出撃に有終の美を全うしてほしいという切なる願いが発言の根底にあったのではなかろうか》

伊藤はこれまで米内に直接仕えたことはない。だが、人事の専門家でもあった伊藤の人物評価の基準に照らせば、米内は海軍のトップとして最適任の人物であり、伊藤はひそかに米内を心服していたとみていい。開戦以来、軍令部次長の要職にあり、多くの将兵に決死の出撃を命じた責任を痛感する伊藤にとって、戦死者の霊にこたえ、ふさわしい死に場所を与えてくれる人として、米内以上にふさわしい人物はいなかったのではあるまいか。

伊藤は今、海軍部内で戦艦不要論者たちが「万里の長城、ピラミッド、戦艦大和は世界の三大無用の長物」とささやき合っているのを知っている。そんな中にあって、伊藤は、部内の作戦会議で一貫して、航空機重視一本槍ではなく、戦艦活用も検討すべきであるとの主張を続けてきた。

航空戦力の威力増大と戦艦の機能の限界については、開戦後、多くの戦訓が重ねられてきた。直近のレイテ沖海戦では、戦艦「武蔵」が航空機に餌食となり沈没、連合艦隊は壊滅的大敗を喫した。この直後、海軍次官井上成美は「戦艦の撤廃」と「駆逐艦・航空機の雷装全廃」を提案してきた。

「軍令部は、この時期になっても、まだ戦艦に対する執着を捨てきれないのか。真珠湾やマレー沖で戦艦は飛行機の敵ではないことの手本を示したのは誰だったのか。比島（レイテ）沖海戦で武蔵ほか多数の大艦が飛行機で撃沈されてもまだ目が覚めないのか」

井上は激しい口調で伊藤に詰め寄った。海軍省としては、レイテ沖海戦の損傷艦修理に際し、特に無用の長物となりつつある戦艦の修理はもうやりたくないというのが本音だった。井上は海兵三十七期、伊藤の二期先輩にあたる。ともに海軍を代表する識見と洞察力を有する能吏に違いなかった。ただ、人への接し方が正反対だった。

井上が信ずるところを断行するのに一直線で、歯に衣を着せず物を言い、舌鋒鋭く相手を追及するタイプであるに対し、伊藤は聞き上手で、沈黙の溜めの容量が大きく、柔らかい言葉で婉曲に物事を運ぶという型であった。

伊藤は井上の追及に対し、こう述べた。

「次官の話はよくわかります。ですが、敵が戦艦を持っている以上、こちらもあるにこしたことはありません。戦艦には戦艦の使い途があるはずで、短兵急に戦艦に活躍の場を与える方策を断念すべきではないと考えます」

帝国海軍の保守本流たる鉄砲屋（砲術専攻）として戦艦の運用を模索してきた伊藤にとっては、当然すぎる回答であったかもしれない。伊藤が師父と仰いだ山本五十六も、航空優先主義を呼号しながら戦艦無用論者ではなかった。山本には、「戦艦には政治的価値がある」という名言があった。

こういう背景を持ちつつ、これまで海軍をなんとか一つにまとめようと努力してきた伊藤に対して、米内は「大和を託す。自らやってみよ」と命じたのである。伊藤としてみれば、まさに本望であったろう。

（世界に誇る超弩級戦艦を存亡の危機に瀕した祖国のためにどう生かすか）

いま、伊藤の頭の中にはそれしかなかった。

親補式には、小磯国昭首相、藤田尚徳侍従長のほか、伊藤と海兵同期の侍従武官中村俊久中将も列席した。式を終えて杉並の自宅に帰ってきた伊藤は、次女淑子にこう語っている。

「天皇陛下はやっぱり偉いよ。前に出たら自然に頭が下がったよ」

この後、副官の石田恒夫を伴って賢所を参拝。さらに、靖国神社、明治神宮を参詣し、宮家へのあいさつ回りに出向いた。石田は「大和」主計長から第二艦隊副官に転出した少佐である。

石田の回想によると、明治神宮を訪れた時、伊藤はこう言ったという。

「なあ、石田君、戦が始まった頃は、バンザイ、バンザイとみんな集まったものだが、きょうは二人きりだなぁ」

ザクザクと二人だけで踏む玉砂利がやけに大きく響き、石田はにわかに腹立たしくなって、足で砂利を蹴飛ばした。

「それは、さびしいもんでしたよ。長官は全般的な見地でそう言われたのでしょうが、私は、かりにも長官親補式に幕僚が一人も出て来ずに、副官だけというところに、えらく味気ないものを感じたのです。ひと目で立派な長官だと分かったもんだから余計に腹が立ったのです」（児島襄『戦艦大和』）

家族との別れ

いよいよ、「明日出発」という日を迎えた。杉並の自宅で、伊藤は身辺整理に忙しかった。二階に上がったかと思うと、すぐに下りてきて、また上がる。唯一の趣味だった庭の「畑」には目もくれず、飛び回るように動き、大量の書類を庭に積み上げては、焼いた。

「その日の父は、いつもの優しい父ではなく、ものすごく真剣な顔をしていました。そんな顔は見たことがないというくらいに必死になって自分の書類とか衣類なんかも全部整理していました。その時の表情は何ともいえない淋しそうな顔でした」

三女の貞子はそう振り返っている。

夕食には、伊藤、ちとせ、淑子、貞子の一家四人が顔をそろえた。海軍中尉の長男叡は零戦搭乗員として鹿児島県・出水基地におり、長女純子は四日市の海軍燃料廠に勤務する主計大尉今澤正嘉に嫁いでいた。

四人は夕食前に、別れの水盃を交わした。食後、伊藤は十四歳の次女淑子を居間に呼んだ。娘がテーブルに向かい合って座ると、伊藤はこう言った。

「淑子、よく聞きなさい。叡は特攻を志願して戦死すると思う。これからはあなたがお母さんや貞子をしっかり守ってあげなくてはならないよ」

淑子が身を固くしていると、伊藤は卓上に札束をドサッドサッと積み上げて、淑子のほうに押しやった。目を丸くするような額だった。

「これから世の中はどうなるか分からないけれど、あなたたち三人が食べていけるだけのお金はここに用意しておきました。だから、心配しなくていいのだよ」

この瞬間、父は死ぬのだと淑子は思ったという。伊藤はさらに、四つ切りサイズの自分の肖像写真を三枚、取り出して卓上に並べた。濃紺の第一種軍装に身を包み、参謀肩章をつるしている。胸には軍歴を示す勲章が輝いていた。

軍帽を脱いだ表情は柔和で、「高僧のようだ」と評された奥深いまなざしもふだんと変わりがない。三分刈りの頭はいくぶんとんがり気味に見える。この頭の形は、娘たちには不評だった。写真で見ると、実際よりもっと細長で、まるでドングリのように見えるからだった。

娘たちが嫌がると、伊藤は「弘法大師もこんな頭だったそうだよ」と冗談を言って場をなごませたものだ。

三枚の写真には、それぞれに墨跡で、「正嘉　純子殿　恵存」「淑子殿　恵存」「貞子殿　恵存」と宛名が書いてあった。右端には「昭和十九年十二月」と記され、「整一」の署名と花押――。

いったい、伊藤はいつの間にこの写真を準備したのだろう。これはまさに「遺影」ではないか。伊藤は自分の写真を渡すことで無言のうちに、子どもたちへ最後の別れを告げたのだ。後になって分かったことだが、同様の写真は、郷里の弟妹にも送られていた。

出発の朝

第二艦隊司令長官に親補された伊藤が杉並の自宅から山口県岩国沖の戦艦「大和」へ向った日のことは、副官の石田恒夫が鮮明に記憶している。

凍てつくような師走の朝だった。伊藤長官宅の門前に、石田の手配した乗用車がエンジンをかけたまま、停車している。

長官宅から厚木飛行場までの「足」について、石田は当然、海軍省が準備しているもの、と思っていた。ところが、念のため、海軍省に問い合わせてみると、「ガソリンがないので車は用意していない」とにべもない返事だった。

「仮にも陛下の親補をうけた艦隊司令長官の赴任ですぞ。満員電車と徒歩で行け、というのか」

石田は海軍省の担当官にかみつき、ようやく車を工面してもらったのだった。

玄関には大きな日の丸がはためいていた。竿は斜めではなく、国旗掲揚塔のように垂直に立てられていた。

「では、行ってくる」

伊藤はちとせに一声かけた。ちとせはふだん通りに見送り、伊藤の背中に向かって声をかけた。

「お父さん、負け戦だったら、帰ってきても家には入れませんよ」

清澄な空気によく通る、明るい声だった。石田がハッとしてちとせを見ると、さわやかな笑顔だった。伊藤はその言葉に答えず、振り向きもせずに、ゆったりとした足取りで車に乗り込んだ。

「長官は黙って目を細められただけでしたが、いかにも満足そうでした。私は、あぁ、これは長官の奥様も覚悟されとるな、奥様が言われた言葉はお別れなんだな、長官ご夫妻はよほど気持ちが通じ合っておられるんだな、と感じ入りました」と、石田は回想している。

もはや、勝ち戦など望み得ぬことくらい、ちとせは承知している。東京でも空襲が始まっており、銃後の暮らしさえ、明日はどうなるか分からない戦局なのである。「どうぞ英霊となって帰ってきてください」は「負け戦だったら家には入れない」という呼びかけは、「どうぞ英霊となって帰ってきてください」と同義なのだ。そこには、「子どもたちのことは心配ないから、どうか心おきなく戦ってきてください」という気持ちもこもっている。必敗の戦場に赴く夫への、ちとせらしい、餞の言葉だった。

ちとせは、伊藤と石田を乗せた車が走り去り、人見街道の角から姿を消すまで、玄関前に立ちすくんでいた。これが伊藤とちとせの最後の別れとなった。

伊藤と石田を乗せた車は厚木基地に到着、そこから二人は空路、岩国基地に向かった。

「移動中の食事については、海軍省もだめ、厚木航空隊に掛け合ってもだめでした。ようやく品川の海軍経理学校分校の教官をやっているクラスメートに頼み込み、何とかご馳走をつくってもらったのです。ただ、間に合うかどうか気が気ではありませんでした」

幸い、厚木に到着すると、二個の箱弁当が届いていた。二人は機中で無事、経理学校特製弁当をつつくことができた。

岩国基地では、「大和」艦長有賀幸作大佐が待っていた。そこからランチに乗り換え、岩国沖の柱島に錨泊中の「大和」に向かった。「大和」に戻った石田は、士官食堂で、長官赴任の模様を同僚たちに打ち明けた。

「それはなんとも寂しく、窮乏にみちた着任劇だったぞ」

「そうかぁ、内地は厳しいねぇ。やっぱり艦（フネ）が一番いいなぁ」

士官たちはしきりに慨嘆したという。

大和ホテル

戦艦「大和」は、「総員甲板整列」で第二艦隊司令長官伊藤整一を出迎えた。軍楽隊の演奏の中、司令部の幕僚を従え、コツコツと靴音を鳴らして将兵の間を歩いていく伊藤。

「さすがに大きいねぇ」

斜め後ろを並んで歩く参謀長森下信衛大佐に率直な感想を述べた。

軍令部次長時代にも「武蔵」や「大和」に出張したことはある。しかし、これが自分の執務するフネだと思うと、まるきり違って見えた。全長二百六十三メートル、全幅三十八・九メートル。

「艦内をすべて見学するには一週間かかります」

小柄で童顔の森下は、伊藤を見上げるようにして答えた。森下は前「大和」艦長（第五代）である。艦長のポジションは海兵同期の有賀幸作に譲ったが、引き続き艦隊司令部のトップとして「大和」に乗艦している。

森下は「操艦の名人」といわれた。先のレイテ沖海戦では、終始危険な防空指揮所に防弾チョッキも着用せずに立ち、くわえタバコで伝声管に向かって操舵指示を出し、敵機の爆撃、雷撃を巧みにかわした。

乗組員たちは、その驚異的な能力に目を見張り、「神業」と称えたが、本人は「別に特別なことはしとらん。基本通りにやっただけだ」と意に介さなかった。戦闘中の森下は、防空指揮所と艦橋を行ったり来たりして、少しもじっとしていない。サマール島沖の海戦で、右舷機銃が漂流中の敵沈没艦乗組員に対して銃撃を加えた時には、艦内放送で直ちに中止させる措置を取った。

たびたび艦橋外郭に出て眼下の将兵に大声で冗談を言い、駄洒落を飛ばす陽気な面もあった。「おれの乗ったフネは一度も沈まん」という森下の存在は、部下たちに大きな安心感を与えていた。

（森下と有賀がいれば、操艦には何の問題もないだろう。問題はこの巨艦をどう運用するかだ）

伊藤はそんなことを考えながら長いラッタルを昇り、砲塔横の通路から上甲板へ出た。長官室はその中央部の右舷側にあった。部屋の前に、白木の神棚がしつらえてある。奈良県天理市の大和神社の分霊を祀った「大和神社」だ。

長官室の広さは二十五畳あまり。奥に大きな執務机があり、木目の壁には横山大観の「富嶽図」が架かっている。隣は長テーブルと椅子が並んだ長官公室兼食堂、さらに長官私室、浴室、トイレ、と続いていた。霞ヶ関の軍令部次長室とは雲泥の差である。

（まるで一流ホテルのスイートルームだな。これでは、「大和ホテル」と揶揄されても仕方あるまい）

ここに居ても、みな遠慮して尋ねて来ないのではないか。伊藤は、そんな不安をおぼえた。だからと言って、長官が長官室から出て来て、艦橋をウロウロしては、参謀長や艦長がやりにくかろう。

（やはり、ここに居るしかないか）

そう思い直した。

艦の中枢は、中央にそびえ立つ前檣楼である。高さは機密事項で公表されていないが、ゆうに四十メートルはある。ここに第一艦橋、第二艦橋、各作戦室、指揮所が配置されている。

伊藤はエレベーターで最上部の第一艦橋に上がった。伊藤が入ってくると、士官たちが緊張した面持ちで敬礼した。中央に海図台、その後ろに敵艦の電波を傍受する方向探知測定室があった。その下が作戦室。左右に司令官と参謀長が座る椅子がある。

かつては連合艦隊司令長官山本五十六が座乗し、レイテ沖海戦では栗田健男がここで指揮を執ったのだと思うと、感慨無量だった。最後に、第一艦橋の上、ビルの屋上に当たる防空指揮所を視察して長官室に戻った。

食堂で、森下参謀長以下、幕僚たちから現状報告を受けた。

連合艦隊はレイテ沖海戦で壊滅し、司令部だけが東京・日吉の地下壕に存在している。実戦使用可能な艦隊は、「大和」を旗艦とする第二艦隊のみである。

麾下には、「天城」「葛城」「隼鷹」「龍鳳」の空母四隻が配置されていたが、飛行機は搭載されておらず、搭乗員もいなかった。

「空母については現在、松山航空隊の飛行機に対し、着艦訓練を行う準備を進めております」

と、森山は報告したが、要するに現状は、艦載機ゼロということだった。

続いて、先任参謀山本祐二、航空参謀伊藤素衛、砲術参謀宮本鷹雄、水雷参謀末次信義、機関

参謀松岡茂、通信参謀小沢信彦、艦隊軍医長寺門正文ら幕僚、艦長の有賀がそれぞれ担当部署の報告を行った。航空参謀の伊藤は説明が終わると退艦した。飛行機のない艦隊に航空参謀はいらないからだ。

「大和」は日米開戦後、二回にわたって修理改装を行い、対空火器を大幅に強化していた。電探（レーダー）も六基設置した。しかし、洋上訓練は行っていないという。

「なぜだね」

伊藤は聞いた。

「訓練しようにも燃料がございません」

森下は平然と答えた。

「徳山の燃料廠のタンクは底をついており、シンガポールから運んで来る油槽船も次々と敵潜水艦に沈められ、こちらには届いておりません」

艦載機のない空母に、動けない戦艦。これでは浮き砲台ではないか。伊藤は暗然とした。が、言葉には出さなかった。

この後、「矢矧」に座乗している第二水雷戦隊司令官古村啓蔵、「矢矧」艦長原為一からも手短な報告があった。「矢矧」は機動力に富む最新鋭の軽巡洋艦である。マリアナ沖海戦、レイテ沖海戦を「大和」とともに戦い抜いてきた。第二水雷戦隊は戦況苦しい中にあっても士気旺盛であることが感得された。

説明を聞き終わると、伊藤はいつもと変わらぬ温顔で言った。

「では乾杯といこうか」

艦長　有賀幸作

「大和」の司令部に着任した日の夜、伊藤は、有賀幸作と二人になり、あれやこれやと雑談した。「大和」を実際に動かすのは、司令長官でも参謀長でもない。有賀だ。「大和」が沈む時、真っ先に運命を共にするのも、有賀である。

「君のことは中澤君から聞いていたよ」

「はい、私も中澤先輩から長官のお噂はかねがねうかがっておりました」

中澤とは、軍令部で伊藤の右腕として活躍してくれた第一部長中澤佑のことである。中澤と有賀は同郷（長野県）で、諏訪中学の先輩後輩に当たる。

「そうか、中澤君は切れ者だからねぇ」

「はい。諏訪中始まって以来の秀才でありました」

「ほう、そうかね。やはり、ね」

有賀は、伊藤や中澤と違って、根っからの船乗りで、机上の理論より実戦での経験を大切にする戦上手の指揮官として知られていた。性格は豪放磊落。軍帽を阿弥陀にかぶり、「水虫だから」と言って靴をはかずに草履で艦内を歩き回っている。頭はきれいに禿げ、そのうえヘビースモーカーだったため、部下たちは「エントツ男」とも呼んだ。

昭和十九年十一月六日、「大和」の第六代艦長を命じられ、十二月十日に着任した。連日の訓練では常に先頭に立ち、防寒コートも手袋も着用せずに艦橋に立った。

有賀の実家は金物屋で、長男に生まれた幸作は父作太郎から「お前はおれの跡を継ぐのだ」と命じられていた。海軍にあこがれを抱く有賀は、父に内緒で海軍兵学校を受験、合格した。だが、作太郎は頑として入校を認めなかった。

間に入ったのは当時六歳だった次男次郎で、「金物屋はおれが継ぐから兄ちゃんを兵学校に行かせてくれ」と父親に頼み込み、入校を果たした経緯がある。

「長官、私は海軍に入り、今、この大和の艦長になれたことに感激しております」

有賀は素直に喜びを語った。

「そうかね」

見かけによらず筆まめな有賀は、長男正幸（海軍技術見習士官）にこんな手紙を書き送っている。

〈大和艦長を拝命す。死に場所を得て男子の本懐、これに勝るものなし〉

伊藤は有賀の手紙の存在など知らないが、同じように長男叡が零戦搭乗員として九州におり、心情に置いては共通するところはあった。

「艦のことはすべて君に任せる。思い切りやりたまえ」

伊藤は激励した。

有賀は感極まった様子で、「ハッ」と答え、目を真っ赤にして敬礼した。

先述したが、有賀は「大和」前艦長の第二艦隊参謀長森下信衛と海兵同期（四十五期）である。さらに、「矢矧」に乗っている第二水雷戦隊司令官古村啓蔵とも同期だった。

古村と有賀は同郷でもあり、古村は海兵入学の際、村の名士である有賀作太郎に保証人を依頼している。諏訪中学では古村が一年先輩だったが、海兵入校後に留年してしまい、有賀、森下たちのいる四十五期に編入された経緯がある。古村は「底無し沼」と呼ばれるほどの大酒飲みであり、暴飲暴食によって胃腸を壊したのが、留年の理由だった。

有賀、森下、古村という気心の知れた同期三人組が、伊藤の「大和」着任から四か月余り後、そろって沖縄海上特攻に出撃することになろうとは、思っても見なかったに違いない。

三人は伊藤を敬愛しており、伊藤との人間関係もひじょうに良かったので、戦局厳しい中にあっても、「大和」と第二艦隊司令部の雰囲気はつねに和気藹々としていたという。坊津沖の決戦では、三人のうち、森下、古村は九死に一生を得、有賀は戦死した。

親の反対を押し切ってあこがれの海軍に入り、恋焦がれた「大和」の艦長に就任したことを無上の喜びとしていた有賀にしてみれば、「大和」と運命を共にできたことは本望であったろう。

有賀の最期には諸説ある。

通説は、羅針儀に自身を縛り付けて艦と共に死を迎えたというものである。吉田満も『戦艦大和ノ最期』にそう書いている。ただし、この現場を目撃した者の談話は記されていない。

これに対し、最近、有力になっているのは対空指揮所にあった羅針儀にしがみ付き、そのまま沈んだという説である。これには、有賀と一緒に防空指揮所にいた艦長付伝令や測的分隊長の証言がある。

曰く、鉄兜を被ったまま指揮用の白軍手で羅針儀をぐっと握りしめていた。

長女への手紙

昭和十九年の大晦日の夜、伊藤は急に思い立って、長女純子（すみこ）に手紙を書いた。

伊藤はこの娘については、単身赴任だった米国駐在から帰国した後、なかなか、なついてくれなった苦い思い出がある。帰国後も、夜遅く帰り、朝早くでかけることが多く、忙しくてほとんど接触がなかった。以来、何となく互いに遠慮がちな関係だった。

純子は学校の成績がよく、東京実践女学校の卒業式で答辞を読むことになった。「その日、父は凱旋将軍を迎えに行く日と重なっていましたが、学校に来て校長先生以下、みんなに挨拶して、その後、行事に出たようです。父が学校に来てくれたのはそれが最初で最後でした」と純子は振り返る。

「とにかく口数が少ないし、ふつうの親子ではなかった気がします。でも、お話をする時はゆっくりで、とてもやさしい人でした」

純子が十八歳で嫁いでからは、伊藤は、娘というより、独立した婦人に対するような敬意をもって接していた。

謹啓
無事着任致し　清澄なる海上の空気を吸って元気一杯　張り切っております　どうかご安心くだされたく
純子さんが東京に見舞いに来てくれた時の入院中のお父さんを忘れて英姿颯爽たるところを想像してもらいたいですな　呵呵
本年も今日で暮れます
元気で仲良く正月を迎えられんことを祈り上げます

右御一報まで　　　　　　　　　　　　　　　　　　　父より

伊藤はこの手紙に自身の肖像写真を添えて、純子のもとに送った。純子は昭和十九年五月に結婚し、四日市で暮らしていた。

父が長かった東京（軍令部）勤務を離れ、新しい任務に就いたという知らせは、離れて暮らす純子の不安をかきたてた。手紙はやや小ぶりの便箋に父のふだんのままの字で書かれてあった。純子は短い文章の中から父の真意を探ろうと、手紙を繰り返し読んだ。見舞いに来てくれた時の云々のくだりは、純子が前月の十一月二十日前後に上京して父に面会した時のことを指していた。

その頃、伊藤は海軍軍医学校付属病院に入院中だった。母のちとせが、伊藤の第一線出陣を予見し、純子を呼び寄せたのだ。その時、父は「前線視察と作戦指導でマニラに出張した折にアメーバ赤痢にかかってしまった」と言っていた。頬はげっそりとこけ、大きな体も縮んで見えた。

当時、伊藤は軍令部次長として心労の極みにいた。だが、今は違うようだ。

「英姿颯爽たるところを想像してもらいたい」と手紙に書いてある。純子は努めて明るくふるまおうとしている父を思い、胸が熱くなった。

話は少し先走るが、伊藤は年が明けて昭和二十年三月三日にも、純子に手紙を発信している。この時の手紙は、大晦日のものとは違って、なにやら堅苦しい印象の内容だった。


今日は朝から早春のやわらかな陽光が射して、あんまり気持ちがよいので、こんないい日は何の日だろうと考えてみたら、三月三日の雛祭りであることに気がつきました。（中略）唐詩選に「山上暦日なし」とあるように、山の上に住めば何事も変化がなく、月日の移り変わりも知らぬのどかな境地になるようですが、海の上は結構変化があって面白い。しかし雛祭りにも気がついて、こんな手紙が書けるほど余裕綽々です。ただ国民の皆さんのお役に立ちたいの一念で、がんばっています。（中略）まだまだ寒い日があるし、馴れない土地でもあるので、どうか元気に幸せに暮らしてください。


純子は手紙を仔細に点検した。

大型の私用便箋二枚を使い、父が真剣になった時に書く、独特の風格がある大柄な書体で、封筒の宛名もよそ行きの字配りで書かれてあった。純子は、そこに、「大和」着任早々の颯爽とした伊藤とは違う、最後のあいさつをする時のような改まった形の父を見た。

大晦日の手紙と比較して、これは父の遺書であると確信した。純子にとっては、十九年十一月の病気見舞いが父との今生の別れになってしまった。

大和の使い途

昭和二十年正月。

伊藤は日の出を待って第一艦橋に足を運んだ。先客がいた。有賀幸作だった。有賀は夜明け前から立っていたらしく、塑像のように身じろぎもせず、東の空を見つめていた。

伊藤は有賀の横顔を見てホッとした。

(頼もしいやつだ)

「長官、今年はどうなりますかな」

伊藤はかすかに笑みを浮かべるだけで何も答えない。有賀は重ねて聞いた。

「長官、大和は出撃するのでしょうか」

「ウム、まぁ、そう焦るな」

伊藤は明るくなってきた空を見詰めたまま、口元だけをゆるめて言った。有賀は連日、艦上で砲戦訓練や各砲の競争訓練を実施し、将兵の士気を高めていた。できれば、外洋に出て機動訓練も行いたいところだったが、燃料不足でできないでいた。

「長官、油がほしいですな」

「そうだな」

会話はそこで途切れた。たとえ、十分な外洋訓練ができたとしても、飛行機がない以上、海戦に勝利することができないのだ。

（航空機の掩護なしの出撃は、武蔵の二の舞いを演ずるだけだ）

最早、まともな戦はできない。伊藤の本音は、一刻も早い戦争の終結にあった。だが、いまそれをここで口にするわけにはいかなかった。

艦長には、まだ自分の指揮下にある部下たちの存在が実感としてあるが、司令長官には、ただ、重い決断とそれに伴う重い責任があるだけだ。

第一艦橋から戻った伊藤は大和神社を参拝した。廊下をへだてた扉を開けると、長官室である。司令長官は孤独である。伊藤はふだん、長官室からほとんど外へ出ることがなかった。一人で考え、一人で苦しみ、一人で食べ、一人で眠った。「艦内秩序」というものが、それを長官に要求した面もある。

公務については、参謀長、先任参謀、副官が必要最小限の連絡を取り、私用は従兵が処理した。自分が出した結論は沈黙の中に吸い取られ、部下から反響が返ってくることはまれだった。

「さて、この大和をどう使うかだ」

執務机についた伊藤は、海相米内光政から託された課題について黙考した。

戦局はいよいよ末期的症状を呈していた。新春早々、米軍はルソン島に上陸、山下奉文大将率いる第十四方面軍は北部山岳地帯に後退した。暮れに首相小磯国昭が発した「レイテが天王山である」というかけ声は空振りに終わったのだ。

ビルマや中国でも日本軍は連合軍に押され始めた。

（小磯さんはなぜ断固終戦へ向けて動き出さないのだろうか。米内さんは何を考えておられるのか）

伊藤は軍令部次長として三年四か月の間、自分を殺した世界で生きてきた。個人と国家、個人と組織（海軍）の意見は必ずしも一致するものではない。もっと主張すべきところを強く主張すべきだったという反省もある。

（結局、自分もこの泥沼の戦争に加担してきたのだ）

戦争を止められなかった批判は甘受しなければならない。軍令部次長として関わってきた開戦以来の作戦で、すでに三十万人の将兵が戦死している。今さら弁解は許されない。

そこで、いま直面している問題だ。冷静に考えて、航空機の援護を期待できない第二艦隊の出撃は暴挙だ。無謀な艦隊行動には反対しなければならない。だが、これまで中央で第一線を鼓舞する側にいた者が、前線に出た途端に出撃を拒否するような弱気の意見を具申するのは何とも心苦しい。

（自分が軍令部次長だったらどう考えるか。山本五十六長官が生きておられたらどう決断されるか）

伊藤は熟考を重ね、自らの考えをまとめた。

「大和」は陸岸につないで「浮き砲台」として使う。これが現時点で導き出せる結論だった。しかし、司令長官である自分が今すぐに、それを口にするわけにはいかない。自らの考えは考えとして肚におさめて、さらに状況を見極める必要があった。

仮に軍令部次長の職にとどまっていたならば、「艦隊の無謀な運用には反対」と明言できただろうが、第一線の指揮官としては、軽々な行動は慎まねばならなかった。

二月に入ると、マニラが陥落し、米軍は硫黄島に上陸してきた。残存艦艇をどう使用するかについて、軍令部の見解もまとまりつつあった。

戦艦は五隻残っている。「大和」「長門」「榛名」「伊勢」「日向」である。

軍令部は、これらを呉と横須賀に分けて係留する方針を打ち出した。日吉の連合艦隊司令部もおおむねこれを了承したが、「大和と矢矧だけは活用方法を別途考えたいので係留予定から外してほしい」と主張し、軍令部との調整が続いた。

予備学生との対話

「大和」に出撃の時が近づいていた。

各部署で指揮をとる士官たちも続々と乗り込んで来た。要員が増え寝室が満杯になると、若い士官たちは艦内の空きスペースを見つけて、ハンモックを吊った。最上甲板にある大和神社前の狭い空間にも、五、六人の艦隊司令部付の中尉、少尉が仮の寝所を確保していた。

ある夜更け、そこを通りかかった伊藤整一は、見覚えのある顔を見つけて、声をかけた。彼は伊藤の靴音にも気づかず、読書に熱中していた。

「おう、君は予備学生出身だったね」

「はいッ」

彼は転がりそうになりながら慌ててハンモックから降り、よろけながら気をつけの姿勢を取った。

「まあ、そう硬くならんでもよろしい」

「はいッ」

「名前は?」

「渡辺光男少尉、艦隊司令部通信参謀付であります」

「何を読んでいるのかね」

伊藤はハンモックに置かれた読みかけの本を指して聞いた。

「はッ、これは私物でありまして……」

「ほう、トルストイか、君はなかなか良いものを読んでいるね」

伊藤は本を手に取って言った。

「渡辺少尉、こういう本はガンルーム(士官次室)で堂々と読んだらいい。遠慮することはない」

ガンルームとは青年士官たちの居室である。

「はッ」

渡辺は鯱張って、突っ立ったままだ。伊藤は頬を緩めて、こう誘った。

「渡辺少尉、一緒にお茶でも飲もう。寝巻きのままでいい」

司令長官の私室は大和神社の隣である。渡辺は伊藤がいったん長官私室に入ったのを確認してから、息をつめ、扉をノックした。恐る恐る入室すると、伊藤も寝巻き姿で寛いでいた。伊藤は手招きして、渡辺を椅子に座らせた。

「君は、あの時、一人だけ顔を赤くしていたから、よく覚えているよ」

「あの時」とは、恒例行事の長官との会食のことである。司令部付の士官が着任すると、数人ずつ、まとめて長官の陪食を仰せつかる。その席で、シャンパンが一杯出る。渡辺はほとんど酒が飲めない体質だが、一人だけ辞退する勇気がなく、無理にぐいと一息で飲んだ。すると、全身がカッカとほてり、顔が真っ赤になった。伊藤はそれを目ざとく見つけていたのだ。

こうして相手の気持ちをほぐしておいてから、伊藤は聞いた。

「君たちのように学生から直接海軍に入って第一線で戦っている人たちはどんな気持ちでいるのか、教えてくれないか」

海軍予備学生は、旧制の大学・高等学校・専門学校卒業生から志願により採用され、一年ほどの訓練期間を経て少尉に任官させる制度で、昭和十七年に第一期兵科予備学生が採用された。いま、その人数は兵学校出身者と変わらぬほどにふくれあがっている。

「私や私の息子のように兵学校出身の人間ならば覚悟ができていて当然だが、君たちが本当は何を考えているのか、聞かせてもらいたいんだ」

渡辺は唐突に核心に迫る質問を受け、面食らった。伊藤はふだんと変わらぬ穏やかな微笑を浮かべている。その目は父が息子を眺めるようだった。

渡辺は伊藤の優しいまなざしに言葉を引き出されるように、こう答えた。

「仲間が大勢死んでいます。情勢がここまでくれば、私たちも与えられた職務に最善をつくし、よき死に場所を得るだけです」

「うん、そうか」

伊藤は深くうなずいた。その表情はどこか悲しげに見えた。別れ際、伊藤は話題を変えて言った。

「今度、艦内の相撲大会をやる時は、君たち学徒出身者にも大いに活躍してもらいたいと思っている。いつも機関科あたりの下士官が幅をきかせているが、諸君の意気盛んなところもぜひ見せてくれよ」

「はい、がんばります」

渡辺は一礼して長官私室を辞去した。それから自分のハンモックにくるまった渡辺は、なかなか眠れなかった。長官とのやりとりに不首尾はなかったか、頭の中で繰り返し点検した。

（長官のご子息は確か、兵学校七十二期、飛行科だと聞いている。職業軍人とはいえ、二十歳そこそこだ。長官はご子息と同世代の学徒出身士官の言葉を借りて、ご子息の本音を確かめておきたかったのではあるまいか。とすれば、自分の回答は、長官の心中をいささかでも静めることになっただろうか。あるいは、型にはまった決意を述べたことが、かえって内心の不安をもらしたように受け取られただろうか……）

渡辺は煩悶して何度も寝返りを打った。

長男　伊藤叡

艦隊司令部付の渡辺光男少尉と私室で寛いだ夜、伊藤整一は長男の叡（あきら）と酒を酌み交わした日々を懐かしく思い出していた。

（もう叡に会うことはなかろう）

渡辺に声をかけ、つい話をしてみたくなったのは、そんな思いもあったからだ。叡はいま、鹿児島の出水基地にいた。妻ちとせは、一人息子である叡に、実家の父や兄にならって医者になるよう強く勧めていた。叡はそれを振り切って、昭和十五年十一月、東京府立第六中学から海軍兵学校に進んだ。

息子を医者にする望みを捨てきれないちとせは、「それではお父様に相談してみましょう」と言って伊藤に話を持ちかけた。しかし、伊藤は「本人の判断に任せる」という態度を変えなかった。

事が重大であればあるほど、親として子供に指図はしないという主義を通したのだ。それは伊藤自身の経験からくるものだった。

伊藤は農家の長男に生まれた。当然ながら親の後を継ぎ、先祖伝来の田畑を守るべき立場にあったが、そうしなかった。自ら中学進学を願い出て、その後、兵学校に進んだ。同じく、叡も自分の意志を貫いて軍人の道を選んだのだった。

叡をよく知る兵学校同期（七十二期）の池田武邦はこう語る。

「彼とは一号（最上級生）時代、同じ教室で講義を受け、棒倒しも同じチームだった。ひじょうに真面目で誠実、寡言実行、まさに九州男児という感じだった。親父さんがお偉いさんであることなどおくびにも出さなかったので、彼が海軍中将伊藤整一の息子だなんて知らない生徒が多かったと思う。親父さんは背の高い人だったけど、彼はわりと小柄だった」

ちなみに、池田は「矢矧」に乗艦、「大和」に随伴して沖縄水上特攻に出撃。「矢矧」沈没後、海に投げ出されて五時間漂流し、駆逐艦「冬月」に救助された。「僕が生還できたのは、第二艦隊司令長官伊藤中将が『突入作戦中止』を命じてくれたから。伊藤提督は僕の『命の恩人』です」と言う。

叡たち七十二期の兵学校卒業は昭和十八年九月。叡は飛行科を専攻し、戦闘機乗りとして筑波航空隊から第五航空艦隊に配属になり、特攻機の直掩隊として出水に進出していた。池田は「当時の兵学校生徒は皆、飛行機乗りにあこがれた。僕も飛行機に乗りたかったが、適性がなかった。適性検査で椅子を回され、立った時にふらふらしてだめだった」と振り返る。叡は、頭脳だけでなく、運動神経も抜群だったのだ。

霞ヶ浦航空隊での訓練中や筑波航空隊時代は、休暇のたびに杉並の自宅へ帰って来た。晩酌ともなると、父子ともに酒豪なので、一升瓶が軽く二本空いた。かといって、二人とも酔っ払うことはなく、歌をうたうようなこともない。

日々の訓練や飛行気乗りの日常について短い会話を交わすくらいのものだった。それでも、伊藤が一人息子と盃を重ねている間、至極上機嫌であるのを、家族はよく知っていた。

叡はまた、実家が遠くて帰省できない同僚をしばしば家に連れて来た。そんな折は、ちとせが腕によりをかけて手料理をふるまった。航空隊で同室の仲間が戦死した、と言ってしょんぼり一人で帰宅したことがあった。その晩は浴びるように酒を飲み、夜中に暴れて近所に迷惑をかけた。日頃は強がりを言っていても、内心には扱いかねるほどの「人間らしさ」が隠されていたのである。

この時ばかりは、伊藤も叡を叱った。戦闘機乗りという重要な責務を負っている士官である以上、いかなる理由があろうとも自制心を失ってはならないと、釘を刺しておきたかったからである。長々と説教をするようなことは嫌いな伊藤である。長身から見下ろすように息子を見据え、ただ一言いったものである。

「酒に呑まれるような飲み方をするもんじゃない」

叡が戦闘機搭乗員としての腕を上げていく一方で、戦局は悪化の一途をたどり、やがて絶望的になっていった。父子の酌み交わす酒もしだいに苦い味になり、会話の調子も激しくなった。

「オヤジなんかいても戦争には勝てない。おれたちみたいな若者がいないとだめなんだ」

息子がわめくのを、黙って笑いながら聞いている父——そんな光景も今はほろ苦い思い出だった。伊藤はちとせと三人の娘には遺書を書いているが、叡には何も残していない。それは、父と息子のどちらが先に戦死するか分からない状況だったからだろうし、父が息子を「わが子」ではなく、「一個の武士」として対等に扱っていたからだともいえるだろう。

恐懼ニ堪ヘズ

「大和」は昭和二十年二月中旬までに呉軍港のドックで修理と機銃増設工事を完了した。その後、単艦訓練に入った。といっても、岩国沖の柱島付近をうろうろして、自慢の四十六センチ主砲も照準動作を繰り返すだけだった。

わが国は、南方からの資源輸送ルートを絶たれ、深刻な燃料不足に陥っていた。したがって、大量の重油の消費する「大和」のような巨艦は、そうそう外洋を走り回るわけにはいかないのだった。

春が近づき、瀬戸内海のうねりがゆるやかになっても、「大和」は柱島から動かず、日吉の地下壕に置かれた連合艦隊司令部からの命令を待つ日が続いた。

三月十七日、小笠原諸島・硫黄島で奮戦していた栗林兵団司令部が決別電報を発信した。硫黄島では、海軍航空部隊が特別攻撃隊を繰り出して必死の応戦を試みていたが、水上部隊はなすすべもなかった。

二日後の三月十九日、米機動部隊が突如、室戸岬沖に現われ、艦載機三百五十機を繰り出して呉軍港を襲った。敵はいよいよ、わが懐の内海にまで迫ってきた。柱島に在泊していた「大和」も攻撃を受けた。

「大和」は艦長有賀幸作の巧みな回避行動で攻撃をかわし、一万五千発の砲弾、機銃弾を打ち上げて敵機を追い払った。

（いい訓練になった）

「大和」座乗の伊藤整一は思った。この空襲で、「大和」の被害はほとんどなく、呉に入渠中の軽巡洋艦「矢矧」も無事だった。しかし、戦艦「榛名」「日向」、空母「天城」がいずれも小破し、空母「葛城」「鳳翔」「海鷹」が軽微な被害を受けた。

六日後の三月二十五日、日本列島を大寒波が襲った。二十六日早暁、呉の街は一面、雪に覆われた。この日、敵は沖縄本島西方の慶良間列島に上陸を開始した。連合艦隊司令部は直ちに「天一号作戦」（南西諸島方面における航空作戦）を下令した。大航空兵力を展開できる九州を拠点にして、全力を尽くして沖縄の敵機動部隊を撃滅するという一大作戦だった。

軍令部総長及川古志郎が皇居に参内し、奏上した。天皇は「天一号作戦は帝国安危の決するところ、挙軍奮励をもってその目的達成に違算なからしめよ」と述べられた。

「航空機による特攻攻撃を激しくやります」

及川が重ねて奏上すると、陛下は「海軍にはもうフネはないのか、海上部隊はないのか」と下問された。及川は言葉に詰まり、回答できないまま恐懼して下がった。

「陛下は、航空特攻だけでなく、フネの出撃も望まれている」

及川は連合艦隊司令長官豊田副武に伝えた。豊田は同日「一九二二」（午後七時二十二分）、緊急電を発した。

「畏レ多キ御言葉ヲ拝シ、恐懼ニ堪ヘズ、臣副武以下全将兵殊死奮戦誓ツテ聖慮ヲ安ンジ奉リ、靭強執拗飽ク迄天一号作戦ノ完遂ヲ期スベキ」

「大和」と伊藤整一の運命のカウントダウンが始まった。

佐世保回航　囮作戦

「海軍にはもうフネはないのか、海上部隊はないのか」

天皇の御言葉に応え得る部隊は、いま、伊藤が司令長官をつとめる第二艦隊のみとなっている。もともと、第二艦隊は重巡十三隻を主力部隊とし、水雷戦隊二個戦隊を伴った強力な艦隊だった。それが今は、戦艦一、空母四、軽巡一、駆逐艦十。これが、目下、稼働可能な日本海軍水上部隊のすべてである。

連合艦隊司令部はこの艦隊を囮として敵機動部隊を九州方面につり上げ、内地の航空部隊で敵機動部隊をたたき、敵の沖縄侵攻を頓挫させようと考えた。

連合艦隊は第二艦隊に対し、次のような命令を発出した。

「豊後水道を通過し、九州南端を回って佐世保に前進待機せよ」

「大和」艦橋の第二艦隊司令部で電報を受け取った伊藤は唖然とした。

「大和を囮にするということか」

そうつぶやいて、隣にいる参謀長森下信衛に電報を返した。

「長官、これは作戦とは言えません。冗談じゃないですよ」

（森下の言う通り、これは愚策だ）

伊藤はそう思ったが、口にしなかった。

「敵機動部隊をわが基地航空隊の攻撃圏内に誘致する企図はわかります。しかし、なぜ佐世保に？」

森下は重ねて聞いた。

「それは、呉にいるよりはいくらかは沖縄に近く、かつ、空襲時の安全度も高いと判断したのだろう。参謀長、これで、大和を浮き砲台として使う選択肢はなくなったな」

伊藤は気持ちを吹っ切るように森下に命じた。

「参謀長、出港の準備を怠りなく頼む」

機関、兵器の点検整備が行われ、弾薬、食糧が積み込まれた。乗組員全員を交代で上陸させ、少年兵には家族を呼ぶよう伝えた。

三月二十八日、「大和」の艦内スピーカーから出港準備が告げられると、巨大な煙突から久しぶりにモウモウと煙が上がった。午後五時半、「大和」は「矢矧」と駆逐艦を率いて呉軍港を出港した。岸壁に残存艦艇の乗組員やドックの工員たちが出てきて、「帽振れ」で見送ってくれた。

伊藤は、レンガ造りの鎮守府の建物や倉庫群、ドックなど見慣れた風景を見つめ、別れを告げた。前甲板は、戦闘服の乗組員たちで埋まっていた。

艦長有賀幸作が、天一号作戦の目的と「大和」の使命を述べた。

「乗員各員は捨身必殺の攻撃精神を発揮し、日本海軍最後の艦隊として全国民の輿望にこたえるべく、総員は奮起されたし」

途中、砲撃訓練を実施し、いったん三田尻沖に錨を下ろした。出撃の際、豊後水道を一気に南下できるようにするためだ。日はすでに三田尻沖の島陰に傾きかけていた。

すると――。敵機動部隊はこの日午後五時ごろから、機先を制して南九州及び奄美大島に襲いかかった。伊藤のもとには、来襲した敵機は二百機、との報告が届いた。これは、南西諸島近海に多数の敵空母が展開していることを裏付けていた。敵はもう、目と鼻の先にいる。もはや、敵を吊り上げるための囮は、必要ない。

結局、佐世保回航は延期、意味のない作戦は中止となった。しかし、先手を打ってくる敵に対し、泥縄式の応急策しか取れない苦境に陥っていることには、何ら変わりはなかった。

海上特攻の準備命令

四月一日、米軍はついに沖縄本島への上陸を開始した。日本軍守備隊の抵抗は少なく、米軍は夕方までに本島中部の北飛行場、中飛行場を占領した。

伊藤は第二艦隊司令部とその傘下にある第二水雷戦隊司令部の幕僚を長官公室兼食堂に招いた。

幕僚たちは長テーブルを囲んで、今後取るべき道について協議を重ねた。幕僚たちの意見はほぼ一致していた。

「貧弱な援護機しか持たない水上部隊を無理に突入させても、途中で壊滅することは必至である。この際、艦隊を解散して艦自体を浮き砲台とし、不要な人員弾薬は陸揚げして本土決戦に備えるのが、最も有利な方策である」

伊藤は、幕僚たちの話にじっと耳を傾けている。無用の出血を避け、本土決戦に兵力を温存するという判断は合理的であり、正論だった。ただ、司令長官という立場上、ここで声高に同意を表明するわけにはいかなかった。

伊藤の気持ちを掬い取ったのか、あるいは沈黙を守る伊藤にしびれをきらしたのか、第二水雷戦隊の司令官古村啓蔵が動いた。

四月二日、古村は軽巡洋艦「矢矧」の司令部に改めて幕僚や所属艦長を集め、米軍の沖縄上陸への対処方針を決める会議を開いた。検討すべき案は次の三つとした。

一、連合艦隊最後の艦隊として沖縄突入作戦を実施する
二、好機が来るまで兵力を温存する
三、陸揚げ可能な兵器、弾薬、人員を揚陸して陸上防衛に務め、残りは浮き砲台とする

結論は、やはり「三」案で動かなかった。従前の協議と同じ結果である。

翌三日、古村は「大和」の長官室に伊藤を訪ね、会議結果を報告した。

「長官、第二艦隊は解散、大和は浮き砲台として使う――これが水雷戦隊の一致した意見です。ぜひ、この方向で中央に具申していただきたい」

「ウム」

伊藤はようやく首を縦に振った。

「古村君、ありがとう」

伊藤は熟慮断行の人であるが、いったん決めたら、手を尽くして、とことん初志を貫く。

「それでは、さっそく、先任参謀から連合艦隊司令部にわれわれの考えを上申させよう」

先任参謀とは第二艦隊首席参謀山本祐二である。

「そうしていただければ、無駄死には避けられます」

「そうだな」

伊藤はいつもの穏やかな笑顔を見せた。古村が辞去すると、伊藤は山本を長官室に呼んだ。

「山本君、第二艦隊の解散案を艦隊の総意として豊田さん（連合艦隊司令長官）に進言してほしい。電報ではまずいから、呉に上陸して秘密電話をかけてくれ。頼んだぞ」

「承知しました」

山本は早速準備に取りかかったのだが――。

当たり前のことだが、当時は携帯電話がない。電話はすべて有線回線である。したがって、海上の「大和」と日吉の連合艦隊司令部との間で、直接電話会談することはできなかった。この時間差が災いした。

四月四日、山本が上陸して電話をかけ、第二艦隊の意思を伝える直前に、連合艦隊司令部は航空部隊に対し、総攻撃の準備命令を発出したのだ。続いて海上部隊にも同様の命令が発せられるのは必至だった。連合艦隊司令部は「三」案ではなく、「一」案を採用したのである。

五日午後一時五十九分、連合艦隊司令部は予想通り、海上特攻部隊の「出撃準備命令」を発出した。

GF（連合艦隊）電令作第六〇三号

第一遊撃部隊（大和、第二水雷戦隊・矢矧および駆逐艦六）ハ海上特攻トシテ八日黎明沖縄ニ突入ヲ目途トシ急遽出撃準備ヲ完成スベシ

随伴艦を要求

第二艦隊は解散、「大和」は浮き砲台として活用すると決め、それを進言しようとした矢先の特攻準備命令に、伊藤はすぐさま反応した。

「急ぎ、返電せよ」

電話では間に合わないと判断し、電文で反対意見を具申した。

反対理由は、沖縄突入が成功する公算は極めて小さいのに、その代償として失う将兵の犠牲が

大きすぎる、という点である。

加えて、作戦目的の曖昧さも指摘した。艦隊の出撃目的が神風特攻隊の戦果を拡大するための囮にあるのか、それとも万に一つの僥倖を頼んで陸軍と呼応して敢行する突入にあるのか、はっきりしない、という主張である。

「十分に納得できなければ、貴重な人員、兵器を預かる者として責任を果たせない」

伊藤は厳しく問いただした。だが、連合艦隊司令部はウンともスンとも言ってこない。恐らくは、伊藤に指摘されるまでもなく、理不尽極まる命令であることは分かっており、「聞きおく」しかなかったのだろう。

伊藤は艦隊編制についても注文をつけた。

「突入兵力は大なるを可とする。随伴する駆逐艦が六隻では過少である」

単純にみると、特攻の道連れを増やせ、という要求に見える。だが、これは伊藤の深慮遠謀だったのではないか、と筆者はみている。伊藤は「大和」が沈んだ後のことを考え、海に投げ出された兵員をできるだけたくさん救助するための「救助船」を確保しておきたかったのではあるまいか。

敵の攻撃が「大和」に集中することは十分に予測できる。フィリピン・シブヤン海での「武蔵」がまさにそうだった。伊藤はそれを見越して、その先の手を打ったに違いないのだ。事実、伊藤は、「大和」が沈む直前に特攻作戦を中止させ、残存する駆逐艦に救助を命じている。

この「随伴艦を増やせ」という伊藤の要求については、連合艦隊司令部も折れてきた。

「駆逐艦を六隻から八隻に増やす」と返信してきたのだ。連合艦隊は以上でやりとりを打ち切り、午後三時、「出撃命令」を発した。

ＧＦ電令作第六〇七号
海上特攻隊ハＹ－１日黎明時豊後水道出撃、Ｙ日黎明時沖縄西方海面に突入、敵水上艦艇並ニ輸送船団ヲ攻撃スベシ、Ｙ日ヲ八日トス

海上特攻の命令である。部隊編制は次の通りとなった。

▽第二艦隊　司令長官　伊藤整一中将
旗艦　戦艦「大和」及び第二水雷戦隊九隻
▽第二水雷戦隊　司令官　古村啓蔵少将
旗艦　巡洋艦「矢矧」
第四十一駆逐隊「冬月」「涼月」
第十七駆逐隊「磯風」「浜風」「雪風」
第二十一駆逐隊「朝霜」「霞」「初霜」

古村啓蔵は、後に私記「沖縄海上特攻作戦」にこう記している。

「突如、伊藤第二艦隊司令長官以下六千八百余名の将士に沖縄海上特攻準備命令は下令され、問答無用とばかり、一時間一分後の午後三時、本命令は下ったのである」

伊藤はこの出撃命令に対しても注文をつけた。

「出撃日時は、敵の動静、特に内地空襲部隊の行動と密接に関連している。中央が予め指定した場合にはタイミングを失する恐れがある」

連合艦隊はこれを受け入れ、「豊後水道出撃の日時は、伊藤長官の所定とする」旨返電してきた。

だが、伊藤の作戦に対する根本的な疑問がこの程度の修正では解消するはずはなかった。伊藤の執拗な意見具申に手を焼いた連合艦隊は電報による説得をあきらめ、直談判を試みることにした。そこで、鹿児島県・鹿屋航空基地に出張中の参謀長草鹿龍之介を「大和」に急派し、伊藤と会談させることにした。

こうした連合艦隊司令部の強引さの背景には、軍令部総長及川古志郎が天皇のお言葉に恐懼し、一刻も早く、「大和」「矢矧」以下の水上部隊を活用しなければという焦りがあったとみてよいだろう。

少尉候補生退艦

話を二日前に戻す。第二艦隊の出撃が目前に迫った昭和二十年四月三日、戦艦「大和」と軽巡洋艦「矢矧」に少尉候補生七十三人（兵科六十六人、主計科七人）が乗艦してきた。海軍兵学校と海軍経理学校を三月三十一日に卒業したばかりの青年士官たちである。

「大和」「矢矧」の所在は、むろん、秘匿されている。したがって、候補生たちは、いったん江田島の表桟橋を出た後、島を一周して再び兵学校に戻された。暫時、兵学校の喫茶休養施設「養浩館」で待機、四月三日になって三田尻沖の「大和」「矢矧」にそれぞれ配乗となった。

当時、「矢矧」のケップガン（士官次室室長）だった池田武邦はこう振り返っている。

「矢矧に乗り込んで来たのは二十七人（兵科二十四人、主計科三人）。ケップガンが指導役だったので、僕が彼らの一か月分の艦船勤務カリキュラムを作成しました。二十七人を一人ずつ振り分けるほどの部署はありませんから、一つの配置に五、六人ずつつけ、教育・訓練を施すことにしました」

出撃予定日の四月六日まで、あと三日。候補生たちは先輩士官の下で猛訓練を開始した。

四月五日午後三時、司令長官伊藤整一は候補生へ向けて、艦内スピーカーを通じて次のように訓示した。

「諸子、国家存亡の時機にあたり、ようやく海軍兵学校を卒業し、戦に間に合い、慶賀にたえない。よろしく本艦隊の任務を解し、全力を挙げて任務に邁進すべし」

艦内は出撃準備で慌ただしい。駆逐艦が横付けして燃料搭載作業が始まると、候補生は「燃料搭載見学」を命じられた。中には慣れない作業を進んで手伝おうとする者もいた。しかし、テキパキ動き回る兵員たちに比べて、乗艦間もない候補生たちの動作は緩慢だった。艦内地理にも不案内で、オロオロとまごついている。

第二艦隊副官石田恒夫はたまりかねて参謀長の森下信衛に言った。

「参謀長、あいつらは降ろしましょう」

石田が指さす候補生を見て、森下はうなずいた。

森下は、「大和」艦長有賀幸作からも同じ相談を受け、伊藤に相談してみようと思っていたところだった。森下は、長官室を訪れ、伊藤に進言した。

「長官、せっかく訓示が終わったばかりですが、候補生は降ろしませんか」

伊藤は詳細を聞かず、即答した。

「ウム、ぜひそうしてくれ」

最初から決めていたような口ぶりだった。

「参謀長、それから、各艦の病人、老兵、艦載機の飛行科員らも一緒に退艦させてくれ」

「はい、承知いたしました」

森下は晴れやかに答えた。森下が退出すると、伊藤は安堵の息を吐いた。

「これでよし」

すべて、突入作戦の結末を見通して考えていた措置であった。

伊藤の命令は迅速に下達された。午後五時三十分、「大和」と「矢矧」の艦内スピーカーが同時に鳴った。

「候補生、退艦用意」「候補生、艦長室前集合」――続いて「大和」から「矢矧」へ発光信号が発せられた。

発　第二艦隊司令長官
宛　大和艦長、矢矧艦長
本文　大和ノ候補生ハ一時「葛城」ニ、矢矧ノ候補生ハ一時「龍鳳」ニ移乗セシム　終リ

「大和」では、候補生たちがいぶかしげな表情で艦長室前に集まった。

「候補生そろいました」

副長能村次郎が艦長室に入り、有賀に報告した。有賀は候補生一同の敬礼を受けると、おもむろに口を開いた。

「大和乗り組みは皆の長い念願だったと思う。しかし、熟慮の結果、今回の出撃には皆を加えないことになった。沖縄にはわれわれが行く。出撃を前に退艦するのは残念だろうが、君たちには後に残ってやってもらいたいことがある。第二、第三の大和が待っておるだろう。それに備えてよく練磨し、立派な戦力になってもらいたい。では、ごきげんよう」

有賀はそれだけ言うと、艦長室に消えた。候補生たちは、呆然とした。

「貴様たちは邪魔だ」

いよいよ出撃だと興奮していた少尉候補生たちの落胆は予想以上に大きかった。「大和」の甲板に足音が交錯する。

「連れて行ってくださいッ」

候補生は先輩士官たちに詰め寄った。

「お願いします」「再考をお願いします」

一人の声は、あっという間に全員の叫びとなった。先任（同期の中で成績トップのクラスヘッド）の阿部一孝が候補生四十六人を代表して艦長有賀幸作に直談判することになった。有賀はすでに艦橋に上がり、戦闘服に身を固めて配置についている。阿部はラッタルを一気に駆け上り、艦長の前に立った。有賀は阿部をちらりと見て、やっぱり来たな、という顔をした。

「命令の撤回をお願いします。沖縄へ同行させてください」

阿部は懇請した。有賀は黙って聞いている。副長の能村次郎が「貴様らは、もっと鍛えなければどうにもならん。連れて行くわけにはいかん」と追い返す。

いったんはガンルーム（士官次室）に戻った阿部だが、同期生たちに取り囲まれて尻を叩かれ、再度ラッタルを登ることになった。今度は同期生たちも後から付いてきた。有賀は、彼らをにらみつけて、ぴしりと言った。

「この戦はまだまだ先が長い。お前たちにはもっと働きがいのある戦闘が待ち構えておる。自重せよ」

有無を言わさぬ厳しい口調だった。阿部たちは涙を飲んで引き下がった。指導官の副砲長清水芳人が、うなだれる候補生たちを集めて慰めた。

「貴様らの気持ちはよーく分かる。しかし、乗艦したばかりで、まだ配置もないではないか」

清水の説諭でようやく全員が諦めた。

「矢矧」の候補生たちはどうであったろうか。艦長原為一の態度は淡々としたものだった。

「連れて行ってください」

と懇願する候補生に対し、きっぱりと言った。

「今度の戦は実戦を経た者だけでやる。貴様たちのような未経験者は邪魔になる」

原はすでに今作戦の悲劇的結末を十分に知って、倉庫に満載していた乗組員千人分の食糧二十日分を、「五日分もあればよい」と言って、徳山軍需部に返納していた。指導官のケップガン池田武邦も「残って奉公するのも国のためだ」と言って取り合わなかった。

ただ、池田は出撃準備の合間を縫って、ガンルームで送別会を開いてやった。候補生の平均年齢は十九歳。したがって、アルコール抜き、たばこ抜き、である。決別にふさわしい、清々しい宴だった。

「残念であろうが、艦長の言われる通り、潔く降りてくれ。では、ごきげんよう」

池田のあいさつに送られて、四月六日払暁、候補生たちは「矢矧」を退艦。駆逐艦「花月」に乗って徳山に上陸、陸路、呉に向かい、「龍鳳」に移乗した。乗艦からわずか四日。艦内地理も身についていない彼らの「教育」から解放された池田は、肩の荷を下ろした。

「正直なところ、やれやれ、これでやっと自分の任務に専念できると思いました。自らの死に場所も明確になり、実にさっぱりした気持ちでした」

一方、「矢矧」を退艦した少尉候補生の一人、青木和男（海兵七十四期）は、当時の心境をこう振り返っている。

「先輩方と運命を共にし、日本国のために戦えることに誇りを感じていた中で、突然、船から降りることになり、絶望感に苛まれ、申し訳ない気持ちがこみ上げてきました」（「伊藤整一海軍大将没後七十周年記念誌」より）

青木は戦後も「自分はなぜ生き残ったのか」と自問し続けた。機雷の掃海などに約五年間従事した後、旧帝大を受験し、大学院への進学を経て工学博士となり、九州大教授、佐世保工専校長などを歴任、平和の世の礎となる多くの若者を育てた。

「今思うと、伊藤長官のご英断によって私たちの命は救われました。これからの日本を支え、生きろという思いが込められていたように切実に感じています。戦後七十年を迎えるこの年まで、家族や孫たちに囲まれて生き続けることができたのも、伊藤長官から命を繋いでいただいたおかげです」（前掲書）

「酒保開け」

昭和二十年四月五日、山口県三田尻沖の瀬戸内海。

そこには、かつて、太平洋を圧した連合艦隊の威容はない。幾つもの海戦を生き残った幸運艦十隻が島影に身を潜めて、出撃命令を待っている。第二艦隊所属の戦艦「大和」、軽巡洋艦「矢矧」、駆逐艦「磯風」「浜風」「雪風」「朝霜」「初霜」「霞」「涼月」「冬月」である。

午後三時、各艦で艦内放送が流れた。

「定刻二時間前に日課終了。各分隊、酒保物品受け取れ」

続いて「酒保開け」が告げられた。最後の酒宴が許されたのである。

伊藤は「大和」最上甲板の司令長官公室に「大和」艦長有賀幸作、第二艦隊首席参謀山本祐二以下、司令部の参謀たちを招いて宴を張った。

伊藤は今なお、連合艦隊司令部の煮え切れない態度を歯がゆく思っている。

（海軍中央はなぜ、はっきりと海上特攻作戦の意義をわれわれに語ってくれないのか。中央の意思が明確に示されない限り、部下たちに一緒に死んでくれ、とは言えない）

しかし、出撃は目前に迫り、今日は最後の大宴会である。伊藤は内心を秘して、努めて明るく振舞った。長官公室に集まった幕僚たちは皆、さわやかな笑顔を交換し、杯を重ねている。

「山本君、まあ、一杯いこう」

伊藤は、山本に酒を勧めながら言った。

「沖縄の海岸に行って、世界最大の四十六センチ砲をもう一度撃ってやりたいものだな」

聞き上手で寡黙な伊藤が気さくに語りかけてくるのは珍しいことだ。

「同感です」

山本はびっくりした顔で答えた。

「何とかしてたどり着こうじゃないか」

「はい」

伊藤のいつになく快活な表情に、山本はなぜか涙ぐみそうになった。

山本は鹿児島市高麗町に鹿児島貯蓄銀行（現在の鹿児島銀行の前身の一つ）頭取山本平吉の次男として出生。県立第二鹿児島中学を四年で修了し、海軍兵学校（五十一期）に入った。ハンモックナンバーは二番。卒業時に御下賜の短剣を拝受したエリートだ。その山本の生涯に影を落としたのは昭和十九年三月の「海軍乙事件」だった。連合艦隊参謀長福留繁とともに二番機に搭乗していて戦死を免れ、捕虜となった。この際、作戦計画書、暗号書など海軍の最重要機密が米軍の手に渡ってしまった。

以後、山本はどこか死に場所を探しているように見えた。昭和十九年八月、第二艦隊首席参謀となり、十月にレイテ沖海戦に参加。その際、乗艦していた旗艦「愛宕」が撃沈されたが、「大和」に移乗し、助かっている。だが、この日、伊藤と交わした杯は、正真正銘の別杯となった。

有賀はこの日、最後の出撃に未練がないようにと、乗組員に対して「無礼講の宴会」を許可した。「大和」は三千三百余名の大宴会場と化した。宴もたけなわになった頃、有賀はガンルーム（士官次室）に顔を出した。

「木魚が来たぞー」

酩酊した青年士官たちが叫び、有賀の禿頭をペチペチと叩いた。

「ワッハッハッハッ」

有賀は高笑いして、若者たちにされるに任せた。

「矢矧」の第二水雷戦隊司令官公室では、司令官古村啓蔵が「矢矧」艦長原為一や、所属の駆逐艦長、司令部の士官たちを招いて酒盛りをした。

古村は「底無し沼」と呼ばれるほどの大酒飲みである。同時に大変な部下思いの提督だったので、酒宴はいやが上にも盛り上がった。しばらくして、原以下、士官全員がガンルームに繰り出して、青年士官たちと合流した。

原は、自著『帝国海軍の最後』にこう記している。

《そこには、抜群の室長池田中尉をはじめとし、優秀なる八田中尉、松田中尉、大坪中尉、日系二世の山田少尉など二十歳そこそこの、うら若い中少尉が十数名、いずれも紅顔に微笑を浮かべて、明日の必死作戦に一点の臆するところもなく、淡々無邪気、常にもました明るさで、「貴様と俺とは同期の桜」と大声で合唱していた》

この後、士官たちはそれぞれ自分の分隊の部屋を訪れて、アルミ食器で部下と酌み交わした。宴では、お互いに、今までだれにも話さなかった失敗談を話したり、とっておきの隠し芸を披露したりした。

「明日は生きて帰る見込みのない出撃なのに、湿っぽさは全くなかった。実になごやかな和気藹々とした雰囲気でした」

「矢矧」のケップガン池田武邦は振り返る。

「日本万歳」を繰り返し、放歌高吟で最高に盛り上がったところで、解散。各自、部屋に戻って

「遺書」をしたため、身辺整理を行った。

死ニ方用意

無礼講の宴会は、時にけんかに発展する。「大和」のガンルームでは、鉄拳の雨が降る一幕があった。

「今度の特攻は無駄死にだ。おれには死ぬ事の意義が分からない」

「国のため、君のために死ぬ。それ以外に何が必要だというのだ」

酒量が増すにつれ、青年士官たちの興奮は頂点に達し、特攻の意義について激しい論戦となった。潔く散ることを美学とする兵学校出身の少尉、中尉たちは口をそろえて言う。

「戦死する事は軍人としての誇りである」

これに対し、学徒出身の予備士官が反論する。

「もっと何かが必要なのだ。何かの価値というものに結びつけたいのだ」

「どうも、学徒出身の連中は屁理屈が多い。よし、その腐った根性を叩き直してやる！」

両者の意見は激突し、一人が手を出すと、二人、三人と加わって乱闘騒ぎとなった。

「よーし、その位にしておけ」

修羅場を収めたのはケップガンの臼淵磐大尉だった。海兵七十一期、「大和」の哨戒長。夕暮れの艦上で、潮風に吹かれながらハーモニカを吹くロマンチストである。

臼淵と親しかった予備学生出身の吉田満（当時少尉、大和副電測士）が著書に、臼淵が騒動を収拾する時に語った言葉を記している。

《進歩ノナイモノハ決シテ勝タナイ　負ケルコトガ最上ノ道ダ　日本ハ進歩トイウコト軽ロンジ過ギタ　私的ナ潔癖ヤ徳義ニコダワッテ、本当ノ進歩ヲ忘レテキタ　敗レテ目覚メル　ソレ以外にニドウシテ日本ガ救ハレルカ　今目覚メズシテイツ救ワレルカ　俺タチハソノ先導ニナルノダ日本ノ新生ニサキガケテ散ル　マサニ本望ジャナイカ》（『戦艦大和ノ最期』）

臼淵は四月七日、大和後部の副砲指揮所の戦闘配置で、米軍機からの直撃弾を受け、指揮所もろとも吹き飛び、即死した。

《一きれの肉片も一滴の血痕も残すことなく、二十一歳七カ月の臼淵磐の肉体は、新生日本を切願した魂魄（こんぱく）とともにあまねく虚空に飛散した》（前掲書）

角川春樹製作の戦後六十年記念映画「男たちの大和」（辺見じゅん原作）では長嶋一茂が臼淵を演じた。「大和」第二主砲下にチョークで「死ニ方用意」と書かれ、臼淵がその方法を示すシーンが印象的だった。

「死ニ方用意」は、後に海軍少将となる野村貞が初の国産軍艦「清輝」艦長時代、台風に遭遇して疲労した乗員に気合を入れるため、「総員死ニ方用意！」と号令した逸話から、海軍部内で使われるようになった。ちなみに、野村は長岡藩士出身者として初めて海軍提督になった人物で、山本五十六は義理の甥にあたり、山本が海軍を志望するきっかけになったとされる。

さて、臼淵は若い水兵たちに向かって、「故郷に向かって別れを告げろ、それも死に方用意の手始めだ」と告げる。

それを受けて、水兵たちは「おかあさ〜ん」「かあちゃ〜ん」と絶叫し、妻や恋人の名前を呼んで泣き崩れる。元大和測的発進手、八杉康夫（当時十七歳）の体験談にも同様の話が出てくる。

「能村（次郎）副長から、各人故郷のほうを向けと命令がありました。みな、遠慮せずに大いに泣け、というのです。みな肩を震わせて一生懸命泣きました。よく覚えております」

かくして、各艦で各自の「死ニ方用意」が行われ、出撃前夜四月五日の夜は更けていった。

最愛のちとせどの

「大和」では大宴会が続いていた。伊藤はひとり、私室に戻り、机に向かった。まず、妻ちとせ宛てに筆を取った。

此の度は光栄ある任務を与えられ　勇躍出撃　必成を期し殊死奮戦　皇恩の万分の一に報いる覚悟に御座候

此期に臨み　顧みると吾等二人の過去は幸福に満てるものにて　亦私は武人として重大なる覚悟を為さんとする時　親愛なる御前様に後事を托して何等の憂なきは此上もなき仕合と衷心より感謝致居候

御前様は私の今の心境をよく御了解なるべく　私は最後迄喜んで居たと思はれなば　御前様の

余生の淋しさを幾分にもやわらげる事と存じ候
　心から御前様の幸福を祈りつつ

　　　　　　　　　　　　　　　　　　　　整一

　四月五日
いとしき
最愛のちとせ　どの

最後はやはり、「最愛のちとせどの」で締めくくった。伊藤五十四歳、ちとせ四十三歳。自分が死んだ後、長い人生を一人で生きていくことになるだろう妻を気遣った、思いやりにあふれた文章である。

しかし、運命とは、なんと過酷で、峻烈なものであろうか。ちとせは終戦の翌年、昭和二十一年十月二十一日、簡単な筋腫の手術の術後が悪く、細菌感染による敗血症で、あけっけなくこの世を去ってしまう。抗生物質さえあれば、助かる命だったが、戦後の物不足がそれを阻んだ。

続いて、十五歳の次女淑子、十三歳の三女貞子宛てに手紙を書いた。伊藤は娘たちが生まれてこの方、一度も叱ったことがなかった。大きな声を出すこともなかった。いつもニコニコと笑顔で接し、娘たちを慈しんだ。

私は今　可愛い貴方達の事を思つて居ります

さうして貴女達のお父さんは御国の為に　立派な働きをしたと云はれるやうになり度いと考へて居ります
もう手紙も書けないかもしれませんが　大きくなつたらお母さんの様な婦人におなりなさいと云ふのが私の最後の教訓です
御身大切に
父より
四月五日
淑子さん
貞子さん

この姉妹は、昭和二十年に家を空襲で失い、父と兄を亡くし、翌年には母も亡くし、塗炭の苦しみを味わうことになる。最後の遺書は、嫁いでいる長女純子夫妻宛てだった。

色々考へたが貴女達には特に訓ふ(おそ)る必要もないから今迄通り仲善く幸福の生活を営む事を祈つて居ります　　父より
四月五日
正嘉　殿

純子　殿

出撃が迫っており、時間が足りなかったのかもしれない。伊藤は短い文章に万感の思いを込めた。三通の遺書には、市販の罫紙と封筒が使われていた。こういうところにも、公私のけじめに厳格だった伊藤の一面が見える。

長男叡に宛てた遺書は書いていない。叡はすでに神風特攻隊に志願している。遠からず、自分と同じ運命をたどるだろうし、同じ思いであろうから改めて書くことはない、と考えたのだろう。

この日、伊藤がしたためた遺書は後日、海上特攻から生還した第二艦隊参謀長森下信衛と副官石田恒夫が伊藤家を訪ね、家族に直接手渡している。その際、森下は「あの忙しい中で、長官はよく手紙を書けたと思います」と感想を述べたという。ちとせ宛ての遺書は現在、広島県呉市の大和ミュージアムで見ることができる。遺書とともに伊藤が着用した第一種軍装の上衣が展示されている。

草鹿参謀長、来艦

四月六日、山口県・徳山沖。前夜、遺書を認めた伊藤は午前五時に起床、「大和」艦橋に詰めている。

午前六時、軽巡洋艦「矢矧」以下の第二水雷戦隊が「大和」に合流してきた。各艦、出撃準備に忙しい。

午後一時、準備も万端に整った「大和」の舷側に一機の水上偵察機が水しぶきを上げて着水した。降り立ったのは、連合艦隊参謀長草鹿龍之介（中将）と水上艦艇担当の参謀三上作夫（中佐）である。

二人は鹿屋航空基地に出張中、連合艦隊司令部から急遽、「大和」の第二艦隊司令部へ赴くよう命じられたのだった。伊藤に直接面会して、因果を含めるためである。

二人は、緊張した面持ちで、伊藤の待つ長官公室へ向かった。「大和」への急派の経緯について、草鹿は手記で次のように回想している。

「私はちょうどそのころ、九州鹿屋の基地に行っていた。（中略）大和の早期使用について一番強く主張していたのは、連合艦隊作戦参謀の神重徳大佐だった。私が留守になったので斬り込みを決めてしまったのではないかと思う」

神は横浜・日吉の地下壕にある連合艦隊司令部から鹿屋に電話をかけ、こう言ったという。

「このことはもう（豊田副武・連合艦隊司令）長官も決裁されたのですが、参謀長の意見はいかがですか」

草鹿はカチンときた。

「長官の決裁を取ってしまってから、参謀長の意見はいかがですかもないものだ。決まったものならしようがないじゃないか」

神はその言葉を聞いて、畳みかけた。

「鹿屋は内海の泊地に近いので、参謀長直々に第二艦隊へ赴いて出撃命令を伝えていただきたいのです」

要するに、「引導を渡してきてくれ」ということだった。渡す相手の伊藤と草鹿は浅からぬ縁で結ばれていた。草鹿は海兵四十一期で、伊藤の二期後輩だが、草鹿が兵学校入校時に配属された分隊の伍長補が伊藤だった。

草鹿は自伝『一海軍士官の半生記』（光和堂刊）で兵学校時代の伊藤についてこう述べている。

「後輩が殴られると暗い顔をし、何かにつけて後輩をかばう良き先輩だった」

草鹿は剣術の達人として知られ、禅の素養も深い。開戦劈頭の真珠湾攻撃作戦に反対し、山本長官に対して「投機的だ」として強行に中止を進言した気骨の士でもあった。この時は、山本の揺るぎない信念を知り、矛を収めた。

その草鹿が、真珠湾攻撃から始まった太平洋戦争の終焉を間近にして、より投機的な「大和」特攻の実行を伊藤に迫ることになった。「良き先輩である伊藤中将が生きて帰らぬ戦艦大和部隊の長官としていよいよ出撃するに際し、私が連合艦隊参謀長たる位置により、最後の訣別の辞を伝えに行かなくてはならぬ羽目になったということは誠に皮肉な巡り合わせであった」と手記で述べている。

三上参謀の心算

連合艦隊参謀長草鹿龍之介とともに「大和」に派遣された参謀三上作夫も軍令部時代、伊藤に仕えた経験があり、伊藤の気質をよく知っていた。

広島県・福山中学出身の海兵五十六期。昭和十七年三月に軍令部作戦部員となり、十九年九月まで情報参謀として次長の伊藤を支えた。

連合艦隊に移ってからは艦艇担当の参謀を務めた。レイテ沖海戦では、第二艦隊司令長官・栗田健男からの反転電に対し、「天佑ヲ確信シ、全軍突撃セヨ」の電文を起案している。「大和」の佐世保回航「囮」作戦を立案したのも三上である。戦後は海上自衛隊に入り、護衛艦隊司令官、佐世保地方総監、自衛艦隊司令官を歴任した。

伊藤が第二艦隊司令長官に就任する際、三上はお祝いに駆けつけた。前線に赴く伊藤は、後方で作戦を練る三上に対し、次のような助言を残している。

「第二艦隊は最後の水上艦隊だから、無意味な、下手な使い方はしないでくれよ。不均衡な艦隊だから、総合的にその威力を発揮できるような使い方を考えてほしい。近くに高速潜水艦も出てくるだろうし、航空部隊などと併せて使用することも考察してくれたまえ」

三上は鹿屋基地から徳山沖の「大和」に向かう機中で、その時の伊藤の懇切な言葉を改めて思い出していた。

（愚劣だ）

三上は何度もため息をつき、頭を振った。「大和」の海上特攻は、伊藤の切実な思いを踏みにじるような作戦だったからだ。しかも、三上自身、この作戦立案に関わっていない。鹿屋出張の留守中に既決した命令として、下りてきたのだ。

だが、ここは軍隊である。いったん命令と決まった以上、「これは私の参画した作戦ではありません。先任参謀（神重徳大佐）が私の守備範囲を侵して立案したのです」などと弁解することはできない。三上にとって、個人的にも親しく、敬愛する伊藤長官の説得役にかり出されるのは、この上ない辛い役回りだった。

（伊藤長官に対する呵責の気持ちを鎮める方法はひとつしかない）

三上はそう考え、身辺整理をすませていた。もはや、鹿屋基地にも、日吉の連合艦隊司令部にも、戻らないつもりだった。

（第二艦隊を特攻に出してしまえば、水上艦艇担当としての仕事はなくなる。そのまま「大和」に乗艦して特攻に参加させてほしいと頼み込めば、特例として認めてくれるかもしれぬ）

三上はそのように心算していた。第二艦隊の首席参謀山本祐二とも親しい間柄だった。いざとなれば、山本も助力してくれるだろう。ともかく、「大和」の甲板上に足を乗せてしまえば、それが既成事実になる。まさしく捨て身で、「大和」に乗り込んだ三上だった。

一億特攻のさきがけ

「大和」の第二艦隊司令長官公室。

「伊藤長官、お久しぶりです」

「遠路、ご苦労でした」

連合艦隊参謀長草鹿龍之介と参謀三上作夫は緊張した面持ちであいさつを終えると、司令長官伊藤整一の前に座った。

伊藤自身は、「大和」着任が決まってから、すでに命は捨ててかかっている。命令が下ってからも、打てるだけの手は打ってきた。随伴させる駆逐艦の数を二隻増やし、少尉候補生や年配の兵は退艦させた。参加将兵には最後の宴会を許し、遺書も書かせた。ただ一点、気になっているのは、部下たちが「海軍中央から納得のいく説明がない」と不満をくすぶらせていることだった。

(それにしてもなぜ草鹿なのか。彼は九州出張中で、この海上特攻作戦の決定には関与していないはずだが)

「だれが言いだしたのかね」

伊藤は単刀直入に作戦の立案者を草鹿に聞いた。

「いや、それは……」

草鹿は言葉を濁した。

「察しはついている。だれなんだ」

伊藤が引かないとみると、草鹿は声を落として答えた。

「いや、実は神参謀が直接、豊田長官に持ち込んだようなんです」

「ウム。やはり、そうか」

(それでたまたま草鹿が近くにいたから説得役として送り込まれたというわけか。まったく気の

毒なやつだ）

伊藤はそう合点したが、口にはしない。

「それでは、本作戦の趣旨を説明させていただきます」

草鹿は気を取り直すように声を励まして言った。説得の大役を果たさなければ、「大和」を離れるわけにはいかない。草鹿はそうした覚悟を面上に表して、話し始めた。伊藤は否とも応とも答えない。ただ黙って聞いている。

説明が一通り終わるや、おもむろに口を開いた。

「援護の飛行機もなく、しかも片道燃料程度で、君はこのような作戦が成功すると思うのか」

ゆったりとした調子ではあるが、相手に重くのしかかるような凄味があった。草鹿は雷に打たれたようにビクッと身震いし、伊藤を見返した。伊藤の目には、七千名の将兵を預かる者として、こんな通り一遍の説明では納得できぬ、という決意が漲っている。

「草鹿君、私も長い間、命令を出す立場にいたので、命令を出す側の辛さはよくわかっているつもりだ。しかし、今の君の説明では、本作戦に承服するわけにはゆかぬぞ」

草鹿には切り返す言葉が見つからない。長官公室は、息の詰まりそうな空気に包まれた。沈黙を破ったのは、草鹿の傍らにいた三上だった。

「本作戦は陸軍の総反撃に呼応して敵の上陸地点にのし上げ、陸兵になるところまで考えられております」

伊藤、草鹿そろって咄嗟に三上のほうを向いた。三上はブルブル震え、鬼のような形相だ。本来、中佐風情が口を挟むべき場面ではない。しかし、三上は、事態を収拾するには、ここで助け舟を出すしかないと判断したのだった。

三上の発言で緊張が解けた。

（腹を見せるしかない）

三上は血を吐くようにして、自らの思いを言葉にした。

「要するに、死んでもらいたいということです。いずれ一億総特攻ということになるのですから、その模範となるよう、立派に死んでもらいたいのです」

すると、どうだ。伊藤はその言葉を待っていたように破顔し、三上に向かってニコニコと微笑みかけるではないか。三上は一瞬、目を疑った。

伊藤は間髪を入れず応答した。

「それならば、何をかいわんやだ。よく了解した」

これをあくまで「作戦」といって押し通すなら、伊藤は到底受け入れるつもりはなかった。欠点だらけであり、あまりに愚かであるからだ。しかし、ただ「立派に死ね」という命令ならば、反論の余地はない。

三上は、伊藤が「よく了解した」と述べた時の、すがすがしい、さっぱりとした表情に強く胸を打たれた。この時のやりとりを、公刊戦史「戦史叢書」は、三上の回想として次のように記している。

《作戦計画について説明しても、伊藤長官はなかなか納得されなかった。当然このような作戦とはいえない無謀無策な挙を納得されるはずがなかった。最後に、一億総特攻のさきがけになってもらいたい、という説明に「そうか、それならわかった」と、即座に納得された》

この時の伊藤の心中を吉田満は次のように忖度している。

《この作戦は、初めから余りにも難点が多すぎる。掩護機なしの艦隊出撃は自殺行為だと主張し続けていた連合艦隊司令部が、自分の手で臆面もなくその自殺行為を厳命してきている。それでもなお何か作戦目的を達成せよというのであれば、燃料の不足、突入進路の疑問、艦隊編制など、中央に抗議して修正すべき問題が多いが、「ただ立派に死んでこい」というのであれば、今さら出撃の目的、作戦の細目を論じる余地もない》（『提督伊藤整一の生涯』）

会談の最後に、伊藤は草鹿に対して大きな釘を刺しておくことを忘れなかった。

「これだけは言っておきたい」

草鹿は肩の荷を降ろし、もう、何でもどうぞ、という顔になっている。

「万一、作戦の途中で艦隊が大半を失うような事態になった場合、沖縄突入はおろか、陸軍と呼応しての総反攻は達成できない。被害甚大で作戦遂行不可能と判断した時には即座に作戦を中止したいが、よろしいか」

伊藤は、大和以下十隻の艦と七千人の将兵を無為に犠牲にすることは何としても避けたかった。

草鹿は、伊藤の思慮の深さに気づいて感動した。

「それは、長官のお決めになることです。連合艦隊司令部としても時に臨んで適切な処置をいたしましょう」

「そうしてくれるか。ありがとう」

これで、最終局面における独断専行について、連合艦隊の「了解」も取れた。伊藤は温容な表情に戻って言った。

「草鹿君、では、これから艦隊首脳部を集めて長官としての決意を述べるから、君も列席してくれたまえ」

万感の一語

連合艦隊参謀長草鹿龍之介を交えて長官公室で開かれた出撃直前の会議は紛糾した。参集したのは、海上特攻に参加する「大和」「矢矧」「冬月」「涼月」「磯風」「浜風」「雪風」「朝霜」「初霜」「霞」の艦長、司令部の幕僚、各戦隊司令官らである。

(事ここに及んで中央の人間が今さら何を言いにノコノコやって来たのか)

列席者は皆、一様に不審の表情を浮かべている。草鹿は、無言の圧迫を感じながら、彼らに連合艦隊が立案した出撃命令を改めて伝達した。続いて、携行してきた分厚い作戦資料をめくりながら説明する。

「当隊の任務は重大なるも、艦隊の編制は変則であり、乗員の交代後訓練不十分な点もある。したがって各級指揮官は部下の能力を十分に考え、その指揮統制に関し超人的努力をもって細心大胆、事に当たり、個艦戦闘力を万全に発揮せんことを望む」

（何という空文！　何が超人的努力だ、ふざけるな！）

艦長たちは連合艦隊の高みから響いてくる声をまるで受けつけなかった。

歴戦の猛者たちである。時と場所さえ得れば、散るのを潔し、と心得ている。

（おれたちが知りたいのは、いつ、どこで、どのように死ぬか、その死がいかに報いられるか、それだけだ！）

「本作戦は連合艦隊最後の出撃である。これはとりもなおさず、今や国家存亡の分かれ目にあることの証左であり、最後を飾るべく、各員奮戦健闘されんことを望む」

艦長たちは草鹿の言葉を黙殺した。張りつめた空気を打ち破ったのは、「矢矧」に司令部をおく第二水雷戦隊の司令官古村啓蔵だった。

「ただいま、参謀長は連合艦隊最後の出撃と言われましたが、連合艦隊司令長官は一体どのフネに上座されるのでしょうか」

連合艦隊司令部が日吉の地下壕にこもって命令を出していること対する痛烈な皮肉だった。連合艦隊は根幹となるべき第一艦隊が解散して以来、司令部だけが存続、司令部は慶應大学予科の敷地に作られた地下壕の中に潜み、前線部隊に命令を発していた。

「参謀長ッ」

豪傑肌の二十一駆逐隊司令小瀧久雄大佐が立ち上がり、畳みかけた。

「連合艦隊司令部はいったいどこに居るのか。穴（地下壕）から出て来て肉声で号令されたい」

草鹿は苦しげに答えた。

「長官は九州鹿屋の前線基地に移動されて指揮を執られる予定だ」

この答弁を聞いてふだんは冷静な「朝霜」艦長杉原与四郎中佐も怒声を発した。

「参謀長、我々は、命は惜しまぬ。だが帝国海軍の名を惜しむ。連合艦隊の最後の一戦が絶対戦果を期待しえないような自殺行であるのには我慢がならぬのです。駆逐艦一隻といえども貴重な存在です。国家は誰が守るのですか。国民は誰が保護するのですか」

草鹿は返す言葉に窮し、伊藤のほうをちらりと見た。伊藤は笑みを含んだ穏やかな顔をしており、やりとりを楽しんでいるようにも見えた。

当時の様子を、「矢矧」艦長原為一大佐は手記でこう振り返っている。

「とにかくほとんど全員が反対しました。犬死になど絶対にご免だって……」

艦長たちは、沈黙を守ったままの伊藤をじっと見つめた。皆、言いたいことを言い尽くしてさっぱりした顔になっている。「もう気は済みました、後は長官に従います」と、目で語っていた。

伊藤は一同をゆっくりと見回し、かすかに頷いた。そして、ゆっくりと、よく響く声で言った。

「我々は死に場所を与えられた」

万感を込めた一語が、皆の胸を突いた。モヤモヤしていた気持がこの一語でいっぺんに吹き飛んだ。伊藤は続けて命じた。

「出動は一六〇〇。以上」

皆一斉に立ち上がった。伊藤、草鹿らに一礼して、キビキビとした動きで退出していく艦長たちの表情はもういささかの陰影もとどめていなかった。

草鹿に同行していた連合艦隊参謀三上作夫が唐突に大声を挙げた。

「私も連れて行ってください」

そばにいた第二艦隊首席参謀山本祐二がすかさず言い返した。

「お前たち連合艦隊の監視などなくてもわれわれは立派にやってみせる」

伊藤も頷いている。口元はほころんでいるが、目は峻拒していた。

特攻への「参加」を「監視」と言われては、三上も立つ瀬がない。唇をかみしめ、退艦せざるをえなかった。

「誠に後ろ髪を引かれる思いで一足一足が鉛のように重かった」

三上は戦後、そう振り返っている。

草鹿と三上を乗せた水上偵察機は、「大和」を離れて飛び立つ時、海上特攻隊十隻の上空を二度、三度と旋回した。

ようやく機首を岩国基地に向け直そうとする時、三上は十隻のマストに「出航準備完了」の整備旗が次々と翻るのを見た。懐中時計を取り出て時刻を確認する。午後四時五分。

「参謀長、出撃します」

三上は突き上げてくる思いに涙ぐみながら報告した。草鹿が機窓に顔をくっつける。同時に、眼下の「大和」前檣に旗旒信号がスルスルと駆け上がった。

「各隊、予定順序に出港、針路一二〇度」

三上は信号を読み取り、ふるえ声で唱えた。草鹿は海上特攻隊を機上から見送ったことを振り返り、「この時ほど苦しい思いを味わったことはない」と後年語った。

伊藤と運命を共にできなかった三上の苦痛は、「大和」沈没後も続いた。沈没を免れた駆逐艦四隻が佐世保に帰港した際、連合艦隊を代表して単身、現地に赴き、第二艦隊参謀長森下信衛ら生き残り幹部を迎えた。佐世保の水交社で戦訓検討会が開かれ、三上は無謀、無慈悲な作戦を計画した当事者として長時間、難詰され、吊るし上げをくった。「ありとあらゆるひどい表現で叱られ、返す言葉もなかった」と回想している。

「空気」による決定

連合艦隊が戦艦「大和」海上特攻の命令を下した時の海軍首脳部の顔ぶれを確認しておきたい。

連合艦隊司令長官　豊田副武大将
連合艦隊参謀長　草鹿龍之介中将
軍令部総長　及川古志郎大将
軍令部次長　小沢治三郎中将

それぞれの言動を点検してみる。まずは、豊田司令長官。著書『最後の帝国海軍』にこう記している。

「今日第三者からはずいぶん馬鹿げた暴戦だ、むしろ罪悪だとまで冷評を受けているが、当時の私は、こうするよりほかに仕方なかったのだ、という以外に弁解はしたくない」

次に草鹿。草鹿は作戦立案の最高責任者であったが、先述の通り、鹿屋基地に出張中で、「決定」の場におらず、「私が知らぬ間に決まった」と言っている。

及川、小沢は、ともに「特攻」には懐疑的だった。小沢は戦後、「連合艦隊から海上特攻の計画を持ってきた時、『連合艦隊司令長官がそうしたいという決意なら、よかろう』と了解を与えた。その時は（及川）軍令部総長も聞いていた」と述べている。そのうえで、小沢は「軍令部次長たりし自分に一番の責任がある」と語っている。大和特攻について自分の責任を「公言」したのは小沢だけである。実際には抵抗した事実もあるのに、一言の釈明もしていない。

以上のように、豊田、草鹿、及川、小沢の海軍首脳はいずれも積極的に動いてはいない。では、一体だれがこの一大壮挙を立案し、推し進めたのか。

ここで名前が挙がってくるのが、連合艦隊の先任参謀だった神重徳である。命令伝達と説得のため、鹿屋から「大和」に飛来した草鹿は、伊藤に問われて、神の独断専行に引きずられた形で特攻作戦が決まったことを認めている。同様に、戦史の多くは、神が強引に軍令部に迫って容認させた、と語っている。

日本海軍がマリアナ沖海戦で大敗した直後、連合艦隊参謀だった神は、戦艦「山城」を中心とするサイパン島突入作戦を発案、陸戦隊を強行上陸させ、艦隊は浮き砲台となる計画を提案する。その際、自分を「山城」艦長にして陣頭に立たせてくれ、と熱望し、「大和、武蔵以下、全水上艦艇をサイパンに指向し、同地の海岸に横付けして攻撃すべし。自分だけでもこれをやる」と主張した。威勢のいい作戦案だったが、この時は、艦が傾いたり、電源が損傷したりすると、戦艦の主砲は発射できなくなるため、実現性に乏しいとして退けられた。当時の海軍中央には、サイパン奪回に財布の底まではたこうという決心がなかった。

その神が「いまこそ」と、「大和」突入を実行に移す時として幹部の説得を図った、というのが通説だ。だが、筆者はそれを鵜呑みにはできない。出撃可能な艦すべてを特攻に使うなどという一大作戦が、いくらなんでも参謀一人の意見で易々実行に移されるとは思わないからである。

上司の草鹿がいない隙を狙って、神が大和特攻を首脳部に上申したとして、果たして、小沢、及川、豊田が「ハイハイ」とそろって首を縦に振るだろうか。さらに、伊藤に引導を渡しに行ったのが草鹿だった、という事実である。部下に出し抜かれた格好の草鹿が、使い走りのようにノコノコと伊藤のもとに行くだろうか。筆者は、海軍首脳部は一様に渋面をつくりながらも、腹の内では特攻を「是認」していたとみている。

豊田、草鹿、及川、小沢は皆、「我々は敗れた。しかし、最後まで戦った」と言わんがために、神の提案に乗ったのではあるまいか。小沢が戦後に残した短い感想がそれを裏付けている。

「全般の空気よりして、当時も今日も（大和の）特攻出撃は当然と思う。多少の勝算はあった」

（文藝春秋・昭和五十年八月号）

海軍首脳陣は以心伝心、お互いの胸中を目と目で伝え合ったに違いないのだ。伊藤も然り、である。伊藤はこうした海軍首脳部の「全般の空気」を受け入れざるを得ない立場にあった。なぜなら、伊藤には、戦局が最終段階に入った状況で、海軍大臣、軍令部総長の配慮で、第二艦隊司令長官を拝命した経緯があるからである。この時点で伊藤はすでに「大和」を死所として与えられていた。それを今さら、職を賭して拒否し続け、生き恥をさらすなど、ありえない。

ただ、道連れは最小限にとどめたい。伊藤が最後は独断で「中止命令」を出すことを草鹿に約束させたのには、そういう意味がある。草鹿の「大和」派遣は、たんなる命令伝達の使い走りではなかった。最後の最後に、草鹿は海軍を代表して伊藤と会い、心を一つに通い合わせておく必要があったのだ。

こう考えると、神は、首脳部の間を取り持った橋渡し役に過ぎなかったとみることもできる。「全般の空気よりして、当時も今日も（大和の）特攻出撃は当然と思う」

この小沢郎の発言については、評論家山本七平も注目している。名著『空気の研究』（文藝春秋刊）でこの言葉を引用し、論理的にはありえない「大和」特攻を決定したのは「全般の空気」であったと主張する。

山本の言う「空気」とは、あらゆる論理や主張を超えて人々を拘束する、ある種の「絶対権威」である。この「空気」が、専門家ぞろいの海軍首脳に「作戦として形をなさない」ことが明白な「大和」特攻を強行させ、後になると、その最高責任者が、なぜそれを行ったかを一言も説明できないような状態に落とし込む、と述べている。

ではなぜ、サイパンでは実行されなかった突入計画が沖縄では実行されたのか。山本は「サイパン時にはなかった空気が沖縄時に生じ、その空気が決定したと考える以外にない。それを明確に表わしているのが、草鹿と三上が伊藤を説得するため、大和に来艦した時の会話である」と指摘する。

この時、ふだん微笑を絶やしたことのなかった伊藤がなぜ、草鹿らに険しい表情を見せたのか。なぜ一転してさわやかな笑顔に戻ったのか。その答えがここにある。少し長くなるが、『空気の研究』から引用する。

《説明している三上参謀自身が「裸の艦隊を敵機動部隊が跳梁する外海に突入させるということは、作戦として形をなさない」と思っているから、その人間の説明を、伊藤長官が納得するはずはない。ともにベテラン、論理の詐術などでごまかしうるはずはない。だが、「ノシ上げて陸兵になるところまでお考えいただきたい」といわれれば、ベテランであるだけに余計に、その一言の意味するところがわかり、それがもう議論の対象にならぬ空気の決定だとわかる。そこで彼は反論も究明もやめ「それならば何をかいわんや。よく了解した」と答えた。この「了解」の意味は、相手の説明が論理的に納得できたの意味ではない。不可能なことはサイパンで論証ずみである。従って彼は、「空気の決定」であることを了解したのであり、そうならば、もう何を言っても無駄、従って「それならば何をかいわんや」とならざるを得ない》

伊藤は合理的に思考し、行動するネイビーであり、同時に不合理を莞爾として受け入れることのできる腹の据わった武人でもあったということであろう。

山本は前掲書で、「大和」の出撃などは「空気」の決定のほんの一例にすぎず、太平洋戦争そのものが、否、その前の日華事変の発端と対処の仕方がすべて「空気」の決定なのである、と述べている。「空気」とは、なんと恐ろしいバケモノであろうか。

こうした時代の「空気」は、何も戦時中に限って出現するわけではなく、一見平和な今の世の中にもあるのではないか。それは時に、合理不合理を超えた「黄門様の印籠」のような絶対的権威を振りかざして、われわれの前に立ちふさがり、われわれを思考停止の状況に陥れる。

起死回生への道

「大和」の特攻について、第一線にいる第二艦隊の士官たちは、どう受け止めていたのだろうか。「大和」に随伴した「矢矧」の測的長だった池田武邦は筆者のインタビューにこう答えている。

「戦後、あの特攻は無意味だったと言う人がいるが、僕は違うと思う。批判する者があれば、それではあの時、他にどんな方法があったのかを聞きたい」

確かにこの時期、「大和」は、誰が発案せずとも、誰が命令しなくても、もはや温存してよい戦力ではなかった。隆盛日本の象徴であった「大和」がある限り、日本国民は未練を断ち切れなかった。世界に聞こえた「大和」がある限り、終戦に踏み切ることができなかった。

日本が敗れ、焦土と化した後、「大和」が沈まずに残ったとしたら、どうだろう。「それこそ生き恥を世界にさらし、私たちの子孫は相当期間、世界の笑い者になっていただろう。大和が米国の戦勝記念館に係留されて見世物になるようなことを当時の日本人は耐えられなかったと思う」と池田は言う。

横須賀の岸壁に係留されたまま敗戦を迎え、米国に接収され戦艦「長門」の末路は哀れだった。ビキニ環礁での水爆実験の標的艦とされ、南の海に沈んだ。もし、民族と祖国の名を冠した「大和」が核兵器の実験台になるようなことがあれば、これ以上の屈辱はなかっただろう。

世界から軽侮されるような民族に何の正しい復興があろう。身を捨ててこそ浮かぶ瀬もあれ。すべてを捨ててこそ、起死回生の道は開ける。池田は「大和の特攻は僕にとっては楠木正成の最後の出陣と同じ。日本武士の美学、日本文化の実践だったと思っている」と強い口調で語った。

山岡荘八は「小説太平洋戦争」で、「大和は、民族復興のための祭壇に供える帝国海軍最後の供物だった」と述べている。無為にして敗れる運命である艦隊であっても、まったく別の観点に立てば、終戦工作を進めるにあたって発言権の裏づけとして活かすという発想もありえるのではないか。筆者は、一見無謀な出撃にみえて、実は終戦とその後の復興を見据えた壮挙だったと考えたい。

繰り返しになるが、当時の海軍首脳部はそういうことをすべて分かっていて、「特攻」を真正面から賛成はせずとも、無言のうちに「了」としたのに違いない。最後に三上作夫の戦後の正直な感想を紹介しておこう。彼もまた、神重徳の抜き打ち的なやり方には強い反発を感じながらも、基本的には特攻を支持していたようだ。

《仮に沖縄特攻作戦がなかったとしたら、大和の戦闘記録はほとんどないことになってしまったであろう。比島沖ではたしかにある程度の戦果はあげたが、肝心のレイテ湾突入は果たせなかった。それだけで、最後は瀬戸内の海の藻屑と消えたとしたら、それが帝国海軍の栄光になるのか。

（中略）当時は、国家に対して忠誠を尽くす、国民として団結し民族のために命をかける、というのが当然の務めであり、負けたあとのことなど考えていなかった。そうした環境を踏まえた上で判断すべきであって、今の民主主義だけを基盤にして、国家の存亡を双肩に担った人々をいろいろ批判しても、当時の真相はわからない》（吉田満『提督伊藤整一の生涯』）

以上の話を、三上は涙を滂沱として語ったという。三上が佐世保に赴いて、生存者から罵詈雑言を浴びるのを甘受したことは前述のとおりだ。

海上特攻隊、出撃

昭和二十年四月六日、連合艦隊司令長官豊田副武は第二艦隊に対し、激励電報を発信した。

「帝国海軍部隊は陸軍と協力、空海陸の全力を挙げて沖縄島周辺の敵艦隊に対する総攻撃を決行せんとす。皇国の興廃は正に此の一撃に在り、茲（ここ）に特に海上特攻隊を編成壮烈無比の突入作戦を命じたるは帝国海軍力を此の一戦に結集し、光輝ある帝国海軍海上部隊の伝統を発揚すると共に其の栄光を後昆（こうこん）に伝へんとするに外ならず、各隊は其の特攻隊たると否とを問わず愈々殊死奮戦敵艦隊を随所に殲滅し以て皇国無窮の礎を確立すべし」

第二艦隊主力はすでに山口県徳山沖に集結している。戦艦「大和」、軽巡洋艦「矢矧」、駆逐艦「冬月」「涼月」「磯風」「浜風」「雪風」「朝霜」「霞」「初霜」。海上特攻隊と名付けられた計十隻の艦隊である。

各艦に「出航」の旗旒信号が上がったのは午後三時二十分。気象条件は、決して良いとは言えない。

「曇天　雲量八　南東の風八メートル　気温一〇・五度」

雲は低くたれこめ、風は強く、肌寒かった。先頭を行くのは「矢矧」。

「舫を離せ」

前甲板の艦長伝令が叫ぶ。艦上に出撃ラッパが鳴り渡り、錨が巻き上げられる。ガラガラという音が艦橋まで聞こえてくる。

「出航！」

艦長原為一が厳かに下令する。艦長も航海長も、艦橋にいる者は皆、戦闘服（第三種軍装）に身を固めている。「矢矧」は、艦尾に渦をつくり、前進を開始した。「矢矧」の後には、墨痕鮮やかに「破邪顕正」と書かれた長旗をなびかせた駆逐艦八隻が続く。しんがりが「大和」だ。

艦隊は縦陣列で、海面を二つに裂き、波浪による上下動を繰り返しながら、瀬戸内から豊後水道へと突き進む。スクリューがつくる白い波が長々と尾を引いていく。在泊の艦が「帽振れ」で見送っている。送る者も送られる者も、二度とこの艦隊が内地に姿を現すことはあるまいとの思いを胸に秘めての「帽振れ」だった。

ひとたび出撃すれば「板子一枚下は地獄」。乗艦が沈没すれば、身分も階級もなく、一蓮托生の死が待っている。そして、この中には、一人の従軍記者も、一人のカメラマンも含まれていない。彼らの死の瞬間を内地の人々に、後世に、伝えてくれるものは誰もいない。皆、誰の目も届かないところで死ぬのだ。

「両舷前進微速、針路百二十度」――。

午後四時、特攻艦隊は豊後水道に向け、静かに航進していく。各艦、増速したり、減速したりしながら隊形を整える。

司令長官伊藤整一は、「大和」第一艦橋に屹立していた。身じろぎもせず、前方をゆく駆逐艦群を見つめている。打つべき手はすべて打った。連れて行く兵隊は必要最小限に絞り、作戦が失敗したと判断されれば、独断で「中止命令」「退艦命令」を発出できるよう、連合艦隊司令部に話もつけた。

燃料補給も十分だった。当初、軍令部は片道燃料での出撃を指示していた。本土決戦用に残りわずかな燃料を温存しておきたいという考えからだ。しかし、実際には各艦とも徳山燃料補給廠の貯油タンクの底をさらえて「帳簿外」の重油を満載していた。

「死にゆく者に腹いっぱい食わさんで、どうする！」

艦長らの抗議や機関参謀らの努力でかき集められた燃料である。特攻に参加しない駆逐艦から分けてもらった艦もあった。「女房のへそくり」まで出し切り、しっかり「食いだめして」の出撃だった。

あとは司令部の幕僚と艦長たちに任せ、存分に戦って、有終の美を飾る。伊藤の頭にはもう、それしかなかった。艦橋には、第二艦隊参謀長森下信衞、首席参謀山本祐二、「大和」艦長有賀幸作、副長能村次郎ら幹部が居並んでいる。百戦錬磨の頼もしい猛者たちだ。

能村は著書『慟哭の海』で、出撃時の艦橋の様子を次のように描写している。

《艦橋寂として声なし。艦橋の前部右端に立つ長身の伊藤整一第二艦隊司令長官。微笑を浮かべ、その目は先にある各艦を追う。艦隊六千の衆望を担う最高責任者。温厚の態度常のごとく、春風駘蕩、慈父の輝きあり》

幕僚の一人として艦橋にいた第二艦隊砲術参謀宮本鷹雄（海兵五十六期、当時中佐）はふと窓外に目を転じた。駆逐艦の艦橋の側壁や煙突に、いつの間に描いたのか、菊水紋が白くペイントされていた。菊水紋は、足利尊氏と戦った楠木正成が建武の新政に対する功によって菊紋を下賜されたが、畏れ多いとして下半分を水に流したという家紋である。

その昔、楠木軍は何物も求めず、ただ菊水の旗に一死を託した。菊水旗の下に集った者は、死を笑って享受できる男たちの凄みを持っていた。「菊水紋を描いた特攻艦隊の陣列は、大楠公の湊川出陣にも似て、身の引しまる思いがしました」と、宮本は後年振り返っている。

甲板上では、兵隊たちが三々五々、思い思いに打ち興じ、肩を叩きながら談笑していた。

「これが帰らざる出陣の勇士か。ああこれこそ、わが海軍の先輩が遺された伝統か」

宮本は感動で胸がいっぱいになり、頭の下る思いがした。

「後から考えると、無茶苦茶な命令ですが、その時、受けた身としては、暗雲がいっぺんに吹飛んだような晴ればれした気持でした。B‐29がブンブン日本本土を襲い、銃後では竹槍の稽古をし、訓練の不十分な搭乗員が練習機に爆弾をつけて沖縄特攻に飛び立っていく時に、瀬戸内海で訓練を続けながら、この大和が本土決戦までジッと待っているわけにはいかない。われわれの戦友が沖縄で次々と倒れるのを、見殺しにするわけにはいかない。そう思っていましたから」

宮本は戦後、故郷の北九州・小倉に戻って道路建設会社を起こした。生来、無口だったので、「大和」の経験を他人に語ることはほとんどなかった。家族に対しても、「おれの人生は大和で終わった。戦後はおまけで生きている」というのが口癖だった。

宮本は双眼鏡を取り出して、顔に当てた。夕暮れの内海には、港へ帰る小舟がたくさん浮かんでいた。小さな漁船が艦隊の波浪のもまれながら、しきりに手を振っている。

「がんばれー」「がんばれー」

漁師たちが叫ぶ声まで聞こえてきそうだった。

最後の訓示

一六一〇（午後四時十分）、「大和」は艦速を二十ノットに指定するとともに、第二艦隊司令長官伊藤整一の訓示を信号灯で各艦に伝えた。

「神機将ニ動カントス　皇国ノ隆替繋リテ此ノ一挙ニ存ス　各員奮戦敢闘会敵ヲ必滅シ　以テ海上特攻隊ノ本領ヲ発揮セヨ」

この訓示は、第二艦隊司令長官副官の石田恒夫が、砲術参謀宮本鷹雄に命じられて起案した。その際、宮本は石田に、「もしこの作戦が成功したら、この文章は歴史に残る。長官の名誉にかけても、変なものを作ってはいかんぞ」と念を押したという。

訓示は間もなく、「大和」艦内に掲示された。「矢矧」以下の各艦では、艦内放送され、各員、それぞれの持ち場で厳粛に耳を傾けた。

一六二〇（午後四時二十分）、対潜水艦警戒にあたっていた誘導駆逐艦三隻が散開、微速のまま登舷礼式で特攻艦隊十隻を見送った。

一六三〇～一七〇〇（午後四時三十分～午後五時）、「矢矧」以下第二水雷戦隊の九隻が展開し、「大和」を標的として襲撃訓練を実施した。「矢矧」座乗の第二水雷戦隊司令官古村啓蔵が「今度の出撃で日本海軍の水雷戦隊もなくなります。出撃の時にはぜひ襲撃訓練をやらせてください」と申し出ていたものがようやく実現した。「これが最後の訓練だな……」とつぶやく古村の目に光るものがあった。

一八〇〇（午後六時）、「大和」の艦内スピーカーが鳴った。

「手空き総員、前甲板集合」

兵たちは夕食の赤飯をかき込み、当直を残して全員、前甲板に集まった。艦長有賀幸作が整列した将兵を見渡して、最後の訓示を行った。

「出撃に際し、今さら改めて何も言うことはない。全世界が、われわれの一挙一動に注目しているであろう。ただ、全力を尽くして任務を達成し、全海軍の期待に添いたいと思う」

続いて、副長能村次郎が「いよいよその時が来たのである。日頃の鍛錬を十二分に発揮し、戦勢を挽回する誠の神風大和になりたいと思う。以上。各自の故郷に向かって挨拶し、解散」とあいさつした。

発進時の「大和」の総員は三千三百三十二人。前甲板に集まった将兵は「君が代」を歌い、脱帽し、姿勢を正して、それぞれの故郷の方に向き、両親、兄弟姉妹、妻子に別離の黙禱を捧げた。

このあと、「大和」以下特攻艦隊十隻は、再び「矢矧」を先頭にして一列縦隊で内海西部から太平洋に通じる速吸瀬戸に入った。佐多岬灯台を左舷に、別府の湯煙を右舷遠くに見て、狭水道に入る。白波の彼方に四国の連山が黒々と横たわっている。「大和」の巨体は、西没する夕陽をまともに浴びながら、豊後水道に滑り込んでいった。

前方哨戒に当たっていた佐伯航空隊の零式水上偵察機十四機と、呉防備戦隊の海防艦「志賀」、海防艦一九四号は、ここで別れを告げた。艦隊は、対潜警戒を厳重にし、敵潜水艦の攻撃を避けるため、九州の陸岸寄りを航行した。

別府湾の沖合を通過する時、「大和」艦橋の見張員が、「桜だ、桜が咲いている」と声を上げた。宮本が双眼鏡でのぞくと、別府の湯の煙の間に吉野桜が咲き乱れていた。宮本は「これが内地の見納めか。ようやく先立って死んでいった戦友たちに申し訳が立つな」と思ったという。

敵潜水艦の追尾

一九〇〇（午後七時）、特攻艦隊は豊後水道を通過した。これより先の、制海権、制空権はない。陸地はわが国土であるが、海と空はすでに敵地である。

一九五〇（午後七時五十分）、「大和」は各艦に第一警戒航行序列を下令した。先頭艦は「磯風」、その右後方に「浜風」「雪風」、左後方に「朝霜」「霞」と傘型に展開した。各艦の距離は千五百メートル。

「磯風」の後方六キロに「大和」、その左三十度、千五百メートルに「冬月」。「矢矧」の左後方に「初霜」、「冬月」の右後方に「涼月」。七万五千トンの巨艦「大和」を中央にして軽巡一隻、駆逐艦八隻が前後左右に警戒するという陣形である。「その様は親鳥が雛を見守りながら針路速力の変換の度ごとに離れんとする雛をかかえるように、いだくように、ついては離れ、離れてはつき、因縁の深い血族一統が遠い旅路をしているかのように思われた」と、「大和」艦橋にいた宮本鷹雄は回想する。

二〇〇〇（午後八時）、「大和」は、各艦に「之の字運動（ジグザグ航行）」を下令した。敵潜水艦への備えである。右後方には墨絵のように霞んだ九州の山々が連なっている。雲は一層濃く、各艦が漆黒の海を切り裂いて生ずる青白い波濤だけが、夜目にもはっきりと見える。部隊内通信は赤外線を使った信号機によることとされた。

次第に風が強まり、海上は荒れ模様となった。艦首が切り裂いていく潮が次々と岩場に砕け、浪の花を咲かせる。波濤を見つめる乗員たちの多くが明日の戦闘では全員がこの波のように砕け散るのだと思った。

二〇一〇（午後八時十分）、「大和」の左斜め前を進む「矢矧」の電信員が敵潜水艦の電波を傍受した。続いて、電波探知員が左後方七千メートルに浮上潜水艦らしきものを探知した。「矢矧」艦長原為一は直ちに号令した。

「総員、配置につけ」

測的長池田武邦は探照灯員に命じて敵潜水艦の方向に探照灯を向けさせた。各砲塔は砲身を水平にし、命令あり次第、発砲できる態勢を取った。敵潜水艦は複数で、電話で会話していた。日系二世の電信員山田重雄が会話を翻訳して逐一、艦橋に報告する。敵は、「大和」のことを「キング戦艦」と呼んでいた。

「航海士、この分じゃ艦位測定も必要ないなぁ。敵さんが的確に測定して報告してくれるぞ」

通信参謀星野清三郎がお得意のジョークを飛ばし、艦橋の笑いを誘った。

「この敵潜水艦をどう始末するか」

第二水雷戦隊司令部の参謀たちは話し合ったが、「目指すは沖縄であるから、このまま進撃を続けよう」ということで落ち着いた。

二〇二五（午後八時二十五分）、「矢矧」の電波探知機（レーダー）が五〇度、七キロに目標を探知、その方向に白波を視認した。同時に、電信員は再び敵潜水艦の電波を大感度でとらえた。後甲板にある爆雷投射員は、投射の命令を待っている。水中聴音機員からも「敵潜が追従中」の報告があり、艦橋は息詰まるような緊張に包まれた。

二一〇〇（午後九時）、「大和」は「針路一八〇度」を下令した。「矢矧」の電信員は、またもや敵潜水艦がグアム基地あてに作戦緊急信を発したのを感度大で捕捉した。午後十時すぎには、はっきりと「ヤマト」と名指しで第二艦隊の針路、位置、速力を伝える電話会話も聞こえた。敵潜の動静は「大和」艦橋にも刻々伝達される。

伊藤は長官用の椅子に長身をかがめて端座し、黙って報告を聞いている。

「これじゃ、敵さんに誘導してもらったほうが早いようなものじゃないか」

航海長茂木史朗が眉をひそめて言うと、伊藤はクスリと笑った。

二三三三（午後十一時三十三分）、駆逐艦「霞」が「一二〇度雷跡見ゆ」と「大和」に急信してきた。「大和」の第二艦隊参謀長森下信衛が間髪入れず、指示を出す。「アオ、アオ（青青＝右四十五度緊急一斉回頭）」と咄嗟の一喝。その声にかぶせるように艦長有賀幸作、航海長茂木史朗の号令が艦橋に響く。

「面舵、三十度」「敵潜水艦左前方、各部警戒を厳にせよ」「モドーセー、二百十五度。ヨーソロー」

見張員が必死で観察する夜の海は、「大和」以下各艦の艦首が切り裂く波頭と、艦尾に引く航跡が夜光虫で光るのみ。目を皿にしても見ても魚雷らしい波騒ぎは確認できず、見張員は首をかしげた。

二三四一（午後十一時四十一分）、「霞」が「ただいまの雷跡はイルカの誤り」と報告。「ばっかもーん！」「あわてるな、と言ってやれ」と、参謀たちは失笑しながら指示を出す。

二三五五（午後十時五十五分）、「大和」は「二二五度に一斉回頭」を下令。艦隊は敵潜に翻弄されながら、漆黒の日向灘をひたすら南下していく。

戦後、分かったことだが、この時、追尾してきた米潜水艦は「スレッドフィン」「ハックルバック」の二隻で、攻撃はせず、監視して報告することだけを命じられていた。中途半端な雷撃を仕掛けて、艦隊が内地に戻ってしまうのを避けるためだった。

日付が変わった。「大和」では、夜食の汁粉が出た。

四月七日〇二〇〇（午前二時）、艦隊は速力を十六ノットにして大隅海峡に入った。距離一キロ、幅五〇〇メートルの緊縮陣形を取る。

〇三四五（午前三時四十五分）、針路を二八〇度とし、都井岬を右に見、大隅海峡を通過、九州南西海面に進出した。艦隊はここで、陣形を第三警戒航行序列に改めた。

護衛零戦隊

四月七日未明、「大和」は鹿児島県大隅半島沖を通過した。

同半島の中央部には、海軍航空隊の最前線・鹿屋航空基地がある。航空総特攻（菊水一号作戦）を指揮するため鹿屋に進出している第五航空艦隊の司令長官宇垣纒は、暗澹たる気持ちで、「大和」が発信する無電を聞いていた。

「ずいぶん、潜水艦に追い回されているようだな」

「そうですね」

宇垣の問いかけに答える連合艦隊参謀長草鹿龍之介の表情も冴えない。二人の中将は恨めしげに窓外の空を見上げた。雨である。

「これでは飛べませんね」

「否、必ず飛ばしてみせる」

草鹿は宇垣の強固な意志に驚いた。草鹿は前日、伊藤に海上特攻の引導を渡すため「大和」を訪れ、帰投したばかりである。草鹿から報告を受けた宇垣は、連合艦隊が強引に決めた「大和」の特攻に不満を抱きつつも、せめてもの餞に零戦隊を飛ばして、「大和」の上空直衛をさせる腹を固めていた。

連合艦隊司令部にはむろん護衛機を出す計画はない。航空機はすべて菊水一号作戦に充てられ、艦隊護衛に出す余裕はなかったからだ。宇垣はそこを枉げて、自らの権限でなけなしの零戦を工面した。

「宇垣長官は武士の情で、機数は多くなくても戦闘機の足が届く限りは、伊藤中将を護衛しようと自分の責任で決断された」

草鹿に随行して鹿屋に来ていた連合艦隊参謀三上作夫はそう証言している。

こうした宇垣の「独断専行」は、八月十五日・玉音放送後の宇垣の沖縄特攻にもつながっているように思える。戦後、草鹿は、宇垣について「木で鼻をくくったような冷淡な男」と評する一方、その特攻死については「彼もまた偉い武人であった」と述べている。
○四○○（午前四時）、「大和」の司令部は宇垣からの電報を受信した。
「七日○六○○から一○○○の間、五航艦の戦闘機が上空直衛を行う」

宇垣は、護衛隊のメンバーに伊藤の長男、伊藤叡中尉も含めるつもりだった。第二艦隊の副官石田恒夫は、三上から、叡が「大和」を掩護することを耳打ちされていたが、それをすぐには伊藤に伝えなかった。伊藤は公私混同を嫌い、切り出し方を誤れば、「宇垣が余計なまねをしやがって」とカミナリを落としかねないからだ。石田は実際に編隊が現れてから報告することにした。

〇六〇〇（午前六時）、ちょうど日の出の時刻である。艦隊は対潜警戒の航行序列から対空警戒の輪形陣に移行した。先頭は「矢矧」。「大和」の前方一五〇〇メートルに占位した。駆逐艦は、「矢矧」から右回りに、「磯風」「浜風」「雪風」「冬月」「涼月」「初霜」「霞」「朝霜」の順に「大和」を中心とした円を描いた。艦隊は速力二十三ノットで東シナ海に向け、西進してゆく。

「大和」は対潜哨戒のため、搭載している零式水上偵察機を発進させた。航空燃料は可燃性が強いため決戦前にフネから離すのが通例である。水偵はこの後、大きくバンクして鹿児島県指宿基地に帰投した。

〇六三〇（午前六時半）、「零戦九機、バンクしながら接近する。右六十度、高角四」と、各艦の見張員から報告が相次いだ。

友軍機の上空直衛である。宇垣が一瞬の晴れ間をついて発進させたのだ。宇垣は上空哨戒を命じただけで、交戦は禁じていた。それでも艦隊の将兵を奮い立たせるのには十分な効果があった。

「戦闘機の護衛がつくなんて、レイテ沖海戦の時でさえなかった。二、三時間のことでしたが、みんな有り難い思いで空を見上げていました」

「矢矧」測的長池田武邦は振り返る。

この護衛零戦隊の中に、伊藤叡機が含まれていたかどうかは不明である。叡を含め、関係者のほとんどが戦死してしまい、確認できないのだ。哨戒に当たった零戦の数もはっきりしない。八機とも、十機とも言われる。十二機だったという証言もある。

確実に裏が取れているのは、鹿屋航空基地に隣接する笠ノ原飛行場を発進した零戦隊の存在である。三五二空（長崎県・大村基地）所属の零戦隊で、四月四日、実戦に使える二十四機が笠ノ原に転進。四月七日払暁、宇垣から「大和」直衛の命令を受け、稼動可能な十五機が植松真衛（まもる）大尉に率いられて発進した。薩摩半島南部の硫黄島を経て、黒島を確認したが、視界不良で草垣島が見当たらぬまま、雲高五百ないし千メートルで付近海域の捜索を続けた。

ようやく雲の合間に「大和」を中心にして輪形陣で西進する艦隊を発見、バンクしながら接近して上空旋回に入った。植松機は離陸時に増槽が脱落、約三十分間の直衛後、指揮を森一義中尉に託し単機帰投したが、他の機は所定の直衛を行い、「一一三〇」に笠ノ原に帰投した。

間もなく、「大和」以下敵機と交戦中との着信があり、「大和」の沈没を知った搭乗員たちは愕然としたという。植松によると、直衛に参加した十五機のうち三機のパイロットが伊藤叡と同じクラス（海兵七十二期）だった。上田清市、森一義、田尻博男である。上田は大和直衛の五日後の四月十二日、零戦で沖縄に制空出撃、中城湾上空で敵戦闘機と交戦、戦死した。森は四月十六日、雷電で沖縄に制空出撃、敵戦闘機と交戦、戦死した。田尻も同じく十六日、沖縄で戦死した。この時期、七十二期の戦闘機乗りは分隊長として各隊にいたが、百五十六人中、終戦時の生存者は五十人だった。

なお、植松は四月十五日、大隈半島上空でグラマンと交戦。被弾した植松は落下傘で脱出、海上で漁船に救助され、舞鶴海軍病院で終戦を迎えた。

大和を生かす道

昭和二十年四月七日の夜が明けた。日の出時刻は午前六時だが、小雨模様で、太陽は見えない。「雲量十　雲高一千～二千メートル」で、全天を覆う雲は黒々として雨を孕む。南よりの風が強く吹いている。波浪も高い。

特攻艦隊を追尾していた敵潜水艦は姿を消し、代わって索敵機が上空から接触を始めた。敵機は雲と雲の間を見え隠れしながら、わが方の監視を続けている。きょう、これから予想される戦は、艦隊同士の砲戦でも水雷戦でもない。上空から来襲する敵艦載機との決戦だ。

伊藤は午前五時に起床し、「大和」第一艦橋の長官用の椅子に端座して化石のように動かなかった。かつてロシア・バルチック艦隊と決戦した東郷平八郎提督は、旗艦「三笠」甲板で塑像のように動かなかったという伝説があるが、この日の伊藤提督もスフィンクスのように不動だった。

警戒序列、之の字運動、速力、変針……操艦の一切を有賀に任せ、参謀長森下信衛の上申にも無言でうなずくだけだ。かといって、重苦しい感じではなく、口元には微笑を絶やさない。世界史上、最も無意味な作戦の最高責任者に選ばれた苦悩は、もはや過去のものだった。ここまで来た以上、今さら何を思い煩うことがあろうか。部下を信頼し、適時適切の措置を取りつつ、将兵とともに死力を尽くして戦うのみだ。

「大和」を生かす道はただ一つ。愚かな戦争の幕引き、戦争終結の切り札として使うのだ。国名を冠した巨大戦艦を大日本帝国の身代わりとして海底深く沈める。それによって、国民は一時、心の拠り所を失うかもしれない。しかし、悪い夢から覚め、厳しい現実と向き合わなければ、日本の再生はない。

伊藤はむろん、「大和」と運命を共にするつもりだった。だが、将兵は可能な限り救いたい。彼らこそ戦後日本の再生を担っていく人々だからだ。したがって、いよいよ「大和」の最期が迫った時には、いち早く退艦命令を出さねばならぬ。それが、わが海軍人生最後の大仕事である。この命令によって、作戦の愚かさも少しは減じられるだろう。伊藤はそう考えていた。

それにしても、きょうは視界が悪い。

「レイテでは、晴天下で十分に照準を合わせて射撃できたのですが、この雲ではそううまくはいきそうにありませんな」

森下が分厚くたれ込める雨雲を恨めしげににらみつけて言った。レイテ沖海戦の時は、「大和」の艦長だった。防弾チョッキも着用せず、くわえタバコで指揮を執ったものだ。つい半年前のことなのだが、森下にはそれがえらく遠い昔の出来事のように感じられた。

時折、横殴りの雨が降り、第一艦橋の窓にも雨粒が強く打ちつけられては流れ散った。世界に誇る「大和」の四十六センチ主砲も、林立する高角砲や機銃群も、じっとりと濡れた。

主砲には、三式弾という散弾銃と同じ原理の弾があり、うまく命中すると、一つの編隊を一度に吹き飛ばす威力をもっている。今回の出撃にあたっては、三式弾を一つの砲塔に九十発、合計二百七十発搭載していた。好天に恵まれれば、ゴマ粒ほどの敵機を発見すると同時に三式弾を撃ち込み、艦隊上空に敵機を蹴散らして沖縄に突入できたかもしれない。だが、きょうは雲が邪魔して照準を定めることができず、役に立ちそうもない。

「主砲の威力を発揮できなければ、レーダー性能に勝る敵に分がありますな」

森下の判定に、伊藤は軽くうなずいただけで前方を凝視している。

決戦の朝

特攻艦隊は第三警戒航行序列（対空序列）を取って東シナ海を西進している。

○六五七（午前六時五十七分）、「ワレ機関故障」――軽巡洋艦「矢矧」の左後方にいた駆逐艦「朝霜」が旗流信号を掲げながら後落していった。海面には靄が立ちこめている。「朝霜」は異常な排気を出しながら、どんどん遠ざかり、靄の中に姿を消した。隊列を離れた「朝霜」の運命はどうなるのか。「矢矧」の水雷戦隊司令部、「大和」の第二艦隊司令部を何ともいえぬ沈黙が支配した。

○八〇〇（午前八時）、「大和」司令部が、海軍次官井上成美、軍令部次長小沢治三郎連名の電報を受信した。天皇陛下が「戦捷御祈願」のため、八日から十日まで高松宮宣仁親王を伊勢神宮に派遣、代拝させるという内容だった。伊藤は「貴長官限り内示せらる」と但し書きがついた電報を司令部全員に伝え、東方に向かって黙礼した。

○八一五（午前八時十五分）、「矢矧」が一時隊列を離れ、風に向かって増速し、零式水上偵察機をカタパルトから射出した。「大和」の水偵と同様、内地に帰還させるためだ。

〇八四五（午前八時四十五分）、米機動部隊の艦上戦闘機Ｆ６Ｆ（グラマン・ヘルキャット）七機が艦隊上空を遠巻きに一周して去る。

一〇〇〇（午前十時）、上空直衛の零戦隊が翼をバンクさせて九州方面へ去る。

一〇一六（午前十時十六分）、零戦と入れ替わりに、米軍の飛行艇ＰＢＭ（マーチン・マリナー）二機が現れた。「大和」の二三〇度、四十五キロ地点で接触を開始し、緊急電を発信。「大和」は直ちに妨害電波を発し、副砲と高角砲とで砲撃を始めた。だが、弾は届かない。敵機は憎らしいばかりにぎりぎりの射程外で接触を続けた。

一〇二二（午前十時二十二分）、艦隊は沖縄に向け南下する変針点へ達した。三二〇度に一斉回頭。二十二分後、一六〇度に一斉回頭した。いったん北上の気配をみせ、左に向きを変えた。接触機を惑わすための工作だった。敵の発信に合わせて妨害電波も繰り返し発信した。偽航路や妨害電波でどれほどの効果があるかは分からないが、この後も、艦隊は「右」「左」と細かい運動を繰り返しつつ、少しずつ南進していった。

一一〇七（午前十一時七分）、「大和」が一八〇度方向に敵の編隊をレーダーで探知した。

一一一四（午前十一時十四分）、「大和」、ヘルキャット六機を発見、旗流信号で全軍に空襲警報を発令。

一一三五（午前十一時三十五分）、「大和」の対空電探が、七十キロ付近から接近する二つの大編隊を探知。奄美群島近海に展開していたアメリカ海軍第五十八機動部隊から発進した攻撃隊約四百機とみられる。

一一四〇（午前十一時四十分）、「大和」の第二艦隊司令部から状況判断を各艦宛に通報、「敵艦上機の来襲必至と予期す」。

一一五二（午前十一時五十二分）、軍令部と連合艦隊司令部に打電、「F4U（艦上戦闘機コルセア）八機、十マイル付近を旋回、未だ来襲せず　地点坊ノ岬灯台の二〇五度一〇五マイル針路二〇五度　一一四五」。

「どうやら午前中は無事にすんだな」

伊藤が破顔して言った。この日初めて長官から発せられた言葉に、艦橋はホッと和んだ。幕僚たちは互いの無事を確認するように笑顔でうなずき合った。

カミカゼの猛攻

決戦直前の米側の動きをみておこう。

四月七日、沖縄近海には、米第五艦隊司令長官レイモンド・スプルーアンス（大将）がいた。伊藤が戦艦「大和」に将旗を掲げて沖縄に出て来るのを、スプルーアンスは戦艦「ニューメキシコ」で待ち受けていた。二人は昭和二年、米国で出会った。それから十八年の歳月を経て、宿敵として直接対決することになったのである。

スプルーアンスは前年の昭和十九年六月、マリアナ沖海戦で小沢治三郎中将が指揮する日本海軍機動部隊を打ち負かした。八月末、いったん真珠湾に戻ったが、翌二十年一月に真珠湾を出て硫黄島戦を指揮し、二月末、硫黄島攻略を成し遂げ、ウルシー環礁に帰還した。

三月十四日、ウルシーを出港、三月二十四日から沖縄上陸に向けて攻撃を開始したが、沖縄近海に進出して以降、「カミカゼ」特攻に散々な目に遭っていた。

当初、スプルーアンスが座乗していた重巡洋艦「インディアナポリス」は、三月三十一日、陸軍機が命中し、艦尾から浸水。「インディアナポリス」は戦列を離れ、慶良間列島の泊地に移った。

直ちに工作艦による修理が開始されたが、作業中、工作員が損傷したスクリューを誤って海底に落下させてしまった。担当士官は懲戒覚悟でスプルーアンスにこれを報告したが、スプルーアンスはいつもの静かな口調で「わかった」と答えただけで、叱責すらしなかったという。

少し先走るが、修理後の「インディアナポリス」は、広島、長崎に投下される原子爆弾を米本土からテニアン島へ運搬する極秘任務に就く。七月三十日、任務を終えて、グアム島からフィリピンへ向かう途中、潜水艦伊五八（回天特別攻撃隊・多聞隊）の雷撃により沈没。敵の攻撃により沈没した米海軍最後の水上艦艇となる。

四月五日、スプルーアンスは将旗を「インディアナポリス」から「ニューメキシコ」に移した。翌六日も一日中、「カミカゼ」に悩まされた。

この日正午、日本海軍は航空特攻「菊水一号作戦」、陸軍は「第一次航空総攻撃」をそれぞれ発令した。参加機は海軍三百九十一機、陸軍百三十三機。うち特攻機は海軍二百十五機、陸軍八十二機。特攻機のうち未帰還機は海軍百六十二機、陸軍五十機に及び、三百四十一人が特攻により戦死した。

九州と台湾の航空基地を飛び立った特攻機は、渡り鳥の群れのように絶え間なく沖縄近海に飛来し、米艦艇を襲った。五百機を超す大空襲は、制空権を確保したつもりの米軍にとって大きな衝撃だった。

艦艇は逃げまどい、駆逐艦「ブッシュ」「コルホーン」「エモンズ」、弾薬輸送任務の貨物船二隻、戦車揚陸艦一隻が沈没。空母「サン・ジャシント」以下十八隻が大中破した。戦艦「ノースカロライナ」、輸送艦「バーネット」その他が同士討ちと衝突で損傷する騒ぎも起こった。

米軍側の戦死・行方不明者は二百七十一人、戦傷者は二百六十四人にのぼった。

スプルーアンスは、特攻機をかわすべく、右往左往する「ニューメキシコ」艦橋で揺られながら、指揮と指示に忙殺された。

六日午後五時四十五分、日本軍の攻撃が小康状態になったのを見計らってスプルーアンスは夕食のテーブルについた。食事を終えるのと同時に、長官室のドアをノックする音が聞こえた。

「閣下、よろしいですか」

「どうぞ、入りたまえ」

参謀長アーサー・C・デイビス少将だった。

「また、何かあったか」

「閣下、閣下の恋人が来ます」

「恋人?」

「ヤマトです。ヤマトが出てきます」

「そうか。では、作戦室へ行こう」

スプルーアンスはナプキンで口をぬぐい、作戦室へ向かった。

スプルーアンスの「恩返し」

四月六日夜、米第五艦隊旗艦「ニューメキシコ」の作戦室。司令長官レイモンド・スプルーアンスは、「大和」を追尾している潜水艦二隻が伝えてきた報告を聞き、参謀長アーサー・C・デイビスに質問した。

「なるほど。で、ヤマトは一体どこを目指しているのかね」

「はい閣下、それは二つ考えられます」

「というと」

「はい。一つは、沖縄方面、つまりわが艦隊を攻撃しようとしていると考えられます。もう一つは日本海に避難しようとしている可能性があります。ただ、ヤマトは巨艦であり、関門海峡を通過するのは困難です。したがって、いずれにせよ、九州の南端を回航すると思われます」

「私の考えも同じだ。ミスター・デイビス」

スプルーアンスはきらりと眼を光らせ、作戦室を退出した。足早に長官室に戻ったスプルーアンスはしばらく執務机について書き物をしていたが、「オーケー」とつぶやいてペンを置き、デイビスを呼び出した。

「長官室に来てくれ」

不審顔で長官室に入ってきたデイビスに、スプルーアンスは一枚の紙片を差し出した。

「命令案だ。どう思うかね」

全艦隊に命令「水上戦闘が期待される。全力待機せよ」

空母機動部隊に命令「敵艦隊出撃せり。航空攻撃は軽いジャブにとどめ、沖縄西北に誘致せよ」

砲撃支援部隊に命令「全部隊をあげてヤマトを迎撃せよ。予は貴隊とともにあり」

「閣下、これは！」

デイビスは目をむいて驚き、命令案の記された紙片をスプルーアンスのほうへ突き出した。

「閣下はヤマトを砲戦で沈めるおつもりなのですか」

「その通りだ。何か問題があるかね」

スプルーアンスは澄ました顔で言った。

「いえ、しかし……」

「不満かね」

「いえ、水上部隊が上陸支援で地面ばかり射って気がくさくさしているのは事実です。彼らに海上決戦のチャンスを与えてやれば、士気高揚に有効であることも認めます。ですが、味方の損害を避けて敵を撃滅するには、機動部隊にやらせたほうが確実と考えます」

「待ちたまえ、ミスター・デイビス。戦いには冷静な計算も必要だが、もう一つ、名誉という要素も加えねばならぬ」

「しかし、閣下……」

まだ何か言いたそうなデイビスを目で制し、スプルーアンスは続けた。

「あれは三十八年前、日露戦争の二年後のことだ。アナポリス（海軍兵学校）を卒業したばかりの私は、戦艦アイオワで遠洋航海に出て横須賀に入港した。そこで、私たちは、日本の連合艦隊旗艦ミカサを訪れ、司令長官トーゴー（東郷平八郎）大将を表敬した。トーゴーは当時、世界的英雄であり、海軍軍人の憧れの的だった。私はただ目の前を通りすぎる提督の姿を見ただけだったが、あの感激は忘れられない」

「私もアナポリスでトーゴーの戦略を学びました」

「そうだろう。トーゴーは私の憧れであり、私の師である。君の師でもあったはずだ。マリアナ沖海戦の時、オザワ（小沢治三郎）の艦隊がどこから来るのか、どこで戦うべきか、私は対馬でロシア艦隊を待ち受けたトーゴーを思い浮かべながら戦機を探っていた」

「はい、閣下」

「いまや日本海軍は壊滅状態にあり、動き出したヤマトは日本海軍が持つ戦力の最大かつ最後の要素だ。しかも、ヤマトは世界一の巨艦だ」

「はい」

「私は、私の尊敬するトーゴーが育てた日本海軍の誇りを、トーゴー・スタイルで葬ることが、トーゴーの霊魂に対する手向けであり、日本海軍の名誉ある最期になると思う。だから、私はヤマトを飛行機で沈めたくないのだ」

大東亜戦争の開戦劈頭、英東洋艦隊の旗艦「プリンス・オブ・ウェールズ」が日本海軍の航空攻撃によって撃沈されて以来、飛行機なしの艦隊決戦は考えられなくなっている。それなのに、戦争の最終盤にきて、スプルーアンスは、あえて水上決戦を行う決断を下した。その理由を司令長官本人から直に聞いて、デイビスは感動した。

「ミスター・デイビス、私はあの時、日本でスモウを見た」

「あの、裸の巨漢同士がぶつかり合う格闘技ですか？」

「そうだ。スモウの力士、つまり選手は、教えてもらった先輩を負かすことを、恩を返すと言うのだそうだ。先輩力士はそうやって自分を倒すまでに成長した後輩を祝福するのだ」

「そうなんですね」

「私は今それをやりたい。トーゴーの育てた尊敬すべき日本艦隊に恩を返したいのだ」

「閣下、分かりました」

デイビスは低い声で答え、第五十四任務部隊（砲撃支援部隊）司令官Ｍ・デヨ少将と第五十八任務部隊（空母機動部隊）司令官Ｍ・ミッチャー中将にスプルーアンス司令長官の命令を打電した。

たくさんのペリカン

昭和二十年四月七日午前一時五十五分、米第五十四任務部隊（砲撃支援部隊）旗艦、戦艦「テネシー」の艦橋。

「参謀長、これはすばらしい命令だ」

第五艦隊司令長官スプルーアンス大将からの命令を受信した砲撃支援部隊司令官モートン・デヨ少将は参謀長R・ベイツ大佐の手を取り、肩をたたいて欣喜した。デヨは直ちに麾下の部隊にスプルーアンスの命令を伝達した。

「ヤマトを砲戦で沈めよ」

デヨの指令が戦艦、重巡洋艦に伝わると、乗組員たちはベッドやハンモックから跳ね起き、歓声を上げて、そこかしこを踊りまわった。食堂の鍋釜、あるいは壁をスプーンでたたいて狂喜する者もいた。

「陸上砲撃はもう、うんざりだ」「戦艦は戦艦と戦うべきなのだ！」「そうだ、そうだ、そうだ！」

スプルーアンスの命令は予想以上に砲撃支援部隊の士気を高めた。

「世界最大の戦艦を沈める任務を与えられたことは、本官の無上の名誉なり。喜び限りなし」と、デヨはその日の日誌に記した。

同じ頃、第五十八任務部隊（空母機動部隊）の旗艦・空母「バンカーヒル」艦橋では、司令官マーク・ミッチャーが怒声を発していた。

「そんなばかな！　今や海軍の主役は空母部隊じゃないか。そうだろう、バーク」

「はい、提督」

参謀長A・バーク代将も当然だといわんばかりにうなずく。

「水上戦闘をやるから航空部隊は軽いジャブ程度にしておけだとさ。オヤジ（スプルーアンス）も耄碌したもんだ」

「はい、提督」

パイロット出身でもあるミッチャーは、何が何でも飛行機で「大和」を沈めたかった。

「ヤマトを倒す名誉は、米海軍の代表である空母部隊、わが五十八機動部隊に与えられると決まっておる。何か良い手はないのか、バーク参謀長」

ミッチャーはバークをキッとにらみつけて言った。

「はい。提督。スプルーアンス閣下はジャブを許可されています。アッパーカットでなくとも、素早くやれば、ジャブの連打で相手をダウンさせることができると思われます」

ミッチャーはニヤリと笑った。

「よろしい。それなら命令違反にはならんな」

ミッチャーは満足げに目を輝かせ、パチンと指を鳴らし、バークを指差して言った。

「さすがは、三十一ノット・バークだ」

バークは、南太平洋での海戦中、麾下の駆逐艦を当時限界とされていた三十ノットを超える三十一ノットで走らせ、「三十一ノットで航行中」と打電したことから、「三十一ノット・バーク」の異名を取った人である。

ミッチャーは直ちに指揮下にある機動部隊に北進を命じた。午前五時、機動部隊から四十機もの艦上戦闘機が索敵のため九州方面に飛び立った。気象班からは「沖縄北方の天候が崩れ始めている」との報告が入る。ミッチャーは声を荒げた。

「絶対に敵に盗塁を許してはならん。必ず見つけろ」

その頃――。

「テネシー」艦橋のデヨは一通の祝電を受け取っていた。

「貴官が明日の朝食のために、うまい魚を持って帰ることを希望する」

送ってきたのは、沖縄上陸戦の総指揮官リッチモンド・K・ターナー中将だった。ターナーの正面の敵は、沖縄を防衛する日本陸軍であり、日本艦隊ではない。したがって、「大和」攻撃に関する十分な情報は持っていない。とはいえ、四月七日の戦闘で、デヨの部隊が砲戦によって「大和」部隊を打ち破り、上陸戦を有利にしてくれるのを祈って、早手回しに祝電を打ってきたのだ。

返電のペンを取ろうとしたデヨの手元に、もう一通、別の電報が置かれた。ミッチャーからだ。

「いったい何の用だ」

電文は混信のため、ひどく分かりにくいものだった。

「ミッチャーは何が言いたいのだ？」

よく読んでみると、すでにミッチャー部隊の艦載機が「大和」に向かっていることを通報し、デヨ艦隊が取ろうとしている行動は、時間の無駄であると警告しているように受け取れた。

「どういうことだ」

デヨは焦った。とりあえず、ミッチャーが獲物を横取りしてしまうのではないか。嫌な予感がして胃がムカムカしてきた。とりあえず、大急ぎでターナーへの返電を書いた。

「朝食のみやげを期待していただいて大変感謝します。私も喜んでうまい魚を食べたいと思います。もし、たくさんのペリカンが横から魚を全部食べてしまわないならば」

デヨの皮肉めいた返礼電は、現実のものになろうとしていた。

「朝霜」消ゆ

四月七日午前十一時五十分、M・ミッチャー提督率いる第五十八任務部隊の攻撃隊は、すでに「大和」上空に達していた。

第五十八任務部隊は「殺戮者の群れ」と呼ばれた強大な空母機動部隊である。母艦を飛び立った殺戮者たちのこの日の獲物は「キング戦艦」だ。しかし、分厚い雨雲に阻まれて相互の連絡が取れず、獲物を前にして、ぐるぐると上空で旋回を続けていた。

一方、「大和」艦内では、これより少し前、「戦闘配食受け取れ」の号令がかかり、一人当たり握り飯三個と沢庵二切れ、缶詰の牛肉一つまみの昼食が配られた。乗組員たちが手の平にくっついた飯粒をねぶりとっている時、見張員の声が響いた。

「反航する輸送艦一隻、左舷前方」

日の丸の旗をなびかせた輸送艦が「大和」とすれ違う。輸送艦の甲板にいる兵員たちがこちらに手を振っている。

「大島輸送隊でしょう」

第一艦橋に立つ参謀長森下信衛が言った。大島輸送隊は輸送艦三隻、海防艦一隻、駆潜艇二隻で佐世保を出撃。奄美大島に物資を強行輸送し、内地へ帰投中だった。米軍の航空攻撃と座礁事故により、すでに輸送艦二隻と海防艦を失っていた。

「輸送艦から発光信号——。ゴ成功ヲ祈ル」と見張員。

「輸送隊がわが艦隊の任務を知っているはずはありません。儀礼的に送ってきた信号と思われます」と森下。

長官席に長身をかがめて座る伊藤は黙ってうなずき、こう命じた。

「輸送船に向けて返信。有難ウ、ワレ期待ニ応エントス」

これと前後して、機関故障で落伍していた駆逐艦「朝霜」から次々と「大和」に入電があった。

一一五九　一三〇〇修理完成の見込み

一二〇八　一三〇度方向に艦上機見ゆ
一二一〇　われ敵機と交戦中
一二二一　九〇度方向に敵機三十数機を探知す

四通目の電報を最後に、「朝霜」の消息は途絶えた。伊藤は、双眼鏡で、はるか後方の水平線上に「朝霜」の対空砲火が炸裂するのを望見した。だが、それも一瞬で、その後は、濃灰色の雲と海以外、何も見えなくなった。

隊列を離れたフネの運命は、群れを離れた小動物と同じである。「朝霜」は殺戮者の餌食となり、真っ先に血祭りに上げられたに違いなかった。

「朝霜」の最期は、単艦戦闘であったうえ、生存者がいないため、はっきりしない。米側の記録によれば、空母「バンカーヒル」のＳＢ２Ｃヘルダイバー十機が「大和」攻撃に向かう途中に「朝霜」を発見、急降下爆撃を行い、爆弾三発を命中させたという。艦は爆発して後部に傾斜していったが、厚い雲に遮られて最期の瞬間は確認されていない。戦闘は数分で終わり、第二十一駆逐隊司令小滝久雄大佐以下、乗員三百二十六名全員が、だれに見取られることもなく戦死した。

午後零時二十分、「大和」の対空用電探が、敵編隊らしき三つの目標をとらえた。艦橋のスピーカーが鳴った。電探室長からだ。

「目標捕捉、いずれも大編隊、接近中！」

対空戦闘のラッパが鳴る。

「総員配置につけ」

「大和」副長能村次郎が声を張り上げた。艦長有賀幸作が最上部の防空指揮所に駆け上がり、能村は司令塔内の防御指揮所に下りて行く。同時に、艦橋の窓ガラスが引き下げられた。

小雨が吹き込んだが、伊藤は腰掛けたまま黙然と前方を注視して動かない。

横に立つ森下が言った。

「長官も下におりてください」

伊藤は森下の顔を見て、微笑した。

「いや、ここでいい」

「ユー・テイク・ゼム」

「敵見ユ、ヤマト級戦艦」

四月七日午前八時二十三分、鹿児島県・甑島南方海上。M・ミッチャー中将率いる第五十八任務部隊所属の空母「エセックス」の索敵機（F6Fヘルキャット）が「大和」を発見した。搭乗員は密雲に出入りしながら観測を続けた。午前八時三十二分、搭乗員は艦隊の全容をほぼつかみ、打電した。

「ヤマト級戦艦一、巡洋艦一、駆逐艦八。針路三〇〇、速力二十二ノット」

報告を受けたミッチャーは所属艦隊に全速前進を下令した。参謀長A・バーク代将が、ブザーのボタンを押して叫ぶ。

「攻撃隊、発進準備、急げ」

空母の飛行甲板に、戦闘機、雷撃機、爆撃機がゾロゾロと這い出て、騒々しいプロペラ音を響かせる。午前九時四十分、バークは攻撃開始を命じた。

「各攻撃隊発進せよ。全機に告ぐ、ヤマトを討ち取るまで帰艦するな。繰り返す、ヤマトを討ち取るまで帰艦するな」

午前十時、奄美群島近海まで進出していた空母「サン・ジャシント」「ベニントン」「ホーネット」「ベローウッド」「エセックス」「バターン」「バンカーヒル」「キャボット」「ハンコック」から計二百八十機の攻撃隊が発艦した。内訳は、戦闘機百三十二機（F6Fヘルキャット、F4Uコルセア）、爆撃機五十機（SB2Cヘルダイバー）、雷撃機九十八機（TBF／TBMアベンジャー）。

続いて、午前十時四十五分、「イントレピッド」「ラングレー」「ヨークタウン」から計百六機が発艦した。この時点で、第五艦隊司令長官スプルーアンス大将はまだ、ミッチャーに対して攻撃の許可は出していない。しかし、矢は弦を放たれてしまっている。攻撃隊の発艦作業を艦橋から見下ろしていたミッチャーは無線電話の受話器を壁からむしり取り、戦艦「ニューメキシコ」のスプルーアンス大将を呼び出した。

「ハロー、レイ」

アナポリスの先輩であるスプルーアンスに対し、あえて、レイモンドの愛称で呼びかけたのは、自らの決断を自信に満ちたものに見せたかったからだ。

「レイ、狩猟はやはり君がやるかね」

ミッチャーは畳みかけるように聞いた。

「マーク、もちろんだ……」

そこまで言ってスプルーアンスは急に口ごもってしまった。索敵機からの「大和」発見の報告を聞いて当惑していたからだ。搭乗員の報告によると、「大和」の針路は三〇〇度だった。これは、「大和」が九州西岸を北上することを意味する。実際には二七〇度で航進しており、搭乗員の誤認だったのだが、それ以上の報告がない以上、現時点において、スプルーアンスは、「大和」が佐世保に向かうと判定せざるを得ない。もし、「大和」が佐世保コースを取るならば、デヨ少将の戦艦・重巡洋艦部隊が追いつくのは困難である。

対策に苦慮していたところに、機先を制するミッチャーからの電話である。「大和」に砲戦を挑みたい気持ちは揺らいではいない。しかし、取り逃がすわけにはいかない。スプルーアンスは受話器を握り締めたまま、両眼を閉じた。

戦争は集団行動である。したがって、各部隊の指揮官の希望するままに任せるわけにはいかない場合もある。優先すべきは、国家の利益である。スプルーアンスは、深い、ひと呼吸の後、受話器に向かって言った。

「ユー・テイク・ゼム（貴官がやれ）」

この言葉は、米海軍史上、最も短い命令として記録されている。が、ミッチャーにはこの三単語の命令で十分だった。

索敵機はこの後、詳細な報告を送り、「大和」艦隊が二四〇度に変針したと告げてきた。この報告は、スプルーアンスに「大和」の目標が沖縄以外にありえないことを確信させたが、時すでに遅し、であった。

それでも、スプルーアンスはデヨ艦隊への出動待機命令は取り消さなかった。天候が邪魔をして、航空攻撃では十分な効果を発揮できない可能性もあると判断したのだ。デヨは艦隊の出動時刻を午後三時半と予定し、レーダーの威力を借りた夜戦に必勝を期する作戦を立てた。

しかし、デヨ艦隊の出番はついに訪れず、結果として、デヨは「ヤマトとの決戦を逃した提督」という不名誉な呼称を戦史に刻むことになる。

「対空戦闘、撃ち方始め」

「敵大編隊、接近中！」

「大和」から各艦に緊急信号が発せられた。

「敵さん、どうせ来るなら早く来い。いつまでもじらすなよ」

各所に配置された見張員たちは目を皿にして、流れゆく黒雲の先を見つめていた。「大和」第一艦橋の参謀長森下信衞は、電探室の報告に合わせて双眼鏡を動かすが、雨は霧のごとく洋上に立ち込め、視界不良はこの上もない。

午後零時三十二分、森下が機影を視認するのと同時に、見張員が叫んだ。

「グラマン二機、左二十五度、高度八度、四〇（ヨンマル、距離四千メートル）、右に進みます」

森下が目を凝らす雲の間から、二機。続いて五機。さらに十機、二十機、三十機……。敵機は左の雲間、右の雲間から黒いハチの群れのように現れては雲中に消え、現れては消えた。「大和」はたちまち約二百機の敵機に包囲された。右に左に、上に下に、空を覆い、海を圧する銀翼。

「敵は雷爆混合！」「二百機以上！　突っ込んで来ます」

見張員が絶叫する。しかし、いまさら驚くことはない。長官席に黙然と座る伊藤の表情は余裕すら感じさせる。

艦隊は、開距離五千メートルの疎開隊形を作った。敵機はみるみる高度を下げ、艦隊に迫って来る。雲は依然として分厚く、「大和」上空は千メートル以上が雲海に蓋をされた状態だ。これでは、遠距離を狙う主砲は役に立たない。副砲も急降下してくる敵機を迎え撃つには仰角が足りない。水面をかすめ飛んでくる雷撃機に照準をつけても、艦の転舵で砲弾はあらぬ方向に飛び去ってしまう。となると、高角砲と機銃で、雲から飛び出してくる敵機を逐次逃さずに迎撃するしか手はない。

「対空戦闘、撃ち方、始め！」

号令とともに高角砲、三連装機銃、二連装機銃が一斉に火を噴き、弾幕を張った。敵は、三〜五機が一群となり、四方八方から間断なく襲いかかった。F6F戦闘機グラマン「ヘルキャット」、SB2C急降下爆撃機カーチス「ヘルダイバー」、TBF雷撃機「アベンジャー」。いずれもレイテ沖海戦でおなじみの機種だ。これに今回、F4U戦闘機「コルセア」が加わっている。

「ヘルキャット」は直訳すれば「地獄の猫」だが、「性悪女」「意地悪女」といった意味で使われる。「ヘルダイバー」は「地獄への急降下者」。日本語の「地獄へ逆落とし」という言葉に近い。「アベンジャー」は「復讐者・報復者」。「コルセア」は「バルバリア海賊」である。

ヘルキャットが垂直に降下して、艦橋、砲塔、機銃座に掃射を加え、檣楼すれすれに反転すれば、ヘルダイバーは雲を出た途端に爆弾を投下し、その爆弾を追うように落下しながら銃撃を続け、着弾寸前に身を翻した。アベンジャーはほぼ一〇度の進入角を取り、被弾回避の左右蛇行航法で接近して魚雷を発射すると、バラバラと機銃を撃ちながら翼を翻した。「大和」の四囲には水柱が林立し、至近弾は艦橋にすさまじいしぶきを浴びせかけた。

「大和」の高角砲、機銃群は間断ない応射で、砲身、銃身が焼け爛れた。冷やすための水をかけると、ジュージューと音を立てて湯気を発した。各銃座は、前後左右に飛び交い、真上から降下してくる敵の目まぐるしさに、ともすれば敵影の後を狙う形になった。敵は砲銃撃をものともせず、弾幕を突き破り、果敢に押し寄せてくる。

「なかなか見事なもんだ。襲撃は巧妙、照準は不敵、しかも避弾方法もちゃんと心得とる。相当な連中だ」

森下が敵を称えると、水雷参謀末次信義（少佐、海軍大将末永信正の長男）がひょいと鉄帽を脱いで、中に収めたヌード写真を取り出し、ひらひらさせながら言った。

「しかし、敵のタマは当たらんですよ。このタマよけがありますからな」

「はて、それはタマよけに効くのか。逆じゃないのか」

森下の即妙な応答に謹厳な伊藤も唇の端に笑みを浮かべた。

「浜風」沈没

午後零時三十二分に始まった対空戦闘は次第に熾烈さを増してきた。機音、爆音は轟々、砲声、銃声は殷々として耳をつんざき、胸を圧する。「大和」第一艦橋の警報機に赤ランプがつき、けたたましく鳴る。

伊藤はスッと立ち上がって、艦橋の上の「天蓋」と呼ばれる露天の防空指揮所に上っていった。指揮所では、艦長の有賀が操艦指揮をとっている。伊藤は、その有賀の肩をポンとたたき、「艦長、とにかく艦（フネ）をよろしく頼むよ」と一声かけ、艦橋に下りてきた。以後、伊藤は最後まで艦橋を離れなかった。

敵機は艦橋を目標にして爆弾を落とし、機銃掃射を加えた。カンカンカンカン、と銃弾が外壁の鉄板をたたく。窓ガラスを撃ち破った銃弾は艦橋内をびゅんびゅん跳ね回る。見張員が崩れるように倒れる。わずかの間に三人が戦死した。そんな中、伊藤は長官席に端座して微動だにしない。当直で同じ艦橋にいた副電測士吉田満は戦闘中の伊藤の様子を『戦艦大和』にこう記している。

《速力、変針等、一切を艦長に委ね、参謀長の上申にもただ黙して肯くのみ。　この後本艦の傾覆まで、砲煙弾雨のうち終始腕を組んで巌の如く坐す。周囲の者ほとんど死傷するも些かも動ぜ

ず（中略）竹を割ったる如き気風、長身秀麗の伊藤長官》

不気味な雷跡は一条、二条、三条と矢のように襲って来る。それを転舵いっぱいかろうじて逃れる。

「トーリカージ、イッパーイ」「オモーカージ」

有賀の雷声が伝声管を通して艦橋に響く。水柱、水煙の中の取舵、面舵に、さしもの超弩級戦艦もきしみながら艦体を揺らす。有賀は伊藤の期待にこたえるように巧みに爆弾、魚雷をかわしていくが、敵もさる者。零時四十一分、「大和」後部に中型爆弾二発が命中、後部射撃指揮所、二番副砲、後部対空電探室が破壊された。同四十五分には、左舷前部に魚雷一発、同四十八分にも左舷に魚雷三本、爆弾二発を食らってしまった。

米軍記録によると、第一次攻撃隊の第一波に参加したのは、「ホーネット」「ベニントン」「ベローウッド」「サンジャシント」の各空母から出撃した百一機。主目標は「大和」と軽巡洋艦「矢矧」だったが、このうち十五機余りが、「矢矧」の左にいた駆逐艦「浜風」を「矢矧」と誤認して攻撃した。零時四十五分、「浜風」後甲板に爆弾が命中、火柱が上がって、火災が拡大した。

そばにいた「矢矧」の艦橋から、「浜風がんばれー、がんばれー」と声が上がる。それに応えるように、「浜風」から「矢矧」へ手旗信号が返ってきた。

「ワレ火災鎮火」

が、それも束の間。敵雷撃機が「浜風」左舷側から魚雷を投下、「浜風」は直ちに取り舵をいっぱいに取って回避した。そのため、艦尾が右に触れ、外れるはずの爆弾が艦尾に命中してしまった。この一発で、両舷の推進器が破壊され、航行不能に陥り、「浜風」は海に浮かぶ砲台と化した。

零時四十七分、再び火炎に包まれ、船体が二つに折れた。同四十九分、轟沈。「矢矧」の乗組員の目には、鰹節がまっすぐに沈んでいくように見えたという。轟沈というより「瞬沈」という表現がぴったりだった。

同五十分、「浜風」の沈没を潮に、敵機はいっせいに舞い上がり、雲中に消えた。第一波の攻撃は終わった。わずか二十分余の戦闘だった。

攻撃第二波

駆逐艦「朝霜」「浜風」が海中に没した今、戦闘を続けているのは、「大和」以下、計八隻となった。「大和」は敵の攻撃第一波によって、後部に直撃弾、左舷前部に魚雷を受けたが、戦闘力に大きな支障はない。

「よーし、これなら沖縄に行けるぞ」

副砲長清水芳人(少佐)が大声で部下を叱咤した。第一波が去った後、「大和」は大急ぎで死傷者の搬出、破壊物の除去、故障箇所の応急修理、弾薬の補充に取りかかった。だが、敵は、戦場処理に時を与えなかった。上空に待機していた第二波の攻撃隊が間を置かずに舞い下りてきた。「大和」の電探は第一波の退去十二分後、午後一時二分に約五十機を三十キロの距離に発見した。

続いて、七十機、さらに百機以上の大編隊をとらえた。

米軍記録によると、第一次攻撃隊第二波は、「エセックス」「バンカー・ヒル」「ハンコック」「カボット」「バターン」から発進した百五十九機。第一波は雲間から突然出現して急降下する奇襲スタイルだったが、今度は雲下で編隊を組み、「大和」を遠巻きにして旋回しつつ、その輪をじわじわと縮め、一気に殺到してきた。

午後一時十八分、戦闘が始まった。水面すれすれに迫って来て雷撃する機があれば、不意に反転して銃撃してくる機もある。繰り返される雷爆撃の反復攻撃に、「大和」は右へ、左へ、必死の回避行動を取った。至近弾は四〇～五〇メートルもの巨大な水柱を立てる。艦がその水柱に突っ込むと、崩れ落ちる水塊が甲板を激しく打った。

第一艦橋へも窓から海水が奔入し、伊藤も、森下もびしょ濡れになった。雷撃機は、どうやら左舷を狙っているようだった。片側集中攻撃によって艦体を傾斜させ、爆撃で対空砲火を沈黙させたうえで舵を破壊し、とどめを刺す戦法なのだろう。有賀の懸命の操艦にもかかわらず、「大和」は左舷中部に魚雷三本を受けた。

しかし、衝撃の感度は低く、傾斜も右舷タンクに海水を注入して水平に復元した。ただ、左舷下甲板の高角砲発令所が浸水とガス充満のため脱出不可能となった。発令所は「今、最後のビスケットを楽しんで食べています」「首まで水につかりました」と、報告してきていたが、やがて連絡を絶った。

各砲塔、機銃座では、鉄片とともに将兵の鉄兜、肉片が宙を舞った。硝煙のにおいの中に、死傷者から流れる生臭い血のにおいが混じり、鼻をつく。艦の動揺に合わせ、血潮が泡をたてて右舷へ左舷へと流れては戻る。内臓物が排水口を塞ぎ、甲板に淀んだ。

誰も彼も、自分の生命の危険などを顧みる余裕はない。生死も超越し、硝煙と血のにおい中で、ただ、ひたすら戦っていた。彼我の砲爆撃、銃撃によるすさまじい喧騒の中で、死者だけが血だまりに静かに寝ていた。

敵の第二波攻撃は、第一波よりさらに矛先を「大和」に集中したようだった。「大和」が食らった爆弾は合計九発、魚雷は十九本に達した（米軍記録）。

断末魔の「大和」

午後一時三十四分、敵の第二波攻撃隊が視界から消えた。「大和」の甲板は死傷者であふれていた。軍医長黒田秀隆は中甲板の兵員室を戦時治療室とし、部下の軍医四人とともに血にまみれながら負傷者の手当てをした。死体は浴室に積み重ね、甲板に散乱する胴体、足、腕などは海中に投棄した。

第一艦橋の第二艦隊司令部に、「左舷の高角砲、機銃員は四分の一が戦死」と、報告が入った。参謀長の森下は先任参謀山本祐二と協議して、次のような状況判断をした。

一、「大和」は当面の戦闘航海に支障なし

二、被害増大の状況において突入期日時期変更を要す
三、損傷艦、特に第二水雷戦隊旗艦「矢矧」の状況確認のため「矢矧」の方向に向かう

以上三点を、山本が伊藤に伝えた。「一時避退する」とも受け取れる判断である。伊藤は黙ってうなずき、これを承認した。しかし、敵は、「大和」に艦首の向きを変えさせる余裕を与えてくれなかった。

午後一時三十五分、「大和」上空は、三たび、米艦載機の爆音に満たされた。米軍記録によると、「ヨークタウン」「イントレピッド」「ラングレー」の各空母から出撃した百七機の大編隊。一足遅れて現場に到着した第二次攻撃隊であるが、「大和」側から見れば攻撃第三波。

敵機は「大和」にとどめを刺すべく、サーカスもどきの軽業でブンブン飛びまわった。魚雷が右舷に一発、左舷に三発命中した。爆弾の命中は数え切れないほどになった。艦は左へ十五度傾斜し、速力は十八ノットに落ちた。

こうなると、何かにつかまっていないと、立っておれない。伊藤は窓枠に長い手を伸ばして体を支えた。防空指揮所では、有賀が外縁をつかんで足を踏ん張り、鬼の形相で「注水復元」を命じていた。

「総員、がんばれ」

有賀の激励する声が伝声管から響いてくる。

午後二時七分、第四波が来襲した。右舷に魚雷五発が命中し、左への傾斜は十八度に拡大した。

午後二時十五分、傾斜は二十度を超えた。最上甲板の死体や四肢が海中に転がり落ち、厚さ三十センチの樫材にボルトで固定している機銃座がミシミシときしんだ。

速力は七ノットに落ちた。舵も破損し、艦は左旋回を始めた。

「ワレ舵故障」

「大和」の前檣に旗旒信号が上がった。午後二時二十分、第一艦橋、防空指揮所、司令塔で、一斉にブザーが鳴り始めた。砲塔、弾薬庫、火薬庫の温度上昇に伴う誘爆の危険を告げる警報である。

続いて、第五波、第六波、第七波、第八波……それからは、もう、何がどうなっているのか分からないような猛攻だった。米軍発表資料によれば、使用した航空魚雷二百発、爆弾三百発。

通信設備が破壊され、電気も停まった。もはや砲塔も動かない。注排水指揮所との連絡はつかず、傾斜を直すすべもない。射撃音も途絶え、魚雷と爆弾が命中した時の震動だけが「大和」の巨体を揺さぶった。

軽巡「矢矧」の最期

軽巡洋艦「矢矧」の艦長原為一は「義経を守る弁慶」の心境で闘っていた。

米軍資料によると、日本艦隊の各艦は、どれも蛇の巣のような形の航跡を描いてのたうち回っていたが、「矢矧」はただ走り回るだけではなく、勇敢にも主力部隊から遠ざかるように、艦を走らせているように見えたという。

攻撃隊に加わっていた米軍パイロットの一人は次のように証言している。

「彼（原）は熟慮して殺到する米軍機を自分の方向に向けさせ、大切な大和から遠ざけるように行動した。こうした応急措置を講じたうえで、自ら犠牲となって撃沈されることに成功した」

事実は少し異なる。「矢矧」は舵、推進器を破壊されて航行不能に陥っており、「大和」に同行していくのが不可能だったのだ。爆弾、魚雷を受けて右に傾斜した「矢矧」は、しばらく右旋回のまま惰性で走り続けていたが、やがて洋上に停止、陣形外に落伍した。「大和」はなおも南に向かっており、あっという間に二十キロも離れてしまった。

波のうねりに揺られるまま、動かぬ標的となった「矢矧」は、格好の餌食となった。敵機は死肉に群がるハゲタカの如く、襲いかかった。命中魚雷七本、爆弾十二発。撃ち込まれた機銃弾は二千発に達した。艦は、甲板が海水で洗われるほど沈んだ。それでもなお、銃身を真っ赤にして応射を続けている。

敵のパイロットは、炎の中に鬼神を見た。まさに弁慶、まさに「槍ぶすま」であった。「大和」に襲いかかる敵の一群を引き受け、「大和」を延命させる効果は確かにあった。

「矢矧」艦橋にいた測的長兼分隊長池田武邦はこう回想する。

「矢矧が轟沈を逃れ、転覆することもなく、闘い続けることができたのは、原艦長の臨機応変の措置があったからだ。艦の傾斜を立て直すため、主錨、錨鎖を海中に投棄させ、魚雷も発射管から抜き出して棄てさせた。ただ、こちらが撃っている限り、敵も攻撃してくる。これではもう、早く沈んだ方がいいのではという、居直った感じにもなった」

以下、池田の体験談をもとに「矢矧」の最期を記す——。

一番連管塔から全身焼けただれた二人の姿が水雷甲板に現れた。手を挙げて艦橋に何かを報告し、そのまま力尽きて倒れた。見張員長豊村時信（兵曹長）が短剣を腹に立て、二番砲塔下に飛び降り自決した。

「陛下の御艦に敵機魚雷を命中せしめたるは、見張指揮官の責任であります。本官ここに腹かっきって、この責任をとり、お詫び申し上げる！」

豊村の絶叫が伝声管を通して艦橋に響きわたったが、池田の耳には聞こえなかった。爆風で鼓膜が破れていたからだ。

「たとえ矢矧を失おうとも、わが水雷戦隊は大和とともにあくまで沖縄突入を敢行すべし」

「矢矧」座乗の第二水雷戦隊司令官古村啓蔵は、「矢矧」沈没間近とみて、第二水雷戦隊の旗艦を変更することを決意した。機を見て指揮下にある駆逐艦に移乗し、初志を貫徹しようというのだ。「矢矧」は、近くにいた「磯風」に信号を送った。しかし、次から次へと敵機が来襲するので、「磯風」はなかなか「矢矧」に横付けできない。

先任参謀が「カッター（短艇）を降ろして矢矧を離れましょう」と進言した。そのためには、左舷にある短艇の固縛をほどき、デリックで下ろさなければならない。電探を破壊され、測的長としての仕事がなくなった池田が艦橋を駆け下り、作業を指揮した。傾いた甲板での作業は、困難を極めた。敵機来襲の合間にどうにか海面に下ろすことに成功、と思った瞬間、爆弾がカッターを直撃した。カッターは、艦上の将兵ともども木っ端微塵に飛び散った。

池田はやむなく艦橋に戻ろうとしたが、ラッタルが吹き飛ばされて戻れず、甲板に残された。上空からは、さらに約百五十機が襲来、命中弾が高射砲機銃を架台、人員もろとも空中高く、吹き飛ばした。一番火薬庫から黄色い煙が漏れ出した。

「危ない！」

原が叫ぶ。間髪を入れず、発令所長八田謙二（中尉）が「艦長、火薬庫危険、注水します」と報告。注水弁が全開され、危機一髪、自爆を免れた。

「主砲発令所は八田中尉以下六名、暗黒」

「脱出できないか」

「外は満水状態で水浸しです」

八田以下、発令所員十五人は最後まで退艦できず、艦と運命を共にすることとなった。午後一時三十七分、左舷中部に魚雷三本が命中。副舵が取り舵のまま故障。午後一時四十四分、魚雷二本が左舷中部に命中。傾斜は刻々大きくなり、注水の限度に達した。

被爆、被雷の激震、爆風、爆音は絶え間なく、居ても立っても、伏してもおれない。大砲も機銃も将兵も、無傷のものはほとんどない。原も機銃弾で左腕の肉を焼かれていた。火箸を突き刺されるような苦痛に歯を食いしばり、羅針盤に抱きついている。

午後一時四十五分、数十機が来襲。爆弾と魚雷が命中して傾斜が増大、左舷が水面近くなり、皆、本能的に右舷側によじ登るような姿勢になった。

その時、大きく艦腹を出した右舷側中央部に魚雷が命中した。激しい爆風。左舷側甲板にいた池田は熱風を避けようと、反射的に手で顔を覆った。手袋が燃えた。手袋の陰にならなかった部分の皮膚が焼け、顔面に「手形」状のやけどを負った。眉は跡形もなく焼失した。

午後二時五分、満身創痍の「矢矧」はついに力尽きた。右舷から渦を巻いて沈み始める。海中に滑り込むような格好だった。左舷側にいた池田も海に放り出された。

「沈んだというより海水がドーッと押し寄せ、巻き込まれたという感じだった」

鹿児島県坊津の南南西九十カイリの東シナ海。北緯三〇度四八分、東経一二八度八分。副長内野信一大佐以下、四百四十六名が戦死、百三十三名が負傷した。

「矢矧」沈没の十八分後、「大和」が大爆発を起こし、沈没する。池田は立ち泳ぎで漂流しながら水平線上に黒煙が天に沖するのを望見した。レイテ沖海戦では、戦艦「武蔵」が爆発、沈没したのを見た。池田は日本が誇る二つの超弩級戦艦の最期に立ち会った数少ない証人となった。

作戦中止命令

午後二時を過ぎた時点で、軽巡洋艦「矢矧」、駆逐艦「朝霜」「浜風」の三隻が沈み、「霞」「磯風」が航行不能に陥っている。「大和」も最期の時を迎えようとしていた。

有賀は約二時間に及ぶ戦闘中、鉄兜に防弾チョッキという軽装で吹きさらしの防空指揮所に立ち続けたが、かすり傷一つ負っていない。雷跡や爆弾を指差しては、「面舵！」「取り舵！」と、声をからして命令を叫んでいる。一段階下の第一艦橋にいる航海長茂木史朗はそれをありったけの大声で復唱し、操舵室へ伝達した。傾斜が大きくなり、沈没も時間の問題という状況に追い込まれた時、有賀は茂木にこう命じた。

「航海長、艦(フネ)を北向きにもって行け！」

人は死んだら北枕にして寝かす。「大和」も動けるうちに艦首を北に向けおけ、という指示だった。茂木は針路を零度（真北）に向けた。その直後、茂木は「艦長、もう動きません」と有賀に報告した。

「そうか」

有賀はうなずき、伝声管で第二艦隊参謀長森下信衛を呼んだ。

「参謀長」

「森下だ。艦長、どうした」

「もうだめだ」

森下は伊藤のほうを振り向いて、目礼した。

「長官、このへんでよろしいかと思います」

「そうか、残念だったな」と、伊藤は短く答えた。

傾斜は三十度まで進んだ。有賀は伝声管で伊藤に許可を求めた。

「もはや傾斜回復の見込みはありません。総員を最上甲板に上げます」

「分かった」

伊藤は即答して、座り続けていた長官席から身を離した。艦橋はほとんど垂直に近い傾斜で左に傾いており、椅子につかまっても立ってはいられない。ただ、床は格子状に板が組んであり、その格子に手をかければ、かろうじて体重を支えることができた。伊藤はそのままの姿勢で、森下以下、参謀たちを呼集した。参謀たちは床を這うようにして、伊藤の周りに集まり、最後の協議を行った。伊藤は、さらに空襲が繰り返される可能性を指摘して、自らの「決心」を伝えた。

（イ）突入作戦は成立せず
（ロ）生存者を救出、後図を策すべし
（ハ）艦隊幕僚は「冬月」に移乗、残存部隊の収容に任ずべし

作戦収拾の命令であり、沖縄突入の打ち切り指示だった。

伊藤は、軍令部と連合艦隊から、「大和」を率いて一億玉砕の先駆けとなることを命じられた。だが今、「大和」は戦闘不能に陥り、同志の大半を失って、決死行の勝算はなくなった。ここで直ちに作戦を中止し、内地に引き返す手配をすれば、残存部隊の燃料はかろうじて帰路を満たすに足る。ならば、これを自らの責任で実行し、作戦の愚かさを些かでも減じたい。

これが、ぎりぎりの局面で選択した最良の策であり、伊藤はそこに海軍人生最後の使命を見出していた。

先任参謀山本祐二が異を唱えた。

「長官、作戦を中止することはありません。まだ駆逐艦は健在です。駆逐艦に移乗して沖縄に突入しましょう」

伊藤は山本の方を向いて一喝した。

「山本君、作戦は中止だ。無事な駆逐艦は内地に帰らせるのだ」

「しかし、長官……」

さらに山本が詰め寄ろうとするのを、伊藤は笑顔で制した。

「山本君、いいんだ。これでいいんだよ」

総員、最上甲板

傾斜が大きくなると、「大和」第一艦橋の窓からは、空よりも海面のほうが多く見えた。最後の協議を終えた第二艦隊の幕僚たちは、皆、大量の水をかぶって軍装はびしょ濡れ、顔面は蒼白だった。

沖縄突入の中止を命じた伊藤は、森下にこう命じた。

「私は艦（フネ）に残るから、艦隊を集合してくれ」

「長官、一緒に退艦いたしましょう」

森下が言った。伊藤は即座に拒否した。

「私はフネと一緒に逝く。君たちは降りてくれ」

さらに山本に向って、「山本君、駆逐艦を呼ぼう」と督促した。手旗信号は水しぶきでもはや役に立たない。信号員が発光信号で、「チカヨレ、チカヨレ」と、残存駆逐艦に向かって連打した。いま、健在なのは「雪風」と「冬月」である。

伊藤は、参謀一人ひとりと握手をし、艦橋内の生き残った士官たちとも黙礼を交わした。

「長官、死んではいけません」

副官石田恒夫が伊藤に取りすがった。伊藤は一瞬気色ばんで、「お前たちは若いんだ。生き残って国のために大いに働け。命令だ」と叱咤し、石田を突き放すようにしてラッタルに向かった。その石田のズボンのベルトを森下がつかんで、羅針盤の根元に引き倒した。

「貴様は行かんでいいんだ」

羅針盤には、航海長茂木史朗と掌航海長花田泰祐がロープで互いに体を縛り合っていた。

伊藤は、羅針盤につかまったまま敬礼する森下に答礼し、その答礼の手を挙げたまま、斜めになった床を踏みしめ、艦橋下の長官私室に下りていった。森下は、従容として階下に消えていく伊藤の後ろ姿を凝視していた。しばらくして長官私室の扉を閉じる音がし、続いて拳銃の銃声がした。

第一艦橋の階上にある防空指揮所。有賀は羅針盤を握り締め、ほとんど垂直に近い傾斜までせり上がってくる水面を見つめていた。伊藤は艦橋を去る前に有賀に対して「総員、最上甲板」を指示していた。艦内各部に散っている乗組員が駆逐艦への移乗を容易にするための措置である。これは、参謀たちと協議する前から、伊藤が艦内の生存者救出を考えていたことを示している。

「総員、最上甲板」を命じた今、「戦の達人」とうたわれた有賀に、腕をふるう仕事場はなくなった。

「天皇陛下、バンザーイ」「天皇陛下、バンザーイ」――。

有賀は大音声を発しながら、周囲にいた艦長付伝令の水兵たちを、一人ひとり突き飛ばし、海中に落とし始めた。

「艦長も防弾チョッキと鉄兜をとってください」

だれかが叫ぶ。

「おれはフネと逝く。お前たちはさっさと退艦しろ、泳げ、泳ぐんだ！」

有賀は顔を朱面にして怒鳴った。最後に残った水兵が、手持ちのビスケットを四枚、有賀の手の中に置き、海に飛び込んだ。艦長に対して何か自分の気持ちを表わしたかったのだろう。有賀はニコッと一笑して、一枚、口に運び、うまそうに食べた。二枚目を口にした時、艦もろとも、その姿を水中に没した。

伊藤整一が沖縄へ出撃直前に弟の繁治に送った写真〔生誕120周年記念誌〕

昭和19年12月23日、第二艦隊司令長官の親補式終了後の記念写真。自宅の庭で妻ちとせと次女淑子、三女貞子と。長女純子は他家に嫁いでいた〔生誕120周年記念誌〕

飛行服に身を固め、零戦の前に立つ伊藤叡中尉〔生誕120周年記念誌〕

此度は光栄ある任務を与へられ 勇躍出撃
必死奮戦 皇恩の万分の一に報いん覚悟に候
此の期に臨み 顧みると吾等二人の過去は幸福に満てるものにて
又私は武人として重大なる覚悟を為さんとする時 親愛なる
お前様に後事を托して何等の憂なきは 此の上もなき
仕合と衷心より感謝致居候
お前様は私の今の心境をよく了解さるべく 私は最後迄
喜んで居たと思はれなば お前様の余生の淋しさを幾分にても
やはらげる事と存じ候
心からお前様の幸福を祈りつつ
四月五日
整一
いとしき
最愛のちとせどの

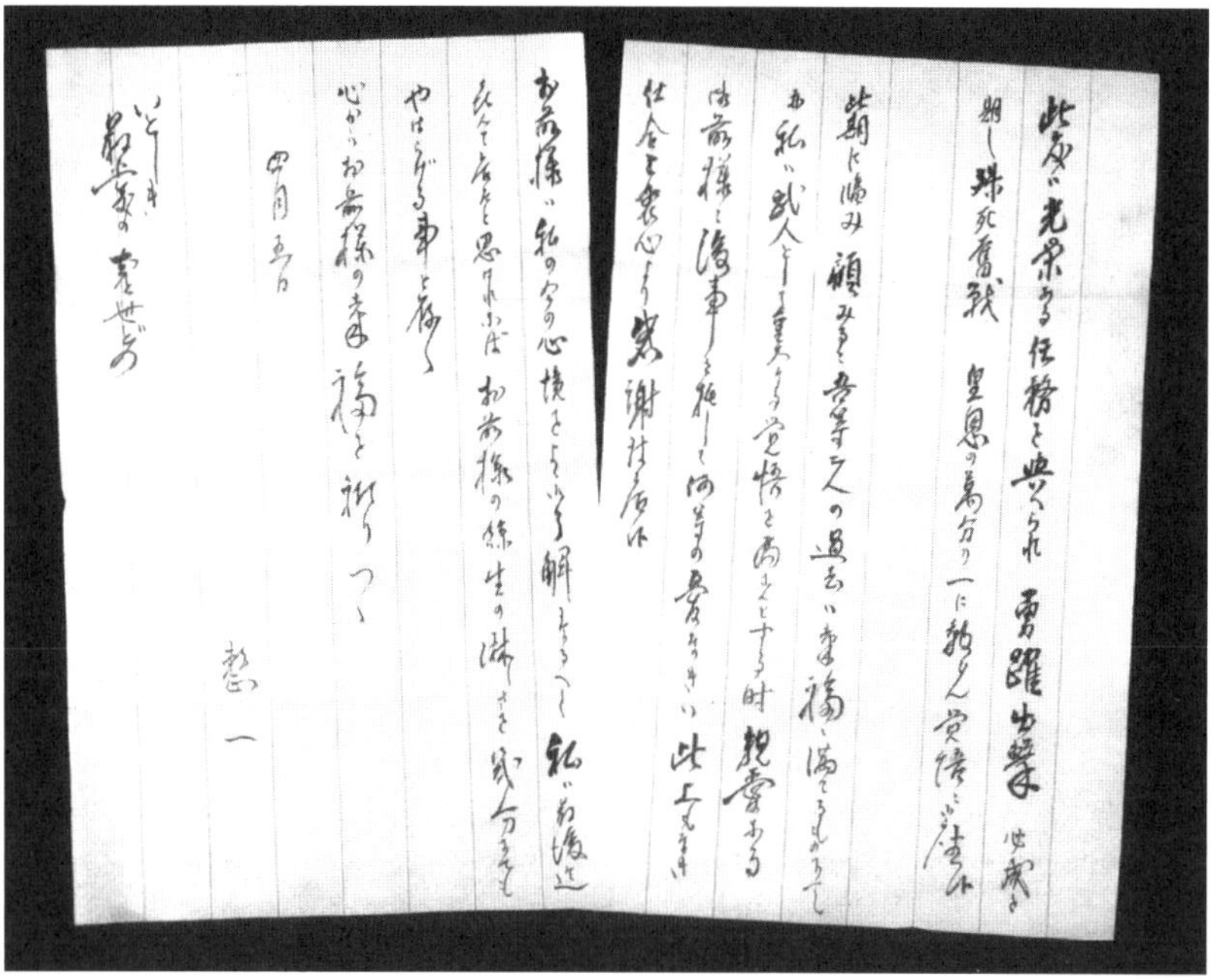

沖縄への出撃前夜の4月5日、伊藤整一は「大和」の長官室で妻ちとせと娘3人に宛て遺書を認めた。上は妻に宛てた遺書〔生誕120周年記念誌〕

淑子さん 貞子さん
私は今 可愛い貴方達の事を思って居ります
そうして貴方達のお父さんはお国の為 立派に働いたと
云はれるやうになりたいと考へて居ります
もう手紙も書けないかも知れませんが 大きくなったらお母さんの様な婦人に
なりなさいと云ふのが 私の最後の教訓です
御身大切に
四月五日
父より

純子殿
お前へ何も言ひ残す必要もないから
今迄通り仲良く幸福の生活を送る事を
祈って居ります
四月五日
父より

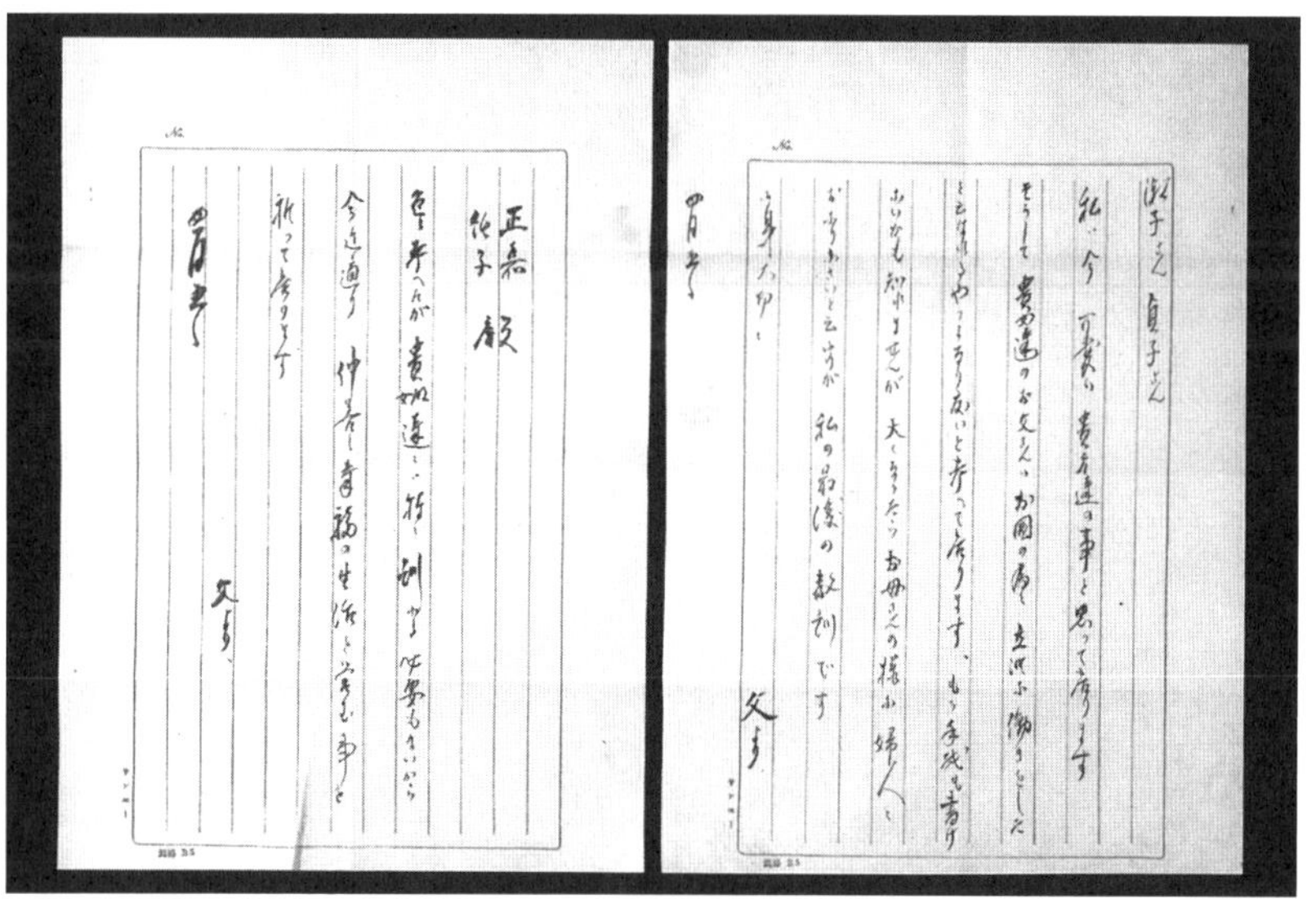

娘3人に宛てた遺書。次女淑子は15歳、三女貞子は13歳、長女純子はすでに結婚していた〔生誕120周年記念誌〕

米空母機の第１波攻撃下、奮戦中の「大和」。船体後部に被弾して火災が発生しており、左舷に至近弾の水柱が上がっている

「大和」以下の艦隊による沖縄水上特攻作戦を起案したとされる連合艦隊作戦参謀神重徳大佐

連合艦隊参謀長草鹿龍之介中将。直接、第二艦隊に出撃命令を伝えるため、4月6日に徳山沖の「大和」に乗り込んだ

昭和20年4月7日、米軍の第2波攻撃に防戦中の「大和」(上)と直衛駆逐艦「冬月」。「冬月」が後部の10センチ連装高角砲を発砲した瞬間が捉えられている

戦艦「大和」最後の艦長、有賀幸作大佐

「大和」型戦艦の前檣楼(写真は2番艦「武蔵」)。頂部の太い腕のような15m測距儀の下の露天の部分が防空指揮所で、有賀艦長はここで指揮を執った。その直下の艦橋で第二艦隊司令部ががんばった

浸水で艦首を沈め、左舷への傾斜を強めながらも沖縄に向かって進み続ける戦艦「大和」

軽巡洋艦「矢矧」に測的長として乗り組んだ池田武邦中尉

アメリカ第5艦隊司令長官スプルーアンス大将

ついに洋上で停止した軽巡「矢矧」。艦尾に命中した爆弾が爆発した瞬間が写っている。周囲の海面は至近弾の爆発で沸き立っている

終章　沈黙の海

木っ端微塵

四月七日午後二時二十分、「大和」は傾斜回復が困難となり、ゆっくり横転し始めた。同二十三分、赤く塗装された艦底を海面上にさらけ出したかと思うと、七万二千トンの巨体が海中に没していく。

艦の天地が逆転したことで、弾薬庫に格納してあった砲弾が天井にぶつかり、信管が作動して大爆発を起こした。爆煙は六千メートルに達し、爆風によって吹き千切られた将兵の肢体や破片は半径二キロの広さに四散した。誕生からわずか三年と四か月。「大和」は、生み育ててくれた祖国日本への恩返しに己の命を燃やし尽くし、司令長官伊藤整一の亡骸ともども木端微塵に砕け散った。

沈没点は、北緯三〇度四三分、東経一二八度四分。鹿児島県・宇治群島宇治向島西方百四十四キロ。水深三百四十五メートル。

「矢矧」測的長兼分隊長池田武邦は二キロほど離れた海上を漂っていた。

「あっ、大和が！」と思った瞬間、「ドシーン」という不気味な大音響が胸を圧した。みるみる巨大なキノコ雲が湧き上がった。池田はレイテ沖海戦での戦艦「武蔵」の最後を思い出した。

「武蔵も大和もやられた。これで連合艦隊は全滅だ。日本海軍はなくなった」

池田はこの時初めて日本の完敗を実感した。周囲では、重油まみれの将兵たちが冷たい海をちりぢりになって泳いでいた。

被弾数には日米で食い違いがある。「大和」の戦闘詳報によると、命中した魚雷は十本、爆弾は五発。これに対し、米機動部隊の戦闘報告は、命中魚雷三十本、爆弾三十八発。

戦死者は「大和」二千七百四十八人、「矢矧」以下第二水雷戦隊九百八十一人、合わせて三千七百二十一人。参加各艦の戦死者の内訳は次の通りである。

戦艦「大和」　二七四〇柱
軽巡洋艦「矢矧」　四四六柱
駆逐艦「朝霜」　三二六柱
駆逐艦「浜風」　一〇〇柱
駆逐艦「磯風」　二〇柱
駆逐艦「霞」　一七柱
以上、沈没
駆逐艦「涼月」　五七柱
駆逐艦「冬月」　一二柱

駆逐艦「雪風」　　　三柱

以上、損傷

駆逐艦「初霜」　被害なし

一方、米軍側の被害は、撃墜六機、損傷五十二機、戦死十四人だった。

伊藤の戦死により、第一遊撃部隊（海上特攻部隊）の指揮権は先任指揮官の第二水雷戦隊司令官古村啓蔵（少将）に移った。だが、古村は乗艦「矢矧」が沈没して漂流中で、連絡が取れなかった（午後五時四十二分、「初霜」に救助された）。

このため、「冬月」「涼月」の四十一駆逐隊司令吉田正義大佐が残存艦の指揮を執った。午後二時四十五分、吉田は海軍大臣米内光政、軍令部総長及川古志郎に宛てて次の電文を発信した。

「一一四一（午前十一時四十一分）ヨリ数次ニワタル敵艦上機大編隊ノ攻撃ヲウケ、大和、矢矧、磯風沈没、浜風、涼風、霞航行不能、ソノ他ノ各艦多少ノ損害アリ、冬月、初霜、雪風ハ救助作業ノ後再起ヲ計ラントス」

実際には、この時点で「浜風」は沈没しており、「霞」も間もなく沈没した。佐世保に帰投できたのは、「冬月」「初霜」「雪風」「涼月」の四隻だけだった。このうち「涼月」は艦首を大破していたため、約三百キロの航程を後進で帰還している。

午後四時三十九分、連合艦隊司令長官豊田副武から海上特攻部隊に正式に作戦中止の通報があった。

「第一遊撃部隊の突入作戦を中止す　第一遊撃部隊指揮官は乗員救助の上、佐世保に帰投すべし」

伊藤が独断で作戦を中止してから二時間余が経過していた。これは、伊藤の決断を連合艦隊司令部が追認し、機関決定に至るまでに要した時間であり、連合艦隊参謀長草鹿龍之介が伊藤との事前の約束を実行したものだった。

この結果、「大和」の二百六十九人、「矢矧」の五百三人をはじめ、計千七百人が駆逐艦に救助された。伊藤の決断は、出撃前の少尉候補生退艦に続いて、「大和」の副電測士吉田満や「矢矧」の池田ら多くの若い命を救った。彼らは荒廃した日本の戦後復興に不可欠な人々であった。

翌八日午後五時、大本営発表。

「わが特別攻撃隊（航空部隊及び水上部隊）は四月五日夜来、沖縄本島周辺の敵艦船並びに機動部隊を反復攻撃し、特設航空母艦二隻ほかを撃沈または撃破した。わが参加部隊のうち戦艦一隻、巡洋艦一隻、駆逐艦三隻が沈没……」

沈没した戦艦が「大和」であり、巡洋艦が「矢矧」であることは伏せられた。

途轍もない喪失感

第五十八任務部隊（空母部隊）の司令官M・ミッチャー中将は、現場から「ヤマト撃沈」の報告電報を受信しながら、上官である第五艦隊司令長官レイモンド・スプルーアンス大将にすぐに通報しなかった。

ただ、「大和」の迎撃準備中の第五十四任務部隊（戦艦部隊）司令官M・デヨ少将には、「ヤマトを空襲中である」旨を伝えた。

デヨは不安になった。詳細を訊ねると、ミッチャーは「わが航空部隊が目下、ヤマトを攻撃中である。貴隊がなにか仕事をするつもりなら急いだほうがよい」と言葉を濁した。

この日（四月七日）、デヨは夜襲に持ち込む作戦を立てていた。砲力と技術に優る「大和」と戦う以上、夜間に近接してレーダー射撃を行う以外、勝ち目はないと判断したからである。しかし、デヨは嫌な予感がして、直ちに予定を変更、部隊に増速、北上を命じた。

デヨ艦隊が獲物を求めて急追を開始した午後四時三十五分、ミッチャーからスプルーアンスに至急電が届いた。

「攻撃隊はヤマト及び少なくとも軽巡洋艦一隻、駆逐艦二隻を撃沈せり。戦果の撮影写真は目下現像中。当方の損害は十機、戦死十二人。神に栄光あれ」

電報は、デヨ艦隊の旗艦「テネシー」でも傍受された。デヨは艦隊に停止を命じ、ランチを第五艦隊旗艦「ニューメキシコ」に走らせた。スプルーアンスに抗議するためだ。

「閣下、ヤマトは砲弾で沈めることになっております。ミッチャーの行為は軍令違反ではありませんか」

デヨはスプルーアンスに詰め寄った。

「たんに閣下の命令に違反しただけではなく、米海軍の名誉も傷つけております。なぜなら、これで米海軍はついに日本艦隊を砲撃で撃滅するチャンスを失い、戦史に無用の存在と記録されかねないからであります」

デヨはよほど無念だったとみえ、ミッチャーの軍法会議査問さえ要求した。黙って聞いていたスプルーアンスは静かに首を横に振った。

「私もヤマトの十八インチ砲弾がどんな音色で飛ぶのか、それを確かめられなかったのは無念に思う。しかし、われわれの使命は敵に勝つことだ。勝った以上、爆弾で勝ったのはよくないとは言えないだろう」

スプルーアンスはそう言って、デヨ艦隊にUターンを命じた。後年、デヨはこう述懐している。

「戦闘における偉業は、それを実現することが重要なのであって、誰が実現したかは重要ではない。空母部隊と航空群の行動は感嘆に値する。ただ、第二次世界大戦の全期間を通じて、艦隊同士の決戦の機会がひじょうに稀であったのは事実であり、あの戦闘が日米両艦隊の実力を正しく評価する最後のチャンスであったことは否定できない」

一方、航空機の戦艦に対する圧倒的優位を実証してみせた殊勲者ミッチャーにも喜悦の表情はなかった。ミッチャーは旗艦「バンカーヒル」の甲板に立ち、意気揚々と母艦に引き揚げて来るパイロットたちを出迎え、一人ひとりの肩をたたいて労をねぎらった。「大和」撃沈の証拠写真が現像され、デスクの上に並べられた。はしゃぎまわるパイロットに囲まれながら、ミッチャーの顔には、少しの歓びの色もうかがえなかった。

虚ろな目をしたミッチャーに、パイロットの一人がたまりかねて聞いた。

「閣下、どうなさいましたか?」

「閣下、ご感想は?」

ミッチャーは押し殺したような低音でつぶやくように答えた。

「海底に沈めるには、あまりにも惜しいフネだった……」

目は宙に泳ぎ、足下がふらついた。ミッチャーは、これまでに経験したことのない、何か途轍もなく大きなものをなくしてしまったような喪失感を覚えていた。

終戦への第一歩

昭和二十年四月七日、「大和」が沈没し、伊藤が戦死した日の夜、新たな内閣が成立した。陸軍の反対を押し切り、敢然として終戦を「実行」することになる海軍大将鈴木貫太郎内閣である。枢密院議長だった鈴木は、陸軍大将小磯國昭内閣が総辞職したのを受けて総理に就任した。鈴木には「軍人は政治に関与せざるべし」という信念があり、固辞していたが、天皇から「鈴木の心境はよくわかる。しかし、この重大な時にあたって、もうほかに人はいない。頼むから承知してもらいたい」とのお言葉があり、最後のご奉公を決心した。満七十七歳二か月。歴代最高齢の首相だった。

午後八時三十分、天皇は、宮中表拝謁ノ間において、鈴木に謁を賜い、閣員名簿の奉呈を受けられた。親任式は午後九時三十二分、鳳凰ノ間で行われた。

就任にあたり、鈴木はメディアを通じて次のように表明した。

「今日、私に大命が降下いたしました以上、まず私が一億国民諸君の真っ先に立って、死に花を咲かせます。国民諸君は、私の屍を踏み越えて、国運の打開に邁進されることを確信いたします」

続いて、午後十時三十分から再び鳳凰ノ間で、内務大臣、大蔵大臣、陸軍大臣文部大臣らの親任式が行われた。海軍大臣米内光政は留任となった。

「大和」沈没の報は、一連の親任式の直後に入った。内閣書記官長迫水久常の回想によると、閣議の席上での公式報告ではなく、控室にいる者にそれとなく伝わったという。就任当日の悲報に、閣僚たちは国家の前途とおのおのの重責を思いながら恒例の記念撮影に臨んだ。

「組閣後に首相として初めて受けた報告が大和沈没、海軍出身の鈴木首相にとって大きなショックだったようでした。しかし、首相はこの報告で、いかに困難であっても戦争を終結させたいという決意をなされたように見受けられました」と、迫水は振り返っている。

閣僚たちも戦局の逼迫を思い知った。迫水自身も「私はその刹那、口に出しては言わないが、戦争を終結させうることを知り、かつ確信している者として、大和の悲報はこれからの一つの使命を暗示しているように感じた」と述懐している。

内大臣秘書官長松平康安も「天皇陛下が降伏を考えたのは、大和が撃沈されたとき」（勝田龍夫『重臣たちの昭和史』）と語っており、「大和」沈没は間違いなく、政府が終戦への大きな一歩を踏み出すきっかけとなったのである。伊藤と水上特攻部隊三千七百二十一名の死は決してむだにはならなかったのだ。

「大和」というフネを沈め、「大和」という国を生かしめた沈黙の提督、伊藤整一。享年五十四。戦死後、特進して海軍大将となった。

思えば、帝国海軍の海軍大将ポストは明治四十五年まで鹿児島出身者が独占、例外は皇族の有栖川宮威仁親王ただ一人だった。昭和二十年に解体されるまでの全期間でも総計七十七人のうち十七人が鹿児島人だった。二位は佐賀の六人、三位は東京、岩手の各五人。そんな中で伊藤は福岡県が生んだ唯一の海軍大将となったのである。吉田満は著書『提督伊藤整一の生涯』で、「陸海軍を通じて福岡県が生んだ最高の武人であった」と評した。

伊藤叡中尉の戦死

伊藤整一の戦死から三週間後の昭和二十年四月二十八日、伊藤の長男、叡が父の後を追うように沖縄で戦死した。叡は筑波航空隊の教官から志願して特別攻撃隊の直掩隊に加わっていた。この日は、鹿児島県・鹿屋基地から三十五機で出撃。午後二時四十五分、沖縄・伊江島上空で「敵機発見、直ちに空戦に入る」と打電後、消息を絶った。享年二十一。

当日の搭乗割は同僚に決まっていたにもかかわらず、どうしても「おれに乗らせろ」と言って強引に頼み込んで飛び立ったという話が伝わっている。空戦の模様を記した資料は残っておらず、遺骨はおろか、遺髪も遺品も帰ってこなかった。父子相次いで国に殉じた姿は、南北朝動乱時代の楠公父子の義烈を想起させる。

四月二十八日は奇しくも東京の留守家族が整一の戦死の知らせを受けた日だった。一方、叡の戦死の知らせが人伝てに家族にもたらされたのは昭和二十年の夏頃で、戦死公報が届いたのは終戦後の昭和二十一年三月だった。伊藤家は一家の大黒柱と一人息子を立て続けに失い、跡取りがいなくなった。

最愛の息子を失った母ちとせは人目もはばからず、気も狂わんばかりに泣き崩れたという。すぐ下の妹、今澤純子（整一の長女）が海兵七十二期・海軍機関学校五十三期・海軍経理学校三十三期合同クラス会「なにわ会」の会誌に「兄伊藤叡の思い出」（昭和五十三年九月）と題した一文を寄稿している。

抜粋して紹介する。

兄は半ズボンの水兵服に「大日本帝国海軍」と金色に書かれた水兵帽をかぶり、手には日の丸の小旗を持っていた。恐ろしい音と煙と蒸気と、あのにおいと共に機関車が入ってきた。昭和四年春、アメリカ留学から帰国した父（整一）を久留米駅頭に、母につれられて出迎えた夜である。これが私の記憶の中に兄が登場した最初である。兄は五歳、私は三歳であった。兄は丸顔の色の白い、目のクリクリした、頬っぺたの赤い、きかん気の男の子だった。

父は帰国後、海軍兵学校の生徒隊監事となり、私達は校内の官舎に移り住んだ。兄と私は従道小学校の附属幼稚園に入った。クラスは一ツしかないので、私達はいつも一緒に通い、歌ったり、踊ったりして一緒に手をつないで帰ってきた。兄はやがて従道小学校一年に入学し、私一人が幼稚園に残ったが、お兄様と一緒でなければ嫌だと言って、とうとう幼稚園はやめてしまった。

江田島での夏は毎日のように兄と共に庭先から水着姿で集会所の前の坂道を下り、松林をぬけて海岸に行って遊んだ。裏の山では、ワシワシワシワシと大きな蝉が大合唱し、午後には兄と蝉とりにも忙しくて、時々、足手まといの妹に当惑するのだった。私達はそれから父の転勤にともない、佐世保、福岡、鎌倉、東京と転々とした。

兄は昭和十五年十二月、中学五年在学中に海軍兵学校に入校した。十八年九月、兄は兵学校を卒業し、少尉候補生となり、霞ケ浦航空隊に入隊した。兄が友人をつれて戻ってくる休日を私達はどれほど待ちこがれたことか。

私が女学校五年の夏休み、勤労奉仕で製薬工場に通っていた時、休暇で帰っていた兄は、夕方、西永福駅に迎えにきてくれていた。夕暮れに白い絣がぽっと浮かんでいた。ちょっと散歩に出たのだと言ったけれど、兄が迎えにきてくれていたのは、私には分っていた。畠の中の道を歩きながら、兄は両親を大事にしてくれと私に頼んだ。「樹静かならんと欲すれども風やまず、子養わんと欲すれど親待たず」と言うではないか。「俺は居ないのだ」と兄は言った。

それから五年とたたないうちに、このことはみな事実となり、ただ不甲斐ない妹のみ後悔のほぞをかむこととなった。

十九年七月、夫の東京出張に伴って上京した私は、当時筑波海軍航空隊で予備学生の教官として勤務する兄を訪ねた。休日でないその日、兄は忙しく、ゆっくり話をする暇もなかったが、海軍少尉の夏の賞与をそっくり妹に与えた。二百円であった。「俺は使うことはないからな、お前使えよナ」と兄は言った。これが、私が兄を見、兄と話した最後である。

叡と海兵同期だった池田武邦（軽巡洋艦「矢矧」測的長兼分隊長）は、筆者に次のような思い出を語ってくれた。

「叡君とは兵学校でよく話をしました。一号時代（最終学年）は部が同じだったので、同じ教室で講義を受け、棒倒しも同じチームだった。ひじょうにまじめで、どちらかというと無口、無駄なおしゃべりはしなかった。しかし、必要なことはきちっと言う男だった。誠実で、コツコツ任務を果たし、典型的な武人の息子という感じ。オヤジさんが海軍の偉いさんだというのを知らない生徒もたくさんいた。叡君がそんなことをひけらかすような男じゃなかったから」

池田は縁あって叡の父・整一が率いた海上特攻部隊に加わる。

「伊藤長官には遠くから謦咳に接するだけでしたが、寡黙で、じっと前を見つめているという印象の人でした。きっと、責任の重みを感じておられたのでしょう」

この海上特攻部隊には、参加十艦のうち「涼月」以外の九艦に叡の同期生が乗艦、それぞれ要職についていた。階級はいずれも中尉だった。

「大和」甲板士官　国本鎮雄
「矢矧」測的長　　池田武邦

「冬月」航海長　中田隆保
「磯風」航海長　郡　重夫
「浜風」航海長　磯山醇美
「雪風」航海長　中垣善幸
「朝霜」航海長　深見茂雄
「霞」　航海長　大谷友之
「初霜」航海長　松田　清

このうち戦死したのは「朝霜」の深見中尉だけ。九人中八人が生き残ったのは「奇跡的」といえる。しかも八人のうち五人は乗艦が沈没し、漂流後に救助されている。池田と大谷は「冬月」に、国本と郡は「雪風」に、磯山は「初霜」に助けられた。いずれも、整一がギリギリの局面で発した沖縄突入中止命令がなければ、救われなかった命である。整一は「戦後日本を託す人材」として、叡の代わりに、この五人の同期生を救ったともいえる。

なお、海兵七十二期（六百二十五人）のうち大東亜戦争における戦死者は三百三十五人で、実に五十三・六パーセントが戦没している。

大和の仇討ち

伊藤叡が沖縄上空で戦死した昭和二十年四月二十八日、欧州では、ムソリーニがパルチザンに惨殺され、イタリア社会共和国は崩壊した。

五月二日、ベルリン陥落。

五月八日、ドイツ無条件降伏。

連合国に刃向かう者は、もはや日本だけとなった。日本海軍にはもう、海戦を行える艦船は残っていない。しかし、航空機ならば、出撃可能だった。

「大和」の海上特攻に合わせて四月六日に始まった航空特攻作戦「菊水作戦」は、「大和」沈没後も続行され、米艦船への攻撃は日増しに凄味を加えた。「大和」を屠った第五十八任務部隊（空母機動部隊）の司令長官M・ミッチャー中将が座乗する旗艦・空母「バンカーヒル」も、その猛攻を避けることはできなかった。

五月十一日午前十時、ミッチャーは幕僚とともに迎撃部隊の発艦作業を見守っていた。そこへ、レーダーに機影をとらえられないよう海面スレスレの低空飛行で接近する特攻機があった。早朝、鹿児島県・鹿屋基地を発進して来た昭和隊第三小隊の零戦だった。

十時二分、一番機（小隊長安則盛三中尉）が、「バンカーヒル」の目前で急上昇すると、「大和の仇討ち」とばかりに飛行甲板に爆弾を投下、そのまま機銃を掃射しながら、発艦準備中の艦載機三十四機が並ぶ甲板に突っ込んだ。爆弾は、飛行甲板を貫き、第三エレベーター後方を貫通、格納庫の天井を突き破って左舷測壁に穴を開けた。燃料満載で混み合った飛行甲板はたちまち炎上し、安則機は激突した敵機と共に海中に落下した。

続いて、一分もたたないうちに、三番機（小川清少尉）が、垂直に近い大角度で艦尾から接近し、爆弾を投下、艦橋と飛行甲板の境目に突入した。枢要部である艦橋基部を狙う「お手本通り」の特攻。その突入箇所は、ミッチャーや参謀長アーレイ・バーク代将ら幕僚がいた場所から六メートルしか離れていなかった。

ミッチャーとバーグは無事だったが、幕僚や当番兵ら十三人が戦死。爆弾は三階層にも及ぶ部分を破壊し、ガソリンに引火して大火災を引き起こした。

安則、小川両機の攻撃による「バンカーヒル」の戦死者は四百二人、負傷者は二百六十四人に及んだ。艦の損傷も激しく、いったんウルシー環礁まで後退し、ハワイ経由で本国に帰投して修理を受けることになった。ウルシーへ向かう途中で行われた水葬は、米海軍が一回で行った最大規模のものとなった。結局、「バンカーヒル」は戦線に復帰することはなく、終戦を迎えることになる。

旗艦を失ったミッチャーは、将旗を空母「エンタープライズ」に移す。しかし、その「エンタープライズ」も、「バンカーヒル」が戦線離脱した三日後の五月十四日、零戦の特攻により飛行甲板を破壊されて使用不能となった。ミッチャーは再度、旗艦を空母「ランドルフ」に移す。

特攻によって乗艦を破壊され提督は、ミッチャーだけではない。第五艦隊司令長官スプルーアンス大将、砲撃支援部隊司令官M・デヨ少将も、ミッチャーと同じく、二度にわたって旗艦の変更を余儀なくされた。

海軍航空部隊の沖縄特攻は、六月二十二日の菊水十号作戦まで、七十八日間にわたって続いた。陸軍も策応して航空特攻作戦を実施し、期間中、海軍機九百四十機、陸軍機八百八十七機が特攻に参加した。戦死者は海軍二千四十五人、陸軍千二十二人にのぼった。

一方、米軍の戦略爆撃調査報告書によると、菊水作戦中に沈没した艦船は二十六隻、損傷艦は百六十四隻に及んだ。ニューヨーク・タイムズの軍事記者ハンソン・W・ボールドウィンは戦記「史上最大の海空戦」で、沖縄戦について「規模においても、激しさにおいても比類のない総合作戦であった。こんなに激烈な飛行機に対する飛行機、あるいは飛行機に対する船の果てしもない苦闘はいまだかつてなかった。短い期間にアメリカ海軍がこれほど多くの艦船を失ったこともいまだかつてなかった」と書いている。

そして六月二十三日――。

沖縄本島の最南端、島尻郡摩文仁村（現糸満市摩文仁）の海を臨む断崖に穿たれた自然壕で、沖縄守備部隊の第三十二軍司令官牛島満（中将）、参謀長長勇（中将）が自決した。牛島は鹿児島県人、長は伊藤と同じ福岡県人だった。

自決直前、長は高級参謀八原博通を呼んでこう述べたという。

「まだ万余の青年が生き残っているはずだ。彼らを本土に帰してやったら、どれだけ役に立つだろう。帰してやりたいな」

両将の自決により、守備軍の指揮系統は消滅、沖縄戦は事実上終結した。今日、六月二十三日は「沖縄慰霊の日」と呼ばれ、毎年、摩文仁の平和祈念公園で慰霊式が開かれている。

沖縄戦で散った「陸の将軍」牛島満と「海の提督」伊藤整一には、どこか似たところがある。聞き上手で、温和な紳士であったという点である。

牛島は将軍となっても、連絡や報告にきた将兵と直に会って戦況を聞いた。話の内容が誇張された自慢話であっても最後まで熱心に聞き、相手の階級を問わず、「今後もどうぞよろしくお願いします」とあいさつした。参謀が持ってくる決裁書類には一切手を加えず、ただ、「ごくろうさま」と言って押印するのが常であった。沖縄女子師範学校の校長が尋ねたところ、「私が口を出せばややこしくなる。私は部下を信頼し、責任だけとればいいのです」と答えたという。

伊藤の名は今、牛島が自決した摩文仁の丘に建設された「平和の礎」の刻銘碑に刻まれている。

佐世保での海軍葬

伊藤整一が戦死して以降、伊藤家は立て続けに惨事に見舞われた。当時の多くの日本人が経験したことでもあったのだが……。

整一の戦死から一月半ほど過ぎた五月二十五日夜、東京・山の手で大規模な空襲があり、伊藤家も全焼した。伊藤が大宮八幡宮のすぐそば杉並区大宮町に自宅を建てたのは昭和十年のこと。門柱の右に「伊藤整一」、左に「伊藤叡」の表札を掲げた。当時、叡はまだ小学生だったが、伊藤は叡を跡取り息子として認め、期待もしていたのだろう。

五月二十五日の空襲は、死者三千六百五十一人、焼失家屋は十六万六千戸。海軍省・軍令部の赤煉瓦ビルも灰燼に帰し、国会議事堂周辺や東京駅、皇居の一部も焼けた。天皇は御文庫に避難されて無事だった。

伊藤家の敷地（六百坪）には、三百発もの焼夷弾が降り注いだ。ちとせ、次女淑子、三女貞子は空襲警報のサイレンを聞いて庭先の防空壕に駆け込んだ。当時十三歳だった貞子は「防空壕に入ったら外がパーッと光った。庭に油脂が広がって燃え始めたと思ったら、家にも焼夷弾が落ちてきた」と振り返っている。

翌日、元帥永野修身が見舞いに訪れた。開戦以来、長くコンビ（軍令部総長と次長）を組んで苦労を分かち合った後輩の死とその居宅の焼失というダブルパンチに、永野は遺族に対してお悔やみの言葉もない様子だった。

焼け跡に立った永野は、呆然として、こうつぶやいた。

「しかし、それにしてもよく焼けたもんですなぁ」

その姿にも、声にも、昔日の面影はなかった。積年の心労からか、肩の肉が落ちて、ちとせの目にも痛ましく映った。かつて横綱「男女ノ川」と称されたほど恰幅のよかった男と、焼け跡に立つ老人が同一人物であるとは思えなかった。

家を失った母娘三人は、しばらく防空壕で寝泊りしながら、畑の野菜を煮炊きして飢えをしのいだ。

が、そんな生活には限界はある。六月上旬、ちとせは福岡県三潴郡青木村（現久留米市城島町）の実家に身を寄せる決心をする。一家の柱を失い、住む家も失った以上、やむを得ない選択だった。この頃はまだ、叡の戦死の知らせは届いていない。ちとせは叡が戦地から戻ってきて迷わぬように、福岡の連絡先を木切れに書き、防空壕の入り口に挿しておいた。

ちとせは淑子、貞子を連れ、伊藤の遺書、遺影、手紙など形見の品をリュックに詰めるだけ詰め込み、米艦載機の襲撃におびえながら列車で九州を目指した。

実家に着いて間もなく、佐世保鎮守府講堂で、伊藤の海軍葬が営まれた。娘たちは実家に残し、ちとせ一人が出席した。「大和」の沈没は国民に伏せられている。遺骨もない。祭壇も供花もない。正面に、旭日旗に重ねて「故海軍大将　伊藤整一之霊」と書かれた幕が下げられ、その前に小さな額に収まった遺影がぽつんと置かれていた。海軍関係者とちとせだけのひっそりとした葬儀だった。

ちとせの急死

実家に帰る――この選択がちとせと娘たちの運命の分かれ道となった。

「あの時、母が東京に留まっていれば、残された家族の人生も変らなくてすんだと思う。私にはすごい後悔がある」と、三女貞子は後年語っている。

昭和二十一年七月、肩身の狭い思いで暮らしていた母娘の元に衝撃的な情報がもたらされる。戦死したと思っていた叡が生存している、という夢のような話だった。情報提供者は、ＧＨＱ（連合国軍最高司令官総司令部）で復員関連の連絡業務に携わっていた海軍士官だった。伊藤整一が兵学校の生徒隊監事をしていた時の教え子で、福岡県柳川市の出身。中学は伝習館で、伊藤の後輩でもあり、大宮八幡の伊藤宅に一時居候をしていたこともあった。そういう伊藤家と親しい間柄の海軍士官がちとせに、沖縄の抑留者名簿に「海軍中尉イトウアキラ」なる人物が存在することを知らせてきたのだ。

ちとせは狂喜した。すぐさま東京に帰ろうと決め、娘二人を連れて博多駅まで出かけた。だが、列車は復員者や買い出しの人々で屋根の上まであふれ返り、とても乗れそうにない。切符を入手することもできず、母娘三人はがっくりと肩を落として引き返した。しかし、ちとせはじっとしていられなかった。叡宛てに近況を知らせるはがきを書き、沖縄の日本人抑留者収容所に送り始める。

返事は来ない。それでもせっせと書いた。一方で、叡のクラスメートたちにも生存情報を知らせる手紙を書いた。叡の戦死公報はこの年の三月四日に届いており、告別式もすませている。ちとせは、同期生たちが送ってくれていた香典も返送した。

九月に入ると、新聞各紙が沖縄からの復員が近づいたことを報道し始めた。九月二十二日、ちとせは八通目となる叡宛てのはがきを書いた。返信がまったくないのを不審に思わなかったのだろうか。ちとせは息子が無事に帰ってくると信じきって、まるで小学生に教えるように実家への道順を記している。そして、これを書いた一か月後の十月二十一日、ちとせは急死した。

息子の復員を前に体調の変化を感じたちとせは、久留米市内の医院で筋腫の手術を受けた。不急の手術だったが、元気な体で息子を迎えたい、という切ない思いが気持をせかせた。空襲で焼け残った民家の二階を改装して開業したばかりの医院で手術中、停電になり、ロウソクの灯りを頼りに執刀が行われた。結果、細菌感染による敗血症で、手術の十日後に、あっけなく命を落とす。終戦直後で衛生状態も悪かったし、抗生物質もなかった。享年四十五。

伊藤家にとっては、これでもか、これでもか、という仕打ちだった。父を失い、兄を失い、母を失ってあとに残された姉妹を物語る言葉を筆者は持たない。貞子の回想のみ記しておく。

「淑子と私も少しは成長して、父や兄と二人に続いた母の死を静かな気持で考えることもありました。起こった事実が唯一の真実で、事実を事実として認めなくてはならず、深い悲しみに沈み込むのでした。自己の実現など考える心のゆとりもなく、気丈だった淑子も母の死はひどくこたえて、私の肩に両手を置き、ボロボロと涙を流しました。私は励ます気力さえなくて、あとでひどく情けない自分を責めました」（「伊藤大将生誕120周年記念誌」寄稿より）

日本海軍の幕引き

昭和二十年五月二十九日、伊藤整一の後任として軍令部次長を務めていた小沢治三郎中将が連合艦隊司令長官に就任し、海上護衛総隊司令長官と海軍総司令長官を兼ねることになった。いかつい面貌から「鬼瓦」と呼ばれ、レイテ沖海戦では見事に「囮」役を演じた捨て身の提督が、ついに日本海軍部隊の頂点に立ったのである。とはいえ、四月七日の坊ノ岬沖海戦によって稼働可能な艦隊は消滅しており、海上護衛を行うにも、船を動かす油が底をついていた。

海軍総司令長官という聞き慣れない職名は、四月二十五日にできたばかりの海軍総隊という組織の「長」である。海軍総隊は、連合艦隊の管轄外だった支那方面艦隊、各鎮守府部隊を含めた戦闘勢力の総称、つまりは「寄せ集め」にすぎなかった。こうでもしなければ、海軍という組織の格好がつかなかったのだ。

小沢をこのような「要職」に就けたのは、言うまでもなく、海相米内光政である。発令の日、小沢が海軍省に出向くと、次官の井上成美が出迎えた。

「小沢君、君はあれだけ戦って、よく生き残ったな」

相変わらず口の悪い井上である。小沢はこう切り返した。

「はい、何度も戦死しました。しかし、今は国家存亡の時、七たび生き返ってご奉公にあがりました」

井上が呵々と笑う。そこへ、米内がやってきて、辞令を読み上げた。長身の米内は痩せて、まるで牛蒡のようだった。声もかすれている。

「小沢君、君には三人分の荷物を持たせて申し訳ないと思っている。だが、君以外に頼める者はいない。おそらく、君は最後の連合艦隊司令長官になる」

「私がＧＦ（連合艦隊）の長官ですか？　それに海軍総隊？　聞いたこともない、そうそうたる職名で、戸惑っております」

小沢は剽げてみせたが、米内はまじめな顔をしてこう言った。

「まあ、そう言うな。もっとも、君が乗るべき旗艦はなく、油もない。だから今回、君にお願いするのは戦う提督の役ではない。海軍の幕引きを一糸乱れずやってほしいということだ。まァ、これ以上は言わせないでくれ」

小沢は神妙にうなずいた。米内が小沢に求めたのは、実戦ではなく、政略だった。実質的には崩壊している日本海軍の実施部隊を最後までバラバラにならぬよう一つにまとめ、一致団結して終戦の方向に持っていく。それが小沢に与えられた真の任務だった。

何分、小沢の統率力には定評があった。いったん決断したら、山のごとく動かない。統率にあたっては、常に「無欲」を旨としていた。

「大臣、大臣の言わんとすることは、すべて、わかっております。私は、軍令部次長として大和特攻の責任を痛感しております」

「うん、あれは伊藤君には気の毒だった……。しかし、伊藤君の統率は見事だった」

「はい。大和は天下に恥じざる最期を遂げました。ですから私は、すべてを呑み込んで征かれた伊藤長官の死をむだにすることはしません。伊藤さんは口には出さないが、この戦争を一刻も早く終わらせようと奮闘しておられました。私も軍令部次長のポストに就いて初めてそれがわかりました」

「そうか」

「日本海軍の幕はすでに伊藤さんが引いてくれました。後事を託された私にできるのは、それを、きれいな幕切れにすることだけです」

「そうだな。ありがとう」

米内はしばし瞑目して、話題を変えた。

「ところで、小沢君。ＧＦ長官ともなれば、慣例により進級しなければならんぞ。大将になってもらうからな」

小沢は急に渋面をつくった。

「それは困ります。事ここに至っての戦略は、大将であろうが、中将であろうが、関係ありません」

小沢が固辞するからには、それ以上は押せない。米内は小沢の目をのぞき込むようにして、笑った。

「そう言うと思ったよ」

小沢の後任の軍令部次長には、第一航空艦隊司令長官の大西瀧治郎中将が就いた。海軍大学校甲種卒業者ではない者が軍令部次長になるのは、異例のことだった。徹底抗戦派である大西をこのポストに抜擢したのも、米内であった。

表向きは、本土決戦に意欲を燃やす陸軍に対して、海軍も本気であると見せかけるための人事だった。その裏側には、大西を実戦部隊に置いておくと、終戦の際に暴発決起する恐れがあるため、部隊に直接命令することができない軍令部に留めておこうという意図があった。

大西軍令部次長の自刃

六月二十三日、沖縄戦終結。

八月六日、広島への原爆投下。

八月八日、ソ連の宣戦布告。

八月九日、長崎への原爆投下、ソ連軍の満州国侵入。

八月九日深夜から十日にかけて開かれた御前会議で、天皇はポツダム宣言受諾の意思を表明された。海相米内光政から御前会議の内容を聞いた小沢治三郎は、目黒の海軍大学校内に置かれていた海上護衛総司令部に向かった。

小沢は参謀たちを集めて、こう言った。

「戦やめるらしぞ。そのつもりでみんなしっかりやれ」

実にそっけない一言だった。当時、司令部先任参謀だった大井篤（大佐、海兵五十一期）は後にこう語っている。

「それが非常に落ち着いていて、今日は天気がいいらしいぞ、みたいな言い方なんですよ。広島、長崎の原爆の後で、みんな暗くなっていた時でしたから、私は感心して聞いていました」

十二日、日吉の海軍総司令部に戻った小沢は、司令部員一同に、御前会議で天皇が終戦を決意された経緯を伝えた。天皇が身をもって国土と国民を救うための最後の決断をされたというくだりでは、小沢も幕僚たちも泣いた。小沢は「これは日本人として受け入れなければならないことだ」と、幕僚たちに言った。

午後、軍令部次長大西瀧治郎が海軍総司令部長官室に乗り込んできた。血相が変わっている。小沢との会見はごく短時間で終わり、大西は悲痛な顔色であたふたと司令部を出て行った。間もなくして、別用で長官室に入った海軍総隊参謀千早正隆（中佐、海兵五十八期）に、小沢はこう言った。

「さっき、大西が徹底抗戦を説きに来たよ。それで、今さら抗戦を説いて何になると言ってやったら、えらい顔して帰っていったぜ」

千早は小沢から、「終戦の命令に従わなかった部隊に対する対策の立案」を命じられた。千早が「いったん詔勅が出された以上、そのような心配は必要ないと思います」と抗弁すると、小沢はぴしりと言った。

「お前の考えは甘い。そのようなことの起こらないことを望むが、最悪の場合に対する計画だけは立てておけ」

同じ十二日、軍令部総長豊田副武と参謀総長梅津美治郎がそろって参内し、天皇に戦争継続を求めた。米内に無断で行ったものだった。米内はかつて見せたことのないような怒りの表情を浮かべ、豊田と大西を大臣室に呼びつけた。

「軍令部の行動はなっておらんぞ。意見があるなら、大臣に直接申し出て来たらよいではないかッ」

烈火のごとき叱声が飛んだ。豊田は、奏上の理由を何一つ述べることもできず、不動の姿勢のまま硬直した。米内は、大西が九日に開かれた最高戦争指導会議で勝手に発言し、徹底抗戦を訴えたことについても、厳しく責め立てた。

「招かれてもいないのに、不謹慎な態度で入って来おって、実にみっともない。海軍の恥だ。そんなことは止めろ」

大西は首をうなだれ、涙を流して詫びた。顔面蒼白の軍令部ナンバーワン、ナンバーツーを前にして、米内の声は震え、顔は苦痛に歪んでいたが、豊田を連合艦隊司令長官、海上護衛総隊司令長官、海軍総司令長官のポストから外して小沢を就け、大西を現場から外した人事だけは、「正解」だったと思った。

八月十四日午前十一時から、宮中防空壕で、再度、御前会議が開かれ、ポツダム宣言受諾が決定した。

「両軍の次長は出席するに及ばず」との指示だったが、大西は諦めきれず参内し、会議が行われている部屋に向かって叫んだ。

「陛下、お願いでございます。われわれ海軍は至っておりませなんだ。まだ、頭の使い方が足りませんでした。あと五、六か月、ご猶予をねがえませんか。海軍は新しい考えを出すでありましょう。お願いでございます」

しかし、聖断は下った。天皇や重臣らが退下していく。米内が、部屋の外に座りこんで動かない大西の肩をポンポンと叩くと、大西は小さく頷いた。

十五日正午、戦争終結の詔勅が全国民に向けてラジオ放送された。米内、井上、豊田、大西ら海軍首脳は、海軍省の中庭で、並んで玉音を聞いた。

その夜、正確にいえば、翌十六日午前二時頃、大西は渋谷南平台町の官舎の自室で割腹した。

朝六時になって官舎の使用人が、電灯がついたままの部屋に入り、鮮血の中に伏している大西を見つけた。軍刀で腹を十字に切り、頸と胸を刺していたが、意識ははっきりしていた。駆けつけた軍医に、「腹を切るのは初めてだもんで、うまくやれなかった。しかし、手当などはせんでくれ」と言った。

大西がかわいがっていた兵曹長に材木屋がいた。常々、その男に「俺の棺桶はお前に作ってもらうからな」と言っていたのを思い出し、呼んでもらった。兵曹長は大西の枕元に這い寄り、声をあげて泣いた。

「おい、泣くことはないよ。俺は歩むべき道を歩んだだけだ。それより、早くしないと、棺が間に合わんぞ」

大西はそう言って兵曹長を笑わせた。苦痛の色は少しも見せなかったが、出血とともに顔色が失せてきた。やがて棺が出来上がり、特大の骨壺まで準備された。

それらを見せられた大西は「自分の棺や骨壺を見てゆける者は、めったにあるまい。俺は大男だが、これならゆっくり入れるな」と言って周囲の涙顔を慰めた。午後六時すぎ、物が言えなくなった。宮城を遙拝しようと起き上がりかけたので、皆で助け起こそうとしたその時、ガバッと血を吐いて前に倒れ、絶命した。

最後の特攻

伊藤整一が戦艦「大和」以下稼働可能な全艦を率いて日本海軍の幕引きを行った後、なお徹底抗戦を主張する提督は、大西瀧治郎中将一人ではなかった。第五航空艦隊司令長官宇垣纒中将の継戦意思もまったく揺らいではいなかった。

宇垣は、艦艇による戦闘力を失った海軍部内にあって、航空特攻を陣頭指揮していた。八月十五日、宇垣は終戦の詔勅を聞いた後、自ら艦上爆撃機「彗星」の乗り込み、沖縄に向け出撃した。「最後の特攻」と言われている。

大西が腹に軍刀を突き立てていた頃、宇垣は沖縄・伊平屋島の岩礁に突入した。

令和二年一月十八日、筆者は、宇垣が飛び立った大分海軍航空基地の跡を訪ねた。別府湾に注ぐ大分川と支流の裏川の河口に飛行場が急造され、大分海軍航空隊が開隊したのは開戦三年前の昭和十三年十二月十五日。航空隊は昭和十九年三月十五日、筑波海軍航空隊（筑波空）に移転、解隊となり、以後、大分海軍航空基地となった。当時、河口には広々とした砂洲があったが、今は日本製鉄の工場敷地として埋め立てられて、地形はすっかり変わっている。

戦後、飛行場は運輸省所管となり大分空港（第二種空港）として供用開始された。その後、空港が国東半島に移転したのを機に大分県に払い下げられ、現在、跡地は「大洲総合運動公園」として生まれ変わっている。広大な公園を歩き回ってようやく、運動場の片隅に立つ「神風特別攻撃隊発進之地」の碑を見つけた。裏面に「最後の特攻」に参加した十七人の将兵の名前が刻んであった。階級は記されておらず、年齢と出身地のみが記されていた。

五航艦司令部は終戦間際の八月三日、鹿児島・鹿屋から大分に後退した。本土決戦に備えるためだ。宇垣は三日早朝、台風を避けて列車で大分基地に入った。もし、司令部が移転せず鹿屋にあれば、碑に刻まれた十七人は、宇垣の特攻に巻き込まれずにすんだかもしれない。

八月十一日午後、サンフランシスコ放送は、日本政府がポツダム宣言受諾を申し込んできたというニュースを伝えた。情報主任からそのニュースを聞いた宇垣は、なぜこれほどの重大事を第一線で全責任を負っている自分に断りもなく決めたのかと怒り、開戦前から綴ってきた日誌「戦藻録」にこう記した。

《余をして甚だしき驚愕を感ぜしめたり》

そして八月十五日。

《外国放送は帝国の無条件降伏と正午陛下の直接放送あるを報じたり。ここにおいて当基地所在の彗星五機に至急準備を命じ、本職直率の下沖縄艦船に特攻突入を決す》

幕僚たちは粘り強く、考え直すよう説得した。海兵同期の第十二航空戦隊司令官城島高次も駆けつけ、涙を流しながら翻意を迫った。だが、宇垣の意志は強固だった。

「武人として、おれに死に場所を与えてくれ。皇国護持のために必勝を信じて、喜んで死んでいった多数の部下のもとへ、おれもやらせてくれ」

宇垣は逆に幕僚たちに懇請した。

「先任参謀、もうよい。とにかく命令を起案したまえ」

もはやこれ以上、説得しきれぬと諦めた先任参謀宮崎寛は、第七〇一航空隊艦爆隊長中津留大尉を司令部に招いて沖縄突入命令を伝えた。中津留は大分県津久見の出身で、臼杵中学から海軍兵学校に進んだ。特攻第一号として軍神になった関行男大尉と同期（七十期）だった。神風特攻隊の幕を切った関と、最後の特攻隊指揮者が海兵同期だったことは、奇縁である。

車に乗り込んだ。

《一六〇〇幕僚集合、別盃待ちあり。これにて本戦藻録の頁を閉づ》

四年近く書き続けてきた日誌を閉じて、宇垣が壕内の司令部食堂で幕僚たちとの別れの場に臨んだのは一六〇〇（午後四時）。盃を乾して、第三種軍装の階級章を取り除き、長官旗を掲げた車に乗り込んだ。

五航艦の終戦

八月十五日午後四時十五分、五航艦司令長官宇垣纒を乗せた車は海軍大分飛行場東端の指揮所に到着した。指揮所跡は、現在の大洲総合運動公園から東へ約五百メートル、裏川沿いの「富士航空機遭難の地」碑（大分市大洲浜二丁目）付近と思われる。

宇垣は指揮所に来て、驚いた。列線に十一機もの彗星がエンジンを始動させ、搭乗員二十二人（操縦十一人、偵察十一人）が二列横隊にずらりと整列していたからだ。

（おれが出撃を命じたのは五機のはずだが……）

宇垣は折り畳み椅子の上に立ち、最後の訓示を行った。

「第五航空艦隊は全員特攻の精神をもって今まで作戦を実施してきたが、陛下のご発意により、終戦のやむなきに至った。しかし今日ただいまより、本職先頭に立って沖縄の米艦艇に殴り込みをかける」

最後に、「一億総決起の模範として死のう」と言って、手に持った短刀をぐっと皆の前に突き出した。山本五十六から拝領した脇差だった。椅子をおりた宇垣は中津留に近寄って「おい、命令と違うではないか」と目で語った。

中津留は頬を紅潮させて答えた。

「部下が聞かないのであります。長官が特攻をかけられるというのに、五機と限定するのはもってのほかである、出動可能の十一機全部を飛ばせるべきだ。もしどうしても命令が変更されないようなら、われわれは命令に違反を承知で、ついてゆくといって聞き入れないのであります」

宇垣は中津留の目を見て、黙ってうなずいた。だが、整列した二十二人に対しては、「こんなに行く必要はない。偵察員は残れ」と指示した。すると、今度は偵察員たちが一斉に声をあげた。

「お供させてください！」「長官、連れて行ってください！」

それは魂の叫びであった。

「そうか」

宇垣は目に涙を浮かべてうなずいた。

「よろしい。では命令を変更する。彗星艦爆十一機をもって、ただいまより沖縄の敵艦隊を攻撃する」

宇垣が告げると、一斉に「ワーッ」という歓声があがった。続いて中津留が攻撃目標などを指示した。中津留は最後に、「爆弾を落とし、帰る者は帰れ」と言った。

「かかれ」の号令がかかり、バラバラと各人の搭乗機に駆け寄る。宇垣が一番機（中津留隊長機）に近寄ると、すでに後部座席には飛曹長の遠藤秋章（乙飛九期）が着座していた。宇垣は交代せよと命じたが、遠藤は頑として降りようとしない。やむなく狭い後部座席に二人で乗り込むことになり、宇垣が座った股の間に遠藤が窮屈そうに座った。宇垣はそこから出発合図の手を振った。

中津留機が別府湾上空に向けて離陸したのは、午後五時近かった。砂塵を巻いて次々に飛び立つ特攻機。見送りの幕僚、整備員らは涙をぬぐうのも忘れて、「帽振れ」を続けた。死に向かって飛び立って行った者たちが笑っており、居残る者たちの方が沈んで見えた。

急いで結論を述べると、十一機のうち、宇垣を乗せた中津留機を含め八機が特攻、二機は途中で不時着し、一機は沖縄まで行って敵艦を見つけられず、引き返す途中で不時着した。不時着組は一人が死亡し、五人が救助された。したがって、戦死者は十八人である。この十八人は公式には特攻死と認められず、死後の二階級特進はなく、一般戦死者並みに一階級しか上がらなかった。宇垣にいたっては一階級も上がらず、中将のままだった。

以下は後日談だが、中津留は出発直前に乗機を変更していた。

「おれの機は調子が悪くて、いま整備してもらっている。これには長官が乗って行かれるのだ。

悪いけど、お前は整備がすんだら、おれの機で来てくれ」

本来、中津留が乗るはずだった機は、三十分遅れて飛び立ったものの、一時間後にエンジン不調のため鹿児島県志布志の海岸に不時着した。

こうして、第五航空艦隊は司令長官を失ったが、司令長官ポストはすでに宇垣から草鹿龍之介に交代することが決まっていた。

草鹿が内命を受けたのは八月十日で、赴任途中の岩国航空隊で終戦を知った。

一方、宇垣は第三航空艦隊司令長官に転出することになっていた。

これは、終戦に向けて徹底抗戦派の宇垣を最前線から退けるという、海軍中央の考えを反映したものだった。この人事があと一歩、早く発令されていたならば、「最後の特攻」はなかっただろう。しかし現実には、宇垣は草鹿への引き継ぎもしないまま出撃した。草鹿が大分飛行場に降り立ったのは、八月十六日早朝。宇垣とすれ違うようなタイミングでの着任だった。

草鹿は幕僚から前夜の出撃の報告を受け、愕然とした。

（しまった。間に合わなかったか）

天を仰ぐ草鹿。瞳を閉じると、瞼に四か月前の「大和」の堂々たる出撃シーンが鮮明によみがえった。四月六日、草鹿は出撃直前の「大和」に伊藤を訪ねて引導を渡し、その直後、機上から第二艦隊の出撃を見送った。

あの時、宇垣は独断で、「大和」護衛の零戦隊を鹿屋基地から飛ばした。

（自負心の強い宇垣さんのことだ。伊藤さんに後れを取ったという思いがあったのだろう）

山本五十六が戦死した時の宇垣のしおれた姿も思い出された。

（同行しながら山本長官を死なせ、おめおめ生き残ってしまった宇垣さんだ。いずれは山本長官の後を追うことも、決めていたのだろう。ポツダム宣言の受諾方針を知らず、不覚を取ったという焦りもあったに違いない）

草鹿は元々、傲岸な性格の宇垣とはウマが合わなかったが、宇垣の死に様については戦後、次のように述べている。

「宇垣中将の最期の状況を詳しく聞いた時、今まで自分が抱いていた憎悪の念もたちまち消え失せて、ああ、彼もまた偉い武人であったと思い、過去の感情もすっかり捨てて感じ入った」

こうして五航艦司令長官となった草鹿は、隷下の各隊に終戦を受け入れさせるため、命懸けで当たらなければならなかった。十九日、草鹿は各隊の指揮官を司令部に集結させた。

「まずこの私を血祭にあげてからしかるのちに事を挙げよ。いまさらジタバタはしない。即座にやれ」と言って、ソファに上に胡坐を組んで目を閉じた。長い沈黙の後、指揮官たちのすすり泣きが号泣に変わり、五航艦はようやく終戦を迎えることができた。

真の日本武士

多くの特攻兵を「後に続くから」と言って送り出しておきながら、戦後も生き続けた司令官や参謀がいた。ほとんどがそのような人たちだった。

そんな中で、伊藤整一、宇垣纏、大西瀧治郎の三提督は言行一致、特攻を命じた側の人間としての責任を取った。伊藤は戦艦「大和」を率い、海上特攻作戦に殉じた。宇垣は自ら彗星艦爆に乗り込んで激突死し、大西は割腹自決した。「死に方」は三者三様だが、それぞれの立場で「指揮官先頭」を守った。

帝国海軍の象徴「大和」への乗艦という栄誉を与えられた伊藤は、艦隊を率いて逝くことができた。これに対し、宇垣に任されたのは艦隊ではなく、航空部隊だった。宇垣自身はパイロットではないため自ら飛行機を操縦することができず、将来ある若者を道連れにしたとして、「私兵特攻」との批判を受けた。一方、大西はパイロットだったが、軍令部次長という立場で飛行機に乗ることができず、一人、腹を掻っ切って部下たちの後に続いた。

三人は、与えられたポジションが違っていたにすぎず、命懸けで職務に邁進し、己の信念を貫いて生を全うした点は同じだった。

伊藤の生まれ育った福岡県三池郡高田町（現みやま市）は、有明海を挟んで佐賀県に接している。この地域には、佐賀藩士の心構えを記した「葉隠」精神が根付いている。大東亜戦争中は、多くの将兵が「葉隠」を愛読したというから、むろん、伊藤も手に取っていただろう。

《武士道というは、死ぬ事と見つけたり》

「葉隠」の冒頭部分に出てくる有名な言葉は、こう続く。

《二つ二つの場にて、早く死ぬ方に片づくばかりなり。別に仔細なし。胸すわって進むなり》

この言葉は「人間は本能として生きたいと思うから、生きるか死ぬかの局面に立つと、何かと理屈をつけて生きようとする。だが、生か死かの場面では、さっさと死ぬ方を選ばなければならない」ということを教えている。

伊藤はまさに、そういう恥を知る日本武士であった。宇垣、大西も、「討ち死に」した伊藤には出後れたものの、武士として不覚を取ることはなかったといえるのではあるまいか。宇垣も大西も決して死を恐れる者ではなかった。部下に特攻を命じておきながら、出撃することも、腹を切ることもなく、「生き恥」をさらした指揮官たちとは違う。「二つ二つの場にて、早く死ぬほうに片付く」武士だった。ただ、置かれた立場の違いによって、その死に様が変わったのである。

しかしながら、筆者は、伊藤と大西、宇垣の間には懸隔があると思っている。

伊藤はまず、沖縄出撃前に少尉候補生七十三人を退艦させた。さらに、「大和」沈没の時点で特攻作戦を中止、駆逐艦に残存者の救助を命じて千七百人余を生還させた。若者を救おうとしたのは、感傷ではない。冷徹に現実を直視して導き出した結論だった。これは、伊藤が肚の据わった武人であったことを示している。

伊藤は「大和」に着任した時点で、「大和」の乗組員とともに死ぬ覚悟を決めていた。すでに死人になっていた。生きながらすでに死んでいた。だからこそ、すべてを曇りのない目で見、客観的な判断を下すことができた。臨機応変に最大限有効な手を打つことができた。

このように、伊藤は特攻に際して流される若者の血を可能な限り少量に留めようとした。これに対して、宇垣と大西は、伊藤の死後も徹底抗戦を主張して特攻を継続し、結果として多くの若い命をすりつぶしてしまった。

宇垣、大西が当時の空気、時代の狂気に身も心も委ねてしまっていたのに対し、伊藤は一人超然として屹立し、正気を保っていたといえる。三提督の死に方を振り返ってみて、筆者は、伊藤の存在の大きさを改めて感じている。

それは、宇垣や大西に比して、伊藤の口数が極端に少なかったことにも起因する。宇垣は死の直前まで陣中日誌「戦藻録」で自己を語り続け、大西も周囲に自説を能弁に説き続けた。一方、伊藤は生来、口の重たい方で、大東亜戦争に突入してからは一層無口になった。言いたいことは山ほどあっただろうが、弁解めいたことは何一つ口にせず、黙して逝った。

沈黙は、大きいほどエネルギーが蓄積され、その人が必要最小限に発した言葉の威力となる。伊藤は打つべき手をすべて打ち、自決する直前、詰め寄ってきた山本先任参謀を笑顔で制して、こう言った。

「山本君、これでいいんだ。これでいいんだよ」

そして、羅針盤につかまって敬礼する森下参謀長に答礼し、その答礼の手を挙げたまま、艦橋下の長官私室に下りていった。このラストシーンに、筆者は、伊藤という人物の途方もない大きさを感じる。

実のところ筆者は、このくだりを西郷南洲翁の最期を思い出しながら書いた。

陸軍大将西郷隆盛は、城山を下って自刃する直前、付き従っていた別府晋介に、

「晋どん、もう、ここらでよかろう」と言った。筆者は、この大西郷の「よかろう」と同じくらいの質量を、伊藤の「これでいいんだ」の一言に感ずる。

言葉で伝えなければならないうちは、真の対話ではない。西郷の「ここらでよかろう」は、西郷の全生涯を内包した言葉であったが、伊藤の「これでいいんだ」もまた、伊藤の人生総決算の一言だった。

開戦前から軍令部次長の要職にあった伊藤は、胸中に戦争を止められず、多くの将兵を戦地に送り出してきた責任を痛感していた。西郷が「おいどんの体をおはんらにあげもんそ」と言って自らの肉体を私学校生徒に預けて決起したように、伊藤もまた自分の体を特攻艦隊の将兵たちに

預けて沖縄へ出撃したのだ。

いつも春の日差しのように穏やかで、虚栄心は皆無だった伊藤。無礼な振る舞いや、あつかましい行動を嫌った一方で、清廉で不屈の精神の持ち主でもあった。

ただ、その時が来たら一身を擲って働く。そうすることで大切な人と国を守る。

伊藤は、大西郷と同じように、次世代のため、後世日本のために己の命を躊躇なく捨てた。これぞ真の日本武士であり、海軍大将であった。

故郷の春

筆者が初めて伊藤の郷里（福岡県みやま市高田町）を訪ねたのは平成二十五年四月十三日のことだ。命日（四月七日）に合わせてお墓参りをと思っていたのだが、当日に休暇を取ることができず、六日遅れの土曜日の訪問となった。

伊藤が生まれ育った「黒崎開」と呼ばれる地区は、有明海に面した干拓地である。晴天に恵まれたこの日は、広々とした平野に菜の花が風にそよぎ、実に気持ちのいい一日だった。この明るくのびやかな田園風景は、おそらく、伊藤の少年時代とそう変ってはいないのではないかと思った。

伊藤の生誕地は、旧柳川藩の干拓遺跡「矩手水門（かねんて）」から大牟田市方面に向かう途中の「金助坂」の近くで、墓所は大牟田市側にあった。筆者は、みやま市と大牟田市の境界になっている隈川べりに車を停め、「金助橋」を渡って、少し奥まった竹林の中にある墓所に向かった。
そこは、虚飾や自己顕示を嫌った伊藤にふさわしい、静寂な空間だった。青空の下、高々と掲げられた軍艦旗が薫風を受けてパタパタとはためている。

「海軍大将伊藤整一之墓」は掲揚台の前にあった。墓石は思っていたより小さい。中には、遺髪と軍帽が納められているという。お墓の横に顕彰碑が立っていた。世情が落ち着いた昭和三十年代に入って、地元の旧海軍関係者が浄財を集め、土地を購入、建立した。これも仰々しいものではない。近傍で産した石に碑文を刻んだだけの質素なものだった。

撰者は高橋三吉。海兵二十九期で、伊藤の十期先輩にあたる。連合艦隊参謀長、軍令部次長、第二艦隊司令長官を歴任した。伊藤と同じような要職を歩んでいるが、昭和十四年に予備役に編入され、対米戦にはかかわっていない。

平成二十八年四月二日（命日の五日前）に再訪した折には墓参の後、伊藤の母校に足を向けた。開（ひらき）小学校である。校庭に二宮金次郎の銅像が立っていた。開拓農家が多い土地柄から、二宮尊徳の教えを大切にしているのだろう。伊藤が少年の頃、「二宮尊徳の再来」と呼ばれていたことを思い出した。

学校は休みだったが、職員室に人の気配があるので、校庭に面した窓から声をかけてみた。ポロシャツ姿の男性がガラス戸を開けて出てきた。

「突然すみません。この学校の卒業生で、伊藤整一という方のことを調べているのですが、何かゆかりの品でも残されていていればと思いまして」

「はい、はい、ありますよ。どうぞ」

応対に出て来た男性は、校長先生だった。

「きょう、学校はお休みですよね」

「そうですよ。でも、新学期の準備がありまして、出勤しておりました」

玄関に回って、スリッパをはき、校長室へ。室に招き入れられて、あっと驚いた。執務机の脇にある書棚に伊藤の遺影が飾ってあったからだ。棚の上には、桜と錨のマークの入った、「伊藤文庫」と書かれた銘板が置かれている。

「どうぞ、ご自由にごらんください。写真撮影もどうぞ」と校長。棚のガラスケースの中には、長官が実弟繁治に充てた直筆の手紙や遺書など数々の文献書類が収めてあった。

「これって、いつからあるのですか」

「私も詳しい経緯は聞いておりませんが、歴代校長からの引継ぎでお預かりしております」

後で調べてみると、「伊藤文庫」はやはり、元々、繁治が所蔵していたものだった。二〇〇五年八月七日付読売新聞西部版社会面によると、戦艦「大和」について研究している大牟田市の元中学校長堺修氏が偶然、知人から文庫のうわさを聞き、開小を訪問。沖縄出撃直前に撮影し、繁治さんに送った軍装の写真、妹の縁談を案じる直筆の手紙、家族あての遺書の写し、勲章などを確認したという。

直筆の手紙は繁治宛の二通で、「(妹の) さゑ子の縁談には母上も大いに喜ばれている様子で、私も良縁と考えている」「遠方にて思うようにならぬため、結納はそちらで算段してほしい」といった内容。郷里の家族を気遣うとともに、艦上にいて思うようにならないもどかしさも読み取れる。このほか、地元有志が毎年四月七日に行う墓前祭や高田町に残っていた生家の写真、「大和」に関する書物などが棚や引き出しにぎっしり詰まっていた。

小学校の近くには海上の守護神・厳島神社があり、墓所の近くには玉垂神社がある。玉垂神社は、神功皇后が三韓征伐から凱旋した折に、この地に着船し、副将武内宿禰に命じて行宮を創建したとされる由緒ある社である。境内には見上げるような巨大なクスの木が鎮座し、悠久の時の流れを感じさせる。神社の上の高台は、黒崎公園と呼ばれる市民の憩いの場になっている。桜の名所でもある。

展望所からは有明海を挟んで島原半島の雲仙普賢岳が見える。伊藤もおそらく、子供の頃、この辺りを走り回ったり、海で素潜りをしたりして遊んだのだろう。公園周辺では、ソメイヨシノが満開だった。遠目に見ると、桜のピンクと菜の花の黄色のグラデーションが美しい。

七十一年前、特攻艦隊が豊後水道を通過する際、乗組員は大分県側の満開の桜に歓声を上げたという。「大和」の艦橋にいた伊藤は、故郷の田園風景を思い浮かべただろうか。

平和祈念展望台

伊藤の郷里を訪ねた翌年の平成二十九年二月二十六日、鹿児島県枕崎市に足を延ばした。ＪＲ指宿枕崎線・枕崎駅は文字通りの終着駅、旅路の果てだ。大戦末期、出撃する航空特攻隊員の目印になっていた開聞岳の美しい稜線を眺めながら、海（東シナ海）に向かってレンタカーを走らせた。

「大和」の沈没地点は昭和五十五年～五十七年の海底調査で、北緯三〇度四三分、東経一二八度〇四分、水深三百四十五メートルと判明した。同市の南端に突き出た岬が「大和」の沈没地点に最も近い陸地である。岬の沖にそそり立つ標高四十二メートルの岩礁は立神岩と呼ばれている。一帯は今日、「火之神公園」として整備されている。

平成七年、公園内に平和祈念展望台が建立された。展望台に続く坂道の両側には、海上特攻部隊のご遺族が献じた石灯籠がずらりと並んでいる。一基一基に、献灯されたご遺族の言葉が刻んである。参道を登りつめると、急に視界が開ける。海を望む広場の中央に、「大和」のレリーフを嵌め込んだ「殉難鎮魂之碑」があり、その先にもさまざまな形状をした慰霊碑が立ち並んでいる。

展望台奉賛会最高顧問、池田武邦海軍中尉撰の鎮魂碑（平成二十四年四月七日建立）もあった。碑には、のびやかな筆で自作の歌が刻んであった。

祖国（くに）のため命ささげしともがらの御霊安かれと永久に祈らん

目の前は、茫々と広がる東シナ海。天気のよい日は、薩摩硫黄島や、種子島、屋久島が望見されるらしいが、この日は、七十二年前の「四月七日」のように、重たい雲が垂れ込め、灰色の海には白波が立って、島影はまったく見えない。

「大和」の沈没地点はどのあたりだろうか。展望台の説明板によると、「大和」はここから西南西約二〇〇キロ、水深約三四〇メートルの海底に沈んでおり、その右方に「矢矧」「磯風」「浜風」「霞」「朝霜」が沈んでいるという。

西南西方向をにらみ、目を凝らす。もちろん何も見えない。立神岩だけが波に巻かれながら、墓標のように突き立っている。「大和」は海中深く眠り、伊藤整一も、共に逝った将兵たちも、深海に棲む貝のように息を潜めている。筆者は大量の沈黙を抱えた海を見つめ続けた。唐突に吉田松陰の辞世が口をついて出た。

身はたとい武蔵の野辺に朽ちるとも留めおかまし大和魂

「武蔵」と「大和」。これが後にわが国民が心血を注いで完成させた二戦艦の名となり、祖国鎮護の生贄として捧げられることを、松陰は予知していたのであろうか。

令和四年三月九日、伊藤の初孫、高篠結子（伊藤の長女純子の長女）と枕崎沖に眠る「大和」についてお聞きした時、結子はこう言った。

「大和の沈没地点が判明して海から引き揚げるという話が出た時、母（純子）はメディアのインタビューに『口を挟むわけではないけれど、大和は鉄の棺桶だと思っています』と答えています。大和はそのまま、あの海の底で静かにしておいてほしい、引き揚げてほしくないという意味です。

母はその頃、クリスチャンになっており、魂の復活を信じていましたから」

戦艦大和慰霊の塔

鹿児島県内には、枕崎市の火之神公園に加えて、もう一つ、第二艦隊の慰霊施設がある。徳之島・伊仙町の犬田布（いぬたぶ）岬の慰霊塔である。

昭和五十五年～五十七年の海底調査以前、「大和」の沈没位置は枕崎沖ではなく、徳之島沖という説が人口に膾炙していた。発信源は吉田満の名著「戦艦大和ノ最期」である。吉田は著書に大和の沈没地点を「徳之島西方二〇浬ノ洋上」と記した。これを根拠として戦後二十三年目の昭和四十三年、全国有志の募金によって徳之島の南西端に位置する犬田布岬に「戦艦大和を旗艦とする艦隊戦士慰霊塔」が建立されたのである。

設計者は鹿児島市在住の彫刻家中村晋也。筆者は読売新聞鹿児島支局の記者時代、中村のアトリエを訪ね、大和慰霊塔について話をお聞きしたことがある。中村は「塔の形は合掌する人間の手。英霊がずぶ濡れでここに帰って来て大和が沈んでいる西方に向かって祈りを捧げている。そんなイメージで設計した」と語っていた。その塔を実際に目にする日がようやく訪れた。

伊藤整一の七十三回目の命日にあたる平成三十年四月七日、現地で特攻艦隊戦没将士慰霊祭が開かれると言う情報を得て、これに合わせ、福岡から奄美大島、奄美大島から徳之島へと飛行機を乗り継いで現地に向かう計画を立てた。

しかし、残念なことに強風のため出発便が遅延、入念に準備を進めてきた取材はあっけなく中止せざるをえなくなった。外はどんよりとして冷たい風が吹き、時折パラパラと降りつける雨が額を打った。「大和」が沈んだ日も同じような荒れ模様の天気だった。筆者は七十三年前に思いを馳せながらトボトボと自宅に引き返した。

一か月半後の五月十九日、航空券を再手配して徳之島をめざした。この日は好天に恵まれ、予定通り徳之島空港に降り立つことができた。空港前でレンタカーを借り、犬田布岬に直行。約三十分で東シナ海に突き出した岬に到着した。

芝の広場の先に碧い海が見えた。海へと下っていくスロープの途中、断崖の手前八十メートルあたりから、コンクリート製の巨塔が天空に向かって屹立していた。高さ二十四メートル。「大和」艦橋の司令塔までの高さと同じだという。近づいてみて、その大きさに圧倒された。二つのコンクリート柱の連結部に題額が嵌め込まれており、独特の筆さばきでこう書いてあった。

「戦艦大和を旗艦とする艦隊戦士慰霊塔　宣仁親王」

宣仁親王（昭和天皇の弟、高松宮）は海軍軍人で、対米開戦について天皇に反対意見を述べたことは本書でも触れた。宮は開戦後も早期和平を主張し続けた。

曰く、絶対国防圏が破られた以上、よりよく負ける方法を模索すべきだ。

曰く、一億玉砕など不可能。新聞は玉砕精神ばかり論じており、間違っている。

だが、天皇は立場上、政府高官とのやり取りを重視しなければならず、宮は次第に遠ざけられていった。

大戦末期、宮はフィリピンに向かう大西瀧治郎に、「戦争を終結させるためには皇室のことは考えないでよろしい」と伝えたといわれる。終戦時には、厚木海軍飛行場に赴き、徹底抗戦を主張する第三〇二海軍航空隊に対し、武装解除するよう説得している。

コンクリート柱の根元部分、目の高さの位置に金属製のパネルが二枚、打ち付けてあり、第二艦隊の全戦没者三千七百三十七人の氏名が横書きで記してあった。「財団法人・特攻隊戦没者慰霊平和祈念協会「特別攻撃隊全史」(平成二十年)より」という出典の表示から十年ほど前に設置されたものと推測された。

早速、伊藤の名を探す。「第二艦隊司令部」の欄を上から順番に目で追う。「相澤富次郎、青木一郎、青山正三、浅見重丈……」。司令長官の名は当然、筆頭に刻んであると思っていたが、さにあらず。伊藤の名は二十三番目に出てきた。

氏名は所属、艦ごとに五十音順で記され、階級や出身地の記載はなかった。伊藤も、他の将兵たちとまったく同様に一戦士として扱われている。銘板を指でなぞりながら、既視感を覚えた。そうだ。この物語の冒頭に書いた、沖縄・摩文仁の「平和の礎」である。そこに刻まれた伊藤父子の名前も五十音順だった。命の尊さに優劣、上下などあろうはずがない。死んでなお階級ごとに並べる方がおかしい。当たり前のことだが、胸のすくような思いがした。

三千七百三十七人には、それぞれ独自の人生があり、三千七百三十七の物語があった。ここまで綴ってきた伊藤の物語もその一つにすぎない。

思えば、日清、日露、大東亜の戦争において、わが幾百万の勇士たちは、骨を異国の海山にさらして祖国に残さなかったが、その霊魂と功名は永久不滅のものとして日本の歴史に刻まれている。第二艦隊の海上特攻は、そうした戦史の最終章に位置するものであろう。

「大和」が沈んでいる海を見るため琉球石灰岩の断崖に立った。水平線の彼方に目を凝らす。海はどこまでも碧く、空は地球の丸さが実感できるほど広い。振り返ると、慰霊塔が初夏の強い光を浴びて濃い影をつくっていて、巨大な墓標のように見えた。海上から遠望すれば、「大和」のマストに見えるかもしれない。中村の言うように、英霊の集うのにふさわしい聖地だと感じた。

戦艦「大和」の残影を追う旅は終わった。枕崎市沖でも、犬田布岬沖でも、「大和」を呑み込んだ海は重たい沈黙を守っていたが、その静けさが逆に「大和」の存在感を大きくしているように思えた。

横転し、大爆発を起こして沈没する戦艦「大和」。周囲の駆逐艦は、右から「冬月」「初霜」「霞」

佐世保の海軍施設内で行われた伊藤整一大将の追悼式。遺影のわきには大将旗が掲げられている〔生誕120周年記念誌〕

伊藤整一の墓。中には遺髪と軍帽が収められているという〔著者撮影〕

軍艦旗が翻る伊藤整一の墓所〔著者撮影〕

墓所内に建てられた顕彰碑〔著者撮影〕

生家の建物は建て替えられたが、配置は昔のまま。敷地内に生誕の碑がある〔著者撮影〕

伊藤の墓所近くにある玉垂神社の大クス〔著者撮影〕

伊藤整一の母校開小学校の校長室には伊藤の遺品を集めた「伊藤文庫」がある〔著者撮影〕

玉垂神社の上の高台にある桜の名所黒崎公園からは、有明海を挟んで島原半島の雲仙普賢岳が見える〔著者撮影〕

平和祈念展望台から西南西約200キロの「大和」の沈没地点方向を望む〔著者撮影〕

鹿児島県枕崎市にある火之神公園の平和祈念展望台。様々な慰霊碑が並んでいる〔著者撮影〕

慰霊塔の根元に取り付けられた金属パネルには、第二艦隊の全戦没者3737人の氏名が刻まれている〔著者撮影〕

徳之島犬田布岬に立つ「戦艦大和を旗艦とする艦隊戦士慰霊塔」〔著者撮影〕

あとがき

大著『ローマ人の物語』を書いた塩野七生は、歴史についてこう述べている。
「亡国の悲劇とは、人材の欠乏からくるのではなく、人材を活用するメカニズムが機能しなくなるがゆえに起こる悲劇である」

つまりは、亡国の悲劇とは、活用されずに死ぬしかなかった多くの人材の悲劇、ということになろう。

戦前の日本に照らしてみると、どうだろう。人材が欠乏していたわけではい。人材はむしろ、豊富であり、多彩だったように思う。しかしながら、国家や軍のメカニズムの機能不全により、人材が有効に活用されなかった面もあるのではないか。例えば、山本五十六が連合艦隊司令長官ではなく、総理大臣や海軍大臣だったら、米国に対して無謀ともいえる戦いに挑むことはなかったはずだ。だが、実際には、山本はサイレンネービーの禁を犯して真珠湾攻撃を敢行する。

伊藤整一は軍令部次長として対米英戦の作戦遂行に邁進し、最後は第二艦隊司令長官として自ら戦艦「大和」を率いて出撃、「日本の象徴」を沈黙の海に沈めた。山本が始めた戦争に伊藤がピリオドを打ったともいえる。

山本も、伊藤も、降りかかってくる運命をすべて受け入れ、配置されたポジション、与えられた条件下で最善を尽くした。天の定めるところに生き、自らに愧じることがなかった。みごとな生涯だった。それだけに悔しい。その死が惜しまれる。国家有為な人材を失うような愚を、もう二度と繰り返してはならない。筆者はそういう思いで本稿を書き進めてきた。

もう一つ、私たちの祖国日本は、今生きている私たちだけのものではないことを伝えたい気持ちも強かった。古来、日本人は亡くなった先祖を大切にし、先人をおまつりしてきた。自分たちの日々の暮らしは死者たちよって守られ、成り立っているという思いから、仏壇に手を合わせ、神の恵みに感謝してきた。

例えば、日露戦争の蔚山沖海戦・日本海海戦で活躍した第二艦隊司令長官上村彦之丞中将は戦争後、こう述懐している。

「自分はこの戦いにおいて恐ろしいと思うものはなかった。ただ一つ言うに言われぬ心配があった。それは西郷南洲先生がにらんでおられることであった。もし、ロシアに負けでもしたら先生に対して申し訳がない。お前たちは何をしておるかと叱責されても返答の仕様がない。これが何よりも恐ろしくて心配でならなかった。それで連日連夜はほとんど不眠不休で奮励努力した」（岡田幹彦『東郷平八郎』展転社）

上村は、目の前のロシア帝国は恐れぬが、泉下の西郷先生を恐れた。もし、ロシアに負けるようなことがあれば、死後、あの世で先生に合わせる顔がない、と考えたのだ。

このように、わが国は、生きている者より死んだ者が上位に位置してきた。換言すれば、先人の巨大な愛に守られて存続してきたのである。わが国は、生きている者だけの国ではない。死んでいった者たちの国でもあるのだ。筆者はこういう国柄を大事にしたいし、上村が西郷を畏怖したように、伊藤提督に叱られることがないよう、ちゃんと生き、ちゃんと死にたいと思っている。

本書は、小暮恵介の筆名で月刊誌「フォーＮＥＴ」に二〇一七年七月から二〇二〇年十二月まで、四十二回にわたって連載した「沈黙の提督」がベースになっている。発表の場を提供してくださった編集発行人松本安朗氏にこの場を借りてお礼を申し上げたい。

本書はまた、二〇一〇年に上梓した『軍艦「矢矧」海戦記〜建築家・池田武邦の太平洋戦争』（光人社）の続編でもある。池田氏は沖縄海上特攻に参加し、伊藤の決断によって九死に一生を得た海軍士官であり、戦後は日本の超高層建築の草分けとして戦後復興に尽くされた。池田氏の命の恩人の物語を書くことは、前著刊行以来の宿願であった。時間はかかったが、ようやく形でできたことに安堵の気持ちを抱いている。

伊藤は自ら何ら著作物を残さなかったし、宇垣纏のような日誌もつけていない。文献資料が極めて乏しいうえ、もとより浅学の身で創造力にも欠ける筆者である。物語を形作るにあたっては、ノンフィクション作家中田整一さんにアドバイスをいただいたほか、先達の労作に頼るところも多かった。参考とした書籍は巻末にまとめて記した。

伊藤の地元である福岡県大牟田市の堺修さんにも貴重な資料である「第二艦隊司令長官伊藤整

一海軍大将生誕120周年記念誌」を貸与していただくなど協力いただだいた。心より感謝申し上げる。

出版にあたっては、『軍艦「矢矧」海戦記』以来お世話になっている潮書房光人新社の坂梨誠司さんにあれこれ骨を折っていただいた。「大和」沈没・伊藤提督没後八十年にあたり、このような長文の鎮魂の「紙碑」を打ち立てることたできたのは坂梨さんのお陰である。ありがとうございました。

令和七年三月十五日　皿倉山裾野の茅屋にて

井川　聡

参考・引用文献

『提督伊藤整一の生涯』吉田満　文藝春秋
『戦艦大和』吉田満　角川文庫
『四月七日の桜　戦艦大和と伊藤整一の最後』中田整一　講談社
『戦艦大和に殉じた至誠の提督　伊藤整一』星亮一　ＰＨＰ研究所
『海軍中将中澤佑　作戦部長・人事局長の回想』中澤佑刊行会編　原書房
『戦藻録』宇垣纏　原書房
『昭和天皇実録』第八〜第九　東京書籍
『海軍反省会』戸高一成編　ＰＨＰ研究所
『四人の軍令部総長』吉田俊雄　文春文庫
『海軍軍令部』豊田穣　講談社
『太平洋戦争（改訂版）』高木惣吉　岩波新書
『ドキュメント戦艦大和』吉田満・原勝洋　文春文庫
『日本海軍の驕り症候群』千早正隆　プレジデント社
『神風特別攻撃隊の記録』猪口力平・中島正　雪華社

『検証・山本五十六長官の戦死』山室英男・緒方徹　NHK出版
『海軍の昭和史　提督と新聞記者』杉本健　光人社NF文庫
『検証　戦争責任』Ⅰ・Ⅱ　読売新聞戦争責任検証委員会　中央公論新社
『遠い島　ガダルカナル』半藤一利　PHP文庫
『一軍人の生涯　提督・米内光政』緒方竹虎　光和堂
『戦艦「大和」副砲長が語る真実　私はその場に居た』深井俊之助　宝島社
『完本・太平洋戦争』一〜四　文藝春秋編　文春文庫
『最後の帝国海軍』豊田副武述　柳澤健編　世界の日本社
『特攻大和艦隊』阿部三郎　光人社
『軍艦「矢矧」海戦記　建築家・池田武邦の太平洋戦争』井川聡　光人社
『太平洋戦争』上下　児島襄・文藝春秋
『戦艦大和』上下　児島襄　文春文庫
『東京裁判』上下　児島襄　中公新書
『指揮官』上　児島襄　文春文庫
『参謀』上　児島襄　文春文庫
『悲劇の提督 南雲忠一中将 栗田健男中将』児島襄　中央公論社
『帝国海軍士官になった日系二世』立花譲　築地書館

『小説太平洋戦争』1〜9　山岡荘八　講談社
『男たちの大和』辺見じゅん　角川春樹事務所
『特攻　外道の統率と人間の条件』森本忠夫　光人社NF文庫
『提督たちの大和　小説伊藤整一』今野敏　ハルキ文庫
『太平洋戦争　終戦の研究』鳥巣建之助　文芸春秋
『悲しき太平洋』戸川幸夫　光人社
『修羅の翼　零戦特攻隊員の心情』角田和男　光人社NF文庫
『レイテ沖海戦』上巻　佐藤和正　光人社NF文庫
『私兵特攻』松下竜一　新潮社
『捨身提督　小沢治三郎』生出寿　徳間書店
『事例研究　日本と日本軍の失敗のメカニズム』中央公論新社
『大日本帝国の興亡』全5巻　ジョン・トーランド　毎日新聞社
『沖縄　悲遇の作戦　異端の参謀八原博通』稲垣武　光人社NF文庫
『将軍沖縄に死す　第三十二軍司令官牛島満の生涯』小松茂朗　光人社
『東郷平八郎』岡田幹彦　展転社
『昭和史の軍人たち』秦郁彦　文春学藝ライブラリー
『針尾の島の若桜　海軍兵学校七十八期生徒の記録』

「戦史叢書」防衛庁防衛研究所戦史室　朝雲新聞社
別冊歴史読本「日本海軍海戦総覧」　新人物往来社
「第二艦隊司令長官伊藤整一海軍大将生誕１２０周年記念誌」伊藤整一海軍大将生誕１２０周年大祭実行委員会
海軍兵学校第72期、海軍機関学校第53期、海軍経理学校第33期合同クラス会「なにわ会」ホームページ

「大和」特攻を率いた提督

海軍大将 伊藤整一伝

2025年4月24日 第1刷発行

著 者 井川 聡

発行者 赤堀正卓

発行所 株式会社 潮書房光人新社

〒100-8077
東京都千代田区大手町1-7-2
電話番号／03-6281-9891（代）
http://www.kojinsha.co.jp

装 幀 天野昌樹

印刷製本 サンケイ総合印刷株式会社

定価はカバーに表示してあります。
乱丁、落丁のものはお取り替え致します。本文は中性紙を使用
 ISBN978-4-7698-1715-4 C0095